电解铝企业岗位作业安全风险辨识及防控手册

电 解 铝

中国铝业股份有限公司 编

北京交通大学出版社

·北京·

内 容 简 介

为强化岗位作业的安全风险管控，达到安全管理重心下移、变事后被动应对为事前主动预防的目的，中国铝业股份有限公司安全环保健康部组织专业技术人员及基层一线班组长编写了本手册。

本手册对电解铝企业岗位作业中存在的风险，系统性地进行了全面分析查找，并有针对性地制定了防控措施，用于指导电解铝企业班组岗位作业安全风险的防控。本手册的主要内容来源于电解铝企业岗位生产实际，涵盖了电解铝生产及设备检修的全流程，分为电解铝、合金熔铸、阳极组装、阳极炭素、物流仓储五个分册，具有较强的针对性、实用性和可操作性。

版权所有，侵权必究。

图书在版编目（CIP）数据

电解铝企业岗位作业安全风险辨识及防控手册.电解铝/中国铝业股份有限公司编.—北京：北京交通大学出版社，2022.4
ISBN 978-7-5121-4671-6

Ⅰ.①电… Ⅱ.①中… Ⅲ.①炼铝-电解冶金-工业企业管理-安全管理-风险管理-中国-手册 Ⅳ.①F426.32-62

中国版本图书馆 CIP 数据核字（2022）第 006843 号

电解铝企业岗位作业安全风险辨识及防控手册·电解铝
DIANJIELÜ QIYE GANGWEI ZUOYE ANQUAN FENGXIAN BIANSHI JI FANGKONG SHOUCE · DIANJIELÜ

责任编辑：严慧明
出版发行：北京交通大学出版社　　电话：010-51686414　　http://www.bjtup.com.cn
地　　址：北京市海淀区高梁桥斜街 44 号　　邮编：100044
印 刷 者：北京鑫海金澳胶印有限公司
经　　销：全国新华书店
开　　本：260 mm×185 mm　　印张：26.75　　字数：668 千字
版 印 次：2022 年 4 月第 1 版　　2022 年 4 月第 1 次印刷
定　　价：111.00 元

本书如有质量问题，请向北京交通大学出版社质监组反映。对您的意见和批评，我们表示欢迎和感谢。
投诉电话：010-51686043，51686008；传真：010-62225406；E-mail：press@bjtu.edu.cn。

《电解铝企业岗位作业安全风险辨识及防控手册·电解铝》编委会

主　　任　蒋　涛

评　　审　罗存存　苏其军　高宝堂　李　东　王文印　黄华文

编写人员　赵　波　侯　健　马　帅　杨　旭　卜志强　陈吉芳　尹强贵
　　　　　黄成豪　温志清　马瑞斌　王飞宇　张鹏飞　唐　云　贾建强
　　　　　魏　璐　石俊彪　李建伟　孙大贺　田江伟　王　乐　赵广平
　　　　　李新华　柴正洲　石　勇　欧阳文波

前　　言

  岗位作业安全风险辨识是班组安全管理的重要环节，是安全管理重心下移、关口前移、变事后被动应对为事前主动预防的有效方式。岗位作业安全风险辨识就是对各生产岗位、各作业环节存在的风险进行全方位辨识，对可能存在的危险有害因素进行分析评估，并有针对性地制定风险防控措施，最终形成岗位作业"辨识和评估风险—降低和控制风险—预防和消除事故"的安全管理模式。同时借助信息化的管理手段，建立岗位作业安全风险辨识数据库，使各类岗位作业始终处于动态受控的状态。

  为进一步推进和完善岗位作业安全风险辨识工作，中国铝业股份有限公司安全环保健康部组织部分电解铝企业安全、生产、设备方面的专业技术人员及基层一线班组长，从运行操作、检修维护、故障排除、点检巡视等方面开展了作业风险辨识工作，按照岗位作业基本流程，根据作业步骤进行了风险辨识，找出了每一项作业潜在的风险及风险等级，并制定了具体的防控措施。

  本手册的内容来源于生产实际，涵盖了电解铝及其相关生产和检维修的全流程，分为电解铝、合金熔铸、阳极组装、阳极炭素、物流仓储五个分册，具有较强的针对性、实用性和可操作性，可用于指导现场岗位作业风险辨识、工作票编制（CARC 表）、安全交底、安全确认等工作。希望本手册能对电解铝企业的班组安全管理提供帮助，为岗位作业提供有力的安全保障。

  感谢包头铝业有限公司、内蒙古华云新材料有限公司、中铝物流集团有限公司对本手册编写工作的大力支持和配合。

  由于编者水平有限，书中难免有疏漏或不足之处，敬请广大读者不吝指正。

编写组

2021 年 8 月 28 日

目 录

1 电解铝生产工艺及流程概述 …………… 1

2 电解铝生产过程存在的主要危险有害因素 …………… 1

3 班组岗位作业安全风险辨识及防控措施 …………… 4

   3.1 电解铝生产运行 …………… 4
      3.1.1 生产运行岗位主要的作业活动/工作流程 …………… 4
      3.1.2 生产运行岗位安全风险辨识及防控措施 …………… 4

   3.2 设备检修 …………… 78
      3.2.1 电解槽设备检修 …………… 79
      3.2.2 天车检修 …………… 118
      3.2.3 电气设备维修 …………… 173

   3.3 氧化铝输送 …………… 210
      3.3.1 生产运行岗位主要的作业活动/工作流程 …………… 210
      3.3.2 生产运行岗位安全风险辨识及防控措施 …………… 211
      3.3.3 设备检修岗位主要的作业活动/工作流程 …………… 245
      3.3.4 设备检修岗位安全风险辨识及防控措施 …………… 245

   3.4 烟气净化 …………… 319
      3.4.1 生产运行岗位主要的作业活动/工作流程 …………… 319
      3.4.2 生产运行岗位安全风险辨识及防控措施 …………… 320
      3.4.3 设备检修岗位主要的作业活动/工作流程 …………… 343
      3.4.4 设备检修岗位安全风险辨识及防控措施 …………… 343

3.5 动力 401
 3.5.1 生产运行岗位主要的作业活动/工作流程 401
 3.5.2 生产运行岗位安全风险辨识及防控措施 401
 3.5.3 设备检修岗位主要的作业活动/工作流程 404
 3.5.4 设备检修岗位安全风险辨识及防控措施 404

附录 A 岗位安全风险辨识方法及取值（SEP 法） 412
 A.1 风险评估公式 412
 A.2 风险取值标准 412
  A.2.1 后果 412
  A.2.2 暴露 413
  A.2.3 可能性 413
  A.2.4 风险等级 414

表格索引 415

现代铝工业采用大型预焙阳极电解槽生产。电解阴、阳极采用炭阳极和炭阴极，直流电由阳极导入，经过电解质与铝液层从阴极导出，在两极间发生电化学反应。阴极上铝离子析出得到铝液，阳极上释放二氧化碳和一氧化碳等混合气体。铝液用真空抬包抽出，经过净化和澄清后，熔铸成商品铝锭。

1　电解铝生产工艺及流程概述

电解铝生产工艺普遍采用冰晶石-氧化铝熔盐电解法，主要设备为预焙阳极电解槽。在冰晶石-氧化铝熔盐电解法中，熔融冰晶石是溶剂，氧化铝作为溶质溶解在其中，以炭素材料作为阴、阳两极，通入直流电后，在两极间发生电化学反应，阴极上的产物为铝液，阳极上的产物为二氧化碳等气体。在工业化生产应用中，将氧化铝、电解质（冰晶石、氟化盐）等通过管道加入电解槽中，另将阳极炭块在阳极组装工段与导杆组成阳极组，送至电解车间，由多功能天车配合挂放在电解槽内。

加入到电解槽中的电解质，在通过阳极组导入直流电作用下，发生电化学反应，氧化铝不断离解，同阴极块反应产生的液态铝定期用真空抬包吸出送往熔铸车间加工成铝锭。同阳极块反应生成 CO_2、CO 及氟化盐水解产生的氟化氢、四氟化碳等含氟烟气，经电解槽上的密闭罩收集，送往以氧化铝为吸附剂的干法净化系统处理，净化后烟气排入大气。生产过程中消耗的阳极炭块（残极块）由阳极生产车间回收利用。

电解铝主要生产工序有：电解工序、氧化铝输送工序、烟气净化工序、动力工序。电解工序负责铝电解生产，含厂房内生产物料的运输；氧化铝输送工序负责电解生产所用氧化铝的输送；烟气净化工序负责电解烟气净化处理后达标排放；动力工序负责电解生产所需的直流电、高压风、循环水的供应。

电解铝生产工艺流程如图 1.1 所示。

2　电解铝生产过程存在的主要危险有害因素

电解铝生产常由 100~200 台电解槽串联组成一个电解系列，电解槽供电系统采取高压工频交流电经整流后以低压电、高电流串联供电，正常生产是系列电压达数百伏至上千伏。电解电化学反应主要在中间下料预焙阳极电解槽内完成，生产时电解温度 950~970℃、槽内铝液温度 920℃ 左右、烟气温度近 900℃，电解槽内保温料（氧化铝、氟化盐）温度近 600℃，电解槽本体结构表面温度 60℃ 以上。生产运行与检修中使用的设备设施涉及压力容器、起重机械、厂内机动车辆，同时涉及高处作业、起重作业、厂内机动车辆驾驶、电工作业、有限空间作业、焊接与热切割作业等。

电解铝生产过程存在的主要危险因素有触电、火灾、爆炸、灼烫、中毒窒息、高处坠落、起重伤害，存在的主要有害因素有粉尘、高温、电离辐射、噪声等。电解铝生产系统主要危险有害因素见表 2.1。

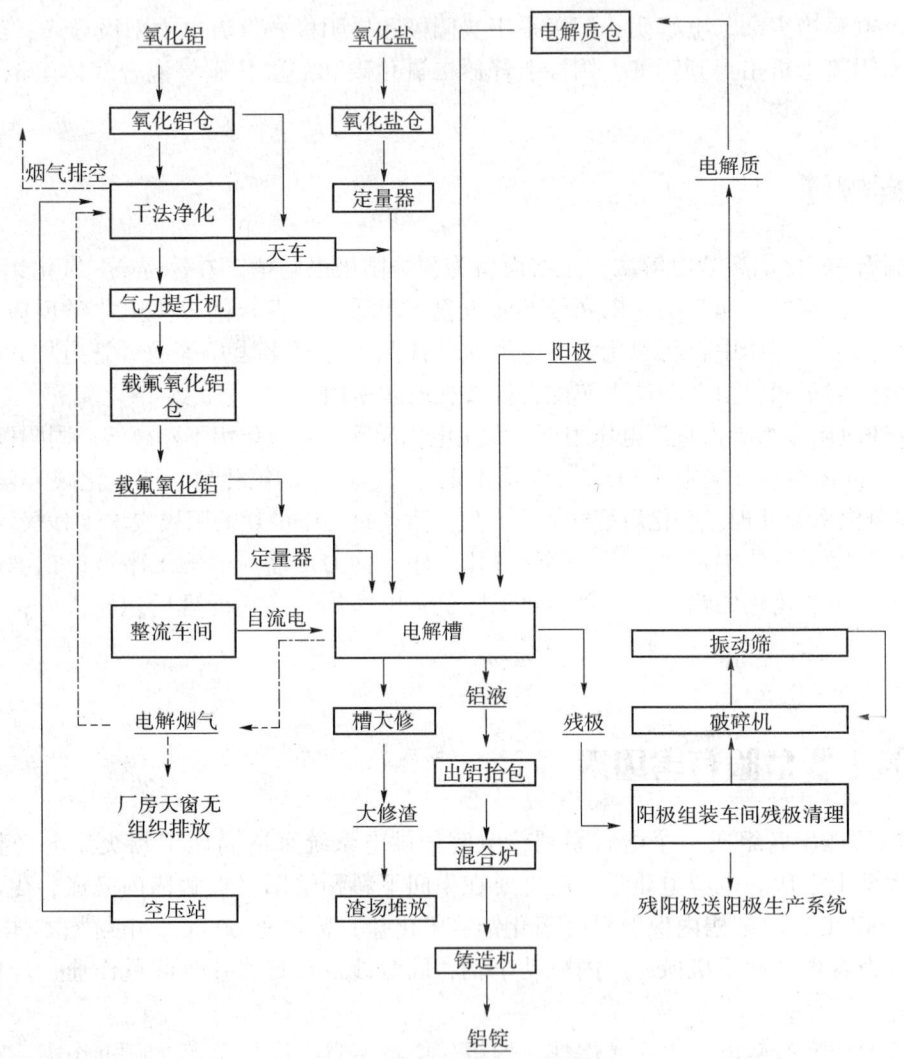

图 1.1　电解铝生产工艺流程

表 2.1 电解铝生产系统主要危险有害因素一览表

序号	工序	岗位名称	主要设备设施	危险有害因素
1	电解铝生产运行	电解	电解槽、槽控机、推车、抬包、槽上部结构、分流器、软连接、门型夹具等	触电、灼烫、高处坠落、起重伤害、物体打击、摔绊、扭伤、砸伤、碰撞、爆炸、车辆伤害、高温、粉尘
2		天车	多功能天车	起重伤害、触电、灼烫、高处坠落、物体打击、摔绊、扭伤、砸伤、碰撞、爆炸、车辆伤害、高温、粉尘
3		母线提升	母线提升框架、多功能天车	物体打击、触电、灼烫、高处坠落、起重伤害、摔绊、扭伤、砸伤、碰撞、爆炸、车辆伤害、高温、粉尘
4		出铝	铝包、铝包车、多功能天车	灼烫、高处坠落、起重伤害、物体打击、摔绊、扭伤、砸伤、碰撞、爆炸、车辆伤害、高温、粉尘
5	设备检修	电解槽维护	电解槽、多功能天车、电焊机、氧气乙炔、叉车、大锤、撬杠等	高处坠落、物体打击、灼烫、触电、容器爆炸、碰撞、摔绊、扭伤、夹伤、车辆伤害、粉尘、高温、火灾
6		天车检修	升降车、电焊机、氧气乙炔、叉车、大锤、撬杠等	高处坠落、物体打击、起重伤害、触电、容器爆炸、摔绊、扭伤、机械伤害、碰撞、车辆伤害、粉尘、高温、火灾
7		电气检修	配电室、配电柜、电源线、验电器、绝缘工器具等	高处坠落、触电、物体打击、碰撞、摔绊、扭伤、粉尘、高温
8	动力	运行	GIS 组合电器、220 kV 调压变压器、整流变压器、10 kV 变压器、10 kV 高压环网柜等	触电、火灾、爆炸、高处坠落、摔绊、扭伤、砸伤、碰撞、电离辐射
9		设备检修	GIS 组合电器、220 kV 调压变压器、整流变压器、10 kV 变压器、10 kV 高压环网柜	触电、火灾、爆炸、坠落、摔绊、扭伤、砸伤、碰撞、电离辐射
10	氧化铝输送	输料	斗式提升机、离心风机、锥刀架	物体打击、车辆伤害、高处坠落、触电、机械伤害、起重伤害、摔绊、粉尘
11		天车	桥式起重机	起重伤害、高处坠落、触电、物体打击、扭伤、粉尘
12	烟气净化	净化	斗式提升机、除尘器、离心风机、水泵、刮板输送机	高处坠落、机械伤害、触电、摔绊、扭伤、粉尘
13		检修	电机、离心风机、斗式提升机、桥式起重机、水泵、除尘器	高处坠落、触电、起重伤害、机械伤害、物体打击、灼烫、摔绊、扭伤、碰撞、窒息、粉尘

3 班组岗位作业安全风险辨识及防控措施

电解铝企业岗位作业按照生产运行和设备检修两部分进行风险辨识，重点针对具体作业活动的每个操作步骤找出存在的风险，分析风险等级并制定防范措施。

3.1 电解铝生产运行

经辨识，电解铝生产运行主要的作业活动有 17 项，岗位作业存在 796 项风险，其中辨识出一级风险 0 项、二级风险 11 项、三级风险 219 项、四级风险 566 项。

3.1.1 生产运行岗位主要的作业活动/工作流程

①装炉、焙烧、启动（焦粒）；②装炉、焙烧、启动（天然气）；③出铝；④换极；⑤熄灭效应；⑥抬母线；⑦捞炭渣；⑧电解槽维护；⑨电解槽大整形；⑩使用风镐处理前后火眼口；⑪倒灌电解质并装袋；⑫电解停槽；⑬电解刨槽；⑭电解取样接料；⑮电解测量；⑯电解槽下清理；⑰槽上部、槽周母线清理。

3.1.2 生产运行岗位安全风险辨识及防控措施

生产运行岗位安全风险辨识及防控措施见表 3.1 至表 3.17。

表 3.1 装炉、焙烧、启动（焦粒）作业安全风险辨识及防控措施一览表

序号	主要操作步骤	存在的风险	风险等级分析					主要防控措施	备注
			后果	暴露	可能性	风险值	风险等级		
1	作业前检查人员状态和劳动保护用品穿戴情况	1. 作业人员班前喝酒、睡眠不足、精神状态不好等，导致作业过程中注意力不集中	5	6	0.5	15	四级	作业前，班长检查作业人员是否酒后上岗，询问是否身体不适，观察其精神状态，确认良好后方可作业	
2		2. 作业人员因患高血压等疾病身体不适，导致作业过程中发生危险	5	6	0.5	15	四级	作业前，班长询问患病人员是否身体不适，确认良好后方可作业，作业过程中多关注其精神状态	

续表

序号	主要操作步骤	存在的风险	风险等级分析					主要防控措施	备注
			后果	暴露	可能性	风险值	风险等级		
3	作业前检查人员状态和劳动保护用品穿戴情况	3. 未按规定着装（工作服、劳保鞋、安全帽、防尘口罩、防护面罩），导致烫伤、碰伤、扭伤、砸伤等	5	6	0.5	15	四级	作业前，将工作服拉链拉到位，纽扣系好，工作服穿着做到"三紧"，系好劳保鞋鞋带，系好安全帽下颌带，裤腿放在鞋帮外，戴好口罩和防护手套，作业时防护面罩放到位	
4	作业前风险评价	1. 未开展作业风险辨识，导致人员伤害	5	6	0.5	15	四级	每次启动槽作业前要进行风险辨识	
5		2. 未结合现场实际进行风险辨识，导致人员伤害	5	6	3	90	三级	风险辨识要结合现场实际，要根据工作环境的变化完善辨识内容	
6		3. 风险辨识有遗漏，导致人员伤害	5	6	0.5	15	四级	按照作业步骤，逐步进行辨识	
7		4. 未明确作业负责人，未确定互联互保人员，导致人员伤害	5	6	0.5	15	四级	指定作业负责人和互联互保人员	
8		5. 不掌握作业时的风险和防控措施，导致人员伤害	5	6	3	90	三级	抽查启动槽作业人员对存在的风险和防控措施的掌握情况	
9		6. 不清楚槽作业风险的防控措施，导致人员伤害	5	6	0.5	15	四级	对照口袋卡和作业任务中存在的风险手指口述逐项进行提示提醒并落实安全措施	
10	工器具检查及准备工作	1. 铁锹破损，导致人员碰伤、摔伤	5	6	3	90	三级	禁止使用破损的铁锹，若存在问题，应及时更换	
11		2. 吊运物料时因使用的吊链有裂纹、磨损严重，钩头变形或无钩头卡片而发生吊链断裂，导致人员砸伤、碰伤	25	3	3	225	二级	使用前对吊链外观进行检查，若发现有裂纹、磨损严重、钩头变形或无钩头卡片，要及时更换	
12		3. 撬棍变形严重，导致人员碰伤	5	2	3	30	四级	禁止使用变形严重的撬棍，若存在问题，应及时更换	
13		4. 加力扳手有裂纹或变形磨损严重，导致人员摔伤	5	6	3	90	三级	禁止使用有缺陷的加力扳手，若存在问题，应及时更换	

续表

序号	主要操作步骤	存在的风险	风险等级分析					主要防控措施	备注
			后果	暴露	可能性	风险值	风险等级		
14	清扫炉膛卫生	1. 作业人员未戴好防护面罩，物料飞溅至眼部，导致人员伤害	5	2	3	30	四级	作业前必须戴好劳动保护用品，将防护面罩放到位	
15		2. 未按要求戴好防尘口罩，引发职业病	5	2	3	30	四级	按要求戴好防尘口罩	
16		3. 在炉膛内清扫作业时注意力不集中，没有观察头顶上方电解槽上部主体，导致人员碰伤	5	2	3	30	四级	清扫时必须两人同时作业，互相提醒监护，注意观察头顶上方电解槽上部主体，防止人员碰伤	
17	铺焦粒	1. 作业人员未戴好防护面罩，物料飞溅至眼部，导致人员伤害	5	2	6	60	四级	作业前必须戴好劳动保护用品，将防护面罩放到位	
18		2. 当使用铁锹将焦粒铲入铝筛网时铁锹失手，伤害到控制筛网的作业人员	5	2	3	30	四级	在使用铁锹将焦粒铲入铝筛网时，动作应缓慢匀速，不得用力过猛，将焦粒轻放入铝筛网	
19		3. 作业人员注意力不集中，起身时没有观察头顶上方电解槽上部主体，导致人员碰伤	5	3	6	90	三级	铺焦粒时多人同时作业，互相提醒监护，注意观察头顶上方电解槽上部主体，防止人员碰伤	
20	挂极、放夹具	1. 当天车吊运新极装入槽内时，作业人员因观察不到位而没有及时避让天车，导致人员碰伤	25	2	3	150	三级	（1）天车工在天车起步行走前应打铃警示 （2）装极时，天车工应观察天车下方是否有人，安排专人指挥，上下协调，提醒天车下方人员及时避让	
21		2. 当人工使用撬杠辅助装入新极时，撬杠飞弹打伤作业人员	25	3	3	225	二级	当人工使用撬杠辅助装入新极时，工作人员应与天车工协调一致，注意站位，及时取出撬杠	
22		3. 挂极后盖上槽罩板，装小盒夹具时槽罩板未放稳，导致作业人员从上部摔下	25	2	3	150	三级	（1）必须同时搭靠两块槽罩板，并且在确认摆放平稳后才能上去 （2）上槽盖板作业时，提前检查槽罩板上的支撑平台是否牢固	
23		4. 小盒夹具因未放到位或未放稳而发生脱落，导致人员砸伤	25	2	3	150	三级	装小盒夹具时，拿好站稳，必须将小盒夹具放到位，防止脱落	

续表

序号	主要操作步骤	存在的风险	风险等级分析					主要防控措施	备注
			后果	暴露	可能性	风险值	风险等级		
24	装炉	1. 作业人员未戴好防护面罩和防尘口罩，物料飞溅至眼部，导致人员伤害	5	1	3	15	四级	作业前必须将防护面罩放到位，戴好防尘口罩	
25		2. 天车工在吊运物料时观察不到位，其他作业人员又没有及时避让天车，导致人员碰伤	25	1	3	75	三级	（1）天车起步行走前应打铃警示，行走时观察下方是否有人（2）安排专人指挥，上下协调，提醒天车下方人员及时避让	
26		3. 在人工辅助往电解槽中缝处添加物料时，导致人员碰伤、踩空、摔伤	5	1	3	15	四级	作业人员互相提醒监护，注意观察头顶上方电解槽上部主体，防止碰伤，同时注意观察脚下，防止踩空摔伤	
27	安装软连接	1. 在搬运安装软连接时，发生人员砸伤、碰伤	5	2	3	30	四级	安排专人负责，必须两人以上，相互配合	
28		2. 作业人员站在槽罩板上安装时，槽罩板未搭靠平稳或作业人员用力过猛，导致人员从槽上部坠落	5	2	3	30	四级	安装前确认槽罩板搭靠牢固，安装时不得用力过猛	
29		3. 在槽上部安装时发生脱落，砸伤下方作业人员	10	2	3	60	四级	在槽上部安装时必须两人配合操作，拿好站稳，安装到位	
30		4. 在使用扳手复紧门型夹具时，扳手断裂或用力过猛，导致人员碰伤、挤伤	5	6	3	90	三级	使用扳手前检查扳手有无裂痕，复紧时不得用力过猛	
31	焊接分流片安装分流器	1. 焊接时，未佩戴电焊手套和防护面罩（防护眼镜），导致烫伤或电火花击伤眼睛	25	2	3	150	四级	焊接时，劳动保护用品穿戴齐全，使用专用的防护面罩	
32		2. 天车工在使用天车吊运安装分流器时，与下方作业人员配合不到位，导致人员碰伤、砸伤	25	2	3	150	三级	（1）天车工在天车起步行走前应打铃警示，行走时观察下方有无人员（2）安排专人指挥，上下协调，提醒天车下方人员及时避让	

续表

序号	主要操作步骤	存在的风险	风险等级分析					主要防控措施	备注
			后果	暴露	可能性	风险值	风险等级		
33	焊接分流片安装分流器	3. 分流器与另一台电解槽立柱母线接触时打火，导致人员受到电击伤害	25	3	1	75	三级	作业人员戴好防护面罩，注意站位，将分流器一端匀速缓慢地接触到另一台电解槽立柱母线上，防止产生电火花	
34		4. 复紧螺丝时扳手断裂或用力过猛，导致人员碰伤、挤伤	25	2	1	50	四级	使用扳手前检查扳手有无裂痕，复紧时不得用力过猛，确保安装牢靠稳固	
35		1. 打磨压接面时铝屑飞出，导致人员伤害	5	2	3	30	四级	佩戴好劳动保护用品，将防护面罩放至下限位	
36		2. 打磨机漏电，导致触电	25	2	3	150	三级	使用打磨机前检查打磨机线路是否裸露、漏电	
37		3. 搬运软连接时拿不稳导致掉落砸伤，风格网变形导致绊倒、摔伤	5	2	3	30	四级	搬运过程中注意脚下，拿稳工器具	
38		4. 复紧弓形卡具用力不均，导致人员失去重心摔伤	5	2	3	30	四级	复紧弓形卡具时要用力均匀，一手扶好旁边的东西	
39	安装软连接及分流片	5. 在使用天车吊运分流片时，吊带断裂，分流片掉落，导致人员砸伤	25	2	3	150	三级	使用天车吊运分流片前检查吊带	
40		6. 分流片搭接短路口，导致放炮	5	2	3	30	四级	扶好分流片（铁质），防止磁场强导致分流片搭接短路口	
41		7. 强磁场分流片（铁质）抓不稳，导致人员挤伤	5	2	3	30	四级	扶好分流片（铁质），防止强磁场导致分流片搭接，造成人员挤伤	
42		8. 天车上掉异物，导致人员砸伤	25	2	3	150	三级	（1）检查天车附件是否松动，确保运行时不会掉落 （2）检修完天车后要清理检修点，确保无遗留工具或零件	
43	通电	1. 通电装置电缆裸露，导致人员触电	50	2	1	100	三级	通电前检查通电装置是否完好	
44		2. 吊运通电装置时挂钩没挂好，导致人员砸伤	50	2	1	100	三级	吊运通电装置前检查通电装置挂钩是否挂好	

续表

序号	主要操作步骤	存在的风险	风险等级分析					主要防控措施	备注
			后果	暴露	可能性	风险值	风险等级		
45	通电	3. 通电装置未按要求安装，通电不顺，导致短路口放炮	50	2	1	100	三级	检查通电装置是否完好，工作人员集中精力，听从指挥员口令	
46		4. 操作人员未按规定操作，导致短路口放炮	50	2	1	100	三级	检查通电装置是否完好，工作人员集中精力，听从指挥员口令	
47		5. 操作人员未听清指挥员口令就操作，导致短路口放炮	50	2	1	100	三级	检查通电装置是否完好，工作人员集中精力，听从指挥员口令	
48		6. 软连接、分流片压接面没有复紧，导致通电时打火花、短路熔断	50	2	1	100	三级	通电前，检查并复紧软连接及分流片	
49		7. 风格网不平，导致人员绊倒、摔伤	50	1	1	50	四级	注意脚下电缆及风格网是否移位	
50	焙烧	1. 电压升高不及时处理，导致短路口放炮	25	2	1	50	四级	电压升高时，及时处理软连接压降和测电流分布	
51		2. 在处理软连接压降时站位不当，用力过猛，导致人员摔伤、扭伤	25	2	1	50	四级	选好站位，用力均匀	
52		3. 在处理软连接拉直时站位不当，导致人员摔伤	25	2	1	50	四级	选好站位，用力均匀	
53		4. 单块阳极电流大，不及时处理，导致阳极脱落、短路爆炸	25	2	1	50	四级	松开软连接，减少通过阳极的电流	
54		5. 在处理阳极异常电流时，同时松开多块软连接，导致电流分布不均、阳极脱落	25	2	1	50	四级	在松开软连接时只能单块处理，复紧后才能松第二块	
55		6. 分流片发红熔断，导致搭接导电	25	1	1	25	四级	分流片发红时，及时拿风管冷却	

续表

序号	主要操作步骤	存在的风险	风险等级分析					主要防控措施	备注
			后果	暴露	可能性	风险值	风险等级		
56	拆分流片	1. 松弓形卡具时用力不均,导致人员因失去重心而摔伤	25	1	1	25	四级	用力要均匀	
57		2. 触摸高温分流片,导致人员烫伤	25	1	1	25	四级	穿戴全套工作服,佩戴防护手套,注意避免触碰周围的高温物品	
58		3. 松弓形卡具时分流片与母线打火花,导致人员烧伤	25	1	1	25	四级	将防护面罩放至下限位,松开弓形卡具前,确保天车吊稳分流片	
59		4. 在使用天车吊运分流片时发生掉落,导致人员砸伤	25	1	1	25	四级	在使用天车吊运分流片时,应等冷却后再吊运,吊运前检查吊带是否完好	
60		5. 强磁场分流片(铁质)抓不稳,导致人员挤伤	25	1	1	25	四级	抓好、扶好分流片	
61		6. 天车上掉异物,导致人员砸伤	25	2	1	50	四级	(1)检查天车附件是否松动,确保运行时不会掉落 (2)检修完天车后要清理检修点,确保无遗留工具或零件	
62	复紧卡具、拆软连接	1. 站位不当,导致人员摔伤	25	2	1	50	四级	选好站位,确认周围环境无障碍物	
63		2. 复紧卡具时用力不均,导致人员扭伤	25	2	1	50	四级	复紧卡具时要用力均匀,动作平缓	
64		3. 风动扳手接头连接不牢,导致人员伤害	25	2	1	50	四级	使用风动扳手前检查接头是否牢固	
65		4. 松弓形卡具时不注意软连接掉落,导致人员砸伤	25	2	1	50	四级	松弓形卡具前确认软连接牢靠	
66		5. 搬运软连接时拿不稳,导致人员砸伤	25	2	1	50	四级	搬运时要拿稳,注意脚下	
67		6. 高温软连接导致人员烫伤	25	2	1	50	四级	穿戴齐全工作服,佩戴防护手套	
68		7. 夏天高温、工作量大,不注意休息,导致人员中暑	25	2	1	50	四级	高温环境工作量大,注意合理休息,多喝淡盐水	
69		8. 人工搬运软连接过程中发生人员绊倒、摔伤	25	2	1	50	四级	搬运时要拿稳,注意脚下	

续表

序号	主要操作步骤	存在的风险	风险等级分析					主要防控措施	备注
			后果	暴露	可能性	风险值	风险等级		
70	启动	1. 电解质包倒包口堵了，铝包倾斜过大，导致电解质大量涌出	50	2	1	100	三级	（1）倒包前检查倒包口 （2）有堵的，应及时清理 （3）倒包时，专人扶好包管，匀速倾斜包体	
71		2. 灌电解质时炉底有人进行测量作业，导致人员烫伤	50	2	1	100	三级	（1）灌电解质前通知相关人员不能进行该区域炉底作业 （2）灌电解质前确认炉底无人作业	
72		3. 抬阳极过快，导致脱离电解质	50	3	2	300	二级	（1）抬阳极过程中应仔细观察电解质液面 （2）听从指挥员命令	
73		4. 小盒卡具没有复紧，导致大面积阳极下滑、脱落	50	1	2	100	三级	复紧卡具，如没效果，应及时更换卡具	
74		5. 电动摇包漏电，导致人员触电	50	2	1	100	三级	（1）检查摇包装置是否完好 （2）有异常的，应及时更换	
75		6. 人员未离开就接通抬包摇包电源，导致转轮伤人	50	1	1	50	四级	应先接好抬包电机，确认人员离开后再送电	
76		7. 手动摇包时离电解质太近，导致人员烫伤	50	1	1	50	四级	手动摇包时，应当拿挡板进行隔离	
77		8. 叉车未叉好溜槽，导致人员砸伤	50	1	1	50	四级	专人指挥叉车放溜槽，并与叉车保持安全距离	
78		9. 电解质溜槽潮湿，导致人员烫伤	50	1	1	50	四级	倒电解质前，溜槽应拿效应棒进行预热	
79		10. 打捞炭渣时工器具未预热，导致爆炸	50	2	1	100	三级	打捞炭渣时穿戴全套工作服，将防护面罩放至下限位，并穿隔热服	
80		11. 推料时烟粉尘过大，被人员吸入身体后，导致职业病	50	1	1	50	四级	推料时要佩戴防尘口罩	

续表

序号	主要操作步骤	存在的风险	风险等级分析					主要防控措施	备注
			后果	暴露	可能性	风险值	风险等级		
81	启动	12. 打壳锤头周边火眼的电解质、物料喷出，导致人员烫伤	50	2	3	300	二级	推料时要佩戴防护面罩，且防护面罩要放至下限位	
82		13. 小盒卡具、挂钩大面积出现发红、熔断，导致短路放炮	50	1	1	50	四级	复紧卡具，如没效果，须及时更换卡具	
83	灌铝	1. 电动摇包漏电，导致人员触电	50	0.5	1	25	四级	检查摇包装置是否完好，有异常的，应及时更换	
84		2. 人员未离开就接通抬包摇包电源，导致转轮伤人	50	0.5	1	25	四级	应先接好抬包电机，确认人员离开后再送电	
85		3. 手动摇包时离铝水太近，导致铝水飞溅，烫伤工作人员	50	0.5	1	25	四级	手动摇包时应当拿挡板进行隔离	
86		4. 铝包倒包口堵了、铝包倾斜过大，导致铝水大量涌出	50	2	1	100	三级	倒包前检查倒包口，及时清理倒包口	
87		5. 叉车未叉好溜槽，导致人员砸伤	50	0.5	1	25	四级	专人指挥叉车放溜槽，并与叉车保持安全距离	
88		6. 铝溜槽潮湿，导致爆炸	50	0.5	1	25	四级	灌铝前，溜槽应拿效应棒进行预热	
89		7. 灌铝时炉底有人员作业，铝液溅出，导致人员烫伤	50	2	1	100	三级	灌铝前，通知相关人员不能进行该区域炉底作业，并确认炉底无人作业	
90		8. 铝水倒入过快，导致铝液飞溅，造成人员烫伤	50	0.5	1	25	四级	灌铝时应匀速倒入，不能时快时慢	
91		9. 灌铝后未及时测量三钢温度，导致渗铝、漏炉	50	0.5	1	25	四级	灌完第一包铝后，及时测量三钢温度及电流分布，发现异常时及时处理	
92		10. 抬电压过快，阳极脱离电解质，导致效应或放炮	50	0.5	1	25	四级	抬阳极过程中应观察电解质液面和听从指挥员命令	
93		11. 灌铝后不及时测量电流分布，导致阳极大面积导电、阳极脱落	50	0.5	1	25	四级	灌铝后，及时测量电流分布，及时调整阳极	

表 3.2 装炉、焙烧、启动（天然气）作业安全风险辨识及防控措施一览表

序号	主要操作步骤	存在的风险	风险等级分析					主要防控措施	备注
			后果	暴露	可能性	风险值	风险等级		
1	作业前检查人员状态和劳动保护用品穿戴情况	1. 作业人员班前喝酒、睡眠不足、精神状态不好等，导致作业过程中注意力不集中	5	6	0.5	15	四级	作业前，班长检查作业人员是否酒后上岗，询问是否身体不适，观察其精神状态，确认良好后方可作业	
2		2. 作业人员因患高血压等疾病身体不适，导致作业过程中发生危险	5	6	0.5	15	四级	作业前，班长询问患病人员是否身体不适，确认良好后方可作业，作业过程中多关注其精神状态	
3		3. 未按规定着装（工作服、劳保鞋、安全帽、防尘口罩、防护面罩），导致烫伤、碰伤、扭伤、砸伤等	5	6	0.5	15	四级	作业前，将工作服拉链拉到位，纽扣系好，工作服穿着做到"三紧"，系好劳保鞋鞋带，系好安全帽下颏带，裤腿放在鞋帮外，戴好口罩和防护手套，作业时防护面罩放到位	
4	作业前风险评价	1. 未开展作业风险辨识，导致人员伤害	5	6	0.5	15	四级	每次启动槽作业前要进行风险辨识	
5		2. 未结合现场实际进行风险辨识，导致人员伤害	5	6	3	90	三级	风险辨识要结合现场实际，要根据工作环境的变化完善辨识内容	
6		3. 风险辨识有遗漏，导致人员伤害	5	6	0.5	15	四级	按照作业步骤，逐步进行辨识	
7		4. 未明确作业负责人，未确定互联互保人员，导致人员伤害	5	6	0.5	15	四级	指定作业负责人和互联互保人员	
8		5. 不掌握作业时的风险和防控措施，导致人员伤害	5	6	3	90	三级	抽查启动槽作业人员对存在的风险和防控措施的掌握情况	
9		6. 不清楚槽作业风险的防控措施，导致人员伤害	5	6	0.5	15	四级	对照口袋卡和作业任务中存在的风险手指口述逐项进行提示提醒并落实安全措施	

续表

序号	主要操作步骤	存在的风险	后果	暴露	可能性	风险值	风险等级	主要防控措施	备注
10	工器具检查及准备工作	1. 铁锹破损，导致人员碰伤、摔伤	5	6	3	90	三级	禁止使用破损的铁锹，若存在问题，应及时更换	
11		2. 吊运物料时固使用的吊链有裂纹、磨损严重、钩头变形或无钩头卡片而发生吊链断裂，导致人员砸伤、碰伤	25	3	3	225	二级	使用前对吊链外观进行检查，若发现有裂纹、磨损严重、钩头变形或无钩头卡片，要及时更换	
12		3. 撬棍变形严重，导致人员碰伤	5	2	3	30	四级	禁止使用变形严重的撬棍，若存在问题，应及时更换	
13		4. 加力扳手有裂纹或变形磨损严重，导致人员摔伤	5	6	3	90	三级	禁止使用有缺陷的加力扳手，若存在问题，应及时更换	
14	挂极	1. 被吊运的阳极掉落，导致人员砸伤或设备损坏	25	2	3	150	三级	（1）吊运阳极时，人员确保站位安全 （2）吊运前检查阳极导杆有无开焊松动，阳极夹具是否卡紧挂牢	
15		2. 在安装阳极小盒卡具时，发生人员挤伤、砸伤	25	2	1	50	四级	安装阳极小盒卡具时，人员必须站稳，两人配合，双手握紧丝杆上下两端，对准卡具吊耳，防止卡具掉落伤人	
16		3. 在复紧阳极小盒卡具时，发生人员摔伤、砸伤	25	2	1	50	四级	（1）复紧阳极小盒卡具时，必须前推紧固、力度适中，防止卡具吊耳断裂伤人 （2）严禁人员站在正被吊运的阳极上进行操作 （3）严禁单人进行挂极作业	
17	装炉	1. 焙烧安装天然气钢盖板时，导致人员挤伤、砸伤	5	3	1	15	四级	装炉时覆盖钢盖板，必须双人配合抓稳，相互确认后再放置，防止钢盖板砸伤、挤伤作业人员	
18		2. 添加覆盖料时，发生人员挤伤、砸伤	5	3	1	15	四级	（1）装炉时吊运大包物料，检查大包吊装带是否完好 （2）人员保持安全站位 （3）待装有覆盖料的大包降至阳极钢爪上方50 cm后，人员再靠近作业	

续表

序号	主要操作步骤	存在的风险	风险等级分析					主要防控措施	备注
			后果	暴露	可能性	风险值	风险等级		
19	焙烧	1. 焙烧期间人员拿铁制工具在槽间穿行，搭接母线或天然气管线，导致人员触电或爆炸	50	2	1	100	三级	（1）严禁拿铁制工具穿行于焙烧设备间 （2）严禁在天然气管道上搭接连金属物	
20		2. 天然气发生泄漏，导致爆炸	50	2	1	100	三级	安排专人定时巡检天然气焙烧装置，发现漏气及时开窗通风并报修处理	
21		3. 私自揭开天然气盖板，导致人员灼伤	50	1	1	50	四级	严禁私自揭开天然气盖板	
22		4. 不佩戴防尘口罩，导致人员患职业病	50	1	1	50	四级	规范佩戴防尘口罩	
23		5. 近距离观察烧嘴火焰，导致人员烫伤	50	2	1	100	三级	观察火焰时，必须佩戴防护眼镜或防护面罩	
24	取下焙烧专用槽罩板	1. 搬运天然气盖板时发生滑脱，导致人员砸伤	5	2	1	10	四级	搬运天然气盖板时抓好，注意脚下的障碍物	
25		2. 搬运天然气盖板时发生滑脱，导致人员灼烫	5	2	1	10	四级	佩戴好帆布手套后再进行搬运	
26		3. 在取下天然气盖板时，作业人员吸入高温气体，影响呼吸系统，且高温物料有灼伤眼睛的危险	5	6	3	90	三级	规范佩戴防尘口罩和防护眼罩	
27	紧固卡具	1. 加力扳手有裂纹或扳口变形磨损严重，导致人员摔伤	5	6	3	90	三级	禁止使用有缺陷的加力扳手，存在问题时应及时更换	
28		2. 紧固卡具的方式不正确（用拉的方式），导致人员摔倒	25	2	1	50	四级	紧固卡具时使用推的方式，确保行经方向在自己的视线内	
29		3. 阳极小盒卡具及卡具吊耳损坏，导致人员摔伤	25	2	1	50	四级	检查确认卡具及卡具吊耳完好	
30	确认真空抬包、灌电解质溜槽准备到位	1. 未确认空抬包、倾倒装置、电源及溜槽是否完好，导致取灌电解质过程中发生人员烫伤	5	2	1	10	四级	操作前检查设备设施，有缺陷的应及时更换且要准备好应急工具	

续表

序号	主要操作步骤	存在的风险	风险等级分析					主要防控措施	备注
			后果	暴露	可能性	风险值	风险等级		
31	确认真空抬包、灌电解质溜槽准备到位	2. 电解质溜槽潮湿，导致爆炸	5	6	3	90	三级	灌电解质前，对溜槽进行烘干、预热处理	
32		3. 溜槽摆放歪斜，取灌电解质过程中电解质涌出，导致设备损坏	5	6	3	90	三级	安排专人指挥摆放溜槽，确认摆放到位后再进行作业	
33		4. 花算及门式立柱未做防护，导致绝缘破损、打火	5	2	1	10	四级	（1）溜槽正对电解槽出铝口 （2）使用石棉板等耐火材料进行隔离防护	
34	确认槽控机、阳极提升机构、多功能机组、下料系统等设备完好	1. 不完好的槽控机会引发系列安全	25	2	1	50	四级	操作前检查设备设施，有缺陷的应及时处理	
35		2. 阳极提升机构发生故障，无法升降电压，会引发系列安全	5	2	1	10	四级	启动前确认阳极提升机构完好，出现故障时应及时修复	
36		3. 多功能机组发生故障，延误通电时间，导致电解槽无法启动，或附件掉落，砸伤地面作业人员	5	2	1	10	四级	（1）启动前确认多功能机组正常，出现故障时应及时修复 （2）严禁站在多功能机组主小车下进行作业	
37		4. 下料系统发生故障，导致新启动槽无法及时熄灭效应，引发系列安全	25	2	1	50	四级	（1）启动前确认下料系统完好，出现故障时应及时修复 （2）启动现场准备两包氧化铝备用	
38	抽取电解质	1. 防护面罩未放下，导致人员烫伤	5	2	3	30	四级	劳动保护用品穿戴齐全，防护面罩放到位	
39		2. 真空包包管潮湿，导致人员烫伤	25	2	3	150	三级	作业前进行出铝包预热处理	
40		3. 因抽取过满发生液体流出，导致人员烫伤	5	2	3	30	四级	看电子秤显示的重量，严禁出铝包毛重大于额定重量	
41		4. 倒铝口盖紧固不牢靠，导致喷出高温液体	5	2	3	30	四级	（1）检查并紧固倒铝口盖 （2）在抽取、吊运铝包时，人员远离倒铝口	
42		5. 吸铝管断裂，导致人员砸伤	5	2	3	30	四级	（1）检查吸铝管和支撑架是否完好 （2）严禁人员在吸铝管下穿行	

续表

序号	主要操作步骤	存在的风险	风险等级分析					主要防控措施	备注
			后果	暴露	可能性	风险值	风险等级		
43	取出烧嘴、燃烧架	1. 没有专人指挥监护协调，导致作业现场混乱	5	2	3	30	四级	（1）确保作业现场无障碍物 （2）设专人指挥作业人员有序搬移燃烧架和拔移烧嘴	
44		2. 未佩戴防护手套，导致烫伤	25	2	3	150	三级	佩戴完好的防护手套	
45		3. 裤腿未放在电解靴鞋帮外，导致人员烫伤	5	2	3	30	四级	裤腿要放在电解靴鞋帮外	
46		4. 未正确佩戴防护面罩，导致人员烫伤	25	2	3	150	三级	将防护面罩放到下限位	
47		5. 未佩戴防尘口罩和防护眼罩，导致人员伤害	5	2	3	30	四级	作业前规范佩戴防尘口罩、防护眼罩	
48	降阳极	1. 槽控机漏电绝缘失效，导致人员触电	50	2	1	100	三级	电工对槽控机进行绝缘检查，确保正常后再进行操作	
49		2. 未确认阳极降按钮，导致误操作	50	2	1	100	三级	操作前确认阳极降按钮，严禁出现误操作	
50	灌入电解质	1. 灌入电解质的速度快，导致人员烫伤	5	3	1	15	四级	指挥天车将包口正对溜槽，使用专用工具稳定倒铝口，缓慢地灌入电解质	
51		2. 天车吊包指令不清，导致碰伤操作人员	5	3	1	15	四级	天车工听从专人指挥，指令不清时不得操作天车	
52		3. 未佩戴防尘口罩，导致职业危害	5	3	1	15	四级	规范佩戴防尘口罩	
53		4. 灌入电解槽内的电解质外溢，流到槽底及母线上，导致人员烫伤或打火放炮	50	3	1	150	三级	（1）灌电解质前通知相关人员不能在该区域进行炉底作业，并确认炉底无人作业 （2）安排专人查看灌入电解槽内电解质的总量，及时停止灌电解质	
54	电解槽通电	1. 通电期间人员在电解槽间穿行，导致人员触电	50	2	1	100	三级	通电前，确保电解槽间无人作业，通电过程中严禁人员进入	
55		2. 通电后电解槽烟气大，人员未佩戴防尘口罩，导致职业危害	50	1	1	50	四级	规范佩戴防尘口罩	

续表

序号	主要操作步骤	存在的风险	风险等级分析					主要防控措施	备注
			后果	暴露	可能性	风险值	风险等级		
56	升阳极，接通槽控机	1. 槽控箱漏电绝缘失效，导致人员触电	50	2	1	100	三级	电工对槽控机进行绝缘检查，确保正常后再进行操作	
57		2. 抬电压时指令不清，导致离极放炮	50	1	0.5	25	四级	指令清晰，讲话速度要缓慢	
58		3. 母线上限位损坏，导致离极放炮	50	1	0.5	25	四级	检查上限位是否安全、可靠，出现故障时应及时报修	
59	取出围挡铁板及覆盖铁板	1. 取出覆盖铁板时，身体距高温点太近并弯腰低，导致被热浪带起的热料烫伤	5	2	1	10	四级	身体与覆盖铁板保持一定的距离，禁止大幅度弯腰取覆盖铁板	
60		2. 取出铁板过程中用力过猛，导致人员伤害	5	2	1	10	四级	（1）佩戴防护手套和防尘口罩，裤腿放在电解靴鞋帮外 （2）听从专人指挥，有序操作	
61		3. 未佩戴防尘口罩，导致职业危害	5	2	1	10	四级	规范佩戴防尘口罩	
62		4. 在使用天车和专用工具取铁板的过程中，发生人员烫伤、砸伤	5	2	1	10	四级	（1）取铁板时要用力均匀 （2）将防护面罩放至下限位	
63	将阳极上的物料扒入槽内	1. 扒料过程中热料飞溅，导致人员烫伤	5	2	1	10	四级	劳动保护用品穿戴齐全，防护面罩放到位，系好袖口，裤腿放到电解靴鞋帮外	
64		2. 用力过猛，导致人员摔伤	5	2	1	10	四级	操作时动作不可过猛，安排专人指挥，配合操作	
65		3. 高温烟气，导致职业危害	5	2	1	10	四级	规范佩戴防尘口罩	
66	覆盖槽罩板	1. 槽罩板放置不稳，导致砸伤	5	2	1	10	四级	搬运槽罩板时抓好，注意脚下的障碍物	
67		2. 高温槽罩板，导致灼烫	5	2	3	30	四级	佩戴好帆布手套后再进行搬运	
68		3. 高温烟气，导致职业危害	5	2	1	10	四级	规范佩戴防尘口罩及防护面罩	
69	整理工器具，清理作业现场	1. 工器具未定置存放，导致人员碰伤、磕伤	5	2	1	10	四级	工器具定置存放	
70		2. 作业现场未清理干净，导致人员滑倒、碰伤、磕伤	5	2	1	10	四级	作业现场清理干净	

续表

序号	主要操作步骤	存在的风险	风险等级分析					主要防控措施	备注
			后果	暴露	可能性	风险值	风险等级		
71	整理工器具，清理作业现场	3. 拿取未冷却的工器具，导致人员烫伤	5	2	1	10	四级	待工器具冷却后再使用	
72		4. 将热的工具放入工具箱，引发火灾	5	2	3	30	四级	待工器具冷却后再将其放入工具箱	
73	加入适量的纯碱调整电解质体系	1. 潮湿物料爆炸，导致人员烫伤	5	2	3	30	四级	人员添加物料前要进行检查确认，潮湿物料要进行预热	
74		2. 扔大块用力过猛，发生电解质飞溅，导致人员烫伤	5	2	3	30	四级	操作时动作不可过猛，两人配合操作，劳动保护用品穿戴齐全	
75		3. 物料飞扬，导致职业危害	5	2	1	10	四级	规范佩戴防尘口罩及防护面罩	
76	启动48 h后灌入液体铝	1. 灌入铝液速度快，导致人员烫伤	5	2	3	30	四级	操作天车时将包口正对溜槽，使用专用工具稳定倒铝口，缓慢地灌入电解质	
77		2. 天车吊包指令不清，导致碰伤操作人员	5	2	1	10	四级	天车工听从专人指挥，若指令不清，不得操作天车	
78		3. 未佩戴防尘口罩，导致职业危害	5	2	1	10	四级	（1）操作人员正确站位，距离包口应保持3 m以上 （2）规范佩戴防尘口罩和防护面罩	
79		4. 灌铝时，溜槽中的铝液外溢，流入-3.5 m	25	3	1	75	三级	天车工听从专人指挥，若指令不清，不得操作天车	
80	用氧化铝破碎块封壳	1. 潮湿物料爆炸，导致人员烫伤	5	2	3	30	四级	人员添加物料时要检查确认，要对潮湿物料进行预热	
81		2. 扔大块用力过猛，发生电解质飞溅，导致人员烫伤	5	2	3	30	四级	操作时动作不可过猛，劳动保护用品要穿戴齐全	
82		3. 未佩戴防尘口罩，导致职业危害	5	2	1	10	四级	（1）防护面罩放至下限位 （2）规范佩戴防尘口罩 （3）打开的槽盖板要及时进行覆盖	

表 3.3 出铝作业安全风险辨识及防控措施一览表

序号	主要操作步骤	存在的风险	风险等级分析					主要防控措施	备注
			后果	暴露	可能性	风险值	风险等级		
1	作业前检查人员状态和劳动保护用品穿戴情况	1. 作业人员班前喝酒、睡眠不足、精神状态不好等，导致作业过程中注意力不集中	5	6	0.5	15	四级	作业前，班长检查作业人员是否酒后上岗，询问是否身体不适，观察其精神状态，确认良好后方可作业	
2		2. 作业人员因患高血压等疾病身体不适，导致作业过程中发生危险	5	6	0.5	15	四级	作业前，班长询问患病人员是否身体不适，确认良好后方可作业，作业过程中多关注其精神状态	
3		3. 未按规定着装（工作服、劳保鞋、安全帽、防尘口罩、防护面罩），导致烫伤、碰伤、扭伤、砸伤等	5	6	0.5	15	四级	作业前，将工作服拉链拉到位，纽扣系好，工作服穿着做到"三紧"，系好劳保鞋鞋带，系好安全帽下颏带，裤腿放在鞋帮外，戴好口罩和防护手套，作业时防护面罩放到位	
4	作业前风险评价	1. 未开展作业风险辨识，导致人员伤害	5	6	0.5	15	四级	每次作业前要进行风险辨识	
5		2. 未结合现场实际进行风险辨识，导致人员伤害	5	6	3	90	三级	风险辨识要结合现场实际，要根据工作环境的变化完善辨识内容	
6		3. 风险辨识有遗漏，导致人员伤害	5	6	0.5	15	四级	按照作业步骤，逐步进行辨识	
7		4. 未明确作业负责人，未确定互联互保人员，导致人员伤害	5	6	0.5	15	四级	指定作业负责人和互联互保人员	
8		5. 不掌握作业时的风险和防控措施，导致人员伤害	5	6	3	90	三级	抽查作业人员对存在的风险和防控措施的掌握情况	
9		6. 不清楚槽作业风险的防控措施，导致人员伤害	5	6	0.5	15	四级	对照口袋卡和作业任务中存在的风险手指口述逐项进行提示提醒并落实安全措施	
10	工器具检查及准备工作	1. 工器具破损残缺，导致人员碰伤、摔伤	5	2	1	10	四级	作业前检查工器具，有缺陷或破损的应及时更换	
11		2. 使用破损的铁锹，导致人员烫伤	5	2	1	10	四级	禁止使用破损的铁锹，存在问题时应及时更换	

续表

序号	主要操作步骤	存在的风险	风险等级分析					主要防控措施	备注
			后果	暴露	可能性	风险值	风险等级		
12	工器具检查及准备工作	3. 撬棍断裂，导致人员伤害	5	2	1	10	四级	禁止使用变形严重的撬棍，存在问题时应及时更换	
13		4. 加力扳手有裂纹或扳口变形磨损严重，导致人员摔伤	5	2	1	10	四级	禁止使用有裂纹或扳口变形磨损严重的加力扳手，存在问题时应及时更换	
14	检查真空包、紧固螺栓	1. 真空包包皮超出规定重量，出铝过程中铝液冒包，导致出铝人员烫伤	5	6	1	30	四级	出包前检查包皮重量，如超重，禁止使用	
15		2. 出铝工站在车上检查出铝包、紧固螺栓，导致烫伤和滑脱坠落	5	6	1	30	四级	在车上检查出铝包或紧固螺栓时，必须系好安全带	
16		3. 抬包未充分烘干，导致爆炸及人员烫伤	5	6	3	90	三级	（1）新使用、修补过或间断使用的铝包应做标识 （2）提醒使用人员应预热后方可使用 （3）预热好的真空包，不得用压缩空气和其他潮湿工具对喷射泵进行除灰，以防带进水分	
17	吊抬包	1. 吊钩挂得不到位，导致吊运过程中发生抬包掉落	15	6	0.5	45	四级	确认吊钩挂到位后再指挥天车起吊	
18		2. 人员接触高温的抬包，导致烫伤	5	6	1	30	四级	（1）禁止徒手接触抬包 （2）人员与出铝包保持3 m以上安全距离	
19	确认出铝槽号	1. 出现单槽重复出铝等未确认槽号情况，导致电解槽波动	5	6	3	90	三级	出铝工、天车工、电解工三方确认后方可出铝	
20	看电压、打出铝键	1. 槽控机控制失灵、电压升高引发效应，导致短路口打火或爆炸	25	6	0.5	75	三级	（1）出铝过程中安排专人监控电压 （2）出铝过程中如槽控机失控或导致效应，立即停止出铝	
21		2. 未打出铝信号，导致离极放炮	25	6	0.5	75	三级	（1）严格执行"出铝五确认"，不打出铝信号严禁出铝 （2）确认出铝灯亮且降电压动作有效	

续表

序号	主要操作步骤	存在的风险	风险等级分析					主要防控措施	备注
			后果	暴露	可能性	风险值	风险等级		
22	指挥天车下吸铝管	1. 吸铝管插入出铝口的位置不正确，导致碰断吸铝管	5	6	3	90	三级	出铝工指挥天车缓慢将吸铝管插入出铝口	
23		2. 下吸铝管过程中电解质或炭渣喷溅，导致人员面部烫伤	5	6	1	30	四级	下吸铝管时必须戴好防护面罩	
24		3. 人员站位不当，导致出铝包碰伤人员	5	6	1	30	四级	操作人员侧对倒铝口，确认周围环境无障碍物	
25	开风、吸出铝液	1. 风管崩开，碰伤人员	5	6	1	30	四级	（1）连接风管后，确保连接到位 （2）开风时，人员远离出铝包	
26	观察出铝量	1. 超量吸入铝液，导致铝液喷出	5	6	1	30	四级	（1）控制出铝量，严格按照出铝任务出铝 （2）出铝时，作业人员应距离观察口侧面 15 cm 以外进行观察 （3）铝液盛装不能过满，铝液面应低于铝包口 20 cm 左右 （4）严禁站在包盖背面作业，防止突然爆炸包盖弹起伤人 （5）确保出铝时间不低于 3 min，低于 3 min 的应及时停止出铝	
27	吊出铝包	1. 铝液溢出，导致人员烫伤	5	6	1	30	四级	出铝工扶好包轮，天车缓慢吊出出铝包	
28		2. 人员站位不当，导致出铝包碰伤人员	5	6	1	30	四级	操作时站在平整的地面上，侧对倒铝口	
29		3. 出包过程中与周围设备设施碰撞，导致人员伤害	5	6	1	30	四级	天车工在出包前观察周围环境，确认安全后再进行操作	

续表

序号	主要操作步骤	存在的风险	风险等级分析					主要防控措施	备注
			后果	暴露	可能性	风险值	风险等级		
30	吊运至铝包车抬包座	1. 抬包倾覆铝液溢出，导致人员烫伤或车辆烧损	25	6	0.5	75	三级	（1）行车前检查车辆状态，平缓启动 （2）严禁急转弯，行驶时控制车速 （3）禁止急行或急停车	
31		2. 出铝包包壁破损，导致人员烫伤或车辆烧损	25	6	0.5	75	三级	（1）出铝过程中观察出铝包包壁温度 （2）发现出铝包包壁发红，立即停止使用	
32		3. 放置在抬包座上的铝包吊环直立放置，导致运行的天车驾驶室与抬包吊环发生碰撞，抬包倾翻或天车驾驶室损坏	25	6	0.5	75	三级	将抬包吊环放平	
33		4. 吊运过程中有人靠近，导致碰伤、烫伤	5	6	1	30	四级	3 m范围内严禁其他人员靠近	
34		5. 在出铝包未放稳、天车出铝钩未摘开或摘开后天车未停在指定位置时，拉铝车启动，导致天车主钩等部件损坏、出铝包倾倒	25	6	0.5	75	三级	（1）出铝工应配合多功能机手将铝包平稳放置在拉铝车上 （2）作业前将拉铝车钥匙交给多功能机手，待多功能机手所有作业完成，确认出铝包安全就位后，将拉铝车钥匙交给司机	
35		6. 天车吊运过程中发生真空包晃动，导致碰伤人员或损坏设备	5	6	1	30	四级	吊运过程中应保持缓慢平稳	
36		7. 吊运过程中误操作高速挡，导致抬包晃动或移动距离超出预期，与周围人员、设备发生碰撞	25	6	0.5	75	三级	（1）吊运过程缓慢平稳 （2）注意司机安全 （3）严禁高速挡操作	
37	整理工器具，清理作业现场	1. 工器具未定置存放，导致人员碰伤、磕伤、烫伤	5	6	0.5	15	四级	工器具定置存放	
38		2. 作业现场未清理干净，导致人员滑倒、碰伤、磕伤、烫伤	5	6	0.5	15	四级	作业现场清理干净	
39		3. 将未完全冷却的工器具放入工具箱，导致工具箱失火	5	6	0.5	15	四级	待工器具完全冷却后再放入工具箱	

表 3.4 换极作业安全风险辨识及防控措施一览表

序号	主要操作步骤	存在的风险	风险等级分析					主要防控措施	备注
			后果	暴露	可能性	风险值	风险等级		
1	作业前检查人员状态和劳动保护用品穿戴情况	1. 作业人员班前喝酒、睡眠不足、精神状态不好等，导致作业过程中注意力不集中	5	6	0.5	15	四级	作业前，班长检查作业人员是否酒后上岗，询问是否身体不适，观察其精神状态，确认良好后方可作业	
2		2. 作业人员因患高血压等疾病身体不适，导致作业过程中发生危险	5	6	0.5	15	四级	作业前，班长询问患病人员是否身体不适，确认良好后方可作业，作业过程中多关注其精神状态	
3		3. 未按规定着装（工作服、劳保鞋、安全帽、防尘口罩、防护面罩），导致烫伤、碰伤、扭伤、砸伤等	5	6	0.5	15	四级	作业前，将工作服拉链拉到位，纽扣系好，工作服穿着做到"三紧"，系好劳保鞋鞋带，系好安全帽下颏带，裤腿放在鞋帮外，戴好口罩和防护手套，作业时防护面罩放到位	
4	作业前风险评价	1. 未开展作业风险辨识，导致人员伤害	25	6	1	150	三级	每次换极作业前要进行风险辨识	
5		2. 未结合现场实际进行风险辨识，导致人员伤害	25	6	1	150	三级	风险辨识要结合现场实际，要根据工作环境的变化完善辨识内容	
6		3. 风险辨识有遗漏，导致人员伤害	5	6	1	30	四级	按照作业步骤，逐步进行辨识	
7		4. 未明确作业负责人、未确定互联互保人员，导致人员伤害	5	6	1	30	四级	指定作业负责人和互联互保人员	
8		5. 不掌握作业时的风险和防控措施，导致人员伤害	25	6	1	150	三级	抽查换极作业人员对存在的风险和防控措施的掌握情况	
9		6. 不清楚槽作业风险的防控措施，导致人员伤害	5	6	3	90	三级	对照口袋卡和作业任务中存在的风险手指口述逐项进行提示提醒并落实安全措施	
10	工器具检查及准备工作	1. 未对潮湿的工器具、效应杆进行预热处理，遇高温液体、物料发生爆炸，导致人员烫伤	5	2	3	30	四级	提前预热工器具、效应杆	

续表

序号	主要操作步骤	存在的风险	风险等级分析					主要防控措施	备注
			后果	暴露	可能性	风险值	风险等级		
11	工器具检查及准备工作	2. 破损的工器具，导致人员触电、碰伤、砸伤	5	2	3	30	四级	确认工器具完好，严禁使用破损的工器具	
12		3. 不戴手套，导致人员烫伤、灼伤、划伤	5	2	3	30	四级	佩戴好手套	
13		4. 工器具占用工艺车辆通道，导致车辆损坏	5	2	3	30	四级	工器具不能放在工艺车辆通道上	
14		5. 换极接料板放置不规范，导致电解槽漏电打火	5	2	3	30	四级	在放换极接料板时，确保不与花算和短路口搭接	
15	揭开槽罩确认槽号、极号	1. 揭开槽罩时槽罩放不稳，导致人员碰伤	5	2	3	30	四级	（1）放置槽罩的地方应平坦 （2）一个换极组盖板最多揭开四块，并将其整齐地叠放在附近的盖板上，最多叠放两层	
16		2. 槽内负压降低，烟气外溢，导致职业危害	5	2	3	30	四级	规范穿戴工作服、劳保鞋、安全帽、防尘口罩	
17		3. 槽盖板温度过高，导致人员烫伤	5	2	3	30	四级	佩戴防护手套，严禁人员徒手接触槽盖板	
18		4. 打壳时边部火眼炭渣、粉料喷出，导致人员烫伤、烧伤等	5	2	3	30	四级	规范佩戴防护面罩，且应将防护面罩放至下限位	
19	换极扒料	1. 防护面罩未放下，导致人员烫伤	5	6	3	90	三级	将防护面罩放至下限位	
20		2. 扒料时正对阳极，物料飞溅导致人员烫伤、碰伤	5	6	3	90	三级	作业时站到槽延板外侧，侧身站立	
21		3. 扒料时用力过猛，高温料瞬间飞溅，导致人员烫伤	5	2	3	30	四级	平稳扒料	

续表

序号	主要操作步骤	存在的风险	风险等级分析					主要防控措施	备注
			后果	暴露	可能性	风险值	风险等级		
22	换极扒料	4. 脚踩壳面，导致人员烫伤	5	2	6	60	四级	严禁脚踩阳极、壳面、钢爪，如需脚踩壳面作业，应将脚踏板放置平稳后，再踩在脚踏板上作业	
23		5. 打壳时边部火眼炭渣、粉料喷出，导致人员烫伤、烧伤	5	2	3	30	四级	佩戴防护面罩，电解槽打壳时，站位远离料口	
24		6. 使用工器具时，工器具与短路口搭接，导致放炮	5	2	3	30	四级	使用工器具时注意周围不要搭接	
25		7. 作业区域炉底有人作业或经过，热料掉入炉底，导致人员烫伤	5	2	3	30	四级	作业前确认炉底没人或告知相关人员	
26	天车开口	1. 防护面罩未放下，导致人员烫伤	50	2	1	100	三级	将防护面罩放至下限位	
27		2. 人员站在天车大臂下方，导致人员烫伤、碰伤	50	1	0.5	25	四级	严禁站在多功能天车工具小车和抓斗下方	
28		3. 多功能机手开动天车前未与主操人员沟通，导致人员碰伤	50	2	1	100	三级	开动天车前进行确认，并安排专人指挥多功能机手进行作业，机手不准私自作业	
29		4. 天车上掉落异物，导致起重伤害	50	2	1	100	三级	禁止穿越正在运行的天车臂	
30		5. 打壳时边部火眼炭渣、粉料喷出，导致人员烫伤、烧伤	50	1	0.5	25	四级	（1）作业时不能长时间在打壳机构正下方停留 （2）规范穿戴工作服、劳保鞋、安全帽、防尘口罩、防护面罩、防护手套	
31		6. 天车油管损坏，导致油漏到电解槽	50	2	1	100	三级	（1）发生火灾时，将天车及时开离着火点 （2）及时用灭火器进行灭火 （3）及时修复油管	
32		7. 长时间作业，导致人员中暑	50	1	1	50	四级	合理休息，补充水分	

续表

序号	主要操作步骤	存在的风险	风险等级分析					主要防控措施	备注
			后果	暴露	可能性	风险值	风险等级		
33	联系槽控机	1. 未操作对换极键，导致电解槽判断错误	5	1	1	5	四级	集中精力操作，操作后检查是否有误或没联系上槽控机	
34		2. 手动换极期间，电解槽长时间不下料，导致突发效应	5	1	1	5	四级	确保电解槽槽控机处在联机状态	
35	拔残极，检查残极情况，放残极	1. 操作过程中损坏短路口绝缘，导致短路口联电放炮	50	2	1	100	三级	扒极前短路口用绝缘保护罩做防护	
36		2. 操作人员与被吊运物品距离过近，如有物品掉落，将导致人员砸伤、挤伤、烫伤	50	2	1	100	三级	（1）严禁人员在天车工具小车下操作 （2）严禁人员穿越正在运行的设备 （3）作业人员距被吊运的阳极、残极保持3.5 m以上安全距离	
37		3. 天车夹具闭合度不够，吊运阳极时，阳极易掉落，导致人员碰伤	50	1	3	150	三级	（1）在使用天车吊运阳极时，需二次确认天车夹具是否卡紧 （2）操作天车时严禁联动操作，避免被吊运的阳极出现摆动现象	
38		4. 挂耳未摘除就启动天车挂住倾倒，导致设备损坏、人员砸伤	50	1	3	150	三级	（1）确认残极无倾斜后再摘除挂耳 （2）确认挂耳摘除后再启动天车	
39		5. 在吊运残极上的覆盖料时发生掉落，导致人员砸伤、烫伤	50	1	1	50	四级	（1）规范穿戴工作服、劳保鞋、安全帽、防尘口罩，确保防护面罩处于下限位 （2）严禁人员靠近被吊运的残极	
40		6. 在使用抓斗抓残极块时洒漏高温液体，导致人员烫伤、设备烧损、槽绝缘烧坏	50	1	3	150	三级	（1）吊起残极后在槽内液面上方停留，待液体电解质和铝液流干后，再行走 （2）严禁人员从抓斗下方穿行	
41		7. 托盘不平稳或阳极、残极底掌不平，导致倾倒	50	1	3	150	三级	（1）将阳极导杆及残极在托盘内放置平稳，及时放置防倒圈，防止残极倾倒 （2）残极底掌不平，必须将其放置在防倾倒托盘内	

续表

序号	主要操作步骤	存在的风险	风险等级分析					主要防控措施	备注
			后果	暴露	可能性	风险值	风险等级		
42	拔残极，检查残极情况，放残极	8. 阳极导杆爆炸焊开裂，导致导杆脱落	50	1	3	150	三级	拔残极前，检查阳极导杆爆炸焊是否开裂	
43		9. 松卡具时突发效应，导杆与水平母线打火花，导致铝渣飞溅	50	1	1	50	四级	松卡具时，若来效应，要及时复紧卡具或尽快使导杆脱离水平母线	
44		10. 在托盘潮湿、有水条件下放置残极，导致爆炸	50	1	1	50	四级	检查托盘是否有水、潮湿，若有，在进行铺粉料处理后再放残极	
45		11. 天车工误操作，导致损坏设备，对人员造成起重伤害	50	1	3	150	三级	（1）确认行走间隙防止碰撞设备 （2）作业时动作平缓 （3）天车工要集中精力操作，当换极人员发现操作不正确时，要及时提醒天车工	
46		12. 换极区域炉底有人作业或经过时块料掉落，导致人员砸伤、烫伤	50	1	1	50	四级	（1）换极前确认炉底是否有人 （2）在换极处铺设挡料板，防止热料掉入炉底	
47	勾块、捞渣、清理水平母线积灰	1. 勾块时用力过猛，热块瞬间飞溅，导致人员烫伤	50	1	1	50	四级	（1）规范穿戴工作服、劳保鞋、安全帽、防尘口罩，将防护面罩处于下限位 （2）勾块作业时，动作要平缓	
48		2. 身体站不稳，导致人员摔倒、碰伤、烫伤	50	1	1	50	四级	（1）清理脚下热块时禁止踩踏 （2）勾块作业时，动作要平缓	
49		3. 铲极缝时动作幅度过大或工器具损坏，导致人员掉入槽中	50	3	2	300	二级	（1）使用换极防护杆 （2）大块使用抓斗，小块用三齿耙打捞，用力均匀	
50		4. 使用工器具时不注意，导致工器具与短路口搭接放炮	50	1	1	50	四级	使用工器具时注意周围母线，保持安全距离	

续表

序号	主要操作步骤	存在的风险	风险等级分析					主要防控措施	备注
			后果	暴露	可能性	风险值	风险等级		
51	勾块、捞渣、清理水平母线积灰	5. 工器具未充分预热，导致电解质爆炸，烫伤人员	50	2	1	100	三级	检查确认工器具是否完好，对工器具进行预热，若有残缺破损，应及时更换	
52		6. 长时间作业，导致人员中暑	50	1	1	50	四级	合理休息，补充水分	
53		7. 站位不当，导致人员受伤	50	1	1	50	四级	（1）在操作抓斗吊运时，站在离抓斗正下方3.5 m以上的安全距离 （2）合理站位	
54	天车测高操作、人工测高操作	1. 天车阳极测高工具下滑，导致在测高工具下方发生人员砸伤	5	2	1	10	四级	操作时，与天车保持3.5 m以上的安全距离	
55		2. 人员作业时，未确认周围环境，导致人员砸伤、烫伤	5	2	1	10	四级	当人员穿行于换极区域时，应躲避天车，严禁触摸换极工具	
56		3. 与工艺车同行时，未确认周围人员，导致人员碰伤	5	2	1	10	四级	工艺车在换极区域前停车、鸣笛，以5 km/h的速度通过	
57		4. 人工测高站位不当，高温粉料、块料掉落，导致人员烫伤、烧伤	5	2	1	10	四级	（1）规范穿戴工作服、劳保鞋、安全帽、防尘口罩，将防护面罩处于下限位 （2）待阳极划线小车放置稳当后，再进行作业	
58		5. 天车上掉落异物，导致人员伤害	25	2	1	50	四级	严禁人员从天车下穿行	
59		6. 阳极导杆夹不稳，若发生掉落，将导致人员砸伤	25	2	3	150	三级	天车卡紧阳极后，作业人员进行二次确认	
60	天车吊运阳极	1. 人员与吊运的阳极未保持3.5 m以上的安全距离，导致吊物碰伤、烫伤人员	50	1	1	50	四级	在安全距离（3.5 m）以上操作	
61		2. 未确认同行的车辆，导致车辆与被吊运的阳极发生碰撞	50	1	1	50	四级	注意过往车辆，禁止穿行	
62		3. 未确认周围人员，导致人员碰伤	50	1	1	50	四级	严禁人员在吊物下逗留、穿行	

续表

序号	主要操作步骤	存在的风险	风险等级分析					主要防控措施	备注
			后果	暴露	可能性	风险值	风险等级		
63	天车吊运阳极	4. 天车工误操作，导致设备损坏	50	1	1	50	四级	天车工操作时要集中精力，换极人员也应时刻提醒	
64		5. 在吊运阳极的过程中，由于阳极旋转或摆动较大，导致阳极掉落	50	1	1	80	四级	（1）确认天车阳极提升机构的阳极卡销夹紧到位，无松脱、张开现象 （2）确保距被吊运阳极安全距离内无人员 （3）天车工操作轻柔，低速挡起步	
65	装回新极	1. 将潮湿的阳极放入电解槽中，导致人员烫伤	50	1	3	150	三级	（1）规范穿戴工作服、劳保鞋、安全帽、防尘口罩，将防护面罩处于下限位 （2）检查确认新极是否潮湿，放入新极前进行预热	
66		2. 松动的阳极脱落，导致人员砸伤	50	1	3	150	三级	换极前认真检查阳极的浇铸质量，如发现松动阳极，应立即更换	
67		3. 紧固卡具吊耳断裂崩出，导致人员伤害	50	1	3	150	三级	（1）严禁吊运松动阳极，人员安全站位 （2）吊运阳极时禁止人员靠近，机手负责管控警告	
68		4. 复紧卡具时脚踩高温物料，导致人员烫伤	50	2	3	300	三级	（1）紧固前检查确认卡具完好情况 （2）提前清理周围热块 （3）严禁人员脚踩高温物料复紧卡具	
69		5. 操作天车安装阳极时，动作幅度大，导致高温液体挤压飞溅烫伤人员	50	1	1	50	四级	平稳慢速放置阳极	
70		6. 未确认同行的车辆，导致车辆与被吊运的阳极发生碰撞	50	1	1	50	四级	确认周围环境车辆	
71		7. 未确认周围人员，导致人员碰伤	50	1	1	50	四级	人员操作站位应离小盒卡具正下方 1 m 以上	
72		8. 天车工误操作，导致设备损坏	50	1	3	150	三级	设专人指挥操作放极	
73		9. 装极后长时间电压异常，导致电解槽高温或电解液沸腾	50	1	1	50	四级	装极后及时检查电压是否异常	

续表

序号	主要操作步骤	存在的风险	风险等级分析					主要防控措施	备注
			后果	暴露	可能性	风险值	风险等级		
74	收边	1. 未使用脚踏板架中缝，导致人员踩空、烫伤	25	2	6	300	二级	（1）架中缝时，将脚踏板放置平稳后再进行操作 （2）先封边缝，后封中缝	
75		2. 未执行先封边缝、后封中缝，导致人员烫伤	25	2	6	300	三级	严禁脚踩阳极、壳面、钢爪操作	
76		3. 未将防护面罩放下，导致人员烫伤	25	2	1	50	四级	将防护面罩处于下限位	
77		4. 物料潮湿，发生爆炸，导致人员烫伤	25	2	1	50	四级	确认物料干燥	
78		5. 作业区域炉底有人作业，块料掉落，导致人员砸伤、烫伤	25	2	1	50	四级	（1）作业前确认炉底是否有人 （2）在换极处铺设挡料板，防止热料掉入炉底	
79		6. 在使用铝锤敲碎大块电解质块时，物料飞溅，导致人员砸伤、烫伤	25	2	1	50	四级	（1）将防护面罩处于下限位 （2）敲打力度不宜过猛	
80		7. 吸入大量粉尘，导致人员患职业病	25	2	1	50	四级	穿戴好劳动保护用品，将防护面罩放至下限位，佩戴好防尘口罩	
81		8. 长时间高温作业，导致人员中暑	25	2	1	50	四级	合理休息，补充水分	
82	天车下料	1. 天车行走和下料过程中人员未保持安全距离，物料集聚掉落，导致飞溅伤人	25	1	1	25	四级	（1）在安全距离（3.5 m）以上作业 （2）下料专人指挥天车配合作业	
83		2. 未戴防护面罩，导致人员烫伤	25	1	3	75	三级	规范穿戴工作服、劳保鞋、安全帽、防尘口罩，将防护面罩处于下限位	
84		3. 未使用挡板，物料飞扬，导致人员患职业病	25	1	1	25	四级	（1）下料时使用下料挡板 （2）佩戴防尘口罩	
85		4. 作业区域炉底有人作业，块料掉落，导致人员砸伤、烫伤	25	1	1	25	四级	（1）作业前确认炉底是否有人 （2）在换极处铺设挡料板，防止热料掉入炉底	
86		5. 天车上掉下异物，导致起重伤害	25	1	3	75	三级	严禁人员从天车下穿行	

续表

序号	主要操作步骤	存在的风险	风险等级分析					主要防控措施	备注
			后果	暴露	可能性	风险值	风险等级		
87	更换异常阳极、脱落极	1. 天车吊运过程中人员未保持安全距离，导致人员碰伤、砸伤	50	2	1	100	三级	设立安全距离，确保人员不在安全距离（3.5 m）范围外不准进行作业	
88		2. 夹具因有缺陷未夹牢残极，导致物体打击伤害	50	2	1	100	三级	（1）确认夹具安全可靠 （2）确认夹牢残极	
89		3. 劳动保护用品穿戴不齐全，导致人员高温烫伤	50	1	1	50	四级	规范穿戴工作服、劳保鞋、安全帽、防尘口罩，将防护面罩处于下限位	
90		4. 天车阳极提升机构上带着的阳极卡具松脱掉落，导致人员砸伤	50	2	1	100	三级	（1）严禁人员在带有阳极卡具的阳极提升机构下方行走或停留 （2）检查确认阳极卡具处于紧固挂牢状态	
91		5. 残极夹具打滑，阳极脱落，导致人员砸伤、烫伤	50	2	3	300	三级	（1）在残极夹具卡住脱落极后，需在确认夹稳后再进行起吊作业 （2）人员站在 3.5 m 以外	
92		6. 钢丝绳有缺陷或阳极断裂，导致人员砸伤、烫伤	50	2	3	300	三级	（1）将残极（导杆）正确放置在防倒架内，使用 O 形圈卡挡 （2）使用前检查钢丝绳是否有损坏、缺陷	
93	复紧阳极卡具	1. 用大扳手紧固阳极卡具螺丝时采用后拉方式用力过猛，导致人员伤害	25	2	1	50	四级	（1）严禁使用后拉动作复紧阳极卡具 （2）要前推复紧，用力均衡	
94		2. 未确认作业环境，导致人员碰伤	25	2	1	50	四级	作业前确认作业环境	
95		3. 扳手与阳极卡具结合不紧密，导致人员伤害	25	2	1	50	四级	在确认扳手与阳极卡具结合紧密后再进行紧固	
96		4. 人员站位不当，导致人员摔伤	25	2	1	50	四级	合理站位	

续表

序号	主要操作步骤	存在的风险	风险等级分析					主要防控措施	备注
			后果	暴露	可能性	风险值	风险等级		
97	处理卡具压降	1. 踩踏开焊、破损的槽盖板，导致人员摔伤、碰伤、烫伤	25	2	1	50	四级	（1）检查确认槽盖板是否完好、平稳放置 （2）严禁踩踏在残缺破损的槽盖板上进行操作	
98		2. 未佩挂安全带，导致人员坠落摔伤	25	2	1	50	四级	佩挂安全带	
99		3. 未戴手套，导致人员划伤	25	2	1	50	四级	戴好手套	
100		4. 打压降锤头松动脱落，人员重心不稳，导致摔伤	25	2	1	50	四级	检查好工器具	
101		5. 人员用力过猛，失去重心，导致摔伤	25	2	1	50	四级	打压降时，用力均衡	
102	导杆标线	1. 踩踏开焊、破损的槽盖板，导致人员摔伤、碰伤、烫伤	5	2	1	10	四级	（1）检查确认槽盖板是否完好牢固、平稳放置 （2）严禁踩踏残缺破损的槽盖板进行操作	
103		2. 下槽盖板时，未确认花箅环境，导致人员摔伤	5	2	1	10	四级	在完成导杆标线后再放置铁箅箕	
104		3. 未戴防护手套，导致人员烫伤	5	2	1	10	四级	戴好防护手套	
105	整理工器具，清理作业现场	1. 工器具未定置存放，导致人员碰伤、磕伤、烫伤	5	1	1	5	四级	工器具定置存放	
106		2. 作业现场未清理干净，导致人员碰伤、磕伤、烫伤	5	1	1	5	四级	将作业现场清理干净	
107		3. 工器具未完全冷却，导致工具箱失火	5	1	1	5	四级	待工器具完全冷却后再放入工具箱	
108		4. 没有拿稳工器具，发生工具掉落，导致人员砸伤	5	1	1	5	四级	拿稳、抓好工器具	

表 3.5 熄灭效应作业安全风险辨识及防控措施一览表

序号	主要操作步骤	存在的风险	风险等级分析					主要防控措施	备注
			后果	暴露	可能性	风险值	风险等级		
1	观察槽控机效应电压	1. 效应电压高于 30 V 使短路口绝缘板击穿，引发打火，导致系列停电	25	6	1	150	三级	当出现高电压效应时，严禁直接进行熄灭效应作业，应先检查效应电压，手动将效应电压调整至 30 V 以下后再作业	
2		2. 因效应电压高，电解质从火眼口或电解槽四周喷出，导致人员烫伤	5	3	3	45	四级	（1）劳动保护用品穿戴齐全 （2）严禁其他人员靠近来效应槽	
3		3. 因升降阳极误操作，使阳极脱离电解质液面，导致短路口爆炸	25	3	1	75	三级	来效应时严禁升降电压	
4	拿取效应棒	1. 在拿取效应棒时，动作幅度大，导致本人或他人受到伤害	5	3	0.5	7.5	四级	在拿取效应棒时，注意观察周边有无人员，拿好站稳后再行走	
5		2. 不戴防护手套，导致人员划伤	5	3	1	15	四级	戴好防护手套，防止划伤	
6		3. 效应棒未摆放到指定位置，导致人员绊倒、摔伤	5	3	1	15	四级	将效应棒摆放到指定的工具间，不能乱扔、乱放	
7		4. 人员在奔跑过程中不注意脚下情况，导致人员绊倒、摔伤	5	3	1	15	四级	（1）将作业现场物品定置摆放整齐 （2）现场路面平整，风格网无变形凸起	
8	打开电解槽炉门	1. 电解质、炭渣从火眼口喷溅，导致人员烫伤	5	6	3	90	三级	在打开槽罩或炉门时，戴好防护面罩，穿好护腿，观察槽内情况，及时躲避	
9		2. 打开槽罩或炉门时未戴好防护手套，导致人员烫伤	5	3	1	15	四级	戴好防护手套	
10		3. 吸入高温烟气或有害气体，导致人员患职业病	5	3	1	15	四级	打开炉门时，戴好防尘口罩，避开炉门正面	

续表

序号	主要操作步骤	存在的风险	风险等级分析					主要防控措施	备注
			后果	暴露	可能性	风险值	风险等级		
11	插入效应棒	1. 人员站位不当，导致烫伤	5	3	10	150	三级	（1）在熄灭阳极效应时，必须戴好防护面罩和护腿 （2）打开一面炉门，人员必须侧身站在另一面炉门后方	
12		2. 插入效应棒时电解质液体从出铝口喷出，导致人员烫伤	5	6	3	90	三级	在侧身站位插入效应棒时，观察电解槽情况，及时躲避	
13		3. 人员用脚踩效应棒，导致烫伤、碰伤	5	6	1	30	四级	当效应棒无法插入时，换另一块角部极插入，严禁用脚踩效应棒	
14		4. 当效应电压过高时，产生强烈的电弧光，操作工有灼伤眼睛的可能	5	6	1	30	四级	（1）规范佩戴劳动保护用品 （2）避开长时间直视电弧光	
15	打开槽罩板，检查下料口	1. 打开槽罩板时发生二次效应，手拿铁工具出现打火，导致人员触电、烫伤	25	3	1	75	三级	（1）进入槽间作业时，铁工具不得与风格网母线搭接 （2）当发生效应时，人员应迅速撤出	
16		2. 人员打开槽罩板时未站稳，导致摔倒、碰伤、划伤	5	3	3	45	四级	（1）使用双手抓牢盖板 （2）平稳放置在旁边的槽罩板上	
17		3. 不戴防护手套，导致人员烫伤	5	3	3	45	四级	戴好防护手套	
18		4. 打开的槽罩板接触电解槽与风格网，导致短路打火触电，或者槽罩板叠放较多，影响通行	5	3	3	45	四级	将打开的槽罩板平稳地摆放在相邻的槽罩上，一次不得打开较多，严禁将槽罩板与风格网、电解槽搭接	
19	处理火眼口积料	1. 使用扒料铁锹处理积料时出现高温物料、液体飞溅，导致人员烫伤	5	6	3	90	三级	扒料作业时，穿戴好劳动保护用品，不得用力过猛	

续表

序号	主要操作步骤	存在的风险	风险等级分析					主要防控措施	备注
			后果	暴露	可能性	风险值	风险等级		
20	处理火眼口积料	2. 人员脚踩壳面、阳极钢爪，导致烫伤	5	6	3	90	三级	（1）严禁脚踩壳面和阳极钢爪 （2）使用脚踏板	
21		3. 不戴防护手套，导致人员烫伤	5	3	3	45	四级	作业时戴好防护手套	
22		4. 槽内负压降低，烟气外溢，导致人员吸入烟气	5	3	3	45	四级	（1）减少盖板的揭开 （2）关好前后门	
23	处理粘连、堵料	1. 使用铁钎子击打粘连或堵料时用力过猛，人员因身体失去平衡后掉入槽内，导致烫伤	5	3	3	45	四级	（1）作业时不得用力过猛，脚下站稳踩实 （2）防止因身体失去平衡掉入槽内	
24		2. 人员脚踩钢梁、壳面，导致烫伤	5	6	3	90	三级	（1）严禁脚踩壳面和钢梁 （2）使用脚踏板	
25		3. 击打时高温物料、液体飞溅，导致人员烫伤	5	3	6	90	三级	（1）穿戴好劳动保护用品，不得用力过猛 （2）避开打壳时间	
26		4. 槽间风格网变形翘起，导致人员踩空摔伤	5	3	1	15	四级	在槽间行走时，注意观察脚下风格网，防止踩空摔伤	
27	整理工器具，覆盖槽罩板	1. 覆盖槽罩板时身体前倾幅度大，触碰其他部位，导致人员烫伤、碰伤	5	3	1	15	四级	（1）使用双手抓牢盖扳手柄 （2）将盖板平稳地放置在旁边槽盖板上	
28		2. 工器具未拿稳发生掉落或长工具连搭母线，导致短路打火	25	3	1	75	三级	（1）当人员拿着工器具在槽间穿行时，工器具要保持直立 （2）每次只能拿取一件铁工具	
29		3. 不戴防护手套，导致人员烫伤	5	3	3	45	四级	作业前戴好防护手套	
30	效应后打捞炭渣	1. 打捞炭渣时发生电解质液体喷溅，导致人员烫伤	5	6	3	90	三级	作业前戴好防护面罩与护腿	
31		2. 工器具接触电解槽，导致人员触电	5	3	1	15	四级	铁工具不得与电解槽、地坪搭接	

续表

序号	主要操作步骤	存在的风险	风险等级分析					主要防控措施	备注
			后果	暴露	可能性	风险值	风险等级		
32		3. 人员因用力过猛使身体失去平衡，导致摔伤	5	3	1	15	四级	作业时脚下站稳，缓慢操作，不得用力过猛	
33	效应后打捞炭渣	4. 热渣掉入地沟，导致下方人员烫伤、砸伤	5	3	0.1	1.5	四级	注意观察下方，有人员时应及时沟通避让	
34		5. 打捞过程中热渣未放到指定位置，导致人员脚面烫伤	5	3	1	15	四级	打捞出的炭渣应放到指定位置	

表3.6　抬母线作业安全风险辨识及防控措施一览表

序号	主要操作步骤	存在的风险	风险等级分析					主要防控措施	备注
			后果	暴露	可能性	风险值	风险等级		
1	作业前检查人员状态和劳动保护用品穿戴情况	1. 作业人员班前喝酒、睡眠不足、精神状态不好等，导致作业过程中注意力不集中	5	6	0.5	15	四级	作业前，班长检查作业人员是否酒后上岗，询问是否身体不适，观察其精神状态，确认良好后方可作业	
2		2. 作业人员因患高血压等疾病身体不适，导致作业过程中发生危险	5	6	0.5	15	四级	作业前，班长询问患病人员是否身体不适，确认良好后方可作业，作业过程中多关注其精神状态	
3		3. 未按规定着装（工作服、劳保鞋、安全帽、防尘口罩、防护面罩），导致烫伤、碰伤、扭伤、砸伤等	5	6	0.5	15	四级	作业前，将工作服拉链拉到位，纽扣系好，工作服穿着做到"三紧"，系好劳保鞋鞋带，系好安全帽下颌带，裤腿放在鞋帮外，戴好口罩和防护手套，作业时防护面罩放到位	
4	作业前风险评价	1. 未开展作业风险辨识，导致人员伤害	25	6	1	150	三级	每次启动槽作业前要进行风险辨识	
5		2. 未结合现场实际进行风险辨识，导致人员伤害	25	6	1	150	三级	风险辨识要结合现场实际，要根据工作环境的变化完善辨识内容	

续表

序号	主要操作步骤	存在的风险	风险等级分析					主要防控措施	备注
			后果	暴露	可能性	风险值	风险等级		
6	作业前风险评价	3. 风险辨识有遗漏，导致人员伤害	5	6	1	30	四级	按照作业步骤逐步进行辨识	
7		4. 未明确作业负责人，未确定互联互保人员，导致人员伤害	5	6	1	30	四级	指定作业负责人和互联互保人员	
8		5. 不掌握作业时的风险和防控措施，导致人员伤害	25	6	1	150	三级	抽查作业人员对存在的风险和防控措施的掌握情况	
9		6. 不清楚槽作业风险的防控措施，导致人员伤害	5	6	3	90	三级	对照口袋卡和作业任务中存在的风险手指口述逐项进行提示提醒并落实安全措施	
10	工器具检查及准备工作	1. 潮湿的工器具、效应杆未进行预热，遇高温液体物料发生爆炸，导致人员烫伤	5	2	3	30	四级	提前预热工器具、效应杆	
11		2. 工器具有缺陷，导致人员触电、碰伤、砸伤等	5	2	3	30	四级	确认工器具完好，严禁使用有缺陷的工器具	
12	确认天车固定吊副钩抱闸动作灵敏，上下限位准确，钢丝绳完好，天车急停正常	1. 固定吊失效引起提升架滑落，导致人身伤害、设备损坏	25	6	1	150	三级	（1）检查确保固定吊正常 （2）试吊框架3次	
13		2. 钢丝绳卷入滚筒内错位，导致设备损坏	5	2	3	30	四级	检查确认钢丝绳完好，无缠绕、断股	
14		3. 在提升过程中钢丝绳断裂，导致提升架掉落	25	6	0.5	75	三级	缓慢起吊框架进行载重实验，试吊框架3次，确认固定吊不下滑	
15		4. 空压机无法正常启动，作业中松开、复紧卡具异常，导致系列安全	15	6	0.5	45	四级	在吊运框架前，启动空压机并检查风压情况	
16	检查母线提升框架	1. 人员未系安全带在框架上部作业，有掉落风险，导致摔伤	25	6	1	150	三级	（1）作业时现场设专人监护 （2）人员作业时系好安全带	
17		2. 人员上下框架过程中从爬梯上坠落，导致摔伤	25	6	0.1	15	四级	（1）上下爬梯前对爬梯进行检查，确保爬梯无开焊、变形 （2）上下爬梯时扶好扶手	

续表

序号	主要操作步骤	存在的风险	风险等级分析					主要防控措施	备注
			后果	暴露	可能性	风险值	风险等级		
18	检查母线提升框架	3. 人员在框架上行走检查过程中出现绊倒，导致摔伤	15	6	0.1	9	四级	在框架上行走时注意观察脚下，并站稳扶好	
19		4. 风管因未接牢脱出发生剧烈摆动，现场人员不注意和躲闪不及，有可能造成人员伤害	25	6	0.1	15	四级	（1）作业前要检查确认风管是否接牢固 （2）人员站在安全位置	
20	检查电解槽状况	1. 作业中发生阳极效应，母线打火，导致人员灼烫、烫伤	15	6	0.5	45	四级	提前检查电解槽下料口和下料量，确保无效应状态后再操作	
21		2. 槽控机升降系统出现故障，导致设备损坏或停用	25	6	0.5	75	三级	作业前对槽控机升降系统进行安全确认	
22		3. 槽上部升降系统出现故障，导致设备损坏或停用	15	6	1	90	三级	作业前检查槽上部升降系统（平衡拉杆、三角板连接处销轴），操作槽控机对减速机、电机状态进行安全确认	
23		4. 槽罩板破损或未放置到位，导致上槽人员发生踩空摔伤	15	6	1	90	三级	作业前检查、确认槽罩板是否放平，是否与水平罩扣牢	
24	吊运框架至电解槽上	1. 吊运过程中，天车固定吊出现下滑，母线提升框架掉落，导致设备损坏	25	6	1	150	三级	缓慢起吊框架进行载重实验，试吊框架3次，在确认固定吊不下滑后，天车平稳缓慢地行走	
25		2. 吊运过程中天车或母线提升框架上的零部件发生松动掉落，导致人员砸伤	15	6	1	90	三级	（1）作业前对天车及框架进行点检，确认各零部件紧固、无螺丝松动现象，框架上无非固定物 （2）禁止人员从框架下方穿行	
26		3. 天车运行过程中与对向行驶的天车或工艺车辆相撞，导致设备损坏	25	6	0.5	75	三级	（1）天车行走过程中严禁背向行车 （2）天车行走过程中必须鸣铃警示	
27		4. 吊运过程中，人员未保持安全站位，发生框架掉落时，导致人员砸伤	25	6	2	150	二级	（1）设专人指挥 （2）禁止人员从框架下方穿行	

续表

序号	主要操作步骤	存在的风险	风险等级分析					主要防控措施	备注
			后果	暴露	可能性	风险值	风险等级		
28	吊运框架至电解槽顶部平台	1. 指挥信号不明确，导致误操作，造成设备损坏	15	6	1	90	三级	设专人指挥，确保手势、口令明确	
29		2. 框架下放速度快，与槽上部设施碰撞，导致设备损坏或停用	15	6	0.5	45	四级	将框架吊运至槽上时，待其稳定静置后分次缓慢下放至电解槽顶部平台	
30		3. 框架放置不稳，导致设备损坏	15	6	1	90	三级	检查支腿标识，确认框架平稳放置	
31		4. 框架下降速度过快，导致设备损坏	15	6	1	90	三级	天车工在下降框架过程中要点动操作，听从指挥人员的指挥	
32		5. 人员站位不当，导致砸伤	25	6	0.5	75	三级	严禁人员站立在起吊框架的下方	
33	抱紧导杆	1. 抱紧装置因变形无法抱紧导杆，导致抬母线过程中阳极下滑	15	6	0.5	45	四级	作业前检查框架抱紧装置，确认其无变形	
34		2. 供风装置失灵操作过程中未抱死导杆，导致抬母线过程中阳极下滑	15	6	0.1	9	四级	检查供风系统，确认风管、开关正常，天车空压机运行正常	
35		3. 因未关风无法抱紧导杆，导致阳极下滑	15	6	0.1	9	四级	天车关风后，槽上人员打开框架直排风管，确保余风排尽，抱死导杆	
36	人工松开卡具	1. 人员踩踏槽罩板时滑落，导致摔伤	15	6	0.5	45	四级	上、下槽罩板时要面向槽罩板方向，双手扶好槽罩板	
37		2. 人员踩踏破损槽罩板，导致坠落摔伤	15	6	0.5	45	四级	（1）上槽罩板前对槽罩板进行检查，确认槽罩板完好 （2）上、下槽罩板时要踩踏盖板筋条 （3）站在槽罩板踏板上进行操作	
38		3. 高温槽罩板及阳极导杆，导致人员烫伤	15	6	0.1	9	四级	作业过程中，佩戴防护手套	
39		4. 人员松卡具时卡具或挂耳破损，导致人员坠落摔伤或卡具、挂耳掉落砸伤人员	15	6	0.5	45	四级	（1）检查确认卡具及挂耳是否完好、无裂纹，更换有缺陷的卡具 （2）松卡具时要用向前推的方式，禁止用向后拉的方式	

续表

序号	主要操作步骤	存在的风险	风险等级分析					主要防控措施	备注
			后果	暴露	可能性	风险值	风险等级		
40	人工松开卡具	5. 夹具未锁死导杆，阳极下滑，电解槽高温液体外溢，导致人员烫伤	15	6	0.5	45	四级	逐个检查夹具，确认其锁死导杆	
41		6. 未松到位的卡具发生阳极上移，槽压上升，母线打火或离极，导致人员灼烫	15	6	1	90	三级	（1）逐个检查卡具，确认所有卡具松到位 （2）设专人监控槽压，若电压异常上升，应立即停止操作	
42	手动抬母线	1. 提升过程中电解槽发生效应，导致导杆与平衡母线之间打火	25	6	0.5	75	三级	（1）提升前对电解槽情况进行确认 （2）抬母线前进行一次效应加工	
43		2. 人员操作失误或槽控机失控，导致系列停电、电解槽短路口损坏、多功能天车损坏	50	6	0.1	30	四级	（1）提升过程中要有专人监控槽压，槽压上升应小于 300 mV，否则应停止继续提升操作 （2）抬母线前，应确保母线提升机各机构正常有效 （3）提升水平母线过程中，设专人检查槽上部机构及导杆，发现异常情况时要立即停止作业	
44		3. 卡具未松到位，人员未及时发现，发生带杆现象，阳极上移，槽压上升，母线打火或离极，导致人员灼烫	50	6	0.1	30	四级	提升过程中注意观察母线位移情况，确认卡具开度	
45	紧固卡具	1. 人员紧卡具时卡具或挂耳破损，导致人员坠落摔伤或卡具、挂耳掉落砸伤人员	15	6	0.5	45	四级	（1）检查确认卡具及挂耳是否完好、无裂纹，更换有缺陷的卡具 （2）紧卡具时要用向前推的方式，禁止用向后拉的方式	
46		2. 挂耳螺杆损坏或螺丝松动，导致阳极下滑，电解槽高温液体外溢，发生人员烫伤事故	15	6	0.5	45	四级	（1）设专人逐个检查卡具挂耳，更换有缺陷的挂耳 （2）设专人逐个检查挂耳螺杆或螺丝，更换有缺陷的挂耳螺杆和螺丝	

续表

序号	主要操作步骤	存在的风险	风险等级分析					主要防控措施	备注
			后果	暴露	可能性	风险值	风险等级		
47	紧固卡具	3. 未拧紧的卡具发生阳极下滑，导致电解槽高温液体外溢	15	6	0.5	45	四级	设专人逐个检查卡具，确保卡具全部拧紧	
48		4. 导杆打火，导致人员烫伤	15	6	1	90	三级	戴好防护眼罩	
49		5. 槽罩板及阳极导杆的温度高，导致人员烫伤	15	6	0.1	9	四级	作业过程中要戴好防护手套	
50		6. 人员踩踏槽罩板时罩板破损，导致人员坠落摔伤	15	6	0.5	45	四级	（1）站在槽罩板踏板上进行操作 （2）下槽罩板时要踩踏罩板筋条	
51		7. 人员踩踏槽罩板时滑落，导致摔伤	15	6	0.5	45	四级	上、下槽罩板时要面向罩板方向，双手扶好罩板	
52	起吊框架	1. 夹具未松开，导致框架破损	5	6	0.5	15	四级	起吊框架前，专人确认夹具是否全部松开	
53		2. 未能垂直起吊，导致框架损坏	15	6	1	90	三级	起吊前，天车工确认固定吊钢丝绳是否垂直	
54		3. 框架上有物体坠落，导致人员伤害	25	6	0.1	15	四级	起吊前，专人确认操作面和框架行进路线下方无任何人员	
55		4. 框架未脱离电解槽就移动大车行走，导致电解槽和框架设备损坏，或天车吊钩钢丝绳脱落	50	6	0.5	150	三级	操作天车行走前，确认框架已收到上限位	
56	放好框架，整理工器具，清理作业现场	1. 框架放置得不平稳，导致设备损坏或人员碰伤、挤伤	15	6	0.5	45	四级	（1）天车工缓慢将框架放置到固定支撑架上 （2）设专人指挥并确认框架放置平稳	
57		2. 框架上部摘钩人员踩空坠落，导致摔伤	25	6	0.1	15	四级	框架上作业人员必须系好安全带，并将安全带挂在可靠位置	
58		3. 工器具未定置存放，导致人员碰伤、磕伤	5	6	0.1	3	四级	工器具定置存放	

续表

序号	主要操作步骤	存在的风险	风险等级分析					主要防控措施	备注
			后果	暴露	可能性	风险值	风险等级		
59	放好框架，整理工器具，清理作业现场	4. 作业现场未清理干净，导致人员滑倒碰伤、磕伤	5	6	0.1	3	四级	作业现场清理干净	
60		5. 放置杂乱的工器具，导致人员磕碰	5	6	0.1	3	四级	将工器具按照先进先出的原则有序地放入工具箱（架）中	

表 3.7 捞炭渣作业安全风险辨识及防控措施一览表

序号	主要操作步骤	存在的风险	风险等级分析					主要防控措施	备注
			后果	暴露	可能性	风险值	风险等级		
1	打开槽罩板或炉门	1. 槽罩板或炉门与铁制工具搭接，导致短路，发生打火触电	5	3	3	45	四级	将槽罩板或炉门摆放到位，严禁与铁制工具搭接	
2		2. 电解质、炭渣从火眼口喷溅出来，导致人员烫伤	5	3	3	45	四级	（1）在打开槽罩板或炉门时，戴好防护面罩，穿好护腿，观察槽内情况，及时躲避 （2）操作打击头要在炉门关闭的情况下进行	
3		3. 打开槽罩板或炉门时未戴好防护手套，导致人员烫伤	5	3	1	15	四级	戴好防护手套	
4	处理火眼口	1. 人员因用力过猛致使身体失去平衡，发生人员摔伤	5	3	1	15	四级	作业时，人员不得用力过猛，脚下站稳	
5		2. 因铁制工具搭接电解槽与地坪而导致短路，发生人员触电	25	3	3	225	三级	使用完的铁制工具定置摆放，防止乱搭接	
6		3. 电解质或壳面块飞溅，导致人员烫伤	1	3	1	3	四级	戴好防护面罩，穿好护腿	

续表

序号	主要操作步骤	存在的风险	风险等级分析					主要防控措施	备注
			后果	暴露	可能性	风险值	风险等级		
7	打捞炭渣	1. 打捞时炭渣、电解质液体喷溅,导致人员烫伤	1	3	1	3	四级	人员作业前戴好防护面罩,穿好护腿	
8		2. 工器具接触到电解槽,导致人员触电	25	3	1	75	三级	铁制工具不得与电解槽、地坪搭接	
9		3. 人员因用力过猛致使身体失去平衡,发生人员摔伤	5	3	1	15	四级	作业时,人员应脚下站稳,缓慢操作,不得用力过猛	
10		4. 热渣掉入炉底,导致下方人员烫伤	5	3	1	15	四级	注意观察下方,有人员时及时沟通避让	
11	炭渣放置	1. 打捞过程中热渣未被放到指定位置,导致人员脚面烫伤	5	3	1	15	四级	将打捞出来的炭渣放到指定位置	
12	拉运炭渣	1. 拉运小车未按指定通道通行,碰坏短路口插板	25	2	1	50	四级	拉运小车必须停放在指定位置,拉运时按规定路线行走,不得与短路口碰撞	
13		2. 拉运小车倾翻,导致人员烫伤	5	3	1	15	四级	拉运过程中缓慢行走,观察周围环境	
14		3. 热炭渣烫坏地坪,导致钢筋外露	5	3	1	15	四级	(1)将热炭渣及时倒入渣箱内 (2)严禁将热渣堆放在地坪上	
15	打扫卫生	1. 清扫火眼口平台时有热料喷出,导致人员烫伤	5	3	0.5	7.5	四级	人员在清扫火眼口平台时,戴好防护面罩	
16		2. 风格网破损或翘起,导致人员摔伤、碰伤	5	3	1	15	四级	检查风格网是否有缺陷、破损,有问题应及时更换	
17		3. 清扫时物料飞溅,导致人员烫伤	1	3	0.5	1.5	四级	人员在清扫时动作应缓慢,防止飞溅,戴好防护面罩	
18		4. 热料掉入地沟,导致下方人员烫伤	5	3	1	15	四级	及时观察下方有无人员,及时沟通	

表 3.8 电解槽维护作业安全风险辨识及防控措施一览表

序号	主要操作步骤	存在的风险	风险等级分析					主要防控措施	备注
			后果	暴露	可能性	风险值	风险等级		
1	作业前检查人员状态和劳动保护用品穿戴情况	1. 作业人员班前喝酒、睡眠不足、精神状态不好等，导致作业过程中注意力不集中	5	6	0.5	15	四级	作业前，班长检查作业人员是否酒后上岗，询问是否身体不适，观察其精神状态，确认良好后方可作业	
2		2. 作业人员因患高血压等疾病身体不适，导致作业过程中发生危险	5	6	0.5	15	四级	作业前，班长询问患病人员是否身体不适，确认良好后方可作业，作业过程中多关注其精神状态	
3		3. 未按规定着装（工作服、劳保鞋、安全帽、防尘口罩、防护面罩），导致烫伤、碰伤、扭伤、砸伤等	5	6	0.5	15	四级	作业前，将工作服拉链拉到位，纽扣系好，工作服穿着做到"三紧"，系好劳保鞋鞋带，系好安全帽下颏带，裤腿放在鞋帮外，戴好口罩和防护手套，作业时防护面罩放到位	
4	作业前风险评价	1. 未开展作业风险辨识，导致人员伤害	25	6	1	150	三级	每次作业前要进行风险辨识	
5		2. 未结合现场实际进行风险辨识，导致人员伤害	25	6	1	150	三级	风险辨识要结合现场实际，要根据工作环境的变化完善辨识内容	
6		3. 风险辨识有遗漏，导致人员伤害	5	6	1	30	四级	依据作业步骤，逐步进行辨识	
7		4. 未明确作业负责人、未确定互联互保人员，导致人员伤害	5	6	1	30	四级	指定作业负责人和互联互保人员	
8		5. 不掌握作业时的风险和防控措施，导致人员伤害	25	6	1	150	三级	抽查作业人员对存在的风险和防控措施的掌握情况	
9		6. 不清楚槽作业风险的防控措施，导致人员伤害	5	6	3	90	三级	对照口袋卡和作业任务中存在的风险手指口述逐项进行提示提醒并落实安全措施	

续表

序号	主要操作步骤	存在的风险	风险等级分析					主要防控措施	备注
			后果	暴露	可能性	风险值	风险等级		
10	工器具检查及准备工作	1. 潮湿的工器具、效应杆未进行预热，遇高温液体物料发生爆炸，导致人员烫伤	5	2	3	30	四级	提前预热工器具、效应杆	
11		2. 工器具有缺陷，导致人员触电、碰伤、砸伤等	5	2	3	30	四级	确认工器具完好，严禁使用有缺陷的工器具	
12		3. 不戴防护手套，导致人员烫伤、灼伤、划伤	5	2	3	30	四级	作业前戴好防护手套	
13	巡视槽电压	1. 电压异常，电解槽来效应打火，导致人员触电	25	3	1	75	三级	槽电压异常，电解槽来效应时，严禁进行该槽的任何作业	
14		2. 槽控机故障，导致短路口爆炸	25	2	1	50	四级	观察电压，检查槽控机是否异常，待一切正常后方可作业	
15		3. 在电解工作大面行走时不注意避让工艺车辆，导致车辆损坏	5	3	1	15	四级	及时避让工艺车辆	
16	打开槽罩板，检查下料口	1. 手拿铁制工具打开槽罩板时发生效应，导致人员触电	25	3	1	75	三级	（1）在进入槽间作业时，铁制工具不得与风格网母线搭接 （2）当发生效应时，人员应迅速撤出	
17		2. 打开槽罩板时未站稳，导致摔倒碰伤、划伤	5	2	1	10	四级	使用双手抓牢盖板，将盖板平稳地放置在旁边的槽罩板上	
18		3. 人员不戴防护手套，导致烫伤、灼伤	5	3	1	15	四级	戴好防护手套	
19		4. 打开的槽罩板将电解槽与风格网搭接，发生短路打火，导致人员触电，或因槽罩板叠放较多而影响通行	25	2	3	150	三级	（1）将打开的槽罩板平稳地摆放在相邻的槽罩上，一次不得打开较多 （2）严禁将槽罩板与风格网电解槽搭接	

续表

序号	主要操作步骤	存在的风险	风险等级分析					主要防控措施	备注
			后果	暴露	可能性	风险值	风险等级		
20	处理火眼口积料	1. 使用扒料铁锹处理积料时发生高温物料、液体飞溅，导致人员烫伤	5	3	1	15	四级	人员在扒料作业时，穿戴好劳动保护用品，不得用力过猛	
21		2. 人员脚踩壳面、阳极钢爪，导致烫伤	5	3	3	45	四级	严禁脚踩壳面和阳极钢爪，应使用脚踏板	
22		3. 人员未佩戴防护手套，导致烫伤、灼伤	1	2	1	2	四级	规范穿戴工作服、劳保鞋、安全帽、防尘口罩、防护面罩	
23		4. 槽内负压降低，烟气外溢，导致人员患职业病	1	2	1	2	四级	尽量减少盖板的揭开次数，关好前后门	
24	处理粘连、堵料	1. 使用铁钎子击打粘连或堵料时用力过猛，人员因身体失去平衡后掉入槽内，导致烫伤	5	3	1	15	四级	（1）作业时不得用力过猛，脚下站稳踩实 （2）防止因身体失去平衡掉入槽内	
25		2. 人员脚踩钢梁、壳面，导致烫伤	5	3	3	45	四级	（1）严禁脚踩壳面和钢梁 （2）使用脚踏板	
26		3. 击打时高温物料、液体飞溅，导致人员烫伤	5	3	1	15	四级	（1）穿戴好劳动保护用品，不得用力过猛 （2）避开打壳时间	
27		4. 槽间风格网变形翘起，导致人员踩空摔伤	5	3	1	15	四级	在槽间行走时，注意观察脚下风格网，防止踩空摔伤	
28	滑极处理	1. 在打开槽罩检查滑极时，人员摔倒，掉到壳面上，导致烫伤	25	1	3	75	三级	打开槽罩时，脚下站稳，观察滑极情况	
29		2. 测量阳极导杆电流分布时导杆打火，人员未戴好防护罩，导致脸部或眼睛烫伤	5	3	3	45	四级	作业前必须戴好防护面罩	

续表

序号	主要操作步骤	存在的风险	风险等级分析					主要防控措施	备注
			后果	暴露	可能性	风险值	风险等级		
30	滑极处理	3. 在指挥天车提极后复紧小盒夹具时,未使用工器具,用手扶天车扭拔阳极时扳手掉落,导致人员挤伤手指	25	1	6	150	三级	严禁用手代替工器具,必须使用闭口扳手,及时和天车工做好沟通协调	
31		4. 未将槽罩板摆放平稳,人员紧小盒夹具时用力过猛,导致从槽罩上摔下	5	1	6	30	四级	检查槽罩板是否摆放平稳,不得用力过猛	
32	处理低电压槽或滚铝	1. 电压异常,电解槽来效应打火,导致人员触电	25	3	1	75	三级	发现电压异常时,严禁人员进入槽内作业,待效应熄灭、电压恢复正常后方可作业	
33		2. 滚铝时电解质从出铝口或火眼口喷溅,导致人员烫伤	15	2	3	90	三级	作业前穿戴好劳动保护用品,及时观察槽内情况,及时躲避	
34		3. 喷出的高温液体烫坏短路口绝缘插板,影响系列安全	25	1	3	75	三级	必须做好短路口防护,盖好电解槽槽罩板	
35		4. 滚铝后在测量阳极导杆电流分布时,吸入高温烟气,导致人员患职业病	5	1	3	15	四级	作业前必须戴好防护面罩和防尘口罩,测完后及时到通风处呼吸新鲜空气	
36		5. 滚铝后处理脱极时,导致人员烫伤	5	2	6	60	四级	(1) 处理脱极时,必须两人相互配合好 (2) 使用铁制工具辅助作业,安排专人监护	
37		6. 滚铝后给电解槽灌铝时,发生高温铝液溢出或飞溅,造成人员烫伤或烫坏母线	15	1	3	45	四级	(1) 多人配合作业,穿戴好劳动保护用品 (2) 灌铝时使用槽罩板做好防护,倾倒时应匀速、缓慢 (3) 安排专人观察电压,防止铝液溢出 (4) 和楼底测量人员相互沟通,避让楼上作业区域	

表 3.9 电解槽大整形作业安全风险辨识及防控措施一览表

序号	主要操作步骤	存在的风险	风险等级分析					主要防控措施	备注
			后果	暴露	可能性	风险值	风险等级		
1	作业前检查人员状态和劳动保护用品穿戴情况	1. 作业人员班前喝酒、睡眠不足、精神状态不好等，导致作业过程中注意力不集中	5	6	0.5	15	四级	作业前，班长检查作业人员是否酒后上岗，询问是否身体不适，观察其精神状态，确认良好后方可作业	
2		2. 作业人员因患高血压等疾病身体不适，导致作业过程中发生危险	5	6	0.5	15	四级	作业前，班长询问患病人员是否身体不适，确认良好后方可作业，作业过程中多关注其精神状态	
3		3. 未按规定着装（工作服、劳保鞋、安全帽、防尘口罩、防护面罩），导致烫伤、碰伤、扭伤、砸伤等	5	6	0.5	15	四级	作业前，将工作服拉链拉到位，纽扣系好，工作服穿着做到"三紧"，系好劳保鞋鞋带，系好安全帽下颌带，裤腿放在鞋帮外，戴好口罩和防护手套，作业时防护面罩放到位	
4	作业前风险评价	1. 未开展作业风险辨识，导致人员伤害	25	6	1	150	四级	每次作业前要进行风险辨识	
5		2. 未结合现场实际进行风险辨识，导致人员伤害	25	6	1	150	三级	风险辨识要结合现场实际，要根据工作环境的变化完善辨识内容	
6		3. 风险辨识有遗漏，导致人员伤害	5	6	1	30	四级	按照作业步骤，逐步进行辨识	
7		4. 未明确作业负责人、未确定互联互保人员，导致人员伤害	5	6	1	30	四级	指定作业负责人和互联互保人员	
8		5. 不掌握作业时的风险和防控措施，导致人员伤害	25	6	1	150	三级	抽查作业人员对存在的风险和防控措施的掌握情况	
9		6. 不清楚槽作业风险的防控措施，导致人员伤害	5	6	3	90	三级	对照口袋卡和作业任务中存在的风险手指口述逐项进行提示提醒，并落实安全措施	
10	工器具检查及准备工作	1. 潮湿的工器具、效应杆未进行预热，遇高温液体物料发生爆炸，导致人员烫伤	5	2	3	30	四级	提前预热工器具、效应杆	

续表

序号	主要操作步骤	存在的风险	风险等级分析					主要防控措施	备注
			后果	暴露	可能性	风险值	风险等级		
11	工器具检查及准备工作	2. 工器具有缺陷，导致人员触电、碰伤、砸伤等	5	2	3	30	四级	确认工器具完好，严禁使用有缺陷的工器具	
12		3. 不戴防护手套，导致人员烫伤、灼伤、划伤	5	2	3	30	四级	作业前戴好防护手套	
13	打开槽罩板检查下料口	1. 手拿铁制工具打开槽罩板时发生效应，导致人员触电	5	3	3	45	四级	（1）在进入槽间作业时，铁制工具不得与风格网母线搭接 （2）当发生效应时，人员应迅速撤出	
14		2. 打开槽罩板时未站稳，导致摔倒碰伤、划伤	5	3	1	15	四级	使用双手抓牢盖板，将盖板平稳地放置在旁边的槽罩板上	
15		3. 人员不戴防护手套，导致烫伤、灼伤	1	3	1	3	四级	戴好防护手套	
16		4. 打开的槽罩板将电解槽与风格网搭接，发生短路打火，导致人员触电，或因槽罩板叠放较多而影响通行	5	3	3	45	四级	（1）将打开的槽罩板平稳地摆放在相邻的槽罩上，一次不得打开较多 （2）严禁将槽罩板与风格网电解槽搭接	
17	处理老壳、平整壳面	1. 未放下防护面罩，导致人员烫伤	5	3	1	15	四级	作业前放下防护面罩	
18		2. 作业时脚踩壳面、钢梁，导致人员烫伤、碰伤	5	3	3	45	四级	（1）站在槽沿板外侧，在槽内放置脚踏板，人员必须站在脚踏板上 （2）自动打壳时应停止作业，及时避让	
19		3. 因用力不均匀发生高温物料飞溅，导致人员烫伤	5	3	1	15	四级	动作应平缓，扒出的料过多时应及时倒开	
20		4. 未戴防护手套，导致人员烫伤	1	3	1	3	四级	戴好防护手套	
21	封堵塌壳冒火	1. 使用铁锹处理封堵时发生高温物料、液体飞溅，导致人员烫伤	5	3	6	90	三级	封堵时，穿戴好劳动保护用品，不得用力过猛	
22		2. 人员脚踩壳面、阳极钢爪，因用力过猛使身体失去平衡而掉入槽内，导致烫伤	5	3	6	90	三级	严禁脚踩壳面和阳极钢爪	

续表

序号	主要操作步骤	存在的风险	风险等级分析					主要防控措施	备注
			后果	暴露	可能性	风险值	风险等级		
23	封堵塌壳冒火	3. 未戴防护手套，导致人员烫伤	5	3	1	15	四级	戴好防护面罩和防护手套	
24		4. 未放下防护面罩，导致人员烫伤	5	3	6	90	三级	作业前必须戴好防护面罩	
25	添加保温料	1. 天车吊运料斗添加保温料时吊链、吊耳断裂，导致人员砸伤、划伤	25	1	1	25	四级	天车挂料斗前必须检查吊链、吊耳是否完好，在确认无误后再开始作业	
26		2. 人工添加保温料时手推车碰到短路口，导致短路	25	3	1	75	三级	人工加料时，手推车必须按照规定路线行走，注意动作缓慢，避开短路口	
27		3. 人员脚踩壳面、阳极钢爪，因用力过猛而使身体失去平衡而掉入槽内，导致烫伤	25	3	1	75	三级	（1）严禁脚踩钢梁壳面，必须使用脚踏板 （2）不得用力过猛	
28	清扫散热带及风格网	1. 风格网存在变形，人员踩空，导致摔伤	5	3	3	45	四级	作业前检查风格网有无缺陷，观察确认安全后方可作业	
29		2. 未将料块清理干净，电解槽来效应短路打火，导致人员触电	5	3	1	15	四级	必须将料块清扫干净，不得将风格网与电解槽连接	
30		3. 清扫时物料飞溅至眼部，导致人员伤害	1	3	1	3	四级	清扫时，戴好防护面罩和防护手套，动作要缓慢匀速，防止飞溅	

表3.10 使用风镐处理前后火眼口作业安全风险辨识及防控措施一览表

序号	主要操作步骤	存在的风险	风险等级分析					主要防控措施	备注
			后果	暴露	可能性	风险值	风险等级		
1	扒开火眼口浮料	1. 不戴防护手套及防护面罩未放下，导致人员烫伤、灼伤	1	3	1	3	四级	作业前戴好防护手套，正确使用防护面罩	

续表

序号	主要操作步骤	存在的风险	风险等级分析					主要防控措施	备注
			后果	暴露	可能性	风险值	风险等级		
2	扒开火眼口浮料	2. 人员正对电解槽，导致烫伤	5	3	6	90	三级	人员侧身站立	
3		3. 人员因用力不均匀使高温物料飞溅，导致烫伤	5	3	1	15	四级	人员动作应平缓，扒出的料过多时应及时倒开	
4	使用风镐靠近槽钢处打开洞口	1. 风镐接头脱开，导致人员伤害	5	3	1	15	四级	使用前检查风镐接头，确保其牢靠	
5		2. 高温液体飞溅，导致人员烫伤	5	3	1	15	四级	防护面罩放到位，确认风镐风管接口牢固	
6		3. 不戴防护手套、防护面罩，导致人员烫伤、灼伤	5	3	6	90	三级	正确佩戴防护手套和防护面罩	
7		4. 人员因用力过猛致使身体失去平衡而掉入槽内，导致烫伤	5	3	1	15	四级	人员站位正确，侧身作业时脚下站稳踩实，不得用力过猛	
8	清理现场，将工器具摆放在定置点	1. 未将风镐摆放在定置点，现场混乱，导致人员绊倒	5	3	1	15	四级	风镐摆放整齐，并放到定置点	
9		2. 物料飞溅，导致人员烫伤	5	3	3	45	四级	正确佩戴防护手套和防护面罩	
10		3. 风镐把握得不稳，导致人员碰伤	5	3	3	45	四级	搬运时抓牢握紧风镐	

表 3.11 倒灌电解质并装袋作业安全风险辨识及防控措施一览表

序号	主要操作步骤	存在的风险	风险等级分析					主要防控措施	备注
			后果	暴露	可能性	风险值	风险等级		
1	作业前检查人员状态和劳动保护用品穿戴情况	1. 作业人员班前喝酒、睡眠不足、精神状态不好等，导致作业过程中注意力不集中	5	6	0.5	15	四级	作业前，班长检查作业人员是否酒后上岗，询问是否身体不适，观察其精神状态，确认良好后方可作业	

续表

序号	主要操作步骤	存在的风险	风险等级分析					主要防控措施	备注
			后果	暴露	可能性	风险值	风险等级		
2	作业前检查人员状态和劳动保护用品穿戴情况	2. 作业人员因患高血压等疾病身体不适，导致作业过程中发生危险	5	6	0.5	15	四级	作业前，班长询问患病人员是否身体不适，确认良好后方可作业，作业过程中多关注其精神状态	
3		3. 未按规定着装（工作服、劳保鞋、安全帽、防尘口罩、防护面罩），导致烫伤、碰伤、扭伤、砸伤等	5	6	0.5	15	四级	作业前，将工作服拉链拉到位，纽扣系好，工作服穿着做到"三紧"，系好劳保鞋鞋带，系好安全帽下颌带，裤腿放在鞋帮外，戴好口罩和防护手套，作业时防护面罩放到位	
4	作业前风险评价	1. 未开展作业风险辨识，导致人员伤害	25	6	1	150	三级	每次启动槽作业前要进行风险辨识	
5		2. 未结合现场实际进行风险辨识，导致人员伤害	25	6	1	150	三级	风险辨识要结合现场实际，要根据工作环境的变化完善辨识内容	
6		3. 风险辨识有遗漏，导致人员伤害	5	6	1	30	四级	按作业步骤，逐步进行辨识	
7		4. 未明确作业负责人、未确定互联互保人员，导致人员伤害	5	6	1	30	四级	指定作业负责人和互联互保人员	
8		5. 不掌握作业时的风险和防控措施，导致人员伤害	25	6	1	150	四级	抽查启动槽作业人员对存在的风险和防控措施的掌握情况	
9		6. 不清楚槽作业风险的防控措施，导致人员伤害	5	6	3	90	三级	对照口袋卡和作业任务中存在的风险手指口述逐项进行提示提醒并落实安全措施	
10	工器具检查及准备工作	1. 潮湿的工器具、效应杆未进行预热，遇高温液体物料发生爆炸，导致人员烫伤	5	2	3	30	四级	提前预热工器具、效应杆	
11		2. 工器具有缺陷，导致人员触电、碰伤、砸伤等	5	2	3	30	四级	确认工器具完好，严禁使用有缺陷的工器具	
12		3. 不戴防护手套，导致人员烫伤、灼伤、划伤	5	2	3	30	四级	作业前戴好防护手套	

续表

序号	主要操作步骤	存在的风险	风险等级分析					主要防控措施	备注
			后果	暴露	可能性	风险值	风险等级		
13	打开出铝口	1. 使用风镐击打壳面致使高温液体飞溅，导致人员烫伤	5	3	3	45	四级	在使用风镐击打时，戴好劳动保护用品，不得用力过猛	
14		2. 未放下防护面罩，导致人员烫伤	5	6	3	90	三级	作业前及时放下防护面罩	
15		3. 人工击打壳面时站位不当，高温液体飞溅，导致人员烫伤	5	3	1	15	四级	必须严格执行在打洞口侧身站立	
16		4. 小抬包车放置不规范，导致人员绊倒摔伤；或小抬包倾倒，导致人员烫伤	5	3	6	90	三级	小抬包车定置存放，严禁立放	
17	用大勺将电解质舀至抬包内或小铁箱内	1. 人员站位不当，导致烫伤	5	3	6	90	三级	侧身进行作业	
18		2. 未规范穿戴防护面罩和防护手套，导致人员烫伤、灼伤	5	3	3	45	四级	规范戴好防护手套和防护面罩	
19		3. 舀电解质时用力不均匀，高温电解质飞溅，导致人员烫伤	5	3	6	90	三级	动作缓慢、平稳	
20		4. 抬包或小铁箱发红、有泄漏，导致人员烫伤	5	3	3	45	四级	当抬包发红、有泄漏时，将电解质倒回槽内，停用抬包	
21		5. 抬包车或小铁箱开焊、倾翻，导致人员烫伤	5	3	1	15	四级	提前检查工器具，若工器具不完整，不允许作业	
22	推抬包车至待灌电解槽	1. 行走路线有障碍物，导致人员摔伤、砸伤、烫伤	5	3	3	45	四级	提前对工作区域进行检查，在清理完障碍物后方可进行作业	
23		2. 抬包发红、有泄漏，导致人员烫伤	5	3	3	45	四级	当抬包发红、有泄漏时，将电解质倒入就近槽内，停用抬包	
24		3. 抬包车开焊，抬包倾翻，导致人员烫伤	5	3	3	45	四级	提前检查工器具，若工器具不完整，不允许作业	

续表

序号	主要操作步骤	存在的风险	风险等级分析					主要防控措施	备注
			后果	暴露	可能性	风险值	风险等级		
25	将电解质灌入电解槽出铝口	1. 抬包车开焊,抬包倾翻,导致人员烫伤	5	3	3	45	四级	提前检查工器具,若工器具不完整,不允许作业	
26		2. 抬包发红、有泄漏,导致人员烫伤	5	3	3	45	四级	若抬包发红、有泄漏,将电解质倒入槽内,停用抬包	
27		3. 灌入电解质时发生飞溅,导致人员烫伤	5	3	3	45	四级	动作缓慢、平稳	
28	清理现场、将工器具摆放在定置点	1. 大勺、抬包车未定置存放,导致人员摔绊碰伤、磕伤、烫伤	1	6	6	36	四级	将大勺、抬包车定置存放	
29		2. 作业现场未清理干净,导致人员滑倒碰伤、磕伤、烫伤	5	3	3	45	四级	将作业现场清理干净	
30		3. 未等大勺完全冷却就将其放入工具箱,导致工具箱失火	5	3	3	45	四级	待大勺完全冷却后再放入工具箱	
31	准备工器具及大包袋	1. 大锤、铁锹破损,导致人员砸伤	5	3	1	15	四级	确认大锤、铁锹及大包袋良好后方可进行作业	
32		2. 大包袋破损,物料洒落,粉尘飞扬,导致人员患职业病	1	3	1	3	四级	及时检查大包袋是否完好	
33		3. 人员被大包袋绊倒,导致摔伤	1	3	1	3	四级	注意脚下,防止绊倒	
34	确定电解质冷却程度	1. 人员未戴防护手套触摸电解质,导致烫伤	1	3	1	3	四级	戴好防护手套,严禁用手触摸电解质块	
35		2. 未注意作业环境,导致人员伤害	5	3	1	15	四级	作业时确认作业环境,及时躲避工艺车辆	
36		3. 注意力不集中,导致人员烫伤	5	3	3	45	四级	人员在作业时集中注意力	
37	将电解质破成碎块并装袋	1. 未放下防护面罩,导致人员面部受到击打伤害	5	3	1	15	四级	作业前及时放下防护面罩	
38		2. 未冷却的电解质飞溅,导致人员烫伤	5	3	1	15	四级	严禁破碎未冷却的电解质	
39		3. 人工破碎时电解质块飞溅,导致人员砸伤	5	3	1	15	四级	破碎时,无关人员远离现场	
40		4. 人工装袋时配合不好,导致人员砸伤	5	3	1	15	四级	装袋时人员互相配合,防止伤害他人	

表 3.12　电解停槽作业安全风险辨识及防控措施一览表

序号	主要操作步骤	存在的风险	风险等级分析					主要防控措施	备注
			后果	暴露	可能性	风险值	风险等级		
1	作业前检查人员状态和劳动保护用品穿戴情况	1. 作业人员班前喝酒、睡眠不足、精神状态不好等，导致作业过程中注意力不集中	5	6	0.5	15	四级	作业前，班长检查作业人员是否酒后上岗，询问是否身体不适，观察其精神状态，确认良好后方可作业	
2		2. 作业人员因患高血压等疾病身体不适，导致作业过程中发生危险	5	6	0.5	15	四级	作业前，班长询问患病人员是否身体不适，确认良好后方可作业，作业过程中多关注其精神状态	
3		3. 未按规定着装（工作服、劳保鞋、安全帽、防尘口罩、防护面罩），导致烫伤、碰伤、扭伤、砸伤等	5	6	0.5	15	四级	作业前，将工作服拉链拉到位，纽扣系好，工作服穿着做到"三紧"，系好劳保鞋鞋带，系好安全帽下颌带，裤腿放在鞋帮外，戴好口罩和防护手套，作业时防护面罩放到位	
4	作业前风险评价	1. 未开展作业风险辨识，导致人员伤害	25	6	1	150	三级	每次启动槽作业前要进行风险辨识	
5		2. 未结合现场实际进行风险辨识，导致人员伤害	25	6	1	150	三级	风险辨识要结合现场实际，要根据工作环境的变化完善辨识内容	
6		3. 风险辨识有遗漏，导致人员伤害	5	6	1	30	四级	按照作业步骤，逐步进行辨识	
7		4. 未明确作业负责人、未确定互联互保人员，导致人员伤害	5	6	1	30	四级	指定作业负责人和互联互保人员	
8		5. 不掌握作业时的风险和防控措施，导致人员伤害	25	6	1	150	三级	抽查启动槽作业人员对存在的风险和防控措施的掌握情况	
9		6. 不清楚作业风险的防控措施，导致人员伤害	5	6	3	90	三级	对照口袋卡和作业任务中存在的风险手指口述逐项进行提示提醒并落实安全措施	
10	工器具检查及准备工作	1. 潮湿的工器具、效应杆未进行预热，遇高温液体物料发生爆炸，导致人员烫伤	5	2	3	30	四级	提前预热工器具、效应杆	

续表

序号	主要操作步骤	存在的风险	风险等级分析					主要防控措施	备注
			后果	暴露	可能性	风险值	风险等级		
11	工器具检查及准备工作	2. 工器具有缺陷，导致人员触电、碰伤、砸伤等	5	2	3	30	四级	确认工器具完好，严禁使用有缺陷的工器具	
12		3. 不戴防护手套，导致人员烫伤、灼伤、划伤	5	2	3	30	四级	作业前戴好防护手套	
13	取电解质	1. 取电解质时，电解质发生喷溅，导致人员烫伤	15	2	1	30	四级	（1）注意劳动保护用品的配备及日常检查 （2）穿戴齐全劳动保护用品	
14		2. 取电解质前，未对工器具进行预热，发生喷爆事件，导致人员烫伤	15	2	1	30	四级	（1）作业前对工器具进行预热 （2）戴好防护眼罩	
15		3. 使用破损的大勺，发生电解质漏出，导致人员烫伤	15	2	1	30	四级	（1）作业前检查大勺，确认其无破损 （2）若大勺发红，及时更换冷却	
16		4. 使用破损的电解质箱取电解质的过程中电解质漏出，导致人员烫伤	15	2	1	30	四级	作业前检查电解质箱，确认其无破损	
17		5. 接触高温电解质箱，导致人员灼伤	15	2	1	30	四级	人员与电解质箱保持安全距离，避免身体接触电解质箱	
18		6. 在舀取电解质过程中未及时降电压，导致阳极脱离电解质液面、短路口放炮	100	2	0.1	20	四级	边取电解质、边测量，及时降低阳极	
19		7. 移动未凝结的电解质箱时，电解质飞溅，导致人员烫伤	15	2	1	30	四级	等电解质完全凝结后方可移动电解质箱	
20	降电压	1. 电解质溢出，周围人员未保持安全距离，导致人员烫伤、槽罩板烧损	15	2	1	30	四级	（1）劳动保护用品穿戴配备齐全 （2）指挥人员进行安全确认 （3）点动降电压3次，观察电解质液面高度	
21		2. 操作失误使阳极脱离电解质界面，导致短路口爆炸	100	2	1	200	三级	（1）操作前进行安全确认 （2）点动降电压3次，观察电解质液面高度	

续表

序号	主要操作步骤	存在的风险	风险等级分析					主要防控措施	备注
			后果	暴露	可能性	风险值	风险等级		
22	清理短路口母线与立柱母线之间的灰尘、积料	1. 未戴防护面罩，飞溅的物料导致人员烫伤	15	2	3	90	三级	将防护面罩放到下限位	
23		2. 风管接头松动崩开，导致人员碰伤	5	2	1	10	四级	(1) 人员操作前检查工器具，确认其完好无破损 (2) 风管在使用前要捆绑牢靠，防止管口崩开	
24		3. 短路口母线之间杂物多，短路口打火，导致爆炸发生	25	3	1	75	三级	清理干净接触面内的杂物	
25		4. 风管不绝缘，导致人员触电	50	2	0.1	10	四级	使用绝缘的风管	
26	使用不停电开关进行停电	1. 吊运不停电开关时，周围人员站位不当，导致挤伤、碰伤	5	2	3	30	四级	(1) 当吊运不停电开关时，在观察清楚周围的环境后再进行操作 (2) 地面作业人员与吊物保持2 m以上距离	
27		2. 使用损坏的吊具、未固定好的吊具、损坏的勾头锁片、破损的钢丝绳，导致人员砸伤	15	2	3	90	三级	(1) 吊运前检查钢丝绳、勾头、吊具、吊耳，确保其完好 (2) 若有问题，停止吊运，经更换或维修后方可吊运	
28		3. 不停电开关与短路口母线未压接紧密，在操作过程中导致接触面打火，烧损不停电开关	25	2	1	50	四级	(1) 压紧接触面 (2) 操作前，安排专人进行检查确认	
29		4. 短路口操作过程中打火，导致人员面部烫伤	15	3	3	135	三级	短路口操作人员佩戴防护面罩	
		5. 未使用绝缘撬棍操作短路口，导致短路口打火或人员触电	15	2	1	30	四级	必须使用绝缘撬棍	

续表

序号	主要操作步骤	存在的风险	风险等级分析					主要防控措施	备注
			后果	暴露	可能性	风险值	风险等级		
30	处理短路口压降	1. 使用损坏的大锤，导致人员砸伤	5	2	1	10	四级	使用大锤前进行检查确认，有损坏的，应立即更换	
31		2. 未确认周围环境，人员在操作过程中被大锤砸伤	5	2	1	10	四级	作业过程中大锤操作人员周围及对面禁止站人	
32		3. 人员身体接触高温母线，导致烫伤	5	2	1	10	四级	（1）戴好防护手套 （2）禁止身体与高温母线接触	
33	操作槽控机，提升阳极以脱离槽内液体	1. 槽控箱绝缘失效，导致人员触电	50	2	0.5	50	四级	（1）与电工进行沟通，保证设备无破损漏电 （2）操作时戴好绝缘手套	
34		2. 未确认按钮，导致误操作	25	2	0.1	5	四级	操作前确认按钮，严禁出现误操作	
35		3. 手动升电压，超上限位，导致螺旋损坏	15	2	0.5	15	四级	（1）点动操作，确保平衡母线不超过上限位 （2）两人协助操作，一人抬电压，另一人观察电解质液面	
36	抽槽内铝	1. 使用损坏的抬包，导致人员砸伤、碰伤	15	2	0.5	15	四级	（1）检查抬包的固定部位，确保其完好 （2）保持安全距离，严禁人员在吸铝管下穿行	
37		2. 使用潮湿的抬包，导致高温液体喷溅	25	2	1	50	四级	严禁使用潮湿的抬包	
38		3. 天车制动器失灵，抬包滑落，导致人员碰伤或烫伤	25	2	1	50	四级	若发现抬包下滑，停止吊包作业，及时报修处理	
39	拔出残极	1. 吊运过程中人员未保持安全站位，发生物品掉落时，有砸伤人员的风险	25	2	1	50	四级	人员与残极保持3.5 m以上的安全距离	
40		2. 人员站在阳极上调整卡具与天车夹具对位时滑入高温电解槽内，导致烫伤	15	2	3	90	三级	当需要人工调整卡具时，必须盖好槽罩板，踩在盖板上进行操作	
41		3. 残极在托盘内因放置不平稳而倾倒，导致砸伤附近人员	5	2	1	10	四级	（1）保持托盘平整 （2）残极放置稳当，确保无歪斜、晃动现象 （3）人员与残极托盘保持3 m以上的安全距离	

续表

序号	主要操作步骤	存在的风险	风险等级分析					主要防控措施	备注
			后果	暴露	可能性	风险值	风险等级		
42	发现漏炉	1. 未清楚准确地说出槽号及位置，延误时间，导致影响系列安全	50	2	1	100	三级	保证语速慢而清晰，准确描述位置	
43		2. 未及时通知班长，导致系列安全	50	2	1	100	三级	发现漏炉，第一时间使用对讲机或电话通知班长	
44		3. 在确认漏炉位置时，未放下防护面罩，导致人员烫、灼伤	15	2	1	30	四级	在确认漏炉位置时，将防护面罩放置在下限位	
45	异常停槽（漏炉）——确认漏炉处	1. 漏炉过程中，因电解质液面下降而发生离极事故、断路，导致短路口爆炸	100	2	1	200	二级	发现漏炉立即通知，使动力电流降为零	
46		2. 高温液体遇冷发生爆炸	25	2	3	150	三级	观察槽控机上电压及槽内液面高度，手动降电压，不得使液面与阳极脱离	
47		3. 确认漏炉位置时，未放下防护面罩，导致人员烫、灼伤	15	2	1	30	四级	将防护面罩放到下限位	
48		4. 漏炉过程中，漏出的铝液冲断阴极母线，导致电解厂房系列停电	100	2	1	200	二级	（1）将漏炉点插入防漏插板 （2）及时对漏点进行扎补	
49		5. 高温液体燃烧挥发出的气体会引发人员患职业病	15	2	1	30	四级	将防护面罩放到位，规范佩戴好防尘口罩	
50	异常停槽（漏炉停槽）——拨打应急电话	1. 未戴防护手套，砸碎玻璃时，易发生划伤	5	2	1	10	四级	佩戴帆布手套	
51		2. 未使用标准停槽语言，导致影响系列安全	50	2	1	100	三级	保证语速慢而清晰、准确	
52		3. 人员精神紧张，导致语言混乱	50	2	1	100	三级	保持镇定，做深呼吸	

续表

序号	主要操作步骤	存在的风险	风险等级分析					主要防控措施	备注
			后果	暴露	可能性	风险值	风险等级		
53	异常停槽（漏炉停槽）——确认漏炉槽，准备应急物料、工器具，天车到位	1. 物料潮湿，可能引发爆炸	25	2	3	150	三级	使用干燥的物料，严禁使用潮湿物料	
54		2. 破损、残缺的工器具易导致人员碰伤	15	2	1	30	四级	（1）若发现有缺陷或破损的工器具，及时更换 （2）穿戴好劳动保护用品，规范佩戴安全帽	
55		3. 天车上的部件高空掉落，导致人员砸伤	15	2	1	30	四级	严禁站在天车正下方	
56	异常停槽（漏炉停槽）——专人观察电压	1. 无人观察电压，出现离极放炮，导致影响系列安全	50	2	1	100	三级	设专人观察电压，确保电压不超过4.2 V	
57		2. 高温液体燃烧挥发出的气体会引发人员患职业病	15	2	1	30	四级	将防护面罩放到位，规范佩戴好防尘口罩	
58		3. 未观察液面高度，导致影响系列安全	50	2	1	100	三级	观察液面高度，确保电解质与阳极不脱离	
59	异常停槽（漏炉停槽）——使用风管降温	1. 防护面罩未放到位，易造成人员烫伤	15	2	1	30	四级	将防护面罩放到下限位	
60		2. 不戴防尘口罩，易造成人员患职业病	15	2	1	30	四级	规范佩戴防尘口罩	
61		3. 风管固定不牢靠，易导致人员伤害	15	1	1	15	四级	使用固定牢靠的风管	
62	异常停槽（漏炉停槽）——扎补漏点	1. 物料飞溅，易造成人员烫伤	15	2	1	30	四级	将防护面罩放到下限位	
63		2. 人员与天车距离太近，造成人员挤伤	15	2	3	90	三级	确保人员安全站位	
64		3. 高温液体燃烧挥发出的气体会引发人员患职业病	15	2	1	30	四级	安排专人指挥，统一协调操作，戴好防尘口罩	
65	异常停槽（漏炉停槽）——当电流降为零时，取出短路口绝缘插板	1. 与立柱母线接触，易造成人员烫伤、挤伤	15	2	3	90	三级	确保人员安全站位，不可站在狭小空间内	
66		2. 未使用绝缘的撬棍，易导致人员触电	15	2	1	30	四级	使用绝缘的撬棍	
67		3. 未确定电流降为零，易发生爆炸	50	2	1	100	三级	从槽控机上确定电流的实际情况	

续表

序号	主要操作步骤	存在的风险	风险等级分析					主要防控措施	备注
			后果	暴露	可能性	风险值	风险等级		
68	异常停槽（漏炉停槽）——将短路口母线与立柱母线之间的灰尘、积料清理干净	1. 物料高温，容易烫伤人员	15	2	1	30	四级	将防护面罩放到下限位	
69		2. 风管固定不牢靠，易导致人员伤害	15	1	1	15	四级	（1）人员在操作前检查工具，确认其完好无破损 （2）风管使用前要捆绑牢靠，防止管口崩开	
70		3. 杂物未清理干净，易发生爆炸	50	2	1	100	三级	（1）将触面内的杂物清理干净 （2）人员侧身站立操作 （3）规范佩戴防尘口罩 （4）使用绝缘的风管	
71	异常停槽（漏炉停槽）——复紧螺杆，处理压降	1. 与立柱母线接触，造成人员挤伤、烫伤	15	2	3	90	三级	确保人员安全站位，戴好帆布手套	
72		2. 螺杆未紧固，易发生爆炸	50	2	1	100	三级	对角紧固螺栓，使用棘轮扳手进行复紧	
73		3. 未戴帆布手套，导致人员挤伤	15	1	1	15	四级	戴好帆布手套	
		4. 棘轮扳手损坏，导致人员伤害	15	2	1	30	四级	严禁使用有缺陷或损坏的棘轮扳手	
74	异常停槽（漏炉停槽）——将阳极提至脱离槽内液体	1. 槽控箱存在漏电，绝缘失效，易造成人员触电	50	2	1	100	三级	（1）操作人员与电工进行沟通，保证设备完好，无破损漏电 （2）戴好绝缘手套	
75		2. 未确认按钮，导致误操作	50	2	1	100	三级	操作前确认按钮，严禁出现误操作	
76		3. 过度升压，导致螺旋损坏	50	1	1	50	四级	点动操作，检查确保平衡母线不能超过上限位	
77	异常停槽（漏炉停槽）——抽槽内铝	1. 出铝包损坏，易发生砸伤、碰伤	25	2	1	50	四级	（1）检查出铝包的固定部位，确保完好 （2）确保真空包正常，人员保持安全站位，严禁在吸铝管下穿行	
78		2. 真空包潮湿，易发生高温液体喷溅	25	2	1	50	四级	严禁使用潮湿的真空包	
79		3. 制动器不可靠，引发高空坠物	25	3	1	75	三级	发现出铝钩下滑，停止吊包作业，并及时报修处理	

续表

序号	主要操作步骤	存在的风险	风险等级分析					主要防控措施	备注
			后果	暴露	可能性	风险值	风险等级		
80	异常停槽（漏炉停槽）——出铝无法吸出，人工取出	1. 人员站位不当，易被飞溅的铝液烫伤	15	2	1	30	四级	（1）将防护面罩放到下限位 （2）规范戴好防护手套	
81		2. 人员不戴防尘口罩，易导致患职业病	15	2	1	30	四级	规范佩戴防尘口罩	
82		3. 潮湿的工器具易导致发生爆炸	15	2	1	30	四级	（1）侧身操作，操作时要缓慢，不易过快过猛操作 （2）使用工器具前对其进行预热	
83	整理工器具，清理作业现场	1. 工器具未定置存放，易造成人员摔绊碰伤、磕伤	15	1	1	15	四级	将工器具定置存放	
84		2. 作业现场未清理干净，易造成人员滑倒碰伤、磕伤	15	1	1	15	四级	将作业现场清理干净	
85		3. 拿取未冷却的工器具，导致人员烫伤	15	2	1	30	四级	待工器具冷却后再进行整理	
86		4. 将热的工器具放入工具箱，引发火灾	25	2	1	50	四级	待工器具冷却后再进行整理	

表 3.13 电解刨槽作业安全风险辨识及防控措施一览表

序号	主要操作步骤	存在的风险	风险等级分析					主要防控措施	备注
			后果	暴露	可能性	风险值	风险等级		
1	作业前检查人员状态和劳动保护用品穿戴情况	1. 作业人员班前喝酒、睡眠不足、精神状态不好等，导致作业过程中注意力不集中	5	6	0.5	15	四级	作业前，班长检查作业人员是否酒后上岗，询问是否身体不适，观察其精神状态，确认良好后方可作业	
2		2. 作业人员因患高血压等疾病身体不适，导致作业过程中发生危险	5	6	0.5	15	四级	作业前，班长询问患病人员是否身体不适，确认良好后方可作业，作业过程中多关注其精神状态	

续表

序号	主要操作步骤	存在的风险	风险等级分析					主要防控措施	备注
			后果	暴露	可能性	风险值	风险等级		
3	作业前检查人员状态和劳动保护用品穿戴情况	3. 未按规定着装（工作服、劳保鞋、安全帽、防尘口罩、防护面罩），导致烫伤、碰伤、扭伤、砸伤等	5	6	0.5	15	四级	作业前，将工作服拉链拉到位，纽扣系好，工作服穿着做到"三紧"，系好劳保鞋鞋带，系好安全帽下颏带，裤腿放在鞋帮外，戴好口罩和防护手套，作业时防护面罩放到位	
4	作业前风险评价	1. 未开展作业风险辨识，导致人员伤害	25	6	1	150	三级	每次启动槽作业前要进行风险辨识	
5		2. 未结合现场实际进行风险辨识，导致人员伤害	25	6	1	150	三级	风险辨识要结合现场实际，要根据工作环境的变化完善辨识内容	
6		3. 风险辨识有遗漏，导致人员伤害	5	6	1	30	四级	按照作业步骤，逐步进行辨识	
7		4. 未明确作业负责人、未确定互联互保人员，导致人员伤害	5	6	1	30	四级	指定作业负责人和互联互保人员	
8		5. 不掌握作业时的风险和防控措施，导致人员伤害	25	6	1	150	三级	抽查启动槽作业人员对存在的风险和防控措施的掌握情况	
9		6. 不清楚作业风险的防控措施，导致人员伤害	5	6	3	90	三级	对照口袋卡和作业任务中存在的风险手指口述逐项进行提示提醒并落实安全措施	
10	工器具检查及准备工作	1. 钢钎变形，导致人员手及胳膊磕碰	5	3	1	15	四级	（1）禁止使用变形严重的风镐钎、撬棍 （2）作业前检查工器具，有缺陷或破损的应及时更换	
11		2. 钢丝绳破损、断股，导致人员伤害	25	3	3	225	三级	禁止使用有缺陷及破损的钢丝绳，吊运时人员远离操作区	
12		3. 风镐部件松动，导致人员伤害	5	3	3	45	四级	禁止使用有缺陷的风镐	
13		4. 风管接口捆绑不牢靠和风管破损，导致人员伤害	5	3	3	45	四级	使用完好的风管，检查风管接口是否捆绑得牢固可靠	
14		5. 未平稳放置千斤顶或千斤顶有缺陷，导致人员伤害	15	3	3	135	三级	（1）禁止使用有缺陷的千斤顶 （2）操作前确认千斤顶是否放置平稳	

续表

序号	主要操作步骤	存在的风险	风险等级分析					主要防控措施	备注
			后果	暴露	可能性	风险值	风险等级		
15	清理表面疏松电解质块	1. 槽内铝液、电解质未完全凝固，人员进入槽内导致脚部烫伤	15	3	1	45	四级	检查确认铝液、电解质全部凝固	
16		2. 作业过程中由于电解质块温度过高，导致人员烫伤	5	3	3	45	四级	（1）作业前确认电解质温度已降低，无液体铝液 （2）禁止徒手搬运电解质块	
17		3. 人员站立不稳，易发生绊倒摔伤	5	3	1	15	四级	人员要站立在平稳位置，禁止站在晃动的电解质块上	
18	使用风镐将电解槽中凝结的电解质刨开	1. 作业过程中电解质块飞溅，导致人员烫伤	15	3	0.5	22.5	四级	戴好防护眼罩	
19		2. 槽内高温物料飞溅，导致人员烫伤	5	3	0.5	7.5	四级	操作前使用测温仪确认物料温度不高于环境温度	
20		3. 风管崩开，导致人员受伤	5	3	1	15	四级	作业前检查确认风管接口是否捆绑得牢固可靠	
21		4. 风管杂乱放置，导致人员摔绊、磕伤	5	3	1	15	四级	有序整齐地放置风管	
22	将刨出的物料装箱	1. 人员搬运超重电解质块，导致腰部受伤	5	3	1	15	四级	严禁超负荷搬运电解质块	
23		2. 搬运电解质块时电解质块断裂或滑落，导致人员砸伤	5	3	1	15	四级	严禁超负荷搬运电解质块，防止物块滑落	
24		3. 装箱过程中电解质块飞溅，导致击伤人员眼睛	15	3	0.5	22.5	四级	（1）戴好防护眼罩 （2）装箱过程中，确保动作平缓	
25	撬槽底铝渣	1. 撬棍支撑块不牢固，导致人员扭伤	5	3	3	45	四级	确认支撑块放置牢固	
26		2. 钢钎插入时滑脱，导致人员滑倒受伤	5	3	6	90	三级	插入钢钎时要站稳，用力均匀，提牢钢钎，防止滑脱	
27		3. 用力过猛，导致人员扭伤	5	3	1	15	四级	严禁单人作业，执行互联互保	

续表

序号	主要操作步骤	存在的风险	风险等级分析					主要防控措施	备注
			后果	暴露	可能性	风险值	风险等级		
28	割槽底大块铝	1. 作业过程中工器具损坏，导致人员碰伤	5	2	1	10	四级	（1）检查工器具，确保其完好 （2）穿戴齐全劳动保护用品	
29		2. 氧气、乙炔瓶阀门或气带漏气，遇明火，导致燃烧爆炸	50	2	1	100	三级	（1）作业前对瓶体、氧气带、乙炔带及安全阀进行检查，确保其完好 （2）氧气瓶、乙炔瓶保持5 m以上安全距离，其距离明火10 m以上	
30		3. 割铝过程中熔融的铝液飞溅，导致人员烫伤	15	2	1	30	四级	（1）穿好石棉防护围裙 （2）戴好防护面罩	
31		4. 现场铝块不平整，导致人员绊倒摔伤	5	2	1	10	四级	检查人员站位，确认作业环境安全	
32		5. 工器具放置不当，导致人员绊倒摔伤	5	2	1	10	四级	将工器具整齐放置到定置点	
33	联系天车将装箱物料吊运至指定地点	1. 吊运过程中发生物品掉落，导致人员伤害	25	2	1	50	四级	（1）必须安排专人指挥吊运 （2）地面人员与吊物保持3 m以上安全距离	
34		2. 铝块捆绑不牢靠，导致人员砸伤	25	2	1	50	四级	确认捆绑牢靠，缓慢起吊	
35		3. 手扶被吊运物品，导致人员碰撞	15	2	1	30	四级	严禁手扶被吊运物品，使用辅助工具进行稳定	
36		4. 钢丝绳断裂，导致人员砸伤	25	2	1	50	四级	吊运前确认吊钩是否安全可靠，检查确认吊具（钢丝绳、吊带）是否完好	
37	整理工器具，清理作业现场	1. 工器具放置不当，导致人员绊倒摔伤	5	2	1	10	四级	将工器具整齐放置到定置点	
38		2. 工器具放置杂乱，导致人员磕碰	5	2	1	10	四级	将工器具按照先进先出的原则有序地放入工具箱（架）中	
39		3. 作业现场未清理干净，导致人员滑倒、碰伤、磕伤	5	2	1	10	四级	将作业现场清理干净	

表 3.14 电解取样接料作业安全风险辨识及防控措施一览表

序号	主要操作步骤	存在的风险	风险等级分析					主要防控措施	备注
			后果	暴露	可能性	风险值	风险等级		
1	作业前检查人员状态和劳动保护用品穿戴情况	1. 作业人员班前喝酒、睡眠不足、精神状态不好等，导致作业过程中注意力不集中	5	6	0.5	15	四级	作业前，班长检查作业人员是否酒后上岗，询问是否身体不适，观察其精神状态，确认良好后方可作业	
2		2. 作业人员因患高血压等疾病身体不适，导致作业过程中发生危险	5	6	0.5	15	四级	作业前，班长询问患病人员是否身体不适，确认良好后方可作业，作业过程中多关注其精神状态	
3		3. 未按规定着装（工作服、劳保鞋、安全帽、防尘口罩、防护面罩），导致烫伤、碰伤、扭伤、砸伤等	5	6	0.5	15	四级	作业前，将工作服拉链拉到位，纽扣系好，工作服穿着做到"三紧"，系好劳保鞋鞋带，系好安全帽下颏带，裤腿放在鞋帮外，戴好口罩和防护手套，作业时防护面罩放到位	
4	作业前风险评价	1. 未开展作业风险辨识，导致人员伤害	25	6	1	150	三级	每次启动槽作业前要进行风险辨识	
5		2. 未结合现场实际进行风险辨识，导致人员伤害	25	6	1	150	三级	风险辨识要结合现场实际，要根据工作环境的变化完善辨识内容	
6		3. 风险辨识有遗漏，导致人员伤害	5	6	1	30	四级	按照作业步骤，逐步进行辨识	
7		4. 未明确作业负责人、未确定互联互保人员，导致人员伤害	5	6	1	30	四级	指定作业负责人和互联互保人员	
8		5. 不掌握作业时的风险和防控措施，导致人员伤害	25	6	1	150	三级	抽查启动槽作业人员对存在的风险和防控措施的掌握情况	
9		6. 不清楚槽作业风险的防控措施，导致人员伤害	5	6	3	90	三级	对照口袋卡和作业任务中存在的风险手指口述逐项进行提示提醒并落实安全措施	
10	工器具检查及准备工作	1. 工器具（试样勺、模具）未预热，发生爆炸，导致人员烫伤	5	3	3	45	四级	在使用前对工器具（试样勺、模具）进行预热	

续表

序号	主要操作步骤	存在的风险	风险等级分析					主要防控措施	备注
			后果	暴露	可能性	风险值	风险等级		
11	工器具检查及准备工作	2. 试样勺、模具、标料勺破损残缺，导致人员碰伤、划伤	5	2	3	30	四级	检查试样勺、模具、标料勺，破损残缺的，要及时维修或更换	
12		3. 在工器具车上未放置稳当的铸模滑落，导致人员脚部砸伤	5	3	1	15	四级	清理工器具车平台面杂物，确认模具放稳、放平	
13	取样	1. 使用试样勺、模具取样时未进行预热，潮湿的工具遇热液体发生爆炸	5	3	1	15	四级	（1）正确穿戴齐全无破损的劳动保护用品（防护手套、安全帽、防护面罩、防尘口罩、防护服等），将防护面罩放到位 （2）试样勺、模具要提前预热	
14		2. 打开出铝门时未放下防护面罩，电解质喷出，导致人员烫伤	5	3	1	15	四级	将防护面罩放到下限位	
15		3. 站位不当，取样过程中电解质喷出，导致人员烫伤	5	3	1	15	四级	取样过程中要侧身作业，平稳进行，标准操作	
16	将液体倒入模具	1. 防护面罩没有放到位，液体飞溅，导致人员烫伤	5	3	3	45	四级	正确穿戴齐全无破损的劳动保护用品（防护手套、安全帽、防护面罩、防尘口罩、防护服等）	
17		2. 模具未预热，发生爆炸，导致人员烫伤	5	3	1	15	四级	防护面罩要放置到位	
18		3. 液体倒入速度过快，导致液体外溢	5	3	3	45	四级	操作时要平稳进行，缓慢地将液体倒入模具内	
19	接料	1. 料口电解质飞溅，导致人员烫伤	5	3	1	15	四级	正确穿戴齐全无破损的劳动保护用品（防护手套、安全帽、防护面罩、防尘口罩、防护服等），防护面罩要放到位	
20		2. 人员违章操作，脚踩壳面，导致烫伤	5	3	3	45	四级	严禁脚踩壳面，必须使用脚踏板或踩在槽罩上	
21		3. 电解槽罩板温度高，导致人员烫伤	5	2	1	10	四级	接料时杜绝人员身体和电解槽体接触	
22		4. 人员站立不稳，导致滑倒摔伤	1	2	1	2	四级	人员注意脚下站稳，集中注意力	

续表

序号	主要操作步骤	存在的风险	风险等级分析					主要防控措施	备注
			后果	暴露	可能性	风险值	风险等级		
23	整理工器具，清理作业现场	1. 工器具未定置存放，导致人员摔绊碰伤、磕伤、烫伤	1	2	3	6	四级	正确穿戴齐全无破损的劳动保护用品（防护手套、安全帽、防护面罩、防尘口罩、防护服等）	
24		2. 作业现场未清理干净，导致人员滑倒碰伤、磕伤、烫伤	5	2	1	10	四级	将作业现场清理干净	
25		3. 未戴防护手套整理未冷却的铁制工具，导致人员手部烫伤	1	3	3	9	四级	将工器具定置存放	

表 3.15　电解测量作业安全风险辨识及防控措施一览表

序号	主要操作步骤	存在的风险	风险等级分析					主要防控措施	备注
			后果	暴露	可能性	风险值	风险等级		
1	作业前检查人员状态和劳动保护用品穿戴情况	1. 作业人员班前喝酒、睡眠不足、精神状态不好等，导致作业过程中注意力不集中	5	6	0.5	15	四级	作业前，班长检查作业人员是否酒后上岗，询问是否身体不适，观察其精神状态，确认良好后方可作业	
2		2. 作业人员有患高血压等疾病身体不适，导致作业过程中发生危险	5	6	0.5	15	四级	作业前，班长询问患病人员是否身体不适，确认良好后方可作业，作业过程中多关注其精神状态	
3		3. 未按规定着装（工作服、劳保鞋、安全帽、防尘口罩、防护面罩），导致烫伤、碰伤、扭伤、砸伤等	5	6	0.5	15	四级	作业前，将工作服拉链拉到位，纽扣系好，工作服穿着做到"三紧"，系好劳保鞋鞋带，系好安全帽下颌带，裤腿放在鞋帮外，戴好口罩和防护手套，作业时防护面罩放到位	
4	作业前风险评价	1. 未开展作业风险辨识，导致人员伤害	25	6	1	150	三级	每次启动槽作业前要进行风险辨识	
5		2. 未结合现场实际进行风险辨识，导致人员伤害	25	6	1	150	三级	风险辨识要结合现场实际，要根据工作环境的变化完善辨识内容	

续表

序号	主要操作步骤	存在的风险	风险等级分析					主要防控措施	备注
			后果	暴露	可能性	风险值	风险等级		
6	作业前风险评价	3. 风险辨识有遗漏，导致人员伤害	5	6	1	30	四级	按照作业步骤，逐步进行辨识	
7		4. 未明确作业负责人、未确定互联互保人员，导致人员伤害	5	6	1	30	四级	指定作业负责人和互联互保人员	
8		5. 不掌握作业时的风险和防控措施，导致人员伤害	25	6	1	150	三级	抽查启动槽作业人员对存在的风险和防控措施的掌握情况	
9		6. 不清楚槽作业风险的防控措施，导致人员伤害	5	6	3	90	三级	对照口袋卡和作业任务中存在的风险手指口述逐项进行提示提醒并落实安全措施	
10	工器具检查及准备工作	1. 绝缘失效，导致人员触电	25	3	1	75	三级	劳动保护用品穿戴齐全，佩戴防护手套、安全帽、防护面罩、防尘口罩	
11		2. 工器具（铁钳）未预热，发生爆炸，导致人员烫伤	5	6	1	30	四级	作业前检查确认绝缘功能是否正常	
12		3. 工器具破损残缺，导致人员碰伤、划伤	5	6	1	30	四级	检查工器具（铁钳、铜钳、万能表），破损残缺的，要及时维修或更换	
13	L口压降、短路口压降测量	1. 人员在高温环境中长时间作业，导致中暑、脱水	5	6	1	30	四级	多喝水，合理安排工作	
14		2. 接触短路口高温物体，导致人员烫伤	5	6	2	60	四级	（1）劳动保护用品（防护手套、安全帽、防护面罩、防尘口罩、防护服等）穿戴齐全、无破损 （2）作业时杜绝身体任何部位与电解槽体接触	
15		3. 人员在风格板上行走时脚踩空或绊倒，导致碰伤	5	6	1	30	四级	人员行走时注意看脚下	
16	处理短路口、L口压降	1. 处理短路口压降时未装绝缘片，导致损坏短路口接触面，影响系列安全	25	3	2	150	三级	严格执行处理短路口压降时装绝缘片	
17		2. 使用大锤处理压降，用力过猛或动作幅度大，导致人员砸伤	5	6	1	30	三级	（1）劳动保护用品（防护手套、安全帽、防护面罩、防尘口罩、防护服等）穿戴齐全、无破损 （2）用力均匀，规范操作	

续表

序号	主要操作步骤	存在的风险	风险等级分析					主要防控措施	备注
			后果	暴露	可能性	风险值	风险等级		
18	处理短路口、L口压降	3. 人员在风格板上行走时脚踩空或绊倒，导致碰伤	5	6	1	30	四级	人员行走时注意看脚下	
19	用手持万用表测量、记录卡具压降及阳极电流分布	1. 在高温作业环境中作业，导致人员烫伤及中暑	5	6	1	30	四级	（1）劳动保护用品（防护手套、安全帽、防护面罩、防尘口罩、防护服等）穿戴齐全、无破损 （2）多喝水，合理安排工作	
20		2. 人员身体接触母线或设备，导致烫伤或触电	25	3	2	150	三级	穿全套工作服，严禁人员接触高温物体	
21		3. 人员在风格板上行走时脚踩空或绊倒，导致碰伤	5	6	1	30	四级	行走时注意看脚下	
22	处理卡具压降	1. 在高温作业环境中作业，导致人员烫伤及中暑	5	6	1	30	四级	（1）劳动保护用品（防护手套、安全帽、防护面罩、防尘口罩、防护服等）穿戴齐全、无破损 （2）多喝水，合理安排工作	
23		2. 未放置牢靠、稳当的槽盖板滑落，导致人员摔伤	5	3	1	15	四级	检查槽盖板是否摆放得牢靠，确认防护手套、安全帽、防护面罩、防尘口罩、防护服等是否穿戴齐全	
24		3. 站在槽盖板上打卡压时踩空坠落，导致人员碰伤	5	3	1	15	四级	打卡压时要系好安全带，确定脚下踩实	
25		4. 使用大锤处理压降时，用力过猛或动作幅度大，导致人员砸伤	5	6	3	90	三级	打卡压时用力均匀，规范操作	
26	阳极电流分布的测量——对阳极进行调整	1. 在高温作业环境中作业，导致人员烫伤及中暑	5	3	1	15	四级	（1）劳动保护用品（防护手套、安全帽、防护面罩、防尘口罩、防护服等）穿戴齐全、无破损 （2）严禁人员接触高温物体 （3）测量人员应多喝水，合理安排时间，防止高温中暑	

续表

序号	主要操作步骤	存在的风险	风险等级分析					主要防控措施	备注
			后果	暴露	可能性	风险值	风险等级		
27	阳极电流分布的测量——阳极进行调整	2. 作业时防护面罩没有放到位，导杆和母线打火，导致人员的面部和眼睛受伤	5	6	1	30	四级	将防护面罩放到位	
28		3. 当站在槽盖板上进行改线时，劳动保护用品穿戴不齐全，人员从槽盖板上滑落，导致烫伤、碰伤	5	6	1	30	四级	劳动保护用品穿戴齐全，改线时确定脚下踩实	
29	槽三温的测量、记录（炉底板、侧壁、钢棒）	1. 在高温作业环境中作业，导致人员烫伤及中暑	5	6	1	30	四级	（1）劳动保护用品（防护手套、安全帽、防护面罩、防尘口罩、防护服等）穿戴齐全、无破损 （2）多喝水，合理安排工作时间	
30		2. 未与槽上人员呼应确认槽号，被掉落的热渣烫伤	5	6	1	30	四级	（1）需要两人或以上的人员配合工作 （2）作业前和作业完毕后告知对应槽维护人员	
31		3. 人员身体接触母线或设备，导致烫伤或触电	25	3	1	75	三级	（1）劳动保护用品（防护手套、安全帽、防护面罩、防尘口罩、防护服等）穿戴齐全、无破损 （2）严禁人员接触高温物体	
32	测量两水平——测量槽炭渣打捞	1. 未将防护面罩放到位，导致人员烫伤	5	6	1	30	四级	将防护面罩放到位	
33		2. 电解质飞溅，导致人员烫伤	5	6	1	30	四级	人员侧身站立，缓慢操作	
34		3. 工器具（漏铲）未预热，发生爆炸，导致人员烫伤	5	6	1	30	四级	必须对工器具（漏铲）进行预热	
35	测量两水平——手持水平仪和钎子	1. 防护面罩未放到位，导致人员烫伤	5	6	1	30	四级	将防护面罩放到位	
36		2. 电解质飞溅，导致人员烫伤	5	6	1	30	四级	人员侧身站立，缓慢操作	
37		3. 工器具（水平钎子）未预热，发生爆炸，导致人员烫伤	5	6	1	30	四级	要对工器具（水平钎子）进行提前预热	

续表

序号	主要操作步骤	存在的风险	风险等级分析					主要防控措施	备注
			后果	暴露	可能性	风险值	风险等级		
38	测量两水平——手持水平仪和钎子	4. 风格板上磕钎子，有热渣掉落，导致槽下人员被烫伤	5	6	1	30	四级	（1）操作前确认作业区域，确保槽下无人员后方可操作 （2）禁止在风格板上磕钎子 （3）人员侧身站立，规范操作	
39	测量炉底压降量	1. 在高温作业环境中作业，导致人员烫伤及中暑	5	6	1	30	四级	（1）劳动保护用品（防护手套、安全帽、防护面罩、防尘口罩、防护服等）穿戴齐全、无破损 （2）多喝水，合理安排工作时间	
40		2. 工器具未预热（铁钎），发生爆炸，导致人员烫伤	5	6	1	30	四级	要对工器具（铁钎）进行提前预热	
41		3. 测量人员正对测量口，电解质飞溅，导致人员烫伤	5	6	1	30	四级	劳动保护用品（防护手套、安全帽、防护面罩、防尘口罩、防护服等）穿戴齐全，人员侧身测量，保持正确站位	
42		4. 打洞口时未规范佩戴防护面罩，电解质喷溅，导致人员烫伤	5	6	1	30	四级	劳动保护用品（防护手套、安全帽、防护面罩、防尘口罩、防护服等）穿戴齐全，将防护面罩放到下限位	
43	为测量电解槽槽温、过热度做准备——打洞口	1. 因用力过猛而发生高温物料飞溅，导致人员烫伤	5	6	1	30	四级	（1）劳动保护用品（防护手套、安全帽、防护面罩、防尘口罩、防护服等）穿戴齐全，将防护面罩放到下限位 （2）作业时用力均匀	
44		2. 防护面罩未放到位，导致人员烫伤	5	6	1	30	四级	劳动保护用品（防护手套、安全帽、防护面罩、防尘口罩、防护服等）穿戴齐全，将防护面罩放到下限位	
45		3. 工器具（镦子）未提前预热，遇电解质爆炸，导致烫伤	5	6	1	30	四级	（1）要对工器具（镦子）进行提前预热 （2）操作时用力不要过猛，侧身打洞口	
46	测量电解槽槽温、过热度	1. 电解质飞溅，导致人员烫伤	5	6	1	30	四级	（1）劳动保护用品（防护手套、安全帽、防护面罩、防尘口罩、防护服等）穿戴齐全，将防护面罩放到下限位 （2）人员操作时侧身站立	

续表

序号	主要操作步骤	存在的风险	风险等级分析					主要防控措施	备注
			后果	暴露	可能性	风险值	风险等级		
47	测量电解槽槽温、过热度	2. 未将防护面罩放到位，导致人员烫伤	5	6	1	30	四级	劳动保护用品（防护手套、安全帽、防护面罩、防尘口罩、防护服等）穿戴齐全，将防护面罩放到下限位	
48		3. 工器具（镦子）未被提前预热，遇电解质爆炸，导致人员烫伤	5	6	1	30	四级	要对工器具（镦子）进行提前预热	
49	整理工器具，清理作业现场	1. 工器具未定置存放，导致人员摔绊碰伤、磕伤、烫伤	5	6	1	30	四级	将工器具定置存放	
50		2. 作业现场未清理干净，导致人员滑倒碰伤、磕伤、烫伤	5	6	1	30	四级	将作业现场清理干净	
51		3. 未戴防护手套整理热工具，导致人员手部烫伤	5	6	1	30	四级	防护手套、安全帽、防护面罩、防尘口罩、防护服穿戴齐全	

表 3.16 电解槽下清理作业安全风险辨识及防控措施一览表

序号	主要操作步骤	存在的风险	风险等级分析					主要防控措施	备注
			后果	暴露	可能性	风险值	风险等级		
1	作业前检查人员状态和劳动保护用品穿戴情况	1. 作业人员班前喝酒、睡眠不足、精神状态不好等，导致作业过程中注意力不集中	5	6	0.5	15	四级	作业前，班长检查作业人员是否酒后上岗，询问是否身体不适，观察其精神状态，确认良好后方可作业	
2		2. 作业人员因患高血压等疾病身体不适，导致作业过程中发生危险	5	6	0.5	15	四级	作业前，班长询问患病人员是否身体不适，确认良好后方可作业，作业过程中多关注其精神状态	
3		3. 未按规定着装（工作服、劳保鞋、安全帽、防尘口罩、防护面罩），导致烫伤、碰伤、扭伤、砸伤等	5	6	0.5	15	四级	作业前，将工作服拉链拉到位，纽扣系好，工作服穿着做到"三紧"，系好劳保鞋鞋带，系好安全帽下颏带，裤腿放在鞋帮外，戴好口罩和防护手套，作业时防护面罩放到位	

续表

序号	主要操作步骤	存在的风险	风险等级分析					主要防控措施	备注
			后果	暴露	可能性	风险值	风险等级		
4	作业前风险评价	1. 未开展作业风险辨识，导致人员伤害	25	6	1	150	三级	每次启动槽作业前要进行风险辨识	
5		2. 未结合现场实际进行风险辨识，导致人员伤害	25	6	1	150	三级	风险辨识要结合现场实际，要根据工作环境的变化完善辨识内容	
6		3. 风险辨识有遗漏，导致人员伤害	5	6	1	30	四级	按照作业步骤，逐步进行辨识	
7		4. 未明确作业负责人、未确定互联互保人员，导致人员伤害	5	6	1	30	四级	指定作业负责人和互联互保人员	
8		5. 不掌握作业时的风险和防控措施，导致人员伤害	25	6	1	150	三级	抽查启动槽作业人员对存在的风险和防控措施的掌握情况	
9		6. 不清楚槽作业风险的防控措施，导致人员伤害	5	6	3	90	三级	对照口袋卡和作业任务中存在的风险手指口述逐项进行提示提醒并落实安全措施	
10	工器具检查及准备工作	1. 使用潮湿的工器具与槽壳或母线搭接，导致人员触电	25	6	1	150	三级	禁止使用潮湿工器具清理卫生	
11		2. 使用较长的金属与槽壳或母线搭接，导致人员触电	25	6	1	150	三级	禁止使用金属工器具	
12		3. 使用破损的工器具，导致人员碰伤	5	6	1	30	四级	确认使用的工器具牢固可靠	
13	上、下爬梯	1. 上、下爬梯时未扶扶手，导致滑倒摔伤	5	6	1	30	四级	上、下爬梯时要确认踩实，必须扶好扶手	
14		2. 多人并行上、下爬梯，导致人员摔伤、磕碰	5	6	1	30	四级	单人上、下爬梯	
15		3. 爬梯护栏断裂，导致人员摔伤	5	6	1	30	四级	加强日常检查，及时消除安全隐患	
16		4. 爬梯踏板上有异物，导致人员摔伤	5	6	1	30	四级	清理并保持踏板无积雪、冰、油污、料粉等物	

续表

序号	主要操作步骤	存在的风险	风险等级分析					主要防控措施	备注
			后果	暴露	可能性	风险值	风险等级		
17	清扫电解槽下的地面及采光道	1. 在高温母线下作业,导致人员烫伤	5	6	3	90	三级	现场进行安全确认,与母线保持安全距离	
18		2. 在高温环境中作业,导致人员中暑	5	6	3	90	三级	作业时打开窗户,做好通风	
19		3. 人员在雨天、雾天等潮湿天气条件下作业,导致触电	25	6	1	150	三级	严禁雨天、雾天等潮湿天气情况下进行电解-3.5 m层作业	
20		4. 高温物料撒落至-3.5 m,导致人员烫伤	5	6	1	30	四级	(1)在零平面上使用警示灯设立警示区域 (2)在使用对讲机沟通确认后进行作业	
21		5. 揭放雨箅时发生滑落,导致砸伤人员手脚	5	6	1	30	四级	(1)使用专用工具揭放雨箅 (2)不使用带油污的防护手套	
22		6. 使用破损的小推车装运物料时发生倾倒,导致破损	5	6	1	30	四级	(1)使用前对小推车进行检查 (2)若存在缺陷问题,在进行维修后方可使用	
23		7. 手拉小推车产生惯性,导致人员挤伤、磕碰	5	6	1	30	四级	严禁手拉小推车,只能手推	
24	将物料吊运至地面	1. 吊运物料时,提升口下方有人员停留,被吊运的物料掉落,导致人员砸伤	25	6	2	300	二级	(1)吊运物料下方设立隔离区域,待人员撤出隔离区后方可进行作业 (2)吊运时,清扫人员要与机手沟通,确认到位	
25		2. 无证操作或操作人员注意力不集中,导致设备损坏、人员伤害	5	6	1	30	四级	(1)严禁无证人员操作电葫芦 (2)操作电葫芦时集中注意力	
26		3. 起吊的物料掉落,导致人员砸伤	5	6	1	30	四级	(1)吊料间地面安装护栏联锁装置,人员未离开限制起吊 (2)作业前,检查确认护栏联锁装置功能是否有效	

续表

序号	主要操作步骤	存在的风险	风险等级分析					主要防控措施	备注
			后果	暴露	可能性	风险值	风险等级		
27	整理工器具，清理作业现场	1. 现场工器具未定置存放，导致人员碰伤、磕伤	5	6	1	30	四级	将工器具定置存放	
28		2. 工器具放置杂乱，导致人员磕碰	5	6	1	30	四级	将工器具按照先进先出的原则有序放入工具箱（架）中	
29		3. 未将作业现场清理干净，导致人员滑倒碰伤、磕伤	5	6	1	30	四级	将作业现场清理干净	

表 3.17　槽上部、槽周母线清理作业安全风险辨识及防控措施一览表

序号	主要操作步骤	存在的风险	风险等级分析					主要防控措施	备注
			后果	暴露	可能性	风险值	风险等级		
1	清理槽上部	1. 清扫作业前未设置警示灯，与天车交叉作业，导致人员坠落摔伤	5	3	1	15	四级	作业前必须设置警示灯	
2		2. 槽盖板有缺陷或者未摆放平稳，导致人员摔伤、碰伤	5	3	3	45	四级	上槽上部前，确认槽罩是否完好、摆放平稳	
3		3. 进行槽上部清扫作业时，下方无人监护，过往天车碰撞清扫人员，导致起重伤害	25	2	1	50	四级	清扫时下方设专人监护，保持沟通，及时避让天车作业，严禁人员在槽上部站立	
4	清理平衡母线	1. 不戴防尘口罩，导致人员患职业病	5	3	1	15	四级	作业前戴好防尘口罩	
5		2. 人员站在槽盖板上，因用力过猛而使身体失衡，导致人员坠落	5	3	3	45	四级	作业时不得用力过猛，应集中注意力	
6		3. 电解槽钢窗口有铁制工具接触平衡母线，导致人员触电	5	3	1	15	四级	严禁将铁制工具存放在钢窗口内	

续表

序号	主要操作步骤	存在的风险	风险等级分析					主要防控措施	备注
			后果	暴露	可能性	风险值	风险等级		
7	抬起风格网	1. 抬起风格网时互相配合不到位，导致人员挤伤、碰伤、砸伤	5	3	3	45	四级	抬风格网时必须安排两人以上，互相沟通配合好	
8		2. 风格网抬起后未放平稳，接触短路口，导致人员砸伤、触电	25	3	1	75	三级	风格网抬起后必须摆放平稳，做好绝缘，不得与短路口和电解槽接触	
9		3. 现场无人监护，单人独自操作，导致人员触电	5	3	1	15	四级	设立监护人	
10	清理槽周母线	1. 清理母线时站立不稳，导致人员从槽周母线上坠落	5	3	1	15	四级	（1）清扫时，安排专人监护，互相沟通配合好 （2）清扫时确认周围环境，待无障碍物后进行清理	
11		2. 清除槽周母线夹缝异物时使用铁制工具，导致人员触电	25	3	1	75	三级	（1）清除槽周母线夹缝异物时，不得使用铁制工具 （2）设立监护人	
12		3. 清扫时物料飞溅，导致人员伤害	1	3	0.5	1.5	四级	清扫时戴好防护面罩	
13	整理工器具，清理作业现场	1. 工器具未定置存放，导致人员摔绊碰伤、磕伤、烫伤	5	3	1	15	四级	将工器具定置摆放到指定位置	
14		2. 作业现场未清理干净，导致人员滑倒碰伤、磕伤、烫伤	1	3	1	3	四级	将作业现场清理干净	
15		3. 未等工器具完全冷却就将其放入工器具间，导致工器具间失火	1	3	0.5	1.5	四级	工器具必须在完全冷却后才能被放入工器具间中	

3.2 设备检修

电解系列设备检修分为：电解槽设备检修、天车检修、电气设备维修三大类。

3.2.1 电解槽设备检修

经辨识,电解槽设备检修主要的作业活动有 13 项,岗位作业存在 383 项风险,其中辨识出一级风险 0 项、二级风险 1 项、三级风险 72 项、四级风险 310 项。

1. 岗位主要的作业活动/工作流程

①更换减速机;②更换槽上部零部件;③更换叉型螺栓及减速机拉杆;④电焊;⑤气焊;⑥检修气缸;⑦检修下料器;⑧检修减速机;⑨搬运;⑩吊装;⑪启槽;⑫停槽;⑬更换短路口插板、绝缘螺栓。

2. 设备检修岗位安全风险辨识及防控措施

设备检修岗位安全风险辨识及防控措施见表 3.18 至表 3.30。

表 3.18 更换减速机作业安全风险辨识及防控措施一览表

序号	主要操作步骤	存在的风险	风险等级分析					主要防控措施	备注
			后果	暴露	可能性	风险值	风险等级		
1	工作票填写及风险辨识	1. 工作票填写错误,导致人员不清楚工作内容	15	10	0.1	15	四级	(1) 作业人员在收到任务后,按照任务内容正确填写工作票 (2) 在作业现场根据现场环境进行风险辨识	
2		2. 风险辨识不全面,导致人员不清楚风险	15	10	0.1	15	四级	(1) 作业人员全员在现场参与风险辨识 (2) 工作票签发和审批人员对风险辨识情况进行审核并做相应补充,尽量做到全面	
3		3. 防控措施制定得不恰当,导致人员不清楚具体如何防控	15	10	0.1	15	四级	工作票签发人现场逐一审核作业风险及检查相关防控措施是否落实	
4	安全技术交底	1. 安全技术交底内容错误,导致影响作业安全	15	10	0.1	15	四级	安全技术交底内容必须正确、完整、规范	
5		2. 安全技术交底不全面,导致影响作业安全	15	10	0.1	15	四级	由作业负责人组织且交底面对所有作业人员	
6	确认人员状态和劳动保护用品穿戴情况	1. 劳动保护用品(工作服、劳保鞋、安全帽、防尘口罩等)穿戴不齐全、不规范,安全帽和防护手套未正确穿戴,导致人员伤害	15	10	0.1	15	四级	(1) 要求劳动保护用品必须穿戴齐全、无破损 (2) 作业前,工作服穿着做到"三紧"、劳保鞋系好鞋带、安全帽系好下颚带、防尘口罩佩戴规范等	

续表

序号	主要操作步骤	存在的风险	风险等级分析					主要防控措施	备注
			后果	暴露	可能性	风险值	风险等级		
7	确认人员状态和劳动保护用品穿戴情况	2. 酒后、情绪不佳、身体不适者上岗，导致人员伤害	15	10	0.1	15	四级	严禁酒后、身体不适、情绪不佳者上岗作业	
8		3. 高处作业未系安全带或安全带破损，导致人员伤害	15	10	0.1	15	四级	作业前检查安全带，确认安全带无破损	
9	确认工器具完好	1. 千斤顶在承重时突然泄压，导致人员伤害	15	10	0.1	15	四级	作业前检查千斤顶，确认千斤顶无泄漏方可使用	
10		2. 被顶举母线下滑，导致系列停电	15	10	0.1	15	四级	定时巡查千斤顶，如发现千斤顶泄漏，及时更换	
11		3. 千斤顶弹出，崩伤作业人员	15	10	0.1	15	四级	作业前检查千斤顶，确认千斤顶完好	
12		4. 吊装带破损，导致被吊运物品掉落伤人	15	10	0.1	15	四级	作业前检查吊装带，确认吊装带无破损	
13		5. 吊装带断裂，导致被吊运物品掉落伤人	15	10	0.1	15	四级	选择的吊装带吨位必须大于所吊物品的吨位	
14		6. 工器具破损（如扳手开口处有裂纹、锤子锤头连接处有裂纹、撬棍有裂纹、钳子的连接处有裂纹等），在使用时会导致人员触电	15	10	0.1	15	四级	作业前检查工器具，确认工器具无破损、绝缘良好，如有破损，应立即停用，更换质量可靠的工器具，同时做好工器具消耗领用记录	
15	三方确认	1. 未与电解多功能机手、操作人员确认，导致误操作	15	10	0.1	15	四级	与电解多功能机手进行确认，明确指令	
16		2. 未与属地确认交叉作业，导致人员伤害	15	10	0.1	15	四级	与属地领导确认，确保作业范围内无其他作业	
17	安装千斤顶	1. 搬运千斤顶时受磁场影响，导致人员手部碰伤	15	10	0.1	15	四级	搬运过程中双手搬运，并佩戴好帆布手套	
18		2. 人员手拿千斤顶上下电解槽时，因失去重心没有站稳，导致摔伤	30	10	0.1	30	四级	在往槽上放置千斤顶时，两人配合，通过传递的方式进行放置	
19		3. 支护千斤顶时未使用绝缘板，导致人员在安装和拆除过程中受到触电伤害	15	10	0.1	15	四级	安装过程中使用专用的绝缘板	

续表

序号	主要操作步骤	存在的风险	风险等级分析					主要防控措施	备注
			后果	暴露	可能性	风险值	风险等级		
20	安装千斤顶	4. 千斤顶安装分布不均匀，导致槽上部母线和阳极受力不均匀，影响系列安全	25	3	1	75	三级	使用专用工器具安装千斤顶，并使其均匀分布在母线两侧	
21		1. 在拆除铸销时站位不合理，导致人员坠落	15	10	0.1	15	四级	检修人员在检修作业前选择合适的站位	
22	取出铸销	2. 使用大锤打击铸销时锤头掉落，导致砸伤周围作业人员	25	3	1	75	三级	作业前检查锤头是否牢固，确认有无开焊情况	
23		3. 取出铸销时人员未撤离到安全位置，导致被铸销砸伤	15	10	0.1	15	四级	铸销快取出时周围监护人员、作业人员撤出警戒区域	
24		1. 槽罩板覆盖不牢，踩踏槽罩板上槽作业时，导致人员坠落	15	10	0.1	15	四级	（1）上槽前确认槽罩板是否覆盖完好 （2）上槽前确认槽罩板支架焊口是否完好	
25		2. 上槽作业未插红旗，导致多功能天车碰伤人员	15	10	0.1	15	四级	上槽作业前必须插好红旗，提示电解多功能机手	
26		3. 高处作业未佩戴安全带，导致人员坠落	25	3	1	75	三级	高空作业时必须佩戴安全带，并将其挂靠在可靠、合理位置	
27	拆除减速机	4. 安全带悬挂位置不合适	15	10	0.1	15	四级	（1）安全带必须高挂低用 （2）安全带不允许挂靠在边缘棱角处	
28		5. 作业区域未执行物理隔离，人员与车辆进入，导致人员伤害	15	10	0.1	15	四级	合理设置检修区域警戒线，禁止其他人员、车辆进入	
29		6. 吊运过程中吊带断裂，导致人员砸伤	25	3	1	75	三级	作业过程中，人员撤离至安全距离以外	
30		7. 吊运过程中未掌握吊运平衡点，导致减速机掉落伤人	50	2	1	100	三级	吊装前，确认吊带和吊运中心点，吊运过程中，人员撤离至警戒区域外	

续表

序号	主要操作步骤	存在的风险	风险等级分析					主要防控措施	备注
			后果	暴露	可能性	风险值	风险等级		
31	安装减速机、铸销	1. 槽罩板覆盖不牢，踩踏槽罩板上槽作业时，导致人员坠落	15	10	0.1	15	四级	（1）上槽前确认槽罩板覆盖是否完好 （2）上槽前确认槽罩板支架焊口是否完好	
32		2. 上槽作业未插红旗，导致多功能天车碰伤人员	15	10	0.1	15	四级	上槽作业前必须插好红旗，提示电解多功能机手	
33		3. 高处作业未佩戴安全带，导致人员伤害	25	3	1	75	三级	高空作业必须佩戴安全带，并将其挂靠在可靠、合理位置	
34		4. 安全带悬挂位置不合适，导致人员伤害	15	10	0.1	15	四级	（1）安全带必须高挂低用 （2）安全带不允许挂靠在边缘棱角处	
35		5. 安装过程中检修人员站位不合理，被摆动的减速机碰伤	15	10	0.1	15	四级	检修人员在检修作业前选择合适的站位，试运行时人员撤离作业区域	
36		6. 检修作业区域未做隔离防护，其他非检修人员误入检修区，导致人员伤害	25	2	0.5	25	四级	作业前拉好防护栏	
37		7. 作业时两人以上进行指挥，导致动作指令不明确	50	2	1	100	三级	（1）严禁多人指挥、乱指挥，要有专人指挥 （2）指挥人员与机手之间的沟通指令必须清晰明确 （3）监护人员必须随时观察人员站位和吊装区域的人员、车辆	
38	拆除千斤顶	1. 上槽作业前未观察槽罩板的破损和覆盖情况，导致人员烫伤	15	10	0.1	15	四级	上槽作业前确认槽罩板无破损、正确覆盖	
39		2. 在拆除千斤顶过程中，未使用专用工具，人员用力时发生滑脱，导致人员伤害	25	3	1	75	三级	拆除时，使用专用工器具拆除千斤顶	
40		3. 搬运千斤顶时受磁力影响，导致人员砸伤和烫伤	25	3	1	75	三级	人员在搬运过程中双手搬运，并佩戴好帆布手套	

续表

序号	主要操作步骤	存在的风险	风险等级分析					主要防控措施	备注
			后果	暴露	可能性	风险值	风险等级		
41	工完场清	1. 安装完成后未进行试运行，导致人员伤害	5	10	0.1	5	四级	由专人确认安装是否到位并正常运行	
42		2. 工器具（如扳手、锤子、撬棍、钳子、千斤顶、吊装带等）遗留，导致设备损坏或人员伤害	5	10	0.1	5	四级	工作完成后清点工器具（如扳手、锤子、撬棍、钳子、千斤顶、吊装带等），确认其无遗留并被放置在指定区域内	

表3.19 更换槽上部零部件作业安全风险辨识及防控措施一览表

序号	主要操作步骤	存在的风险	风险等级分析					主要防控措施	备注
			后果	暴露	可能性	风险值	风险等级		
1	工作票填写及风险辨识	1. 工作票填写错误，导致人员不清楚工作内容	15	10	0.1	15	四级	（1）作业人员在收到任务后，按照任务内容正确填写工作票 （2）在作业现场根据现场环境进行风险辨识	
2		2. 风险辨识不全面，导致人员不清楚风险	15	10	0.1	15	四级	（1）作业人员全员在现场参与风险辨识 （2）工作票签发和审批人员对风险辨识情况进行审核并做相应补充，尽量做到全面	
3		3. 防控措施制定得不恰当，导致人员不清楚具体如何防控	15	10	0.1	15	四级	工作票签发人现场逐一审核作业风险及检查相关防控措施是否落实	
4	安全技术交底	1. 安全技术交底内容错误，导致影响作业安全	15	10	0.1	15	四级	安全技术交底内容必须正确、完整、规范	
5		2. 安全技术交底不全面，导致影响作业安全	15	10	0.1	15	四级	由作业负责人组织且交底面对所有作业人员	
6	作业前准备	1. 槽罩板覆盖不牢，检修人员踩踏槽罩板上槽作业时，导致人员坠落	15	10	0.1	15	四级	（1）上槽前确认槽罩板覆盖是否完好 （2）上槽前确认槽罩板支架焊口是否完好	

续表

序号	主要操作步骤	存在的风险	风险等级分析					主要防控措施	备注
			后果	暴露	可能性	风险值	风险等级		
7	作业前准备	2. 上槽作业时未插红旗，使多功能天车碰伤人员	15	10	0.1	15	四级	上槽作业前必须插好红旗，提示电解多功能机手	
8	确认人员状态和劳动保护用品穿戴情况	1. 劳动保护用品（工作服、劳保鞋、安全帽、防尘口罩等）穿戴不齐全、不规范，安全帽和防护手套未正确穿戴，导致人员伤害	15	10	0.1	15	四级	（1）要求劳动保护用品必须穿戴齐全、无破损 （2）作业前，工作服穿着做到"三紧"、劳保鞋系好鞋带、安全帽系好下颚带、防尘口罩佩戴规范等	
9		2. 酒后、情绪不佳、身体不适者上岗，导致人员伤害	15	10	0.1	15	四级	严禁酒后、身体不适、情绪不佳者上岗作业	
10		3. 高处作业未系安全带或安全带破损，导致人员伤害	15	10	0.1	15	四级	作业前检查安全带，确认安全带无破损	
11	确认工器具完好	1. 增加上、下电解槽的频次，导致人员崴脚和摔伤	30	10	0.1	30	四级	上槽作业前，确保扳手、吊装带等齐全、无缺陷，可以正常使用	
12		2. 工器具开焊，导致人员在使用过程中磕碰	15	10	0.1	15	四级	上槽作业前，确认工器具完好、齐全、无开焊	
13		3. 上槽作业前未检查吊装带破损情况，导致人员砸伤、设备损坏	15	10	0.1	15	四级	上槽作业前，检查吊装带无破损，未超上限	
14	关闭风阀	1. 作业前未关闭风阀进行零部件拆除，导致人员被高压风管砸伤	15	10	0.1	15	四级	上槽后，第一时间将拆除的零部件主阀门关闭	
15		2. 拆除时未关闭风阀，零部件动作，导致人员伤害、设备损坏	5	10	1	50	三级	上槽后，第一时间将拆除的零部件主阀门关闭	
16	拆装打壳气缸	1. 拆除过程中未佩戴帆布手套，导致人员手部被烟道烫伤	15	10	0.1	15	四级	作业过程中正确佩戴帆布手套	
17		2. 使用电动扳手过程中未握紧，导致人员手部磕碰	15	10	0.1	15	四级	严禁单手使用电动扳手紧固螺栓	

续表

序号	主要操作步骤	存在的风险	风险等级分析					主要防控措施	备注
			后果	暴露	可能性	风险值	风险等级		
18	拆装打壳气缸	3. 使用的吊装带出现卡阻、吊带破损情况，导致人员砸伤	25	3	1	75	三级	作业过程中，出现卡阻现象时应第一时间叫停	
19		4. 吊运过程中与机手配合不到位，导致设备损坏、人员碰伤	15	10	0.1	15	四级	确保吊运过程中指令明确	
20		5. 吊运过程中槽上人员站位不当，导致人员伤害	15	10	0.1	15	四级	吊运过程中，人员撤离到3 m以外的安全距离	
21		6. 拆除铸销时受磁场影响，导致人员手部受伤	15	10	0.1	15	四级	拆除铸销时合理用力	
22		7. 安装气缸时未佩戴帆布手套，导致人员手部烫伤	15	10	0.1	15	四级	佩戴帆布手套	
23		8. 未紧固螺栓就打开风阀，导致人员碰伤	15	10	0.1	15	四级	安装完成后，先紧固螺栓，再接风管	
24	拆装下料定容器	1. 拆除过程中未佩戴帆布手套，导致人员手部被烟道烫伤	15	10	0.1	15	四级	作业过程中正确佩戴帆布手套	
25		2. 使用扳手过程中扳手滑脱，导致人员手部磕碰	15	10	0.1	15	四级	严禁单手使用电动扳手紧固螺栓	
26		3. 使用的吊装带出现卡阻、吊带破损情况，导致人员砸伤	25	3	1	75	三级	作业过程中，出现卡阻现象时应第一时间叫停	
27		4. 吊运过程中与机手配合不到位，导致设备损坏、人员碰伤	15	10	0.1	15	四级	确保吊运过程中与机手指令明确	

续表

序号	主要操作步骤	存在的风险	风险等级分析					主要防控措施	备注
			后果	暴露	可能性	风险值	风险等级		
28	拆装下料定容器	5. 吊运过程中槽上人员站位不当,导致人员伤害	15	10	0.1	15	四级	吊运过程中,人员撤离到3 m以外的安全距离	
29		6. 安装下料定容器时,导致人员手部烫伤	15	10	0.1	15	四级	正确佩戴帆布手套	
30		7. 未紧固螺栓就打开风阀,导致人员碰伤	15	10	0.1	15	四级	确认螺栓紧固后,再打开风阀	
31		8. 在调整密封圈和下料定容器位置时,导致人员烫伤	15	10	0.1	15	四级	安装完成后,先紧固螺栓,再接风管	
32	拆装软连接横排风管	1. 使用扳手过程中扳手滑脱,导致人员手部磕碰	15	10	0.1	15	四级	使用扳手前,确认扳手是否完好无损	
33		2. 拆除时站位不当,导致人员坠落	15	10	0.1	15	四级	安装或拆除时,确认站位,并悬挂安全带	
34		3. 安装时安全带悬挂位置不当,导致人员坠落	25	3	1	75	三级	安装或拆除时,确认站位,并悬挂安全带	
35		4. 实验过程中未选择合理站位,被风管砸伤	15	10	0.1	15	四级	安装完成后,待撤离到合理位置后再进行实验	
36	拆装软连接主风管及油杯	1. 拆除前未与属地人员沟通取得同意,产生效应,导致人员烫伤	15	10	0.1	15	四级	拆除前,与属地人员进行槽况确认	
37		2. 拆除过程中未确认工器具是否完好,导致人员磕碰	15	10	0.1	15	四级	拆除前,待确认工器具完好后方可作业	
38		3. 未关闭主风阀,导致人员被高压风管打击	15	10	0.1	15	四级	作业前,待确认主风阀已关闭后方可作业	
39		4. 安装后未确认安装到位就打开风阀,导致人员碰伤	15	10	0.1	15	四级	安装后,先确认安装到位,再打开风阀	

续表

序号	主要操作步骤	存在的风险	风险等级分析					主要防控措施	备注
			后果	暴露	可能性	风险值	风险等级		
40	拆装下料器排风帽	1. 使用扳手过程中扳手滑脱，导致人员手部磕碰	15	10	0.1	15	四级	使用扳手前，确认扳手是否完好无损	
41		2. 拆除时站位不当，导致人员坠落	15	10	0.1	15	四级	安装或拆除时，确认站位，并悬挂安全带	
42		3. 安装时安全带悬挂位置不当，导致人员坠落	15	10	0.1	15	四级	作业过程中，安全带高挂抵用	
43		4. 安装时未正确佩戴防护眼罩，导致人员眼睛被氧化铝料喷伤	15	10	0.1	15	四级	安装时，正确佩戴防护眼罩	
44	拆装氟盐定容器	1. 拆除过程中未佩戴帆布手套，导致人员手部被烟道烫伤	15	10	0.1	15	四级	作业过程中正确佩戴帆布手套	
45		2. 使用扳手过程中扳手滑脱，导致人员手部磕碰	15	10	0.1	15	四级	严禁单手使用电动扳手紧固螺栓	
46		3. 使用的吊装带出现卡阻、吊带破损情况，导致人员砸伤	25	3	1	75	三级	作业过程中，出现卡阻现象时应第一时间叫停	
47		4. 吊运过程中与机手配合不到位，导致设备损坏、人员碰伤	15	10	0.1	15	四级	确保吊运过程中与机手指令明确	
48		5. 吊运过程中槽上人员站位不当，导致人员伤害	15	10	0.1	15	四级	吊运过程中，人员撤离到3 m以外的安全距离	
49		6. 安装氟盐定容器时，导致人员手部烫伤	15	10	0.1	15	四级	佩戴帆布手套	
50		7. 未紧固螺栓就打开风阀，导致人员碰伤	15	10	0.1	15	四级	确认螺栓紧固后，再打开风阀	
51		8. 在调整密封圈和氟盐定容器位置时，导致人员烫伤	15	10	0.1	15	四级	佩戴帆布手套	

续表

序号	主要操作步骤	存在的风险	风险等级分析					主要防控措施	备注
			后果	暴露	可能性	风险值	风险等级		
52	工完场清	1. 槽罩板覆盖不牢，在检修人员踩踏槽罩板上槽作业时，导致人员坠落	15	10	0.1	15	四级	下槽时确认槽罩板覆盖是否完好	
53		2. 现场工器具未收回，导致工器具从槽上部掉落，砸伤现场人员	5	10	0.1	5	四级	作业完成后清点现场工器具，确保工完场清	
54	检修确认	1. 工器具（如扳手等）遗留，导致设备损坏或人员伤害	5	10	0.1	5	四级	工作完成后清点工器具（如扳手等），确认无遗留并将其放置在指定区域内	
55		2. 未开启风阀，导致电解槽反应系统出现故障	5	10	0.1	5	四级	（1）更换完毕后，开启风阀，开展实验并确认工作质量 （2）工作完成后，通知电解属地工作人员，告知该工作已完成，并进行验收	

表3.20 更换叉型螺栓及减速机拉杆作业安全风险辨识及防控措施一览表

序号	主要操作步骤	存在的风险	风险等级分析					主要防控措施	备注
			后果	暴露	可能性	风险值	风险等级		
1	工作票填写及风险辨识	1. 工作票填写错误，导致人员不清楚工作内容	15	10	0.1	15	四级	（1）作业人员在收到任务后，按照任务内容正确填写工作票 （2）在作业现场根据现场环境进行风险辨识	
2		2. 风险辨识不全面，导致人员不清楚风险	15	10	0.1	15	四级	（1）作业人员全员在现场参与风险辨识 （2）工作票签发和审批人员对风险辨识情况进行审核并做相应补充，尽量做到全面	
3		3. 防控措施制定得不恰当，导致人员不清楚具体如何防控	15	10	0.1	15	四级	工作票签发人现场逐一审核作业风险及检查相关防控措施是否落实	

续表

序号	主要操作步骤	存在的风险	风险等级分析					主要防控措施	备注
			后果	暴露	可能性	风险值	风险等级		
4	安全技术交底	1. 安全技术交底内容错误，导致影响作业安全	15	10	0.1	15	四级	安全技术交底内容必须正确、完整、规范	
5		2. 安全技术交底不全面，导致影响作业安全	15	10	0.1	15	四级	由作业负责人组织且交底面对所有作业人员	
6	确认人员状态和劳动保护用品穿戴情况	1. 劳动保护用品（工作服、劳保鞋、安全帽、防尘口罩等）穿戴不齐全、不规范，安全帽和防护手套未正确穿戴，导致人员伤害	15	10	0.1	15	四级	（1）要求劳动保护用品必须穿戴齐全、无破损 （2）作业前，工作服穿着做到"三紧"、劳保鞋系好鞋带、安全帽系好下颌带、防尘口罩佩戴规范等	
7		2. 酒后、情绪不佳、身体不适者上岗，导致人员伤害	15	10	0.1	15	四级	严禁酒后、身体不适、情绪不佳者上岗作业	
8		3. 高处作业未系安全带或安全带破损，导致人员伤害	15	10	0.1	15	四级	作业前检查安全带，确认安全带无破损	
9	确认工器具完好	1. 千斤顶在承重时突然泄压，导致人员伤害	15	10	0.1	15	四级	作业前检查千斤顶，确认千斤顶无泄漏方可使用	
10		2. 被顶举母线下滑，导致系列停电	15	10	0.1	15	四级	定时巡查千斤顶，如发现千斤顶泄漏，及时更换	
11		3. 千斤顶弹出，崩伤作业人员	50	3	1	150	三级	作业前检查千斤顶，确认千斤顶完好	
12		4. 吊装带破损，导致被吊运物品掉落伤人	25	3	1	75	三级	作业前检查吊装带，确认吊装带无破损	
13		5. 吊装带断裂，导致被吊运物品掉落伤人	25	3	1	75	三级	选择的吊装带吨位必须大于所吊物品的吨位	
14		6. 工器具破损（如扳手开口处有裂纹、锤子锤头连接处有裂纹、撬棍有裂纹、钳子的连接处有裂纹等），在使用时会导致人员触电	15	10	0.1	15	四级	作业前检查工器具，确认工器具无破损、绝缘良好，如有破损，应立即停用，更换质量可靠的工器具，同时做好工器具消耗领用记录	
15	安装千斤顶	1. 搬运千斤顶时受磁场影响，导致人员手部碰伤	15	10	0.1	15	四级	搬运过程中双手搬运，并佩戴好帆布手套	
16		2. 人员手拿千斤顶上下电解槽时，因失去重心没有站稳，导致摔伤	30	10	0.1	30	四级	在往槽上放置千斤顶时，两人配合，通过传递的方式进行放置	

续表

序号	主要操作步骤	存在的风险	风险等级分析					主要防控措施	备注
			后果	暴露	可能性	风险值	风险等级		
17	安装千斤顶	3. 支护千斤顶时未使用绝缘板,导致人员在安装和拆除过程中受到触电伤害	15	10	0.1	15	四级	安装过程中使用专用的绝缘板	
18		4. 千斤顶安装分布不均匀,导致槽上部母线和阳极受力不均匀,影响系列安全	25	3	1	75	三级	使用专用工具安装千斤顶,并使其均匀分布在母线两侧	
19	拆装叉型螺栓	1. 槽罩板覆盖不牢,检修人员踩踏槽罩板上槽作业时,导致人员坠落	25	3	1	75	三级	上槽前确认槽罩板覆盖是否完好	
20		2. 上槽作业时未插红旗,导致多功能天车碰伤人员	25	3	1	75	三级	上槽前确认槽罩板支架焊口是否完好、红旗是否插好	
21		3. 高处作业时未佩戴安全带,导致人员高处坠落	25	3	1	75	三级	(1) 高空作业时必须佩戴安全带 (2) 安全带必须高挂低用	
22		4. 安全带低挂高用或悬挂在旋转部位,导致人员伤害	25	3	1	75	三级	安全带不允许挂靠在边缘棱角处	
23		5. 拆除时检修人员站在被吊运物品的掉落范围内,导致人员砸伤	25	3	1	75	三级	检修人员在检修作业前选择合适的站位,试运行时人员撤离作业区域	
24		6. 检修作业区域未做隔离防护,其他非检修人员误入,导致人员伤害	25	3	1	75	三级	作业前拉好防护栏	
25		7. 拆除零部件的过程中,因工器具放置在临边或使用过程中发生滑脱,导致周围其他人员碰伤或砸伤	25	3	1	75	三级	拆除时,作业区内其他人员移动至安全距离外	
26	拆装减速机拉杆	1. 槽罩板覆盖不牢,检修人员踩踏槽罩板上槽作业,导致人员坠落	25	3	1	75	三级	(1) 上槽前确认槽罩板覆盖是否完好 (2) 上槽前确认槽罩板支架焊口是否完好	

续表

序号	主要操作步骤	存在的风险	风险等级分析					主要防控措施	备注
			后果	暴露	可能性	风险值	风险等级		
27		2. 上槽作业时未插红旗，导致多功能天车碰伤人员	25	3	1	75	三级	上槽作业前必须插好红旗，提示电解多功能机手	
28		3. 高处作业时未佩戴安全带，导致人员坠落	25	3	1	75	三级	高空作业时必须佩戴安全带，并将其挂靠在合理、可靠位置	
29		4. 安全带悬挂位置不合适，导致人员伤害	25	3	1	75	三级	（1）安全带必须高挂低用 （2）安全带不允许挂靠在边缘棱角处	
30		5. 拆除时检修人员站在被吊运物品的掉落范围内，导致人员砸伤	25	3	1	75	三级	检修人员在检修作业前选择合适的站位，试运行时人员撤离作业区域	
31	拆装减速机拉杆	6. 检修作业区域未做隔离防护，其他非检修人员误入，导致人员伤害	25	3	1	75	三级	作业前拉好防护栏	
32		7. 拆除过程中人员所使用的工器具发生滑脱，导致周围人员砸伤	25	3	1	75	三级	拆除作业过程中，周围人员应撤离	
33		8. 吊装过程中拉杆因吊装点偏离而发生掉落，导致人员伤害和设备损坏	50	3	0.5	75	三级	（1）严禁多人指挥、乱指挥，要有专人指挥 （2）指挥人员与机手之间的沟通指令必须清晰明确 （3）监护人员必须监护到位 （4）拆除时，作业区内其他人员应移动至安全距离外 （5）吊装前固定吊装点，确保其吊运过程中不发生偏移	
34	拆除千斤顶	1. 上槽作业前未观察槽罩板的破损和覆盖情况，导致人员烫伤	15	10	0.1	15	四级	上槽作业前确认槽罩板无破损、正确覆盖	

续表

序号	主要操作步骤	存在的风险	风险等级分析					主要防控措施	备注
			后果	暴露	可能性	风险值	风险等级		
35	拆除千斤顶	2. 在拆除千斤顶过程中，未使用专用工器具，人员用力时发生滑脱，导致人员伤害	25	3	1	75	三级	拆除时，使用专用工器具拆除千斤顶	
36		3. 搬运千斤顶时受磁力影响，导致人员砸伤和烫伤	15	10	0.1	15	三级	人员在搬运过程中双手搬运，并佩戴好帆布手套	
37	安装防护罩	1. 未按要求安装防护罩，导致机械转动设备防护失效，人员在进行检修作业和槽上部巡检时受到伤害	15	10	0.1	15	四级	将保护罩安装到位，由专人确认	
38		2. 安装时未断电，导致人员触电	15	10	0.1	15	四级	安装时应确认断电	
39	清理工具	1. 工器具（如扳手、锤子、撬棍、钳子、千斤顶、吊装带等）遗留，导致设备损坏或人员伤害	5	10	0.1	5	四级	工作完成后清点工器具（如扳手、锤子、撬棍、钳子、千斤顶、吊装带等），确认无遗留且将其放置在指定区域内	

表 3.21　电焊作业安全风险辨识及防控措施一览表

序号	主要操作步骤	存在的风险	风险等级分析					主要防控措施	备注
			后果	暴露	可能性	风险值	风险等级		
1	工作票填写及风险辨识	1. 工作票填写错误，导致人员不清楚工作内容	15	10	0.1	15	四级	（1）作业人员在收到任务后，按照任务内容正确填写工作票 （2）在作业现场根据现场环境进行风险辨识	
2		2. 风险辨识不全面，导致人员不清楚风险	15	10	0.1	15	四级	（1）作业人员全员在现场参与风险辨识 （2）工作票签发和审批人员对风险辨识情况进行审核并做相应补充，尽量做到全面	
3		3. 防控措施制定得不恰当，导致人员不清楚具体如何防控	15	10	0.1	15	四级	工作票签发人现场逐一审核作业风险及检查相关防控措施是否落实	

续表

序号	主要操作步骤	存在的风险	风险等级分析					主要防控措施	备注
			后果	暴露	可能性	风险值	风险等级		
4	安全技术交底	1. 安全技术交底内容错误，导致影响作业安全	15	10	0.1	15	四级	安全技术交底内容必须正确、完整、规范	
5		2. 安全技术交底不全面，导致影响作业安全	15	10	0.1	15	四级	由作业负责人组织且交底面对所有作业人员	
6	确认人员状态和劳动保护用品穿戴情况	1. 劳动保护用品（工作服、劳保鞋、安全帽、防尘口罩等）穿戴不齐全、不规范，安全帽和保护手套未正确穿戴，导致人员伤害	15	10	0.1	15	四级	（1）检查劳动保护用品必须穿戴齐全、无破损 （2）作业前，工作服穿着要做到"三紧"、劳保鞋系好鞋带、安全帽系好下颏带、防尘口罩佩戴规范等	
7		2. 酒后、情绪不佳、身体不适者上岗，导致人员伤害	15	10	0.1	15	四级	严禁酒后、身体不适、情绪不佳者上岗作业	
8		3. 高处作业未系安全带或安全带破损，导致人员伤害	15	10	0.1	15	四级	作业前检查安全带，确认安全带无破损	
9	检查电焊机	1. 电焊机外壳接地、焊钳裸露，导致人员触电	25	10	0.5	125	三级	作业前检查焊机，确认焊机、焊线无破损，电解厂房内使用电焊机时，必须拆除电焊机外壳接地线	
10		2. 电源线裸露，导致人员触电	15	10	0.5	75	三级	作业前检查电缆焊钳，确认电缆焊钳无破损、无裸露	
11		3. 电源线虚接，导致发热，引发火灾	15	10	0.1	15	四级	作业前检查电源线是否虚接，及时紧固电源线	
12	接电	1. 接电过程中未对电源箱进行验电，导致人员触电	16	11	1.1	16	四级	（1）接电前，对电源箱进行验电 （2）接电过程中，人员应脚踩绝缘皮	
13		2. 未佩戴绝缘手套，导致人员触电	25	6	0.5	75	三级	接电过程中佩戴绝缘手套	
14		3. 电源箱下方未放置绝缘垫，导致人员在接电过程中触电	25	6	0.5	75	三级	（1）接电前，对电源箱进行验电 （2）接电过程中，人员应脚踩绝缘皮	
15	焊接	1. 工器具破损（如锤子锤头连接处有裂纹等），在使用时会导致人员触电	25	6	0.1	15	四级	作业前检查工器具，确认工器具无破损，如有破损，应立即停用，更换质量可靠的工器具	
16		2. 焊接作业现场未配置灭火器，导致引发火灾	25	6	0.1	15	四级	配置消防器材，并确认其完好	

续表

序号	主要操作步骤	存在的风险	风险等级分析					主要防控措施	备注
			后果	暴露	可能性	风险值	风险等级		
17	焊接	3. 未取得特种作业证件的人员进行特种作业,导致重大事故	25	6	0.1	15	四级	(1)确保操作人员取得特种作业证书 (2)确认操作人员的证件未过期	
18		4. 检修人员在焊接铁渣飞溅范围内,导致人员伤害	25	6	0.1	15	四级	检修人员在作业前选择合适的站位	
19	工完场清	1. 拆卸电线时未关闭电源,导致人员触电	5	10	0.1	5	四级	作业完成后确认电源关闭、无电	
20		2. 工器具(如电焊机、焊条、电线、锤子等)遗留,导致设备损坏或人员伤害	5	10	0.1	5	四级	工作完成后清点工器具(如电焊机、焊条、电线、锤子等),确认无遗留且将其放置在指定区域内	

表 3.22 气焊作业安全风险辨识及防控措施一览表

序号	主要操作步骤	存在的风险	风险等级分析					主要防控措施	备注
			后果	暴露	可能性	风险值	风险等级		
1	工作票填写及风险辨识	1. 工作票填写错误,导致人员不清楚工作内容	15	10	0.1	15	四级	(1)作业人员在收到任务后,按照任务内容正确填写工作票 (2)在作业现场根据现场环境进行风险辨识	
2		2. 风险辨识不全面,导致人员不清楚风险	15	10	0.1	15	四级	(1)作业人员全员在现场参与风险辨识 (2)工作票签发和审批人员对风险辨识情况进行审核并做相应补充,尽量做到全面	
3		3. 防控措施制定得不恰当,导致人员不清楚具体如何防控	15	10	0.1	15	四级	工作票签发人现场逐一审核作业风险及检查相关防控措施是否落实	

续表

序号	主要操作步骤	存在的风险	风险等级分析					主要防控措施	备注
			后果	暴露	可能性	风险值	风险等级		
4	安全技术交底	1. 安全技术交底内容错误，导致影响作业安全	15	10	0.1	15	四级	安全技术交底内容必须正确、完整、规范	
5		2. 安全技术交底不全面，导致影响作业安全	15	10	0.1	15	四级	由作业负责人组织且交底面对所有作业人员	
6	确认人员状态和劳动保护用品穿戴情况	1. 劳动保护用品（工作服、劳保鞋、安全帽、防尘口罩等）穿戴不齐全、不规范，安全帽和防护手套未正确穿戴，导致人员伤害	15	10	0.1	15	四级	（1）要求劳动保护用品必须穿戴齐全、无破损 （2）作业前，工作服穿着做到"三紧"、劳保鞋系好鞋带、安全帽系好下颏带、防尘口罩佩戴规范等	
7		2. 酒后、情绪不佳、身体不适者上岗，导致人员伤害	15	10	0.1	15	四级	严禁酒后、身体不适、情绪不佳者上岗作业	
8		3. 高处作业未系安全带或安全带破损，导致人员伤害	15	10	0.1	15	四级	作业前检查安全带，确认安全带无破损	
9		4. 护目镜破损，导致人员眼睛灼伤	15	10	0.1	15	四级	作业前检查护目镜，确认护目镜完好	
10	确认气焊设备	1. 作业前未检查氧气、乙炔瓶有无破损，导致爆炸	15	10	0.5	75	三级	（1）作业前检查氧气、乙炔瓶，确认其无破损 （2）作业前检查氧气、乙炔带，确认其无裸露、破损	
11		2. 气瓶无防震圈，导致爆炸	15	10	0.5	75	三级	作业前检查气瓶是否有防震圈且防震圈是否完好、有效	
12		3. 气瓶无安全帽，导致爆炸	15	10	0.5	75	三级	作业前检查气瓶是否有安全帽且安全帽是否完好、有效	
13		4. 未配置回火器，导致爆炸	15	10	0.5	75	三级	作业前检查是否有回火器且回火器是否完好、有效	
14		5. 气体输送带破损，导致爆炸	15	10	0.5	75	三级	作业前检查气体输送带是否完好、有效	
15		6. 割炬阀门失效，导致爆炸	50	3	0.5	75	三级	作业前检查是否有割炬阀门及割炬阀门是否完好、有效	
16	放置气瓶	1. 在使用过程中氧气、乙炔瓶倾倒，导致气瓶爆炸	50	3	0.1	15	四级	作业前检查氧气、乙炔瓶防倒架是否正确放置	

续表

序号	主要操作步骤	存在的风险	风险等级分析					主要防控措施	备注
			后果	暴露	可能性	风险值	风险等级		
17	连接输送带	1. 输送带连接错误，导致爆炸	50	3	0.5	75	三级	正确连接输送带，氧气带为蓝色，乙炔带为黑色或红色	
18		2. 输送带放置在特殊环境中（如高温、高压、潮湿、低温），导致爆炸	50	3	0.1	15	四级	输送带平稳放置在安全位置处	
19	气焊	1. 焊接作业现场未配置灭火器，导致引发火灾	25	6	0.1	15	四级	配置消防器材，并确认其完好	
20		2. 未取得特种作业证件的人员进行特种作业，导致重大事故	25	6	0.1	15	四级	（1）确保操作人员取得特种作业证书 （2）确认操作人员的证件未过期	
21		3. 检修人员站在热铁渣的飞溅范围内，导致人员伤害	25	3	0.1	7.5	四级	检修人员站在热铁渣的飞溅范围外	
22		4. 未佩戴防护眼镜，导致人员眼部被烫伤	15	3	1	45	四级	作业前佩戴专用防护眼镜	
23	工完场清	1. 拆卸氧气、乙炔带时未关闭阀门，导致人员中毒或爆炸	5	10	0.1	5	四级	作业完成后确认氧气、乙炔关闭	
24		2. 工器具（如氧气、乙炔瓶，防倒架，气管，扳手等）遗留，导致设备损坏或人员伤害	5	10	0.1	5	四级	工作完成后清点工器具（如氧气、乙炔瓶，防倒架，气管，扳手等），确认无遗留，且将其放置在指定区域内	

表 3.23 检修气缸作业安全风险辨识及防控措施一览表

序号	主要操作步骤	存在的风险	风险等级分析					主要防控措施	备注
			后果	暴露	可能性	风险值	风险等级		
1	工作票填写及风险辨识	1. 工作票填写错误，导致人员不清楚工作内容	15	10	0.1	15	四级	（1）作业人员在收到任务后，按照任务内容正确填写工作票 （2）在作业现场根据现场环境进行风险辨识	

续表

序号	主要操作步骤	存在的风险	风险等级分析					主要防控措施	备注
			后果	暴露	可能性	风险值	风险等级		
2	工作票填写及风险辨识	2. 风险辨识不全面，导致人员不清楚风险	15	10	0.1	15	四级	（1）作业人员全员在现场参与风险辨识 （2）工作票签发和审批人员对风险辨识情况进行审核并做相应补充，尽量做到全面	
3		3. 防控措施制定得不恰当，导致人员不清楚具体如何防控	15	10	0.1	15	四级	工作票签发人现场逐一审核作业风险及检查相关防控措施是否落实	
4	安全技术交底	1. 安全技术交底内容错误，导致影响作业安全	15	10	0.1	15	四级	安全技术交底内容必须正确、完整、规范	
5		2. 安全技术交底不全面，导致影响作业安全	15	10	0.1	15	四级	由作业负责人组织且交底面对所有作业人员	
6	确认人员状态和劳动保护用品穿戴情况	1. 劳动保护用品（工作服、劳保鞋、安全帽、防尘口罩等）穿戴不齐全、不规范，安全帽和防护手套未正确穿戴，导致人员伤害	15	10	0.1	15	四级	（1）要求劳动保护用品必须穿戴齐全、无破损 （2）作业前，工作服着装做到"三紧"、劳保鞋系好鞋带、安全帽系好下颏带、防尘口罩佩戴规范等	
7		2. 酒后、情绪不佳、身体不适者上岗，导致人员伤害	15	10	0.1	15	四级	严禁酒后、身体不适、情绪不佳者上岗作业	
8	故障分析	1. 打壳气缸风管在实验前未拧紧或有漏气，崩伤现场检修人员	15	10	0.1	15	四级	（1）操作前确认风管是否连接牢固 （2）实验时确保人员保持合理站位	
9	拆解出现故障的气缸	1. 工器具破损（如扳手开口处有裂纹、锤子锤头连接处有裂纹、挑圈签子有裂纹、钳子的连接处有裂纹、管钳开口处有裂纹等），导致人员伤害	50	6	0.5	75	三级	作业前检查工器具，确认工器具无破损（如扳手开口处有裂纹、锤子锤头连接处有裂纹、挑圈签子有裂纹、钳子的连接处有裂纹、管钳开口处有裂纹等），如有破损，应立即停用，更换质量可靠的工器具，同时做好工器具的消耗领用记录	
10		2. 检修人员站位不合理，在检修过程中导致人员磕碰	15	10	0.1	15	四级	检修人员在检修作业前选择合适的站位，试运行时人员撤离作业区域	
11	更换破损部件	1. 人员在更换过程中因用力不当，导致磕碰	15	10	0.1	15	四级	合理使用工器具，并戴好防护手套	

续表

序号	主要操作步骤	存在的风险	风险等级分析					主要防控措施	备注
			后果	暴露	可能性	风险值	风险等级		
12	对打壳杆进行打孔	1. 未确认摇臂钻可正常工作、无异响，导致人员伤害	50	6	0.5	75	三级	操作前确认摇臂钻可正常工作、无异响	
13		2. 搬运时导致人员砸伤	15	10	0.1	15	四级	双人配合完成气缸的搬运	
14	将组装好的气缸铰接头放置在摇臂钻工作台处进行打孔	1. 吊装带破损，吊运时导致被吊运物品掉落伤人	15	10	0.1	15	四级	作业前检查吊装带，确认吊装带无破损	
15		2. 吊运时吊装带因超载发生断裂，导致人员砸伤	50	6	0.5	75	三级	选择的吊装带吨位必须大于所吊物品的吨位	
16		3. 检修人员站位不合理，在检修过程中或设备试运行过程中导致人员伤害	15	10	0.1	15	四级	检修人员在检修作业前选择合适的站位，试运行时人员撤离作业区域	
17		4. 工器具破损（如摇臂转手柄杆等），导致人员触电	15	10	0.1	15	四级	作业前检查工器具，确认工器具无破损、绝缘良好，如有破损，应立即停用，更换质量可靠的工器具，同时做好工器具的消耗领用记录	
18	组装气缸并实验	1. 搬运物品时配合不到位，导致人员伤害	15	10	0.1	15	四级	搬运过程中应两人配合	
19		2. 实验过程中人员站位不当，导致人员伤害	15	10	0.1	15	四级	实验过程中应沟通到位，确保活塞杆活动范围内无人员和设备	
20		3. 实验过程中风管未紧固，导致高压风伤人	15	10	0.1	15	四级	实验前，紧固风管并确认	
21	工完场清	1. 工器具（如扳手、锤子、挑圈签子、钳子、管钳等）遗留，导致设备损坏或人员伤害	5	10	0.1	5	四级	工作完成后清点工器具（如扳手、锤子、挑圈签子、钳子、管钳等），确认无遗留且将其放置在指定区域内	

表 3.24 检修下料器作业安全风险辨识及防控措施一览表

序号	主要操作步骤	存在的风险	风险等级分析					主要防控措施	备注
			后果	暴露	可能性	风险值	风险等级		
1	工作票填写及风险辨识	1. 工作票填写错误，导致人员不清楚工作内容	15	10	0.1	15	四级	（1）作业人员在收到任务后，按照任务内容正确填写工作票 （2）在作业现场根据现场环境进行风险辨识	
2		2. 风险辨识不全面，导致人员不清楚风险	15	10	0.1	15	四级	（1）作业人员全员在现场参与风险辨识 （2）工作票签发和审批人员对风险辨识情况进行审核并做相应补充，尽量做到全面	
3		3. 防控措施制定得不恰当，导致人员不清楚具体如何防控	15	10	0.1	15	四级	工作票签发人现场逐一审核作业风险及检查相关防控措施是否落实	
4	安全技术交底	1. 安全技术交底内容错误，导致影响作业安全	15	10	0.1	15	四级	安全技术交底内容必须正确、完整、规范	
5		2. 安全技术交底不全面，导致影响作业安全	15	10	0.1	15	四级	由作业负责人组织且交底面对所有作业人员	
6	确认人员状态和劳动保护用品穿戴情况	1. 劳动保护用品（工作服、劳保鞋、安全帽、防尘口罩等）穿戴不齐全、不规范，安全帽和防护手套未正确穿戴，导致人员伤害	15	10	0.1	15	四级	（1）要求劳动保护用品必须穿戴齐全、无破损 （2）作业前，工作服穿着做到"三紧"、劳保鞋系好鞋带、安全帽系好下颏带、防尘口罩佩戴规范等	
7		2. 酒后、情绪不佳、身体不适者上岗，导致人员伤害	15	10	0.1	15	四级	严禁酒后、身体不适、情绪不佳者上岗作业	
8	分析故障	1. 风管连接不牢，导致人员伤害	15	10	0.1	15	四级	（1）操作前确认风管连接是否牢固 （2）实验人员远离风管	
9	拆解下料器	1. 工器具破损（如扳手开口处有裂纹、挑圈签子有裂纹、钳子的连接处有裂纹、管钳开口处有裂纹等），导致人员伤害	15	10	0.1	15	四级	作业前检查工器具，确认工器具无破损，如有破损，应立即停用，更换质量可靠的工器具，同时做好工器具的消耗领用记录	

续表

序号	主要操作步骤	存在的风险	风险等级分析					主要防控措施	备注
			后果	暴露	可能性	风险值	风险等级		
10	更换破损部件	1. 更换过程中用力不当，发生滑脱，导致人员伤害	15	10	0.1	15	四级	更换过程中戴好防护手套	
11	组装下料器并实验	1. 搬运物品时配合不到位，导致人员伤害	15	10	0.1	15	四级	搬运过程中两人合理配合	
12		2. 实验过程中人员站位不当，导致人员伤害	15	10	0.1	15	四级	实验过程中沟通到位，确保活塞杆活动范围内无人员和设备	
13		3. 实验过程中风管未紧固，导致高压风伤人	15	10	0.1	15	四级	实验前，紧固风管并确认	
14	清点工具，工完场清	1. 工器具（如扳手、挑圈签子、钳子、管钳等）遗留，导致设备损坏或人员伤害	5	10	0.1	5	四级	工作完成后清点工器具（如扳手、挑圈签子、钳子、管钳等），确认无遗留且将其放置在指定区域内	

表 3.25 检修减速机作业安全风险辨识及防控措施一览表

序号	主要操作步骤	存在的风险	风险等级分析					主要防控措施	备注
			后果	暴露	可能性	风险值	风险等级		
1	工作票填写及风险辨识	1. 工作票填写错误，导致人员不清楚工作内容	15	10	0.1	15	四级	（1）作业人员在收到任务后，按照任务内容正确填写工作票 （2）在作业现场根据现场环境进行风险辨识	
2		2. 风险辨识不全面，导致人员不清楚风险	15	10	0.1	15	四级	（1）作业人员全员在现场参与风险辨识 （2）工作票签发和审批人员对风险辨识情况进行审核并做相应补充，尽量做到全面	

续表

序号	主要操作步骤	存在的风险	风险等级分析					主要防控措施	备注
			后果	暴露	可能性	风险值	风险等级		
3	工作票填写及风险辨识	3. 防控措施制定得不恰当，导致人员不清楚具体如何防控	15	10	0.1	15	四级	工作票签发人现场逐一审核作业风险及检查相关防控措施是否落实	
4	安全技术交底	1. 安全技术交底内容错误，导致影响作业安全	15	10	0.1	15	四级	安全技术交底内容必须正确、完整、规范	
5		2. 安全技术交底不全面，导致影响作业安全	15	10	0.1	15	四级	由作业负责人组织且交底面对所有作业人员	
6	确认人员状态和劳动保护用品穿戴情况	1. 劳动保护用品（工作服、劳保鞋、安全帽、防尘口罩等）穿戴不齐全、不规范，安全帽和防护手套未正确穿戴，导致人员伤害	15	10	0.1	15	四级	（1）要求劳动保护用品必须穿戴齐全、无破损 （2）作业前，工作服穿着做到"三紧"、劳保鞋系好鞋带、安全帽系好下颌带、防尘口罩佩戴规范等	
7		2. 酒后、情绪不佳、身体不适者上岗，导致人员伤害	15	10	0.1	15	四级	严禁酒后、身体不适、情绪不佳者上岗作业	
8	拆解减速机	1. 吊装带破损，导致被吊运物品掉落，伤害作业人员	50	2	1	100	三级	作业前检查吊装带，确认吊装带无破损	
9		2. 吊运时吊装带超载，导致吊装带断裂	50	2	1	100	三级	选择的吊装带吨位必须大于所吊物品的吨位	
10		3. 误操作天车，可能导致设备与人员碰撞	25	2	0.5	25	四级	天车操作得当，人员监护到位	
11		4. 工器具破损（如扳手开口处有裂纹、锤子锤头连接处有裂纹、挑圈签子有裂纹、钳子的连接处有裂纹、管钳开口处有裂纹等），导致人员伤害	25	2	0.5	25	四级	作业前检查工器具，确认工器具无破损，如有破损，应立即停用，更换质量可靠的工器具，同时做好工器具的消耗领用记录	
12		5. 拆除过程中人员站位不当，出现人员被砸伤的情况	25	2	0.5	25	四级	拆解过程中，人员合理站位，设备平稳放置	

续表

序号	主要操作步骤	存在的风险	风险等级分析					主要防控措施	备注
			后果	暴露	可能性	风险值	风险等级		
13	吊运零部件	1. 吊运过程中人员站位不合理,导致人员砸伤	15	10	0.1	15	四级	吊运过程中,确保人员站位合理	
14	吊运零部件	2. 未发现吊带破损,导致人员砸伤、设备损坏	15	10	0.1	15	四级	吊运过程中,对吊带进行检查,确保额定称重量符合要求	
15	吊运零部件	3. 吊运物件的位置选择不合理,导致零部件滑脱	15	10	0.1	15	四级	吊运过程中,合理选择吊运物件的位置	
16	吊运零部件	4. 吊运过程中监护人员未进行监护,其他人员进入检修区域	25	2	0.5	25	四级	吊运过程中,监护人员应进行监护	
17	更换拉杆处密封圈	1. 检修人员站位不合理,导致人员伤害	15	10	0.1	15	四级	检修人员在检修作业前选择合适的站位,人员撤离作业区域	
18	更换拉杆处密封圈	2. 更换过程中作业人员用力过猛,出现工器具滑脱,导致人员磕碰	15	10	0.1	15	四级	更换过程中佩戴好防护手套	
19	安装电机	1. 配合电工吊运过程中,人员未撤离到被吊运物品的掉落范围外,导致人员砸伤	15	10	0.1	15	四级	配合电工吊运过程中,人员撤离到被吊运物品的掉落范围外	
20	安装电机	2. 安装时未做好监护,其他作业人员进入检修区域,导致人员伤害	25	2	0.5	25	四级	检修区域做好隔离和作业监护	
21	调试电机	1. 调试过程中人员沟通不到位,导致人员伤害	15	10	0.1	15	四级	调试过程中,现场人员沟通、确认到位,指令明确	
22	调试电机	2. 调试过程中现场未进行监护和确认,导致人员伤害	25	2	0.5	25	四级	调试过程中,现场监护人员在确认各操作步骤后再进行送电	
23	工完场清	1. 工器具(如扳手、锤子、挑圈签子、钳子等)遗留,导致设备损坏或人员伤害	5	10	0.1	5	四级	工作完成后清点工器具(如扳手、锤子、挑圈签子、钳子等),确认无遗留且将其放置在指定区域内	

表 3.26 搬运作业安全风险辨识及防控措施一览表

序号	主要操作步骤	存在的风险	风险等级分析					主要防控措施	备注
			后果	暴露	可能性	风险值	风险等级		
1	工作票填写及风险辨识	1. 工作票填写错误,导致人员不清楚工作内容	15	10	0.1	15	四级	(1) 作业人员在收到任务后,按照任务内容正确填写工作票 (2) 在作业现场根据现场环境进行风险辨识	
2		2. 风险辨识不全面,导致人员不清楚风险	15	10	0.1	15	四级	(1) 作业人员全员在现场参与风险辨识 (2) 工作票签发和审批人员对风险辨识情况进行审核并做相应补充,尽量做到全面	
3		3. 防控措施制定得不恰当,导致人员不清楚具体如何防控	15	10	0.1	15	四级	工作票签发现场逐一审核作业风险及检查相关防控措施是否落实	
4	安全技术交底	1. 安全技术交底内容错误,导致影响作业安全	15	10	0.1	15	四级	安全技术交底内容必须正确、完整、规范	
5		2. 安全技术交底不全面,导致影响作业安全	15	10	0.1	15	四级	由作业负责人组织且交底面对所有作业人员	
6	确认人员状态和劳动保护用品穿戴情况	1. 劳动保护用品(工作服、劳保鞋、安全帽、防尘口罩等)穿戴不齐全、不规范,安全帽和防护手套未正确穿戴,导致人员伤害	15	10	0.1	15	四级	(1) 要求劳动保护用品必须穿戴齐全、无破损 (2) 作业前,工作服穿着做到"三紧"、劳保鞋系好鞋带、安全帽系好下颏带、防尘口罩佩戴规范等	
7		2. 酒后、情绪不佳、身体不适者上岗,导致人员伤害	15	10	0.1	15	四级	严禁酒后、身体不适、情绪不佳者上岗作业	
8		3. 检修作业区域未做隔离防护,其他非检修人员误入检修区,导致人员伤害	15	10	0.1	15	四级	作业前拉好防护栏	
9		4. 护目镜破损,导致液体喷溅、短路打火等情况时人员受到伤害	15	10	0.1	15	四级	作业前检查护目镜,确认安全带无破损	
10		5. 吊装带破损,导致被吊运物品掉落伤人	15	10	0.1	15	四级	作业前检查吊装带,确认吊装带无破损	
11		6. 吊运时吊装带超载,导致吊装带断裂	15	10	0.1	15	四级	选择的吊装带吨位必须大于所吊物品的吨位	

续表

序号	主要操作步骤	存在的风险	风险等级分析					主要防控措施	备注
			后果	暴露	可能性	风险值	风险等级		
12	搬运物品	1. 未正确佩戴防护手套，导致人员挤伤、碰伤	15	10	0.1	15	四级	（1）确保手套必须齐全、无破损 （2）作业前，工作服穿着做到"三紧"、劳保鞋系好鞋带、安全帽系好下颏带等	
13		2. 检修人员站位不合理，在检修过程中或设备试运行过程中导致人员伤害	15	10	0.1	15	四级	检修人员在检修作业前选择合适的站位，试运行时人员撤离作业区域	
14		3. 检修人员使用破损的工器具，在检修作业时导致人员受到伤害	15	10	0.1	15	四级	作业前检查工器具，确认工器具无破损	
15		4. 多人指挥和乱指挥，导致人员砸伤、碰伤	15	10	0.1	15	四级	严禁多人指挥、乱指挥，要有专人指挥，密切配合	
16		5. 放置不合理，导致人员被砸伤或碰伤	15	10	0.1	15	四级	放置合理，严禁堆垛超高	
17	工完场清	1. 未清理搬运完成后的现场物品，导致人员绊倒、摔伤	5	10	0.1	5	四级	（1）及时清理搬运过程中产生的遗留物 （2）工作完成后，合理放置现场物品	

表 3.27　吊装作业安全风险辨识及防控措施一览表

序号	主要操作步骤	存在的风险	风险等级分析					主要防控措施	备注
			后果	暴露	可能性	风险值	风险等级		
1	工作票填写及风险辨识	1. 工作票填写错误，导致人员不清楚工作内容	15	10	0.1	15	四级	（1）作业人员在收到任务后，按照任务内容正确填写工作票 （2）在作业现场根据现场环境进行风险辨识	

续表

序号	主要操作步骤	存在的风险	风险等级分析					主要防控措施	备注
			后果	暴露	可能性	风险值	风险等级		
2	工作票填写及风险辨识	2. 风险辨识不全面，导致人员不清楚风险	15	10	0.1	15	四级	（1）作业人员全员在现场参与风险辨识 （2）工作票签发和审批人员对风险辨识情况进行审核并做相应补充，尽量做到全面	
3		3. 防控措施制定得不恰当，导致人员不清楚具体如何防控	15	10	0.1	15	四级	工作票签发人现场逐一审核作业风险及检查相关防控措施是否落实	
4	安全技术交底	1. 安全技术交底内容错误，导致影响作业安全	15	10	0.1	15	四级	安全技术交底内容必须正确、完整、规范	
5		2. 安全技术交底不全面，导致影响作业安全	15	10	0.1	15	四级	由作业负责人组织且交底面对所有作业人员	
6	确认人员状态和劳动保护用品穿戴情况	1. 劳动保护用品（工作服、劳保鞋、安全帽、防尘口罩等）穿戴不齐全、不规范，安全帽和防护手套未正确穿戴，导致人员伤害	15	10	0.1	15	四级	（1）要求劳动保护用品必须穿戴齐全、无破损 （2）作业前，工作服穿着做到"三紧"、劳保鞋系好鞋带、安全帽系好下颏带、防尘口罩佩戴规范等	
7		2. 酒后、情绪不佳、身体不适者上岗，导致人员伤害	15	10	0.1	15	四级	严禁酒后、身体不适、情绪不佳者上岗作业	
8		3. 检修作业区域未做隔离防护，其他非检修人员误入检修区，导致人员伤害	15	10	0.1	15	四级	作业前拉好防护栏	
9		4. 护目镜破损，导致液体喷溅、短路打火等情况时人员受到伤害	15	10	0.1	15	四级	作业前检查护目镜，确认安全带无破损	
10		5. 吊装带破损，导致被吊运物品掉落伤人	50	2	1	100	三级	作业前检查吊装带，确认吊装带无破损	
11		6. 吊运时吊装带超载，导致吊装带断裂	50	2	1	100	三级	选择的吊装带吨位必须大于所吊物品的吨位	
12	确认工器具	1. 绝缘工器具破损（如扳手开口处有裂纹、锤子锤头连接处有裂纹、绝缘撬棍有裂纹、机轮扳手的连接处有裂纹等），导致人员伤害	15	10	0.1	15	四级	作业前检查工器具，确认工器具无破损，绝缘良好，如有破损，应立即停用，更换质量可靠的工器具，同时做好工器具的消耗领用记录	

续表

序号	主要操作步骤	存在的风险	风险等级分析					主要防控措施	备注
			后果	暴露	可能性	风险值	风险等级		
13	确认工器具	2. 检修作业前未与槽维护人员、天车工等进行沟通确认，导致人员在检修作业时受到伤害	15	10	0.1	15	四级	确保三方沟通到位	
14		3. 未确认绝缘板是否完好并有效，导致短路口爆炸，影响系列安全	15	10	0.1	15	四级	设专人负责确认绝缘板是否完好	
15	吊运物品	1. 劳动保护用品（工作服、劳保鞋、安全帽等）穿戴不齐全，导致人员挤伤、碰伤	5	10	0.1	5	四级	（1）确认劳动保护用品必须穿戴齐全、无破损 （2）作业前，工作服穿着做到"三紧"、劳保鞋系好鞋带、安全帽系好下颏带等	
16		2. 检修人员站位不合理，在作业过程中导致人员伤害	5	10	0.1	5	四级	检修人员在检修作业前选择合适的站位	
17		3. 吊运时吊装带超载，使吊装带断裂，导致人员砸伤	50	2	1	100	三级	作业前检查吊装带，确认吊运物体重量，选择合适吨位的吊装带	
18		4. 作业时两人以上进行指挥，导致动作指令不明确	5	10	0.1	5	四级	（1）严禁多人指挥、乱指挥，要有专人指挥 （2）指挥人员与机手之间的沟通指令必须清晰、明确	
19		5. 吊物尖锐或有棱角，未对吊带进行防护，导致设备损坏和人员砸伤	5	10	0.1	5	四级	对于特殊物件，需对吊带进行防护后再进行吊运	
20		6. 吊运区域未设置物理隔离，导致误入的车辆和人员受到伤害	5	10	0.1	5	四级	（1）监护人员的监护必须到位 （2）现场设置警戒带	
21		7. 吊运过程中未缓慢移动，导致物件掉落或吊带断裂，导致人员受到物体打击	25	10	0.5	125	三级	吊运过程中匀速行驶	
22	工完场清	1. 工器具（如吊装带等）遗留，导致设备损坏或人员伤害	5	10	0.1	5	四级	工作完成后清点工器具（如吊装带等），确认无遗留，并将其放置在指定区域内	

表 3.28 启槽作业安全风险辨识及防控措施一览表

序号	主要操作步骤	存在的风险	风险等级分析					主要防控措施	备注
			后果	暴露	可能性	风险值	风险等级		
1	工作票填写及风险辨识	1. 工作票填写错误，导致人员不清楚工作内容	15	10	0.1	15	四级	（1）作业人员在收到任务后，按照任务内容正确填写工作票 （2）在作业现场根据现场环境进行风险辨识	
2		2. 风险辨识不全面，导致人员不清楚风险	15	10	0.1	15	四级	（1）作业人员全员在现场参与风险辨识 （2）工作票签发和审批人员对风险辨识情况进行审核并做相应补充，尽量做到全面	
3		3. 防控措施制定得不恰当，导致人员不清楚具体如何防控	15	10	0.1	15	四级	工作票签发人现场逐一审核作业风险及检查相关防控措施是否落实	
4	安全技术交底	1. 安全技术交底内容错误，导致影响作业安全	15	10	0.1	15	四级	安全技术交底内容必须正确、完整、规范	
5		2. 安全技术交底不全面，导致影响作业安全	15	10	0.1	15	四级	由作业负责人组织且交底面对所有作业人员	
6	确认人员状态和劳动保护用品穿戴情况	1. 劳动保护用品（工作服、劳保鞋、安全帽、防尘口罩等）穿戴不齐全、不规范，安全帽和防护手套未正确穿戴，导致人员伤害	15	10	0.1	15	四级	（1）要求劳动保护用品必须穿戴齐全、无破损 （2）作业前，工作服着做到"三紧"、劳保鞋系好鞋带、安全帽系好下颚带、防尘口罩佩戴规范等	
7		2. 酒后、情绪不佳、身体不适者上岗，导致人员伤害	15	10	0.1	15	四级	严禁酒后、身体不适、情绪不佳者上岗作业	
8		3. 检修作业区域未做隔离防护，其他非检修人员误入检修区，导致人员伤害	15	10	0.1	15	四级	作业前拉好防护栏	
9		4. 护目镜破损，导致液体喷溅、短路打火等情况时人员受到伤害	15	10	0.1	15	四级	作业前检查护目镜，确认安全带无破损	
10		5. 吊装带破损，导致被吊运物品掉落伤人	50	2	1	100	三级	作业前检查吊装带，确认吊装带无破损	

续表

序号	主要操作步骤	存在的风险	风险等级分析					主要防控措施	备注
			后果	暴露	可能性	风险值	风险等级		
11	确认人员状态和劳动保护用品穿戴情况	6. 吊运时吊装带超载，导致吊装带断裂	50	2	1	100	三级	选择的吊装带吨位必须大于所吊物品的吨位	
12	确认工器具	1. 绝缘工器具破损（如扳手开口处有裂纹、锤子锤头连接处有裂纹、绝缘撬棍有裂纹、机轮扳手的连接处有裂纹等），导致人员伤害	15	10	0.1	15	四级	作业前检查工器具，确认工器具无破损，绝缘良好，如有破损，应立即停用，更换质量可靠的工器具，同时做好工器具的消耗领用记录	
13		2. 检修作业前未与槽维护人员、天车工等进行沟通确认，导致人员在检修作业时受到伤害	15	10	0.1	15	四级	确保三方沟通到位	
14		3. 未确认绝缘板是否完好并有效，导致短路口爆炸，影响系列安全	15	10	0.1	15	四级	设专人负责确认绝缘板是否完好	
15	吊运不停电开关	1. 在吊运过程中参与启槽人员站位不合理，导致人员伤害	15	10	0.1	15	四级	参与启槽人员选择合适的站位	
16		2. 作业时两人以上进行指挥，导致动作指令不明确	15	10	0.1	15	四级	（1）严禁多人指挥、乱指挥，要有专人指挥 （2）指挥人员与机手之间的沟通指令必须清晰、明确	
17		3. 吊运过程中吊带断裂，导致人员伤害	50	2	0.5	50	四级	（1）监护人员的监护必须到位 （2）吊运前检查吊具，确保其完好	
18	安装不停电开关	1. 吊运过程中人员需手扶开关，如果站位不当，导致人员挤伤	15	10	0.1	15	四级	吊运过程中作业人员一前一后，且电解多功能机手跟随开关的吊运过程	

续表

序号	主要操作步骤	存在的风险	风险等级分析					主要防控措施	备注
			后果	暴露	可能性	风险值	风险等级		
19	安装不停电开关	2. 安装开关过程中用力不当，或工器具滑脱，导致人员碰伤	15	10	0.1	15	四级	（1）安装开关前，提前检查卡具和扳手，确保其无开焊和磨损严重现象 （2）安装时一人手扶，一人固定，合理分工 （3）安装后，安排专人对各个开关的安装情况进行检查，确保安装到位、接触面无缝隙，可以正常使用	
20		3. 安装风管和电缆过程中管路杂乱，导致人员摔伤、磕碰	25	2	0.5	25	四级	在风管和电缆的安装过程中，先安装最里面的，最后安装靠近操作柜的	
21	拆除燃烧架	1. 拆除过程中未佩戴防护眼罩，导致人员灼伤眼睛	15	10	0.1	15	四级	拆除过程中佩戴防护眼罩	
22		2. 拆除过程中未佩戴手套或衣服未紧扣，导致人员烫伤	15	10	0.1	15	四级	拆除过程中佩戴手套，紧扣衣服	
23		3. 拆除过程中指挥不明确，导致人员伤害	25	2	0.5	25	四级	拆除过程中应指挥明确，且设专人指挥	
24		4. 推燃烧架的速度过快，导致人员摔倒	50	2	0.5	50	四级	匀速推进燃烧架	
25	拔烧嘴	1. 作业过程中未佩戴防护眼罩和手套，导致人员烫伤	15	10	0.1	15	四级	正确佩戴防护眼罩和手套	
26		2. 作业过程中将裤腿放到靴子内，导致人员烫伤	50	2	0.5	50	四级	确保裤腿放在靴子外	
27		3. 拔烧嘴时人员用力不当，导致磕碰	50	2	0.5	50	四级	作业时，观察四周环境并合理用力	
28		4. 拔出烧嘴后未立即将其放置在架子上，导致其他人员被烫伤	50	2	0.5	50	四级	拔出烧嘴后应第一时间将其放在烧嘴架子上	

续表

序号	主要操作步骤	存在的风险	风险等级分析					主要防控措施	备注
			后果	暴露	可能性	风险值	风险等级		
29	启槽	1. 操作失误，影响电解系列安全，导致人员和设备伤害	50	2	0.5	50	四级	操作前培训到位，确保操作步骤、顺序全员清晰	
30		2. 作业时未佩戴防护眼罩和手套，导致人员烫伤	15	10	0.1	15	四级	作业时，佩戴防护眼罩和手套	
31		3. 检修人员站位不合理，在作业过程中导致人员伤害	50	2	0.5	50	四级	检修人员在检修作业前选择合适的站位	
32		4. 作业时两人以上进行指挥，导致动作指令不明确	50	2	0.5	50	四级	严禁多人指挥、乱指挥，要有专人指挥，监护人员的监护必须到位	
33		5. 操作过程中人员用力过猛，导致人员碰伤	50	2	0.5	50	四级	操作过程中配备备用的工器具，防止工器具滑脱或员工用力过猛，导致人员碰伤	
34		6. 操作完成后人员手持长杆棘轮扳手，行走过程中导致人员磕碰	51	3	1.5	51	四级	操作完成后，人员按顺序退出槽间作业区域	
35	拔绝缘插板	1. 使用的绝缘撬棍破损或碳化，导致短路口爆炸	15	10	0.1	15	四级	作业前，检查绝缘撬棍，严禁使用破损或碳化的撬棍	
36		2. 人员配合不当，导致撑开的缝隙不够或闭合，导致短路口打火	15	10	0.1	15	四级	作业前，检查绝缘撬棍，严禁使用破损或碳化的撬棍	
37		3. 人员未佩戴防护眼罩，导致人员被打火产生的铝屑烫伤	50	6	0.1	30	四级	作业前，检查人员是否佩戴防护眼罩	
38	吊运不停电开关至专用车	1. 在吊运过程中参与启槽人员站位不合理，导致人员伤害	15	10	0.1	15	四级	参与启槽人员选择合适的站位	

续表

序号	主要操作步骤	存在的风险	风险等级分析					主要防控措施	备注
			后果	暴露	可能性	风险值	风险等级		
39	吊运不停电开关至专用车	2. 作业时两人以上进行指挥，导致动作指令不明确	15	10	0.1	15	四级	（1）严禁多人指挥、乱指挥，要有专人指挥 （2）指挥人员与机手之间的沟通指令必须清晰、明确	
40		3. 吊运过程中吊带断裂，导致人员伤害	25	2	0.5	25	四级	（1）监护人员的监护必须到位 （2）吊运前检查吊具，确保其完好	
41	工完场清	1. 工器具（如吊装带、扳手、锤子、绝缘撬棍等）遗留，导致设备损坏或人员伤害	5	10	0.1	5	四级	（1）工作完成后清点工器具（如吊装带、扳手、锤子、绝缘撬棍等），确认无遗留且将其放置在指定区域内 （2）现场专人进行检查并确认工作完成 （3）现场作业负责人告知属地该作业已完成	

表 3.29 停槽作业安全风险辨识及防控措施一览表

序号	主要操作步骤	存在的风险	风险等级分析					主要防控措施	备注
			后果	暴露	可能性	风险值	风险等级		
1	工作票填写及风险辨识	1. 工作票填写错误，导致人员不清楚工作内容	15	10	0.1	15	四级	（1）作业人员在收到任务后，按照任务内容正确填写工作票 （2）在作业现场根据现场环境进行风险辨识	
2		2. 风险辨识不全面，导致人员不清楚风险	15	10	0.1	15	四级	（1）作业人员全员在现场参与风险辨识 （2）工作票签发和审批人员对风险辨识情况进行审核并做相应补充，尽量做到全面	
3		3. 防控措施制定得不恰当，导致人员不清楚具体如何防控	15	10	0.1	15	四级	工作票签发人现场逐一审核作业风险及检查相关防控措施是否落实	

续表

序号	主要操作步骤	存在的风险	风险等级分析					主要防控措施	备注
			后果	暴露	可能性	风险值	风险等级		
4	安全技术交底	1. 安全技术交底内容错误，导致影响作业安全	15	10	0.1	15	四级	安全技术交底内容必须正确、完整、规范	
5		2. 安全技术交底不全面，导致影响作业安全	15	10	0.1	15	四级	由作业负责人组织且交底面对所有作业人员	
6	确认人员状态和劳动保护用品穿戴情况	1. 劳动保护用品（工作服、劳保鞋、安全帽、防尘口罩等）穿戴不齐全、不规范，安全帽和防护手套未正确穿戴，导致人员伤害	15	10	0.1	15	四级	（1）要求劳动保护用品必须穿戴齐全、无破损 （2）作业前，工作服穿着做到"三紧"、劳保鞋系好鞋带、安全帽系好下颌带、防尘口罩佩戴规范等	
7		2. 酒后、情绪不佳、身体不适者上岗，导致人员伤害	15	10	0.1	15	四级	严禁酒后、身体不适、情绪不佳者上岗作业	
8		3. 检修作业区域未做隔离防护，其他非检修人员误入检修区，导致人员伤害	15	10	0.1	15	四级	作业前拉好防护栏	
9		4. 护目镜破损，导致液体喷溅、短路打火等情况时人员受到伤害	15	10	0.1	15	四级	作业前检查护目镜，确认安全带无破损	
10		5. 吊装带破损，导致被吊运物品掉落伤人	50	2	1	100	三级	作业前检查吊装带，确认吊装带无破损	
11		6. 吊运时吊装带超载，导致吊装带断裂	50	2	1	100	三级	选择的吊装带吨位必须大于所吊物品的吨位	
12	确认工器具	1. 绝缘工器具破损（如扳手开口处有裂纹、锤子锤头连接处有裂纹、绝缘撬棍有裂纹、机轮扳手的连接处有裂纹等），导致人员伤害	15	10	0.1	15	四级	作业前检查工器具，确认工器具无破损，绝缘良好，如有破损，应立即停用，更换质量可靠的工器具，同时做好工器具的消耗领用记录	
13		2. 检修作业前未与槽维护人员、天车工等进行沟通确认，导致人员在检修作业时受到伤害	15	10	0.1	15	四级	确保三方沟通到位	

续表

序号	主要操作步骤	存在的风险	风险等级分析					主要防控措施	备注
			后果	暴露	可能性	风险值	风险等级		
14	确认工器具	3. 未确认绝缘板是否完好并有效,导致短路口爆炸,影响系列安全	15	10	0.1	15	四级	设专人负责确认绝缘板是否完好	
15	松短路口螺丝	1. 使用棘轮扳手时,未检查其是否有效,导致人员磕碰	15	10	0.1	15	四级	作业前检查棘轮扳手是否有效,确保其完好	
16		2. 使用扳手松动螺丝时,未检查扳手,导致人员磕碰	15	10	0.1	15	四级	作业前检查棘轮扳手和单扳手是否有效,确保其完好	
17		3. 作业前未佩戴防护手套,导致人员手部被烫伤、磕碰	15	10	0.1	15	四级	作业时佩戴防护手套	
18	吊运不停电开关	1. 在吊运过程中参与启槽人员站位不合理,导致人员伤害	15	10	0.1	15	四级	参与启槽人员选择合适的站位	
19		2. 作业时两人以上进行指挥,导致动作指令不明确	15	10	0.1	15	四级	(1)严禁多人指挥、乱指挥,要有专人指挥 (2)指挥人员与机手之间的沟通指令必须清晰、明确	
20		3. 吊运过程中吊带断裂,导致人员伤害	50	2	1	100	三级	(1)监护人员的监护必须到位 (2)吊运前检查吊具,确保其完好	
21		1. 吊运过程中人员需手扶开关,如果站位不当,导致人员挤伤	15	10	0.1	15	四级	吊运过程中作业人员一前一后,且电解多功能机手跟随开关的吊运过程	
22	安装不停电开关	2. 安装开关过程中用力不当,或工器具滑脱,导致人员碰伤	15	10	0.1	15	四级	(1)安装开关前,提前检查卡具和扳手,确保其无开焊和磨损严重现象 (2)安装时一人手扶,一人固定,合理分工 (3)安装后,安排专人对各个开关的安装情况进行检查,确保安装到位、接触面无缝隙,可以正常使用	
23		3. 安装风管和电缆过程中管路杂乱,导致人员摔伤、磕碰	25	2	0.5	25	四级	在风管和电缆的安装过程中,先安装最里面的,最后安装靠近操作柜的	

续表

序号	主要操作步骤	存在的风险	风险等级分析					主要防控措施	备注
			后果	暴露	可能性	风险值	风险等级		
24	停槽	1. 在作业过程中检修人员站位不合理，导致人员伤害	25	2	0.5	25	四级	检修人员在检修作业前选择合适的站位	
25		2. 作业时两人以上进行指挥，导致动作指令不明确	50	2	1	100	三级	（1）严禁多人指挥、乱指挥，要有专人指挥 （2）指挥人员与机手沟通指令必须清晰、明确	
26		3. 操作过程中人员用力过猛，导致人员碰伤	25	2	0.5	25	四级	（1）监护人员的监护必须到位 （2）操作过程中配备备用的工器具，防止工器具滑脱或员工用力过猛，导致人员碰伤	
27		4. 操作完成后人员手持长杆棘轮扳手，行走过程中可能导致人员磕碰	25	2	0.5	25	四级	操作完成后，人员按顺序退出槽间作业区域	
28		5. 未插入绝缘板，导致电解系列停电或短路口爆炸	100	2	1	200	二级	安排专人确认已插入绝缘板并有效	
29	插绝缘插板	1. 使用的绝缘撬棍破损或碳化，导致短路口爆炸	50	2	1	100	三级	作业前检查绝缘撬棍，严禁使用破损或碳化的撬棍	
30		2. 人员配合不当，撑开的缝隙不够或闭合，导致短路口打火	50	2	1	100	三级	作业过程中人员配合到位，设专人指挥	
31		3. 人员未佩戴防护眼罩，导致人员被打火产生的铝屑烫伤	50	2	1	100	三级	作业前，检查人员是否佩戴防护眼罩	
32		4. 绝缘板插放不到位，导致短路口爆炸	50	2	1	100	三级	作业时，将绝缘插板插放到底	

续表

序号	主要操作步骤	存在的风险	风险等级分析					主要防控措施	备注
			后果	暴露	可能性	风险值	风险等级		
33	紧固短路口螺丝	1. 使用棘轮扳手时，未检查是否有效，导致人员磕碰	15	10	0.1	15	四级	作业前检查棘轮扳手是否有效，确保完好	
34		2. 使用单扳手松动螺丝时，未检查扳手，导致人员磕碰	15	10	0.1	15	四级	作业前检查单扳手是否有效，确保完好	
35		3. 作业前未佩戴防护手套，导致人员手部被烫伤、磕碰	15	10	0.1	15	四级	作业时佩戴防护手套	
36	吊运不停电开关至专用车	1. 在吊运过程中参与启槽人员站位不合理，导致人员伤害	50	2	1	100	三级	参与启槽人员选择合适的站位	
37		2. 作业时两人以上进行指挥，导致动作指令不明确	50	2	1	100	三级	（1）严禁多人指挥、乱指挥，要有专人指挥 （2）指挥人员与机手之间的沟通指令必须清晰、明确	
38		3. 吊运过程中吊带断裂，导致人员伤害	50	2	1	100	三级	（1）监护人员的监护必须到位 （2）吊运前检查吊具，确保其完好	
39	工完场清	1. 工器具（如吊装带、扳手、锤子、绝缘撬棍等）遗留，导致设备损坏或人员伤害	5	10	0.1	5	四级	（1）工作完成后清点工器具（如吊装带、扳手、锤子、绝缘撬棍等），确认无遗留且将其放置在指定区域内 （2）现场专人进行检查并确认工作完成 （3）现场作业负责人告知属地该作业已完成	

表 3.30 更换短路口插板、绝缘螺栓作业安全风险辨识及防控措施一览表

序号	主要操作步骤	存在的风险	风险等级分析					主要防控措施	备注
			后果	暴露	可能性	风险值	风险等级		
1	工作票填写及风险辨识	1. 工作票填写错误，导致人员不清楚工作内容	15	10	0.1	15	四级	（1）作业人员在收到任务后，按照任务内容正确填写工作票 （2）在作业现场根据现场环境进行风险辨识	
2		2. 风险辨识不全面，导致人员不清楚风险	15	10	0.1	15	四级	（1）作业人员全员在现场参与风险辨识 （2）工作票签发和审批人员对风险辨识情况进行审核并做相应补充，尽量做到全面	
3		3. 防控措施制定得不恰当，导致人员不清楚具体如何防控	15	10	0.1	15	四级	工作票签发人现场逐一审核作业风险及检查相关防控措施是否落实	
4	安全技术交底	1. 安全技术交底内容错误，导致影响作业安全	15	10	0.1	15	四级	安全技术交底内容必须正确、完整、规范	
5		2. 安全技术交底不全面，导致影响作业安全	15	10	0.1	15	四级	由作业负责人组织且交底面对所有作业人员	
6	确认人员状态和劳动保护用品穿戴情况	1. 劳动保护用品（工作服、劳保鞋、安全帽、防尘口罩等）穿戴不齐全、不规范，安全帽和防护手套未正确穿戴，导致人员伤害	15	10	0.1	15	四级	（1）要求劳动保护用品，必须穿戴齐全、无破损 （2）作业前，工作服穿着做到"三紧"、劳保鞋系好鞋带、安全帽系好下颌带、防尘口罩佩戴规范等	
7		2. 酒后、情绪不佳、身体不适者上岗，导致人员伤害	15	10	0.1	15	四级	严禁酒后、身体不适、情绪不佳者上岗作业	
8		3. 护目镜破损起不到保护检修人员眼部的目的，在液体喷溅、短路口打火等情况时，导致人员伤害	15	10	0.1	15	四级	作业前检查护目镜，确认护目镜无破损	
9	确认工器具	1. 绝缘工器具破损（如扳手开口处有裂纹、绝缘撬棍有裂纹、机轮扳手的连接处有裂纹等），在使用时会导致人员触电	15	10	0.1	15	四级	（1）作业前检查工器具，确认工器具无破损、绝缘良好，如有破损，应立即停用，更换质量可靠的工器具，同时做好工器具的消耗领用记录 （2）确保三方沟通到位 （3）作业前检查绝缘插板，确认绝缘插板无破损	

续表

序号	主要操作步骤	存在的风险	风险等级分析					主要防控措施	备注
			后果	暴露	可能性	风险值	风险等级		
10	确认工器具	2. 绝缘板破损，导致短路口短路，引起系列停电、短路口放炮、人员伤害等	15	10	0.1	15	四级	（1）检修人员在作业前选择合适的站位 （2）严禁多人指挥、乱指挥，要有专人指挥 （3）监护人员的监护必须到位	
11		1. 使用棘轮扳手时，未检查其是否有效，导致人员磕碰	15	10	0.1	15	四级	作业前检查棘轮扳手是否有效，确保其完好	
12	松短路口螺丝	2. 使用单扳手松动螺丝时，未检查扳手是否有效，导致人员磕碰	15	10	0.1	15	四级	作业前检查单扳手是否有效，确保其完好	
13		3. 作业前未佩戴防护手套，导致人员手部烫伤、磕碰	15	10	0.1	15	四级	作业时佩戴防护手套	
14		1. 使用的绝缘撬棍破损或碳化，导致短路口爆炸	50	2	1	100	三级	作业前检查绝缘撬棍，严禁使用破损或碳化的撬棍	
15	插绝缘插板	2. 人员配合不当，撑开的缝隙不够或闭合，导致短路打火	50	2	1	100	三级	作业时人员合理配合，设专人指挥	
16		3. 人员未佩戴防护眼罩，导致人员被打火产生的铝屑烫伤	50	2	1	100	三级	作业前，检查人员是否佩戴防护眼罩	
17		4. 绝缘插板插放不到位，导致短路口爆炸	50	2	1	100	三级	作业时，将绝缘插板插放到底	
18	更换短路口插板	1. 检修作业前未与槽维护人员、天车工等进行沟通确认，导致人员在检修作业时受到伤害	50	3	0.1	15	四级	作业前检查工器具，确认工器具无破损、绝缘良好，如有破损，应立即停用，更换质量可靠的工器具，同时做好工器具的消耗领用记录	

序号	主要操作步骤	存在的风险	风险等级分析					主要防控措施	备注
			后果	暴露	可能性	风险值	风险等级		
19	更换短路口插板	2. 检修人员站位不合理，在作业过程中导致人员受到伤害	50	3	0.1	15	四级	检修人员在作业前选择合适的站位	
20		3. 作业时有两人以上进行指挥，导致动作指令不明确	50	3	0.1	15	四级	严禁多人指挥、乱指挥，要有专人指挥	
21		4. 绝缘撬棍断裂，导致短路口打火、放炮	50	3	0.1	15	四级	作业前检查绝缘插板，确认绝缘插板无破损	
22		5. 人员操作失误，绝缘撬棍滑脱，导致短路口打火、放炮	50	3	0.1	15	四级	（1）确保三方沟通到位 （2）监护人员的监护必须到位	
23	紧固短路口螺丝	1. 在使用棘轮扳手时，未检查其是否有效，导致人员磕碰	15	10	0.1	15	四级	作业前检查棘轮扳手是否有效，确保其完好	
24		2. 在使用扳手松动螺丝时，未检查扳手是否有效，导致人员磕碰	15	10	0.1	15	四级	作业前检查扳手是否有效，确保其完好	
25		3. 作业前未佩戴防护手套，导致人员手部烫伤、磕碰	15	10	0.1	15	四级	作业时佩戴防护手套	
26	工完场清	1. 工器具（如吊装带、扳手、绝缘撬棍等）遗留，导致设备损坏或人员伤害	5	10	0.1	5	四级	工作完成后清点工器具（如吊装带、扳手、绝缘撬棍等），确认无遗留且将其放置在指定区域内	

3.2.2 天车检修

经辨识，天车检修主要的作业活动有 13 项，岗位作业存在 390 项风险，其中辨识出一级风险 2 项、二级风险 2 项、三级风险 45 项、四级风险 341 项。

1. 岗位主要的作业活动/工作流程

①检修天车电气；②检修电机；③检修减速机；④检修行走轮；⑤检修卷扬机构；⑥检修工具机构；⑦设备卫生清理；⑧检修托缆滑车；⑨使用升降装置；⑩设备润滑；⑪天车焊接；⑫检修空压机；⑬测量全车绝缘。

2. 设备检修岗位安全风险辨识及防控措施

设备检修岗位安全风险辨识及防控措施见表 3.31 至表 3.43。

表 3.31 检修天车电气作业安全风险辨识及防控措施一览表

序号	主要操作步骤	存在的风险	风险等级分析					主要防控措施	备注
			后果	暴露	可能性	风险值	风险等级		
1	填写工作票并对风险进行辨识及防范	1. 工作票内容、步骤填写错误或遗漏，造成人员伤害	25	1	0.5	12.5	四级	正确填写工作票，明确检修内容，控制检修时间	
2		2. 未结合检修内容和检修现场实际情况进行风险辨识，造成人员伤害	25	1	0.5	12.5	四级	（1）结合检修内容与作业现场环境进行风险辨识 （2）按照辨识的风险逐一落实安全措施，不能存在漏项	
3		3. 未明确作业负责人、监护人，未确定互联互保人员，造成人员伤害	25	1	0.5	12.5	四级	指定作业负责人、监护人、互联互保人员并明确相关人员职责	
4	作业前对检修人员进行安全交底	1. 安全交底时内容错误，造成人员伤害	5	1	1	5	四级	检修负责人正确理解检修内容，并正确交底	
5		2. 检修人员未听清安全交底内容，造成人员伤害	5	1	1	5	四级	（1）检修负责人进行安全交底时应声音洪亮，保证检修人员听清交底内容 （2）安全交底完毕后抽查检修人员掌握安全交底内容情况	
6		3. 安全交底不完整、不规范，造成人员伤害	5	1	1	5	四级	安全交底内容必须完整、规范，且逐一落实	
7	检查劳动保护用品穿戴情况及人员状态	1. 人员未按规定着装（工作服、绝缘鞋、安全帽、防尘口罩、护目镜、绝缘手套、安全带），造成人员伤害	5	1	1	5	四级	作业前，工作服穿着做到"三紧"，绝缘鞋系好鞋带，绝缘手套戴好，安全帽系好下颏带，护目镜清晰可见，确认安全带无破损、卡扣牢固	
8		2. 人员作业前喝酒、睡眠不足、精神状态不好等，导致作业过程中注意力不集中	5	1	1	5	四级	作业前，作业负责人检查人员是否存在酒后上岗，询问人员身体状况，观察人员精神状态，确认人员无异常状态后方可上岗作业	

续表

序号	主要操作步骤	存在的风险	风险等级分析					主要防控措施	备注
			后果	暴露	可能性	风险值	风险等级		
9	检查劳动保护用品穿戴情况及人员状态	3. 作业中人员的精神状态发生变化，导致注意力不集中	5	1	1	5	四级	（1）作业中，作业负责人时刻注意人员精神状态，保证人员精神状态良好，严禁人员嬉戏打闹 （2）作业中，作业负责人控制作业时长，如遇长时间作业，需配备应急人员	
10	检查工器具及作业环境	1. 工器具不合格（如扳手开口处有裂纹、锤子锤头连接处有裂纹、改锥的连接处有裂纹、电笔的氖泡发暗、钳子的连接处有裂纹等），导致人员伤害	5	1	1	5	四级	（1）应立即停用，更换质量可靠的工器具 （2）正确使用工器具 （3）统计同品牌不合格工器具数量，报计划领用时避免领用有质量缺陷品牌的工器具	
11		2. 作业环境中存在风险（如有油、有水、有冰、有坑、有障碍物等），人员未辨识到位，导致受伤	5	1	1	5	四级	（1）作业前认真检查作业环境中存在的风险，如发现隐患，在制定落实安全措施后方可进行作业 （2）作业中，及时处理一些隐患（如设备漏油、工器具乱放等）后方可继续作业	
12	车辆停靠在检修位置，上车检修	1. 未设立警戒隔离区域，导致其他人员进入检修区域内受到伤害	5	1	1	5	四级	（1）建立警戒隔离区域，设立明显的警戒隔离标志，禁止与检修作业无关的人员穿行进入检修区域 （2）地面监护人须在隔离区域外巡视，避免无关人员误入隔离区	
13		2. 天车未停在可靠的检修位置，人员上车时导致挤伤、碰伤、高处坠落	5	1	1	5	四级	（1）天车检修停靠在有爬梯附近，人员可通过爬梯顺利登车 （2）人员上车前，天车停靠的轨道上设立阻轨器，防止其他天车靠近	
14		3. 天车未切断主启动，天车操作人员误操作，导致检修人员意外受伤（如挤伤、碰伤、高处坠落等）	50	6	0.5	150	三级	（1）上车检修前与机手沟通，确认切断主启动 （2）上车过程中，打开登车门，确保天车切断主启动 （3）当人员未到达安全位置时，严禁送电动车	

续表

序号	主要操作步骤	存在的风险	风险等级分析					主要防控措施	备注
			后果	暴露	可能性	风险值	风险等级		
15	检查配电柜及线路	1. 检修时设备未断电，导致检修人员触电	50	6	0.5	150	三级	（1）穿戴绝缘鞋与绝缘手套 （2）验电时采用双电笔验电，确认无电后由专人监护作业	
16		2. 误操作，导致设备意外启动	50	6	0.5	150	三级	（1）切断设备的动力电源并挂牌，加装空开锁，以免导致设备意外送电启动 （2）将设备控制回路的自动控制关闭，启动手动控制，防止设备自动启停伤人	
17		3. 工器具使用不当（如用一字螺丝刀紧固十字螺丝，使十字螺丝损坏无法紧固等情况），导致设备损坏或人员伤害	25	1	1	25	四级	（1）正确使用工器具（如用一字螺丝刀紧固一字螺丝等情况），作业完毕后检查设备有无损坏 （2）人员熟悉使用工器具的特性，作业时根据各工器具的特性进行使用	
18		4. 作业过程中人员站位不当（如人员站在运动物体的正面或者后面，站在爆炸物体伤害的范围内等），导致人员伤害	25	1	1	25	四级	（1）人员站位确认后，相互提醒监督 （2）人员避免站在运动物体行进路线上或下落物体、爆炸物体打击范围内	
19	检查集电装置	1. 检修时设备未断电，导致检修人员触电	25	3	1	75	三级	（1）正确穿戴绝缘鞋与绝缘手套 （2）验电时采用双电笔验电，确认无电后由专人监护作业 （3）切断设备的动力电源并挂牌，加装空开锁，以免设备意外送电启动	
20		2. 工器具使用不当（如用一字螺丝刀紧固十字螺丝，使十字螺丝损坏无法紧固等情况），导致设备损坏或人员伤害	25	1	1	1	四级	（1）正确使用工器具（如用一字螺丝刀紧固一字螺丝等），作业完毕后检查设备有无损坏 （2）作业人员熟悉使用工器具的特性，作业时根据各工器具的特性进行使用	
21		3. 触点接触不良，导致设备电源缺项，甚至过热起火	25	1	1	1	四级	工作结束后检查确认触点接触是否良好，试车平顺	

续表

序号	主要操作步骤	存在的风险	风险等级分析					主要防控措施	备注
			后果	暴露	可能性	风险值	风险等级		
22	检查各限位	1. 检修时设备未断电，导致检修人员触电	25	1	1	25	四级	（1）正确穿戴绝缘鞋与绝缘手套 （2）验电时采用双电笔验电，确认无电后由专人监护作业 （3）切断设备的动力电源并挂牌，加装空开锁，以免设备意外送电启动	
23		2. 工器具使用不当（如用一字螺丝刀紧固十字螺丝，十字螺丝损坏无法紧固等情况），导致设备损坏或人员伤害	25	1	1	25	四级	（1）正确使用工器具（如用一字螺丝刀紧固一字螺丝等），作业完毕后检查设备有无损坏 （2）作业人员熟悉使用工器具的特性，作业时根据各工器具的特性进行使用	
24		3. 安全带未挂在牢固处，导致人员意外高处坠落	50	2	1	100	三级	悬挂安全带时，应将其挂在牢固位置（禁止挂在风管架、线槽架等已悬挂不牢固处）	
25	检修完毕试车	1. 送电时未确认负荷，导致设备损坏或人员伤害	25	1	1	25	四级	（1）送电前，先确定负荷已切断，再进行送电 （2）送电时，人员戴好绝缘手套，正确穿戴绝缘鞋，站在绝缘胶皮上进行操作，人员侧身送电（有条件可采用逐级控制进行送电）	
26		2. 送电试车时检修人员站位不合理（如人员站在运动物体的正面或者后面，站在爆炸物体伤害的范围内等），导致试车过程中人员受到伤害	25	1	1	25	四级	（1）试车时与天车上的所有人员进行沟通确认站位，其他检修人员站在安全位置，严禁站在车辆运行区域 （2）作业人员避免自己站在运动物体行进路线上或下落物体、爆炸物体打击范围内	
27		3. 送电试车时未指定专业人员指挥试车，导致试车过程中人员受到伤害	50	2	1	100	三级	试车时必须确保专人指挥、专人操作，其他检修人员站在安全位置	
28	工完场清	1. 吊运工器具使用的工器具袋破损或绳索破损，导致高空坠物伤人	5	1	1	5	四级	（1）吊运前检查工器具袋和绳索，保证其完好，破损时应及时更换 （2）吊运中保证吊运点下方没有人员，待被吊运物体落地后，人员才能靠近并将被吊运物体拖离开吊运点	

续表

序号	主要操作步骤	存在的风险	风险等级分析					主要防控措施	备注
			后果	暴露	可能性	风险值	风险等级		
29	工完场清	2. 检修作业后未清点工器具（如扳手、锤子、改锥、电笔、钳子等），导致工器具遗留在检修现场，造成设备损坏或人员伤害	5	1	1	5	四级	（1）检修作业所需要的工器具（如扳手、锤子、改锥、电笔、钳子等），将其放置在指定区域内 （2）设立检修作业工器具清单，作业完成后按照清单清点工器具（如扳手、锤子、改锥、电笔、钳子等）	

表 3.32 检修电机作业安全风险辨识及防控措施一览表

序号	主要操作步骤	存在的风险	风险等级分析					主要防控措施	备注
			后果	暴露	可能性	风险值	风险等级		
1	填写工作票并对风险进行辨识及防范	1. 工作票内容、步骤填写错误或遗漏，造成人员伤害	25	1	0.5	12.5	四级	正确填写工作票，明确检修内容，控制检修时间	
2		2. 未结合检修内容和检修现场实际情况进行风险辨识，造成人员伤害	25	1	0.5	12.5	四级	（1）结合检修内容与作业现场环境进行风险辨识 （2）按照辨识的风险逐一落实安全措施，不能存在漏项	
3		3. 未明确作业负责人、监护人，未确定互联互保人员，造成人员伤害	25	1	0.5	12.5	四级	指定作业负责人、监护人、互联互保人员并明确相关人员职责	
4	作业前对检修人员进行安全交底	1. 安全交底时内容错误，造成人员伤害	5	1	1	5	四级	检修负责人正确理解检修内容，并正确交底	
5		2. 检修人员未听清安全交底内容，造成人员伤害	5	1	1	5	四级	（1）检修负责人进行安全交底时应声音洪亮，保证检修人员听清交底内容 （2）安全交底完毕后抽查检修人员掌握安全交底内容情况	
6		3. 安全交底不完整、不规范，造成人员伤害	5	1	1	5	四级	安全交底内容必须完整、规范，且逐一落实	

续表

序号	主要操作步骤	存在的风险	风险等级分析					主要防控措施	备注
			后果	暴露	可能性	风险值	风险等级		
7	检查劳动保护用品穿戴情况及人员状态	1. 人员未按规定着装（工作服、绝缘鞋、安全帽、防尘口罩、护目镜、绝缘手套、安全带），造成人员伤害	5	1	1	5	四级	作业前，工作服穿着做到"三紧"，绝缘鞋系好鞋带，绝缘手套戴好，安全帽系好下颏带，护目镜清晰可见，确认安全带无破损、卡扣牢固	
8		2. 人员作业前喝酒、睡眠不足、精神状态不好等，导致作业过程中注意力不集中	5	1	1	5	四级	作业前，作业负责人检查人员是否存在酒后上岗，询问人员身体状况，观察人员精神状态，确认人员无异常状态后方可上岗作业	
9		3. 作业中人员的精神状态发生变化，导致注意力不集中	5	1	1	5	四级	（1）作业中，作业负责人时刻注意人员精神状态，保证人员精神状态良好，严禁人员嬉戏打闹 （2）作业中，作业负责人控制作业时长，如遇长时间作业，需配备应急人员	
10	检查工器具及作业环境	1. 工器具不合格（如扳手开口处有裂纹、锤子锤头连接处有裂纹、改锥的连接处有裂纹、电笔的氖泡发暗、钳子的连接处有裂纹等），导致人员伤害	5	1	1	5	四级	（1）应立即停用，更换质量可靠的工器具 （2）正确使用工器具 （3）统计同品牌不合格工器具数量，报计划领用时避免领用有质量缺陷品牌的工器具	
11		2. 作业环境中存在风险（如有油、有水、有冰、有坑、有障碍物等），人员未辨识到位，导致受伤	5	1	1	5	四级	（1）作业前认真检查作业环境中存在的风险，如发现隐患，在制定落实安全措施后方可进行作业 （2）作业中，及时处理一些隐患（如设备漏油、工器具乱放等）后方可继续作业	
12	车辆停靠在检修位置，上车检修	1. 未设立警戒隔离区域，导致其他人员进入检修区域内受到伤害	5	1	1	5	四级	（1）建立警戒隔离区域，设立明显的警戒隔离标志，禁止与检修作业无关的人员穿行进入检修区域 （2）地面监护人须在隔离区域外巡视，避免无关人员误入隔离区	

续表

序号	主要操作步骤	存在的风险	风险等级分析					主要防控措施	备注
			后果	暴露	可能性	风险值	风险等级		
13	车辆停靠在检修位置，上车检修	2. 天车未停在可靠的检修位置，人员上车时导致挤伤、碰伤、高处坠落	50	6	0.5	150	三级	（1）天车检修停靠在有爬梯附近，人员可通过爬梯顺利登车 （2）人员上车前，天车停靠的轨道上设立阻轨器，防止其他天车靠近	
14		3. 天车未切断主启动，天车操作人员误操作，导致检修人员意外受伤（如挤伤、碰伤、高处坠落等）	50	6	0.5	150	三级	（1）上车检修前与机手沟通，确认切断主启动 （2）上车过程中，打开登车门，确保天车切断主启动 （3）当人员未到达安全位置时，严禁送电动车	
15	拆卸电机	1. 检修时设备未断电，导致检修人员触电	50	6	0.5	150	三级	（1）正确穿戴绝缘鞋与绝缘手套 （2）验电时采用双电笔验电，确认无电后由专人监护作业	
16		2. 误操作导致设备意外启动，造成人员受到机械伤害	25	1	1	25	四级	（1）切断设备的动力电源并挂牌，加装空开锁，以免导致设备意外送电启动 （2）将设备控制回路的自动控制关闭，启动手动控制，防止设备自动启停伤人	
17		3. 工器具使用不当（如用一字螺丝刀紧固十字螺丝导致十字螺丝损坏无法紧固；将扳手当作锤子使用等情况），导致设备损坏或人员伤害	25	1	1	25	四级	（1）正确使用工器具（如用一字螺丝刀紧固一字螺丝等情况），作业完毕后检查设备有无损坏 （2）人员熟悉使用工器具的特性，作业时根据各工器具的特性进行使用	
18		4. 作业过程中人员站位不当（如人员站在运动物体的正面或者后面，或站在爆炸物体伤害的范围内等），导致人员伤害	25	1	1	25	四级	（1）人员站位确认后，相互提醒监督 （2）人员避免自己站在运动物体行进路线上或下落物体、爆炸物体打击范围内	
19	吊装电机（危险作业：吊装作业）	1. 吊具断裂，吊物坠落，导致砸伤周围的人员或砸坏周围的设备	25	2	3	150	三级	检查吊具缺陷（如吊具有裂纹等），若有缺陷，应立即停用并更换质量可靠的吊具，同时做好吊具的消耗领用记录	

续表

序号	主要操作步骤	存在的风险	风险等级分析					主要防控措施	备注
			后果	暴露	可能性	风险值	风险等级		
20	吊装电机（危险作业：吊装作业）	2. 未取得专业资格证的人员指挥吊车，导致人员伤害	25	2	3	150	三级	（1）吊运电机时由专业起重人员指挥吊运，指挥人员与吊车司机、作业人员提前沟通吊装方案，做到各司其职 （2）被吊运物品经过的区域下方严禁站人，相互提醒监督站位安全 （3）严禁无证人员指挥作业，由专人指挥，严禁多人指挥	
21		3. 被吊运物品的重量超出吊具的量程，导致吊具断裂伤人	25	2	3	150	三级	确认被吊运物品的重量，选用合适量程的吊索具，严禁超重吊运重物	
22	安装电机	1. 安装过程中设备意外移动，导致挤伤、碰伤检修人员	25	1	1	25	四级	作业前确认作业环境，作业中预留安全范围，检修人员注意站位	
23		2. 安装过程中发生设备损坏	25	1	1	25	四级	安装过程需平稳缓慢，采取措施（使用手拉葫芦支撑保护等）防止设备或工器具之间的碰撞	
24		3. 人员未到安装位置就提前解除设备，导致人员挤伤、碰伤	25	1	1	25	四级	安装过程中在设备上绑上牵引绳进行牵引，人员在拖拽牵引绳时须站在可靠位置（如护栏内侧）	
25		4. 安全带未挂在牢固处，导致人员意外高处坠落	50	6	0.5	150	三级	悬挂安全带时，将其挂在牢固位置（禁止挂在风管架、线槽架等已悬挂不牢固处）	
26	检修完毕，试车	1. 送电时未确认负荷，导致设备损坏或人员伤害	25	1	1	25	四级	（1）送电前，先确定负荷已切断，再进行送电 （2）送电时，人员戴好绝缘手套，正确穿戴绝缘鞋，站在绝缘胶皮上进行操作，人员侧身送电（有条件可采用逐级控制进行送电）	

续表

序号	主要操作步骤	存在的风险	风险等级分析					主要防控措施	备注
			后果	暴露	可能性	风险值	风险等级		
27	检修完毕，试车	2. 送电试车时，检修人员站位不合理（如人员站在运动物体的正面或者后面，站在爆炸物体伤害的范围内等），试车过程中导致人员伤害	25	1	1	25	四级	（1）试车时与天车上的所有人员进行沟通确认站位，其他检修人员站在安全位置，严禁站在车辆运行区域 （2）人员避免自己站在运动物体行进路线上或下落物体、爆炸物体打击范围内	
28		3. 送电试车时未有专业人员指挥试车，导致试车过程中发生人员伤害	25	1	1	25	四级	试车时必须确保专人指挥、专人操作，其他检修人员站到安全位置	
29	工完场清	1. 吊运工器具使用的工器具袋破损或绳索破损，导致高空坠物伤人	5	1	1	5	四级	（1）吊运前检查工器具袋和绳索，保证其完好，破损时应及时更换 （2）吊运中保证吊运点下方没有人员，待被吊运物体落地后，人员才能靠近并将被吊运物体拖离开吊运点	
30		2. 检修作业后未清点工器具（如扳手、锤子、改锥、电笔、钳子等），导致工器具遗留在检修现场，造成设备损坏或人员伤害	5	1	1	5	四级	（1）检修作业所需要的工器具（如扳手、锤子、改锥、电笔、钳子等），将其放置在指定区域内 （2）设立检修作业工器具清单，作业完成后按照清单清点工器具（如扳手、锤子、改锥、电笔、钳子等）	

表 3.33 检修减速机作业安全风险辨识及防控措施一览表

序号	主要操作步骤	存在的风险	风险等级分析					主要防控措施	备注
			后果	暴露	可能性	风险值	风险等级		
1	填写工作票并对风险进行辨识及防范	1. 工作票内容、步骤填写错误或遗漏，造成人员伤害	25	1	0.5	12.5	四级	正确填写工作票，明确检修内容，控制检修时间	
2		2. 未结合检修内容和检修现场实际情况进行风险辨识，造成人员伤害	25	1	0.5	12.5	四级	（1）结合检修内容与作业现场环境进行风险辨识 （2）按照辨识的风险逐一落实安全措施，不能存在漏项	

续表

序号	主要操作步骤	存在的风险	风险等级分析					主要防控措施	备注
			后果	暴露	可能性	风险值	风险等级		
3	填写工作票并对风险进行辨识及防范	3. 未明确作业负责人、监护人,未确定互联互保人员,造成人员伤害	25	1	0.5	12.5	四级	指定作业负责人、监护人、互联互保人员并明确相关人员职责	
4	作业前对检修人员进行安全交底	1. 安全交底时内容错误,造成人员伤害	5	1	1	5	四级	检修负责人正确理解检修内容,并正确交底	
5		2. 检修人员未听清安全交底内容,造成人员伤害	5	1	1	5	四级	(1) 检修负责人进行安全交底时应声音洪亮,保证检修人员听清交底内容 (2) 安全交底完毕后抽查检修人员掌握安全交底内容情况	
6		3. 安全交底不完整、不规范,造成人员伤害	5	1	1	5	四级	安全交底内容必须完整、规范,且逐一落实	
7	检查劳动保护用品穿戴情况及人员状态	1. 人员未按规定着装(工作服、绝缘鞋、安全帽、防尘口罩、护目镜、绝缘手套、安全带),造成人员伤害	5	1	1	5	四级	作业前,工作服穿着做到"三紧",绝缘鞋系好鞋带,绝缘手套戴好,安全帽系好下颏带,护目镜清晰可见,确认安全带无破损、卡扣牢固	
8		2. 人员作业前喝酒、睡眠不足、精神状态不好等,导致作业过程中注意力不集中	5	1	1	5	四级	作业前,作业负责人检查人员是否存在酒后上岗,询问人员身体状况,观察人员精神状态,确认人员无异常状态后方可上岗作业	
9		3. 作业中人员的精神状态发生变化,导致注意力不集中	5	1	1	5	四级	(1) 作业中,作业负责人时刻注意人员精神状态,保证人员精神状态良好,严禁人员嬉戏打闹 (2) 作业中,作业负责人控制作业时长,如遇长时间作业,需配备应急人员	
10	检查工器具及作业环境	1. 工器具不合格(如扳手开口处有裂纹、锤子锤头连接处有裂纹、改锥的连接处有裂纹、电笔的氖泡发暗、钳子的连接处有裂纹等),导致人员伤害	5	1	1	5	四级	(1) 应立即停用,更换质量可靠的工器具 (2) 正确使用工器具 (3) 统计同品牌不合格工器具数量,报计划领用时避免领用有质量缺陷品牌的工器具	

续表

序号	主要操作步骤	存在的风险	风险等级分析					主要防控措施	备注
			后果	暴露	可能性	风险值	风险等级		
11	检查工器具及作业环境	2. 作业环境中存在风险（如有油、有水、有冰、有坑、有障碍物等），人员未辨识到位，导致受伤	5	1	1	5	四级	（1）作业前认真检查作业环境中存在的风险，如发现隐患，在制定落实安全措施后方可进行作业 （2）作业中，及时处理一些隐患（如设备漏油、工器具乱放等）后方可继续作业	
12		1. 未设立警戒隔离区域，导致其他人员进入检修区域内受到伤害	5	1	1	5	四级	（1）建立警戒隔离区域，设立明显的警戒隔离标志，禁止与检修作业无关的人员穿行进入检修区域 （2）地面监护人须在隔离区域外巡视，避免无关人员误入隔离区	
13	车辆停靠在检修位置，上车检修	2. 天车未停在可靠的检修位置，人员上车时导致挤伤、碰伤、高处坠落	5	1	1	5	四级	（1）天车检修停靠在有爬梯附近，人员可通过爬梯顺利登车 （2）人员上车前，天车停靠的轨道上设立阻轨器，防止其他天车靠近	
14		3. 天车未切断主启动，天车操作人员误操作，导致检修人员意外受伤（如挤伤、碰伤、高处坠落等）	50	6	0.5	150	三级	（1）上车检修前与机手沟通，确认切断主启动 （2）上车过程中，打开登车门，确保天车切断主启动 （3）当人员未到达安全位置时，严禁送电动车	
15		1. 检修时设备未断电，导致检修人员触电	50	6	0.5	150	三级	（1）正确穿戴绝缘鞋与绝缘手套 （2）验电时采用双电笔验电，确认无电后由专人监护作业	
16	拆卸减速机	2. 误操作导致设备意外启动，造成人员受到机械伤害	25	1	1	25	四级	（1）切断设备的动力电源并挂牌，加装空开锁，以免导致设备意外送电启动 （2）将设备控制回路的自动控制关闭，启动手动控制，防止设备自动启停伤人	
17		3. 工器具使用不当（如用一字螺丝刀紧固十字螺丝导致十字螺丝损坏无法紧固；将扳手当作锤子使用等情况），导致设备损坏或人员伤害	25	1	1	25	四级	（1）正确使用工器具（如用一字螺丝刀紧固十字螺丝等情况），作业完毕后检查设备有无损坏 （2）人员熟悉使用工器具的特性，作业时根据各工器具的特性进行使用	

续表

序号	主要操作步骤	存在的风险	风险等级分析					主要防控措施	备注
			后果	暴露	可能性	风险值	风险等级		
18	拆卸减速机	4. 作业过程中人员站位不当（如人员站在运动物体的正面或者后面，或站在爆炸物体伤害的范围内等），导致人员伤害	25	1	1	25	四级	（1）人员站位确认后，相互提醒监督 （2）人员避免自己站在运动物体行进路线上或下落物体、爆炸物体打击范围内	
19	吊装减速机（危险作业：吊装作业）	1. 吊具断裂，吊物坠落，导致砸伤周围的人员或砸坏周围的设备	25	2	3	150	三级	检查吊具缺陷（如吊具有裂纹等），若有缺陷，应立即停用并更换质量可靠的吊具，同时做好吊具的消耗领用记录	
20		2. 未取得专业资格证的人员指挥吊车，导致人员伤害	25	2	3	150	三级	（1）吊运电机时由专业起重人员指挥吊运，指挥人员与吊车司机、作业人员提前沟通吊装方案，做到各司其职 （2）被吊运物品经过的区域下方严禁站人，相互提醒监督站位安全 （3）严禁无证人员指挥作业，由专人指挥，严禁多人指挥	
21		3. 被吊运物品的重量超出吊具的量程，导致吊具断裂伤人	25	2	3	150	三级	确认被吊运物品的重量，选用合适量程的吊索具，严禁超重吊运重物	
22	安装减速机	1. 安装过程中设备意外移动，导致挤伤、碰伤检修人员	25	1	1	25	四级	作业前确认作业环境，作业中预留安全范围，检修人员注意站位	
23		2. 安装过程中发生设备损坏	25	1	1	25	四级	安装过程需平稳缓慢，采取措施（使用手拉葫芦支撑保护等）防止设备或工器具之间的碰撞	
24		3. 人员未到安装位置就提前解除设备，导致人员挤伤、碰伤	25	1	1	25	四级	安装过程中在设备上绑上牵引绳进行牵引，人员在拖拽牵引绳时须站在可靠位置（如护栏内侧）	
25		4. 安全带未挂在牢固处，导致人员意外高处坠落	25	1	1	25	四级	悬挂安全带时，将其挂在牢固位置（禁止挂在风管架，线槽架等已悬挂不牢处）	

续表

序号	主要操作步骤	存在的风险	风险等级分析					主要防控措施	备注
			后果	暴露	可能性	风险值	风险等级		
26	检修完毕，试车	1. 送电时未确认负荷，导致设备损坏或人员伤害	25	1	1	25	四级	（1）送电前，先确定负荷已切断，再进行送电 （2）送电时，人员戴好绝缘手套，正确穿戴绝缘鞋，站在绝缘胶皮上进行操作，人员侧身送电（有条件可采用逐级控制进行送电）	
27		2. 送电试车时，检修人员站位不合理（如人员站在运动物体的正面或者后面，站在爆炸物体伤害的范围内等），试车过程中导致人员伤害	25	1	1	25	四级	（1）试车时与天车上的所有人员进行沟通确认站位，其他检修人员站在安全位置，严禁站在车辆运行区域 （2）人员避免自己站在运动物体行进路线上或下落物体、爆炸物体打击范围内	
28		3. 送电试车时未有专业人员指挥试车，导致试车过程中发生人员伤害	25	1	1	25	四级	试车时必须确保专人指挥、专人操作，其他检修人员站到安全位置	
29	工完场清	1. 吊运工器具使用的工器具袋破损或绳索破损，导致高空坠物伤人	5	1	1	5	四级	（1）吊运前检查工器具袋和绳索，保证其完好，破损时应及时更换 （2）吊运中保证吊点下方没有人员，待被吊运物体落地后，人员才能靠近并将被吊运物体拖离开吊运点	
30		2. 检修作业后未清点工器具（如扳手、锤子、改锥、电笔、钳子等），导致工器具遗留在检修现场，造成设备损坏或人员伤害	5	1	1	5	四级	（1）检修作业所需要的工器具（如扳手、锤子、改锥、电笔、钳子等），将其放置在指定区域内 （2）设立检修作业工器具清单，作业完成后按照清单清点工器具（如扳手、锤子、改锥、电笔、钳子等）	

表 3.34 检修行走轮作业安全风险辨识及防控措施一览表

序号	主要操作步骤	存在的风险	风险等级分析					主要防控措施	备注
			后果	暴露	可能性	风险值	风险等级		
1	填写工作票并对风险进行辨识及防范	1. 工作票内容、步骤填写错误或遗漏，造成人员伤害	25	1	0.5	12.5	四级	正确填写工作票，明确检修内容，控制检修时间	
2		2. 未结合检修内容和检修现场实际情况进行风险辨识，造成人员伤害	25	1	0.5	12.5	四级	（1）结合检修内容与作业现场环境进行风险辨识 （2）按照辨识的风险逐一落实安全措施，不能存在漏项	
3		3. 未明确作业负责人、监护人，未确定互联互保人员，造成人员伤害	25	1	0.5	12.5	四级	指定作业负责人、监护人、互联互保人员并明确相关人员职责	
4	作业前对检修人员进行安全交底	1. 安全交底时内容错误，造成人员伤害	5	1	1	5	四级	检修负责人正确理解检修内容，并正确交底	
5		2. 检修人员未听清安全交底内容，造成人员伤害	5	1	1	5	四级	（1）检修负责人进行安全交底时应声音洪亮，保证检修人员听清交底内容 （2）安全交底完毕后抽查检修人员掌握安全交底内容情况	
6		3. 安全交底不完整、不规范，造成人员伤害	5	1	1	5	四级	安全交底内容必须完整、规范，且逐一落实	
7	检查劳动保护用品穿戴情况及人员状态	1. 人员未按规定着装（工作服、绝缘鞋、安全帽、防尘口罩、护目镜、绝缘手套、安全带），造成人员伤害	5	1	1	5	四级	作业前，工作服穿着做到"三紧"，绝缘鞋系好鞋带，绝缘手套戴好，安全帽系好下颏带，护目镜清晰可见，确认安全带无破损、卡扣牢固	
8		2. 人员作业前喝酒、睡眠不足、精神状态不好等，导致作业过程中注意力不集中	5	1	1	5	四级	作业前，作业负责人检查人员是否存在酒后上岗，询问人员身体状况，观察人员精神状态，确认人员无异常状态后方可上岗作业	
9		3. 作业中人员的精神状态发生变化，导致注意力不集中	5	1	1	5	四级	（1）作业中，作业负责人时刻注意人员精神状态，保证人员精神状态良好，严禁人员嬉戏打闹 （2）作业中，作业负责人控制作业时长，如遇长时间作业，需配备应急人员	

续表

序号	主要操作步骤	存在的风险	风险等级分析					主要防控措施	备注
			后果	暴露	可能性	风险值	风险等级		
10	检查工器具及作业环境	1. 工器具不合格（如扳手开口处有裂纹、锤子锤头连接处有裂纹、改锥的连接处有裂纹、电笔的氖泡发暗、钳子的连接处有裂纹等），导致人员伤害	5	1	1	5	四级	（1）应立即停用，更换质量可靠的工器具 （2）正确使用工器具 （3）统计同品牌不合格工器具数量，报计划领用时避免领用有质量缺陷品牌的工器具	
11		2. 作业环境中存在风险（如有油、有水、有冰、有坑、有障碍物等），人员未辨识到位，导致受伤	100	1	1	5	二级	（1）作业前认真检查作业环境中存在的风险，如发现隐患，在制定落实安全措施后方可进行作业 （2）作业中，及时处理一些隐患（如设备漏油、工器具乱放等）后方可继续作业	
12	查看千斤顶	1. 千斤顶支撑不平稳，发生侧滑弹出伤人	100	1	1	5	二级	（1）千斤顶支撑平稳，支撑时使用铝块或枕木 （2）人员站到侧面，防止千斤顶侧滑弹出伤人	
13		2. 千斤顶内部缺陷，导致泄压	5	1	1	5	四级	（1）使用前检查千斤顶是否有漏油现象，如果漏油，及时更换 （2）使用千斤顶前进行空载实验 （3）使用时用专用工具操作千斤顶，禁止使用其他工具（如长扳手、撬棍等）代替操作	
14		3. 顶升的物体重量超出千斤顶承载范围，导致人员伤害	50	1	3	150	三级	使用过程中确定千斤顶载荷，严禁被顶升的物体的重量超过最大承载范围	
15	车辆停靠在检修位置，上车检修	1. 未设立警戒隔离区域，导致其他人员进入检修区域内受到伤害	5	1	1	5	四级	（1）建立警戒隔离区域，设立明显的警戒隔离标志，禁止与检修作业无关的人员穿行进入检修区域 （2）地面监护人员在隔离区域外巡视，避免无关人员误入隔离区	

续表

序号	主要操作步骤	存在的风险	风险等级分析					主要防控措施	备注
			后果	暴露	可能性	风险值	风险等级		
16	车辆停靠在检修位置，上车检修	2. 天车未停在可靠的检修位置，人员上车时导致挤伤、碰伤、高处坠落	5	1	1	5	四级	（1）天车检修停靠在有爬梯附近，人员可通过爬梯顺利登车 （2）人员上车前，天车停靠的轨道上设立阻轨器，防止其他天车靠近	
17		3. 天车未切断主启动，天车操作人员误操作，导致检修人员意外受伤（如挤伤、碰伤、高处坠落等）	5	1	1	5	四级	（1）上车检修前与机手沟通，确认切断主启动 （2）上车过程中，打开登车门，确保天车切断主启动 （3）当人员未到达安全位置时，严禁送电动车	
18	拆卸行走轮	1. 检修时设备未断电，导致检修人员触电	50	6	0.5	150	三级	（1）正确穿戴绝缘鞋与绝缘手套 （2）验电时采用双电笔验电，确认无电后由专人监护作业	
19		2. 误操作导致设备意外启动，造成人员受到机械伤害	50	2	6	600	一级	（1）切断设备的动力电源并挂牌，加装空开锁，以免导致设备意外送电启动 （2）将设备控制回路的自动控制关闭，启动手动控制，防止设备自动启停伤人	
20		3. 工器具使用不当（如用一字螺丝刀紧固十字螺丝导致十字螺丝损坏无法紧固；将扳手当作锤子使用等情况），导致设备损坏或人员伤害	25	1	1	25	四级	（1）正确使用工器具（如用一字螺丝刀紧固一字螺丝等情况），作业完毕后检查设备有无损坏 （2）人员熟悉使用工器具的特性，作业时根据各工器具的特性进行使用	
21		4. 作业过程中人员站位不当（如人员站在运动物体的正面或者后面，或站在爆炸物体伤害的范围内等）导致人员伤害	25	1	1	25	四级	（1）人员站位确认后，相互提醒监督 （2）人员避免自己站在运动物体行进路线上或下落物体、爆炸物体打击范围内	
22		5. 拆卸过程中检修人员用力过猛或未采取有效措施，导致设备损坏	25	1	1	25	四级	拆卸过程需平稳缓慢，采取措施（使用手拉葫芦支撑保护等）防止设备或工器具之间的碰撞	

续表

序号	主要操作步骤	存在的风险	风险等级分析					主要防控措施	备注
			后果	暴露	可能性	风险值	风险等级		
23	吊装行走轮（危险作业：吊装作业）	1. 吊具断裂，吊物坠落，导致砸伤周围的人员或砸坏周围的设备	25	2	3	150	三级	检查吊具缺陷（如吊具有裂纹等），若有缺陷，应立即停用并更换质量可靠的吊具，同时做好吊具的消耗领用记录	
24		2. 未取得专业资格证的人员指挥吊车，导致人员伤害	25	2	3	150	三级	（1）吊运电机时由专业起重人员指挥吊运，指挥人员与吊车司机、作业人员提前沟通吊装方案，做到各司其职 （2）被吊物品经过的区域下方严禁站人，相互提醒监督站位安全 （3）严禁无证人员指挥作业，由专人指挥，严禁多人指挥	
25		3. 被吊运物品的重量超出吊具的量程，导致吊具断裂伤人	25	2	3	150	三级	确认被吊运物品的重量，选用合适量程的吊索具，严禁超重吊运重物	
26	安装行走轮	1. 安装过程中设备意外移动，导致挤伤、碰伤检修人员	50	2	6	600	一级	作业前确认作业环境，作业中预留安全范围，检修人员注意站位	
27		2. 安装过程中发生设备损坏	25	1	1	25	四级	安装过程需平稳缓慢，采取措施（使用手拉葫芦支撑保护等）防止设备或工器具之间的碰撞	
28		3. 人员未到安装位置就提前解除设备，导致人员挤伤、碰伤	25	1	1	25	四级	安装过程中在设备上绑上牵引绳进行牵引，人员在拖拽牵引绳时须站在可靠位置（如护栏内侧）	
29		4. 安全带未挂在牢固处，导致人员意外高处坠落	50	2	1	100	三级	悬挂安全带时，将其挂在牢固位置（禁止挂在风管架、线槽架等已悬挂不牢固处）	
30	检修完毕，试车	1. 送电时未确认负荷，导致设备损坏或人员伤害	25	1	1	25	四级	（1）送电前，先确定负荷已切断，再进行送电 （2）送电时，人员戴好绝缘手套，正确穿戴绝缘鞋，站在绝缘胶皮上进行操作，人员侧身送电（有条件可采用逐级控制进行送电）	

续表

序号	主要操作步骤	存在的风险	风险等级分析					主要防控措施	备注
			后果	暴露	可能性	风险值	风险等级		
31	检修完毕，试车	2. 送电试车时，检修人员站位不合理（如人员站在运动物体的正面或者后面，站在爆炸物体伤害的范围内等），试车过程中导致人员伤害	25	1	1	25	四级	（1）试车时与天车上的所有人员进行沟通确认站位，其他检修人员站在安全位置，严禁站在车辆运行区域 （2）人员避免自己站在运动物体行进路线上或下落物体、爆炸物体打击范围内	
32		3. 送电试车时未有专业人员指挥试车，导致试车过程中发生人员伤害	25	1	1	25	四级	试车时必须确保专人指挥、专人操作，其他检修人员站在安全位置	
33	工完场清	1. 吊运工器具使用的工器具袋破损或绳索破损，导致高空坠物伤人	5	1	1	5	四级	（1）吊运前检查工器具袋和绳索，保证其完好，破损时应及时更换 （2）吊运中保证吊运点下方没有人员，待被吊运物体落地后，人员才能靠近并将被吊运物体拖离开吊运点	
34		2. 检修作业后未清点工器具（如扳手、锤子、改锥、电笔、钳子等），导致工器具遗留在检修现场，造成设备损坏或人员伤害	5	1	1	5	四级	（1）检修作业所需要的工器具（如扳手、锤子、改锥、电笔、钳子等），将其放置在指定区域内 （2）设立检修作业工器具清单，作业完成后按照清单清点工器具（如扳手、锤子、改锥、电笔、钳子等）	

表 3.35 检修卷扬机构作业安全风险辨识及防控措施一览表

序号	主要操作步骤	存在的风险	风险等级分析					主要防控措施	备注
			后果	暴露	可能性	风险值	风险等级		
1	填写工作票并对风险进行辨识及防范	1. 工作票内容、步骤填写错误或遗漏，造成人员伤害	25	1	0.5	12.5	四级	正确填写工作票，明确检修内容，控制检修时间	
2		2. 未结合检修内容和检修现场实际情况进行风险辨识，造成人员伤害	25	1	0.5	12.5	四级	（1）结合检修内容与作业现场环境进行风险辨识 （2）按照辨识的风险逐一落实安全措施，不能存在漏项	

续表

序号	主要操作步骤	存在的风险	风险等级分析					主要防控措施	备注
			后果	暴露	可能性	风险值	风险等级		
3	填写工作票并对风险进行辨识及防范	3. 未明确作业负责人、监护人，未确定互联互保人员，造成人员伤害	25	1	0.5	12.5	四级	指定作业负责人、监护人、互联互保人员并明确相关人员职责	
4	作业前对检修人员进行安全交底	1. 安全交底时内容错误，造成人员伤害	5	1	1	5	四级	检修负责人正确理解检修内容，并正确交底	
5		2. 检修人员未听清安全交底内容，造成人员伤害	5	1	1	5	四级	（1）检修负责人进行安全交底时应声音洪亮，保证检修人员听清交底内容 （2）安全交底完毕后抽查检修人员掌握安全交底内容情况	
6		3. 安全交底不完整、不规范，造成人员伤害	5	1	1	5	四级	安全交底内容必须完整、规范，且逐一落实	
7	检查劳动保护用品穿戴情况及人员状态	1. 人员未按规定着装（工作服、绝缘鞋、安全帽、防尘口罩、护目镜、绝缘手套、安全带），造成人员伤害	5	1	1	5	四级	作业前，工作服穿着做到"三紧"，绝缘鞋系好鞋带，绝缘手套戴好，安全帽系好下颌带，护目镜清晰可见，确认安全带无破损、卡扣牢固	
8		2. 人员作业前喝酒、睡眠不足、精神状态不好等，导致作业过程中注意力不集中	5	1	1	5	四级	作业前，作业负责人检查人员是否存在酒后上岗，询问人员身体状况，观察人员精神状态，确认人员无异常状态后方可上岗作业	
9		3. 作业中人员的精神状态发生变化，导致注意力不集中	5	1	1	5	四级	（1）作业中，作业负责人时刻注意人员精神状态，保证人员精神状态良好，严禁人员嬉戏打闹 （2）作业中，作业负责人控制作业时长，如遇长时间作业，需配备应急人员	
10	检查工器具及作业环境	1. 工器具不合格（如扳手开口处有裂纹、锤子锤头连接处有裂纹、改锥的连接处有裂纹、电笔的氖泡发暗、钳子的连接处有裂纹等），导致人员伤害	5	1	1	5	四级	（1）应立即停用，更换质量可靠的工器具 （2）正确使用工器具 （3）统计同品牌不合格工器具数量，报计划领用时避免领用有质量缺陷品牌的工器具	

续表

序号	主要操作步骤	存在的风险	风险等级分析					主要防控措施	备注
			后果	暴露	可能性	风险值	风险等级		
11	检查工器具及作业环境	2. 作业环境中存在风险（如有油、有水、有冰、有坑、有障碍物等），人员未辨识到位，导致受伤	5	1	1	5	四级	（1）作业前认真检查作业环境中存在的风险，如发现隐患，在制定落实安全措施后方可进行作业 （2）作业中，在及时处理一些隐患（如设备漏油、工器具乱放等）后方可继续作业	
12		1. 未设立警戒隔离区域，导致其他人员进入检修区域内受到伤害	5	1	1	5	四级	（1）建立警戒隔离区域，设立明显的警戒隔离标志，禁止与检修作业无关的人员穿行进入检修区域 （2）地面监护人须在隔离区域外巡视，避免无关人员误入隔离区	
13	车辆停靠在检修位置，上车检修	2. 天车未停在可靠的检修位置，人员上车时导致挤伤、碰伤、高处坠落	5	1	1	5	四级	（1）天车检修停靠在有爬梯附近，人员可通过爬梯顺利登车 （2）人员上车前，天车停靠的轨道上设立阻轨器，防止其他天车靠近	
14		3. 天车未切断主启动，天车操作人员误操作，导致检修人员意外受伤（如挤伤、碰伤、高处坠落等）	5	1	1	5	四级	（1）上车检修前与机手沟通，确认切断主启动 （2）上车过程中，打开登车门，确保天车切断主启动 （3）当人员未到达安全位置时，严禁送电动车	
15		1. 检修时设备未断电，导致检修人员触电	25	1	1	25	四级	（1）正确穿戴绝缘鞋与绝缘手套 （2）验电时采用双电笔验电，确认无电后由专人监护作业	
16	检查制动器机构	2. 误操作导致设备意外启动，造成人员受到机械伤害	25	1	1	25	四级	（1）切断设备的动力电源并挂牌，加装空开锁，以免导致设备意外送电启动 （2）将设备控制回路的自动控制关闭，启动手动控制，防止设备自动启停伤人	
17		3. 制动器夹伤检修人员肢体	25	1	1	25	四级	检修人员相互提醒、配合，检查时小心谨慎并注意站位	

续表

序号	主要操作步骤	存在的风险	风险等级分析					主要防控措施	备注
			后果	暴露	可能性	风险值	风险等级		
18	检查制动器机构	4. 制动失效，溜钩伤人	25	1	1	25	四级	检修时使用卡阻器进行固定，防止溜钩，禁止同时检修所有制动器（至少保留一个制动器工作）	
19		5. 安全带未挂在牢固处，导致人员意外高处坠落	25	1	1	25	四级	悬挂安全带时，将其挂在牢固位置（禁止挂在风管架、线槽架等已悬挂不牢固处）	
20		1. 检修时设备未断电，导致检修人员触电	25	1	1	25	四级	（1）正确穿戴绝缘鞋与绝缘手套 （2）验电时采用双电笔验电，确认无电后由专人监护作业	
21		2. 误操作导致设备意外启动，造成人员受到机械伤害	25	1	1	25	四级	（1）切断设备的动力电源并挂牌，加装空开锁，以免导致设备意外送电启动 （2）将设备控制回路的自动控制关闭，启动手动控制，防止设备自动启停伤人	
22	检查钢丝绳	3. 拆卸时钢丝绳坠落，导致设备损坏、打击、砸伤人员	25	1	1	25	四级	（1）拆卸前选好作业位置，预留足够空间，便于拆卸 （2）拆卸时，固定好绳头，防止绳头意外跳起伤人 （3）将拆卸下的钢丝绳缓慢降至地面，作业现场下方区域禁止站人或放置设备	
23		4. 钢丝绳毛刺割伤、划伤人员	25	1	1	25	四级	（1）作业过程中，现将钢丝绳的毛刺剪除，断面使用胶布包裹，防止伤人 （2）检查时全程戴好防护手套，拖拽钢丝绳时，需握紧抓牢，防止钢丝绳脱手伤人	
24		5. 安全带未挂在牢固处，导致人员意外高处坠落	25	1	1	25	四级	悬挂安全带时，将其挂在牢固位置（禁止挂在风管架、线槽架等已悬挂不牢固处）	
25	检查联轴器	1. 检修时设备未断电，导致检修人员触电	25	1	1	25	四级	（1）正确穿戴绝缘鞋与绝缘手套 （2）验电时采用双电笔验电，确认无电后由专人监护作业	

续表

序号	主要操作步骤	存在的风险	风险等级分析					主要防控措施	备注
			后果	暴露	可能性	风险值	风险等级		
26	检查联轴器	2. 误操作导致设备意外启动,造成人员受到机械伤害	25	1	1	25	四级	(1) 切断设备的动力电源并挂牌,加装空开锁,以免导致设备意外送电启动 (2) 将设备控制回路的自动控制关闭,启动手动控制,防止设备自动启停伤人	
27		3. 制动失效,导致溜钩伤人	25	1	1	25	四级	检修时使用卡阻器进行固定,防止溜钩,禁止同时检修所有制动器(至少保留一个制动器工作)	
28		4. 检修过程中设备挤伤、碰伤检修人员	25	1	1	25	四级	(1) 检修人员相互提醒、配合,检查时小心谨慎并注意站位 (2) 作业前确认作业环境,作业中预留安全范围,检修人员注意站位	
29		5. 拆卸过程中检修人员用力过猛或未采取有效措施,导致设备损坏	25	1	1	25	四级	检查过程需平稳缓慢、采取措施(使用绳索支撑保护等),防止设备或工器具之间的碰撞	
30		6. 安全带未挂在牢固处,导致人员意外高处坠落	25	1	1	25	四级	悬挂安全带时,将其挂在牢固位置(禁止挂在风管架、线槽架等已悬挂不牢固处)	
31	检查卷扬机构地脚螺丝	1. 检修时设备未断电,导致检修人员触电	25	1	1	25	四级	(1) 正确穿戴绝缘鞋与绝缘手套 (2) 验电时采用双电笔验电,确认无电后由专人监护作业	
32		2. 误操作导致设备意外启动,造成人员受到机械伤害	25	1	1	25	四级	(1) 切断设备的动力电源并挂牌,加装空开锁,以免导致设备意外送电启动 (2) 将设备控制回路的自动控制关闭,启动手动控制,防止设备自动启停伤人	
33		3. 检修过程中设备意外移动,导致挤伤、碰伤检修人员	25	1	1	25	四级	(1) 检修人员相互提醒、配合,检查时小心谨慎并注意站位 (2) 作业前确认作业环境,作业中预留安全范围,检修人员注意站位	

续表

序号	主要操作步骤	存在的风险	风险等级分析					主要防控措施	备注
			后果	暴露	可能性	风险值	风险等级		
34	检查卷扬机构地脚螺丝	4. 安全带未挂在牢固处，导致人员意外高处坠落	25	1	1	25	四级	悬挂安全带时，将其挂在牢固位置（禁止挂在风管架、线槽架等已悬挂不牢固处）	
35	检修完毕，试车	1. 送电时未确认负荷，导致设备损坏或人员伤害	25	1	1	25	四级	（1）送电前，先确定负荷已切断，再进行送电 （2）送电时，人员戴好绝缘手套，正确穿戴绝缘鞋，站在绝缘胶皮上进行操作，人员侧身送电（有条件可采用逐级控制进行送电）	
36		2. 送电试车时，检修人员站位不合理（如人员站在运动物体的正面或者后面，站在爆炸物体伤害的范围内等），试车过程中导致人员伤害	25	1	1	25	四级	（1）试车时与天车上的所有人员进行沟通确认站位，其他检修人员站在安全位置，严禁站在车辆运行区域 （2）人员避免自己站在运动物体行进路线上或下落物体、爆炸物体打击范围内	
37		3. 送电试车时未有专业人员指挥试车，导致试车过程中发生人员伤害	25	1	1	25	四级	试车时必须确保专人指挥、专人操作，其他检修人员站在安全位置	
38	工完场清	1. 吊运工器具使用的工器具袋破损或绳索破损，导致高空坠物伤人	5	1	1	5	四级	（1）吊运前检查工器具袋和绳索，保证其完好，破损时应及时更换 （2）吊运中保证吊运点下方没有人员，待被吊运物体落地后，人员才能靠近并将被吊运物体拖离开吊运点	
39		2. 检修作业后未清点工器具（如扳手、锤子、改锥、电笔、钳子等），导致工器具遗留在检修现场，造成设备损坏或人员伤害	5	1	1	5	四级	（1）检修作业所需要的工器具（如扳手、锤子、改锥、电笔、钳子等），将其放置在指定区域内 （2）设立检修作业工器具清单，作业完成后按照清单清点工器具（如扳手、锤子、改锥、电笔、钳子等）	

表 3.36 检修工具机构作业安全风险辨识及防控措施一览表

序号	主要操作步骤	存在的风险	风险等级分析					主要防控措施	备注
			后果	暴露	可能性	风险值	风险等级		
1	填写工作票并对风险进行辨识及防范	1. 工作票内容、步骤填写错误或遗漏，造成人员伤害	25	1	0.5	12.5	四级	正确填写工作票，明确检修内容，控制检修时间	
2		2. 未结合检修内容和检修现场实际情况进行风险辨识，造成人员伤害	25	1	0.5	12.5	四级	（1）结合检修内容与作业现场环境进行风险辨识 （2）按照辨识的风险逐一落实安全措施，不能存在漏项	
3		3. 未明确作业负责人、监护人，未确定互联互保人员，造成人员伤害	25	1	0.5	12.5	四级	指定作业负责人、监护人、互联互保人员并明确相关人员职责	
4	作业前对检修人员进行安全交底	1. 安全交底时内容错误，造成人员伤害	5	1	1	5	四级	检修负责人正确理解检修内容，并正确交底	
5		2. 检修人员未听清安全交底内容，造成人员伤害	5	1	1	5	四级	（1）检修负责人进行安全交底时应声音洪亮，保证检修人员听清交底内容 （2）安全交底完毕后抽查检修人员掌握安全交底内容情况	
6		3. 安全交底不完整、不规范，造成人员伤害	5	1	1	5	四级	安全交底内容必须完整、规范，且逐一落实	
7	检查劳动保护用品穿戴情况及人员状态	1. 人员未按规定着装（工作服、绝缘鞋、安全帽、防尘口罩、护目镜、绝缘手套、安全带），造成人员伤害	5	1	1	5	四级	作业前，工作服穿着做到"三紧"，绝缘鞋系好鞋带，绝缘手套戴好，安全帽系好下颏带，护目镜清晰可见，确认安全带无破损、卡扣牢固	
8		2. 人员作业前喝酒、睡眠不足、精神状态不好等，导致作业过程中注意力不集中	5	1	1	5	四级	作业前，作业负责人检查人员是否存在酒后上岗，询问人员身体状况，观察人员精神状态，确认人员无异常状态后方可上岗作业	
9		3. 作业中人员的精神状态发生变化，导致注意力不集中	5	1	1	5	四级	（1）作业中，作业负责人时刻注意人员精神状态，保证人员精神状态良好，严禁人员嬉戏打闹 （2）作业中，作业负责人控制作业时长，如遇长时间作业，需配备应急人员	

续表

序号	主要操作步骤	存在的风险	风险等级分析					主要防控措施	备注
			后果	暴露	可能性	风险值	风险等级		
10	检查工器具及作业环境	1. 工器具不合格（如扳手开口处有裂纹、锤子锤头连接处有裂纹、改锥的连接处有裂纹、电笔的氖泡发暗、钳子的连接处有裂纹等），导致人员伤害	5	1	1	5	四级	（1）应立即停用，更换质量可靠的工器具 （2）正确使用工器具 （3）统计同品牌不合格工器具数量，报计划领用时避免领用有质量缺陷品牌的工器具	
11		2. 作业环境中存在风险（如有油、有水、有冰、有坑、有障碍物等），人员未辨识到位，导致受伤	5	1	1	5	四级	（1）作业前认真检查作业环境中存在的风险，如发现隐患，在制定落实安全措施后方可进行作业 （2）作业中，及时处理一些隐患（如设备漏油、工器具乱放等）后方可继续作业	
12	车辆停靠在检修位置，上车检修	1. 未设立警戒隔离区域，导致其他人员进入检修区域内受到伤害	5	1	1	5	四级	（1）建立警戒隔离区域，设立明显的警戒隔离标志，禁止与检修作业无关的人员穿行进入检修区域 （2）地面监护人须在隔离区域外巡视，避免无关人员误入隔离区	
13		2. 天车未停在可靠的检修位置，人员上车时导致挤伤、碰伤、高处坠落	5	1	1	5	四级	（1）天车检修停靠在有爬梯附近，人员可通过爬梯顺利登车 （2）人员上车前，天车停靠的轨道上设立阻轨器，防止其他天车靠近	
14		3. 天车未切断主启动，天车操作人员误操作，导致检修人员意外受伤（如挤伤、碰伤、高处坠落等）	50	6	0.5	150	三级	（1）上车检修前与机手沟通，确认切断主启动 （2）上车过程中，打开登车门，确保天车切断主启动 （3）当人员未到达安全位置时，严禁送电动车	
15	检查料管机构	1. 检修设备未断电，导致检修人员触电	25	1	1	25	四级	（1）正确穿戴绝缘鞋与绝缘手套 （2）验电时采用双电笔验电，确认无电后由专人监护作业	

续表

序号	主要操作步骤	存在的风险	风险等级分析					主要防控措施	备注
			后果	暴露	可能性	风险值	风险等级		
16	检查料管机构	2. 误操作导致设备意外启动，造成人员受到机械伤害	25	1	1	25	四级	（1）切断设备的动力电源并挂牌，加装空开锁，以免导致设备意外送电启动 （2）将设备控制回路的自动控制关闭，启动手动控制，防止设备自动启停伤人	
17		3. 钢丝绳因未固定好发生钢丝绳掉落，导致设备损坏和人员伤害	25	1	1	25	四级	（1）拆卸前选好作业位置，预留足够空间，便于拆卸 （2）拆卸时，固定好绳头，防止绳头意外跳起伤人 （3）将拆卸下的钢丝绳缓慢降至地面，作业现场下方区域禁止站人或放置设备	
18		4. 钢丝绳毛刺割伤、划伤人员	25	1	1	25	四级	（1）作业过程中，现将钢丝的毛刺剪除，断面使用胶布包裹，防止伤人 （2）检查时全程戴好防护手套，拖拽钢丝绳时，需握紧抓牢，防止钢丝绳脱手伤人	
19		5. 安全带未挂在牢固处，导致人员意外高处坠落	50	2	1	100	三级	悬挂安全带时，将其挂在牢固位置（禁止挂在风管架、线槽架等已悬挂不牢处）	
20	检查阳极机构	1. 检修时设备未断电，导致检修人员触电	25	1	1	25	四级	（1）正确穿戴绝缘鞋与绝缘手套 （2）验电时采用双电笔验电，确认无电后由专人监护作业	
21		2. 误操作导致设备意外启动，造成人员受到机械伤害	25	1	1	25	四级	（1）切断设备的动力电源并挂牌，加装空开锁，以免导致设备意外送电启动 （2）将设备控制回路的自动控制关闭，启动手动控制，防止设备自动启停伤人	
22		3. 在检修油缸和油管时，油缸发生意外坠落，导致人员伤害	25	1	1	25	四级	（1）检修时注意平衡阀状态，先确认其处于被压状态，再进行检修更换 （2）如需要检修平衡阀，需先将油缸手动放到底部，再进行检修更换 （3）检修时，对于泄漏的油污，应及时处理或者将其导流在其他容器中，防止人员滑倒	

续表

序号	主要操作步骤	存在的风险	风险等级分析					主要防控措施	备注
			后果	暴露	可能性	风险值	风险等级		
23	检查阳极机构	4. 检修过程中设备挤伤、碰伤检修人员	25	1	1	25	四级	作业前确认作业环境，作业中预留安全范围，检修人员注意站位	
24		5. 检修过程中导致设备损坏	25	1	1	25	四级	检查过程需平稳缓慢，采取措施（使用绳索支撑保护等），防止设备或工器具之间的碰撞	
25		6. 安全带未挂在牢固处，导致人员意外高处坠落	50	2	1	100	三级	悬挂安全带时，将其挂在牢固位置（禁止挂在风管架、线槽架等已悬挂不牢固处）	
26	检查抓斗机构	1. 检修时设备未断电，导致检修人员触电	50	2	100	25	三级	（1）正确穿戴绝缘鞋与绝缘手套 （2）验电时采用双电笔验电，确认无电后由专人监护作业	
27		2. 误操作导致设备意外启动，造成人员受到机械伤害	25	1	1	25	四级	（1）切断设备的动力电源并挂牌，加装空开锁，以免导致设备意外送电启动 （2）将设备控制回路的自动控制关闭，启动手动控制，防止设备自动启停伤人	
28		3. 在检修油缸和油管时，油缸发生意外坠落，导致人员伤害	25	1	1	25	四级	（1）检修时注意平衡阀状态，先确认其处于被压状态，再进行检修更换 （2）如需要检修平衡阀，需先将油缸手动放到底部，再进行检修更换 （3）检修时，对于泄漏的油污，应及时处理或者将其导流在其他容器中，防止人员滑倒	
29		4. 检修过程中设备挤伤、碰伤检修人员	25	1	1	25	四级	作业前确认作业环境，作业中预留安全范围，检修人员注意站位	
30		5. 拆卸过程中检修人员用力过猛或未采取有效措施，导致设备损坏	25	1	1	25	四级	检查过程需平稳缓慢，采取措施（使用绳索支撑保护等），防止设备或工器具之间的碰撞	

续表

序号	主要操作步骤	存在的风险	风险等级分析					主要防控措施	备注
			后果	暴露	可能性	风险值	风险等级		
31	检查抓斗机构	6. 检修抓斗未泄压，导致人员挤伤	25	1	1	25	四级	检修时将抓斗展开，降至地面支撑放稳，停止空压机泄压	
32		7. 安全带未挂在牢固处，导致人员意外高处坠落	50	6	0.5	150	三级	悬挂安全带时，将其挂在牢固位置（禁止挂在风管架、线槽架等已悬挂不牢固处）	
33	检查打壳机构	1. 检修时设备未断电，导致检修人员触电	50	2	100	25	三级	（1）正确穿戴绝缘鞋与绝缘手套 （2）验电时采用双电笔验电，确认无电后由专人监护作业	
34		2. 误操作导致设备意外启动，造成人员受到机械伤害	25	1	1	25	四级	（1）切断设备的动力电源并挂牌，加装空开锁，以免导致设备意外送电启动 （2）将设备控制回路的自动控制关闭，启动手动控制，防止设备自动启停伤人	
35		3. 在检修油缸和油管时，油缸发生意外坠落，导致人员伤害	25	1	1	25	四级	（1）检修时注意平衡阀状态，先确认其处于被压状态，再进行检修更换 （2）如需要检修平衡阀，需先将油缸手动放到底部，再进行检修更换 （3）检修时，对于泄漏的油污，应及时处理或者将其导流在其他容器中，防止人员滑倒	
36		4. 检修过程中设备挤伤、碰伤检修人员	25	1	1	25	四级	作业前确认作业环境，作业中预留安全范围，检修人员注意站位	
37		5. 拆卸过程中检修人员用力过猛或未采取有效措施，导致设备损坏	25	1	1	25	四级	检查过程需平稳缓慢，采取措施（使用绳索支撑保护等），防止设备或工器具之间的碰撞	
38		6. 未扶稳打壳机头，导致人员砸伤	25	1	1	25	四级	（1）将打壳机头降至地面，支撑放稳 （2）作业中预留安全范围，检修人员注意站位，配合时需同时用力或者同时泄力	
39		7. 安全带未挂在牢固处，导致人员意外高处坠落	50	6	0.5	150	三级	悬挂安全带时，将其挂在牢固位置（禁止挂在风管架、线槽架等已悬挂不牢固处）	

续表

序号	主要操作步骤	存在的风险	风险等级分析					主要防控措施	备注
			后果	暴露	可能性	风险值	风险等级		
40	检查液压站机构	1. 检修时设备未断电，导致检修人员触电	25	1	1	25	四级	（1）正确穿戴绝缘鞋与绝缘手套 （2）验电时采用双电笔验电，确认无电后由专人监护作业	
41		2. 误操作导致设备意外启动，造成人员受到机械伤害	25	1	1	25	四级	（1）切断设备的动力电源并挂牌，加装空开锁，以免导致设备意外送电启动 （2）将设备控制回路的自动控制关闭，启动手动控制，防止设备自动启停伤人	
42		3. 在检修液压阀组和油管时，液压站发生旋转，导致人员伤害	25	1	1	25	四级	（1）检修时注意手动阀状态，先确认其处于手动状态，再进行检修更换 （2）如需要检修主泵或主油管，需关闭油箱主开关，防止油大量溢出 （3）检修时，对于泄漏的油污，应及时处理或者将其导流在其他容器中，防止人员滑倒	
43		4. 检修过程中设备挤伤、碰伤检修人员	25	1	1	25	四级	作业前确认作业环境，作业中预留安全范围，检修人员注意站位	
44		5. 拆卸过程中检修人员用力过猛或未采取有效措施，导致设备损坏	25	1	1	25	四级	检修过程人员需平稳缓慢，采取措施（使用绳索支撑保护等），防止设备或工器具之间的碰撞	
45		6. 安全带未挂在牢固处，导致人员意外高处坠落	50	6	0.5	150	三级	悬挂安全带时，将其挂在牢固位置（禁止挂在风管架、线槽架等已悬挂不牢固处）	
46	检查阳极测高机构	1. 检修时设备未断电，导致检修人员触电	25	1	1	25	四级	（1）正确穿戴绝缘鞋与绝缘手套 （2）验电时采用双电笔验电，确认无电后由专人监护作业	
47		2. 误操作导致设备意外启动，造成人员受到机械伤害	25	1	1	25	四级	（1）切断设备的动力电源并挂牌，加装空开锁，以免导致设备意外送电启动 （2）将设备控制回路的自动控制关闭，启动手动控制，防止设备自动启停伤人	

续表

序号	主要操作步骤	存在的风险	风险等级分析					主要防控措施	备注
			后果	暴露	可能性	风险值	风险等级		
48	检查阳极测高机构	3. 制动失效，导致溜车伤人	25	1	1	25	四级	检修制动器时，将阳极测高探杆放到最低端，防止其突然下落伤人	
49		4. 检修过程中设备挤伤、碰伤检修人员	25	1	1	25	四级	检修人员相互提醒、配合，检查时小心谨慎并注意站位	
50		5. 检修过程中导致设备损坏	25	1	1	25	四级	检修时使用卡阻器进行固定，防止溜钩，禁止同时检修所有制动器（至少保留一个制动器工作）	
51		6. 安全带未挂在牢固处，导致人员意外高处坠落	50	6	0.5	150	三级	悬挂安全带时，将其挂在牢固位置（禁止挂在风管架、线槽架等已悬挂不牢固处）	
52	检查工具吊挂螺丝	1. 检修时设备未断电，导致检修人员触电	25	1	1	25	四级	（1）正确穿戴绝缘鞋与绝缘手套 （2）验电时采用双电笔验电，确认无电后由专人监护作业	
53		2. 误操作导致设备意外启动，造成人员受到机械伤害	25	1	1	25	四级	（1）切断设备的动力电源并挂牌，加装空开锁，以免导致设备意外送电启动 （2）将设备控制回路的自动控制关闭，启动手动控制，防止设备自动启停伤人	
54		3. 检修过程中设备挤伤、碰伤检修人员	25	1	1	25	四级	（1）检修人员相互提醒、配合，检查时小心谨慎并注意站位 （2）作业前确认作业环境，作业中预留安全范围，检修人员注意站位	
55		4. 安全带未挂在牢固处，导致人员意外高处坠落	50	6	0.5	150	三级	悬挂安全带时，将其挂在牢固位置（禁止挂在风管架、线槽架等已悬挂不牢固处）	
56	检修完毕，试车	1. 送电时未确认负荷，导致设备损坏或人员伤害	25	1	1	25	四级	（1）送电前，先确定负荷已切断，再进行送电 （2）送电时，人员戴好绝缘手套，正确穿戴绝缘鞋，站在绝缘胶皮上进行操作，人员侧身送电（有条件可采用逐级控制进行送电）	

续表

序号	主要操作步骤	存在的风险	风险等级分析					主要防控措施	备注
			后果	暴露	可能性	风险值	风险等级		
57	检修完毕，试车	2. 送电试车时，检修人员站位不合理（如人员站在运动物体的正面或者后面，站在爆炸物体伤害的范围内等），试车过程中导致人员伤害	25	1	1	25	四级	（1）试车时与天车上的所有人员进行沟通确认站位，其他检修人员站在安全位置，严禁站在车辆运行区域 （2）人员避免自己站在运动物体行进路线上或下落物体、爆炸物体打击范围内	
58		3. 送电试车时未有专业人员指挥试车，导致试车过程中发生人员伤害	25	1	1	25	四级	试车时必须确保专人指挥、专人操作，其他检修人员站到安全位置	
59	工完场清	1. 吊运工器具使用的工器具袋破损或绳索破损，导致高空坠物伤人	5	1	1	5	四级	（1）吊运前检查工器具袋和绳索，保证其完好，破损时应及时更换 （2）吊运中保证吊运点下方没有人员，待被吊运物体落地后，人员才能靠近并将被吊运物体拖离开吊运点	
60		2. 检修作业后未清点工器具（如扳手、锤子、改锥、电笔、钳子等），导致工器具遗留在检修现场，造成设备损坏或人员伤害	5	1	1	5	四级	（1）检修作业所需要的工器具（如扳手、锤子、改锥、电笔、钳子等），将其放置在指定区域内 （2）设立检修作业工器具清单，作业完成后按照清单清点工器具（如扳手、锤子、改锥、电笔、钳子等）	

表 3.37 设备卫生清理作业安全风险辨识及防控措施一览表

序号	主要操作步骤	存在的风险	风险等级分析					主要防控措施	备注
			后果	暴露	可能性	风险值	风险等级		
1	填写工作票并对风险进行辨识及防范	1. 工作票内容、步骤填写错误或遗漏，造成人员伤害	25	1	0.5	12.5	四级	正确填写工作票，明确检修内容，控制检修时间	
2		2. 未结合检修内容和检修现场实际情况进行风险辨识，造成人员伤害	25	1	0.5	12.5	四级	（1）结合检修内容与作业现场环境进行风险辨识 （2）按照辨识的风险逐一落实安全措施，不能存在漏项	
3		3. 未明确作业负责人、监护人，未确定互联互保人员，造成人员伤害	25	1	0.5	12.5	四级	指定作业负责人、监护人、互联互保人员并明确相关人员职责	

续表

序号	主要操作步骤	存在的风险	风险等级分析					主要防控措施	备注
			后果	暴露	可能性	风险值	风险等级		
4	作业前对检修人员进行安全交底	1. 安全交底时内容错误，造成人员伤害	5	1	1	5	四级	检修负责人正确理解检修内容，并正确交底	
5		2. 检修人员未听清安全交底内容，造成人员伤害	5	1	1	5	四级	（1）检修负责人进行安全交底时应声音洪亮，保证检修人员听清交底内容 （2）安全交底完毕后抽查检修人员掌握安全交底内容情况	
6		3. 安全交底不完整、不规范，造成人员伤害	5	1	1	5	四级	安全交底内容必须完整、规范，且逐一落实	
7	检查劳动保护用品穿戴情况及人员状态	1. 人员未按规定着装（工作服、绝缘鞋、安全帽、防尘口罩、护目镜、绝缘手套，安全带），造成人员伤害	5	1	1	5	四级	作业前，工作服穿着做到"三紧"，绝缘鞋系好鞋带，绝缘手套戴好，安全帽系好下颏带，护目镜清晰可见，确认安全带无破损、卡扣牢固	
8		2. 人员作业前喝酒、睡眠不足、精神状态不好等，导致作业过程中注意力不集中	5	1	1	5	四级	作业前，作业负责人检查人员是否存在酒后上岗，询问人员身体状况，观察人员精神状态，确认人员无异常状态后方可上岗作业	
9		3. 作业中人员的精神状态发生变化，导致注意力不集中	5	1	1	5	四级	（1）作业中，作业负责人时刻注意人员精神状态，保证人员精神状态良好，严禁人员嬉戏打闹 （2）作业中，作业负责人控制作业时长，如遇长时间作业，需配备应急人员	
10	检查工器具及作业环境	1. 工器具不合格（如扳手开口处有裂纹、锤子锤头连接处有裂纹、改锥的连接处有裂纹、电笔的氖泡发暗、钳子的连接处有裂纹等），导致人员伤害	5	1	1	5	四级	（1）应立即停用，更换质量可靠的工器具 （2）正确使用工器具 （3）统计同品牌不合格工器具数量，报计划领用时避免领用有质量缺陷品牌的工器具	

续表

序号	主要操作步骤	存在的风险	风险等级分析					主要防控措施	备注
			后果	暴露	可能性	风险值	风险等级		
11	检查工器具及作业环境	2. 作业环境中存在风险（如有油、有水、有冰、有坑、有障碍物等），人员未辨识到位，导致受伤	5	1	1	5	四级	（1）作业前认真检查作业环境中存在的风险，如发现隐患，在制定落实安全措施后方可进行作业 （2）作业中，及时处理一些隐患（如设备漏油、工器具乱放等）后方可继续作业	
12		1. 未设立警戒隔离区域，导致其他人员进入检修区域内受到伤害	5	1	1	5	四级	（1）建立警戒隔离区域，设立明显的警戒隔离标志，禁止与检修作业无关的人员穿行进入检修区域 （2）地面监护人须在隔离区域外巡视，避免无关人员误入隔离区	
13	车辆停靠在检修位置，上车检修	2. 天车未停在可靠的检修位置，人员上车时导致挤伤、碰伤、高处坠落	5	1	1	5	四级	（1）天车检修停靠在有爬梯附近，人员可通过爬梯顺利登车 （2）人员上车前，天车停靠的轨道上设立阻轨器，防止其他天车靠近	
14		3. 天车未切断主启动，天车操作人员误操作，导致检修人员意外受伤（如挤伤、碰伤、高处坠落等）	50	6	0.5	150	三级	（1）上车检修前与机手沟通，确认切断主启动 （2）上车过程中，打开登车门，确保天车切断主启动 （3）当人员未到达安全位置时，严禁送电动车	
15		1. 检修设备未断电，导致检修人员触电	5	1	1	5	四级	（1）正确穿戴绝缘鞋与绝缘手套 （2）验电时采用双电笔验电，确认无电后由专人监护作业	
16	进行设备清扫除尘	2. 误操作导致设备意外启动，造成人员受到机械伤害	5	1	1	5	四级	（1）切断设备的动力电源并挂牌，加装空开锁，以免导致设备意外送电启动 （2）将设备控制回路的自动控制关闭，启动手动控制，防止设备自动启停伤人	
17		3. 作业过程中人员站位不当（如人员站在运动物体的正面或者后面，站在爆炸物体伤害的范围内等），导致人员伤害	5	1	1	5	四级	（1）检修人员相互提醒、配合，检查时小心谨慎并注意站位 （2）作业前确认作业环境，作业中预留安全范围，检修人员注意站位	

续表

序号	主要操作步骤	存在的风险	风险等级分析				主要防控措施	备注
			后果	暴露	可能性	风险值	风险等级		
18	进行设备清扫除尘	4. 作业人员滑倒、绊倒，导致伤害	5	1	1	5	四级	打扫时注意身边和脚下的环境，相互提醒监督	
19		5. 安全带未挂在牢固处，导致人员意外高处坠落	5	1	1	5	四级	悬挂安全带时，将其挂在牢固位置（禁止挂在风管架、线槽架等已悬挂不牢固处）	
20	检修完毕，试车	1. 送电时未确认负荷，导致设备损坏或人员伤害	25	1	1	25	四级	（1）送电前，先确定负荷已切断，再进行送电 （2）送电时，人员戴好绝缘手套，正确穿戴绝缘鞋，站在绝缘胶皮上进行操作，人员侧身送电（有条件可采用逐级控制进行送电）	
21		2. 送电试车时，检修人员站位不合理（如人员站在运动物体的正面或者后面，站在爆炸物体伤害的范围内等），试车过程中导致人员伤害	25	1	1	25	四级	（1）试车时与天车上的所有人员进行沟通确认站位，其他检修人员站在安全位置，严禁站在车辆运行区域 （2）人员避免自己站在运动物体行进路线上或下落物体、爆炸物体打击范围内	
22		3. 送电试车时未有专业人员指挥试车，导致试车过程中发生人员伤害	25	1	1	25	四级	试车时必须确保专人指挥、专人操作，其他检修人员站到安全位置	
23	工完场清	1. 吊运工器具使用的工器具袋破损或绳索破损，导致高空坠物伤人	5	1	1	5	四级	（1）吊运前检查工器具袋和绳索，保证其完好，破损时应及时更换 （2）吊运中保证吊运点下方没有人员，待被吊运物体落地后，人员才能靠近并将被吊运物体拖离开吊运点	
24		2. 检修作业后未清点工器具（如扳手、锤子、改锥、电笔、钳子等），导致工器具遗留在检修现场，造成设备损坏或人员伤害	5	1	1	5	四级	（1）检修作业所需要的工器具（如扳手、锤子、改锥、电笔、钳子等），将其放置在指定区域内 （2）设立检修作业工器具清单，作业完成后按照清单清点工器具（如扳手、锤子、改锥、电笔、钳子等）	

表 3.38 检修托缆滑车作业安全风险辨识及防控措施一览表

序号	主要操作步骤	存在的风险	风险等级分析					主要防控措施	备注
			后果	暴露	可能性	风险值	风险等级		
1	填写工作票并对风险进行辨识及防范	1. 工作票内容、步骤填写错误或遗漏，造成人员伤害	25	1	0.5	12.5	四级	正确填写工作票，明确检修内容，控制检修时间	
2		2. 未结合检修内容和检修现场实际情况进行风险辨识，造成人员伤害	25	1	0.5	12.5	四级	（1）结合检修内容与作业现场环境进行风险辨识 （2）按照辨识的风险逐一落实安全措施，不能存在漏项	
3		3. 未明确作业负责人、监护人，未确定互联互保人员，造成人员伤害	25	1	0.5	12.5	四级	指定作业负责人、监护人、互联互保人员并明确相关人员职责	
4	作业前对检修人员进行安全交底	1. 安全交底时内容错误，造成人员伤害	5	1	1	5	四级	检修负责人正确理解检修内容，并正确交底	
5		2. 检修人员未听清安全交底内容，造成人员伤害	5	1	1	5	四级	（1）检修负责人进行安全交底时应声音洪亮，保证检修人员听清交底内容 （2）安全交底完毕后抽查检修人员掌握安全交底内容情况	
6		3. 安全交底不完整、不规范，造成人员伤害	5	1	1	5	四级	安全交底内容必须完整、规范，且逐一落实	
7	检查劳动保护用品穿戴情况及人员状态	1. 人员未按规定着装（工作服、绝缘鞋、安全帽、防尘口罩、护目镜、绝缘手套、安全带），造成人员伤害	5	1	1	5	四级	作业前，工作服穿着做到"三紧"，绝缘鞋系好鞋带，绝缘手套戴好，安全帽系好下颌带，护目镜清晰可见，确认安全带无破损、卡扣牢固	
8		2. 人员作业前喝酒、睡眠不足、精神状态不好等，导致作业过程中注意力不集中	5	1	1	5	四级	作业前，作业负责人检查人员是否存在酒后上岗，询问人员身体状况，观察人员精神状态，确认人员无异常状态后方可上岗作业	
9		3. 作业中人员的精神状态发生变化，导致注意力不集中	5	1	1	5	四级	（1）作业中，作业负责人时刻注意人员精神状态，保证人员精神状态良好，严禁人员嬉戏打闹 （2）作业中，作业负责人控制作业时长，如遇长时间作业，需配备应急人员	

续表

序号	主要操作步骤	存在的风险	风险等级分析					主要防控措施	备注
			后果	暴露	可能性	风险值	风险等级		
10	检查工器具及作业环境	1. 工器具不合格（如扳手开口处有裂纹、锤子锤头连接处有裂纹、改锥的连接处有裂纹、电笔的氖泡发暗、钳子的连接处有裂纹等），导致人员伤害	5	1	1	5	四级	（1）应立即停用，更换质量可靠的工器具 （2）正确使用工器具 （3）统计同品牌不合格工器具数量，报计划领用时避免领用有质量缺陷品牌的工器具	
11		2. 作业环境中存在风险（如有油、有水、有冰、有坑、有障碍物等），人员未辨识到位，导致受伤	5	1	1	5	四级	（1）作业前认真检查作业环境中存在的风险，如发现隐患，在制定落实安全措施后方可进行作业 （2）作业中，及时处理一些隐患（如设备漏油、工器具乱放等）后方可继续作业	
12	车辆停靠在检修位置，上车检修	1. 未设立警戒隔离区域，导致其他人员进入检修区域内受到伤害	5	1	1	5	四级	（1）建立警戒隔离区域，设立明显的警戒隔离标志，禁止与检修作业无关的人员穿行进入检修区域 （2）地面监护人须在隔离区域外巡视，避免无关人员误入隔离区	
13		2. 天车未停在可靠的检修位置，人员上车时导致挤伤、碰伤、高处坠落	5	1	1	5	四级	（1）天车检修停靠在有爬梯附近，人员可通过爬梯顺利登车 （2）人员上车前，天车停靠的轨道上设立阻轨器，防止其他天车靠近	
14		3. 天车未切断主启动，天车操作人员误操作，导致检修人员意外受伤（如挤伤、碰伤、高处坠落等）	50	6	0.5	150	三级	（1）上车检修前与机手沟通，确认切断主启动 （2）上车过程中，打开登车门，确保天车切断主启动 （3）当人员未到达安全位置时，严禁送电动车	
15	拆卸拖缆滑车	1. 检修设备未断电，导致检修人员触电	5	1	1	5	四级	（1）正确穿戴绝缘鞋与绝缘手套 （2）验电时采用双电笔验电，确认无电后由专人监护作业	

续表

序号	主要操作步骤	存在的风险	风险等级分析					主要防控措施	备注
			后果	暴露	可能性	风险值	风险等级		
16	拆卸拖缆滑车	2. 误操作导致设备意外启动,造成人员受到机械伤害	25	1	1	25	四级	(1) 切断设备的动力电源并挂牌,加装空开锁,以免导致设备意外送电启动 (2) 将设备控制回路的自动控制关闭,启动手动控制,防止设备自动启停伤人	
17		3. 工器具使用不当(如用一字螺丝刀紧固十字螺丝导致十字螺丝损坏无法紧固等情况),导致设备损坏或人员伤害	25	1	1	25	四级	正确使用工器具(如用一字螺丝刀紧固一字螺丝等情况),作业完毕后检查设备有无损坏	
18		4. 作业过程中人员站位不当(如人员站在运动物体的正面或者后面,站在爆炸物体伤害的范围内等),导致人员伤害	25	1	1	25	四级	(1) 作业人员熟悉工器具的特性,作业时根据各工器具的特性进行使用 (2) 人员站位确认后,相互提醒监督 (3) 作业人员避免自己站在运动物体行进路线上或下落物体、爆炸物体打击范围内 (4) 拆卸过程需平稳缓慢,采取措施(使用手拉葫芦支撑保护等),防止设备或工器具之间的碰撞	
19	安装拖缆滑车	1. 安装过程中设备挤伤、碰伤检修人员	25	1	1	25	四级	作业前确认作业环境,作业中预留安全范围,检修人员注意站位	
20		2. 安装过程中导致设备损坏	25	1	1	25	四级	安装过程需平稳缓慢,采取措施(使用手拉葫芦支撑保护等),防止设备或工器具之间的碰撞	
21		3. 人员未到安装位置就提前解除设备,导致人员挤伤、碰伤	25	1	1	25	四级	安装过程中在设备上绑上牵引绳进行牵引,人员在拖拽牵引绳时须站在可靠位置(如护栏内侧)	
22		4. 安全带未挂在牢固处,导致人员意外高处坠落	50	6	0.5	150	三级	悬挂安全带时,将其挂在牢固位置(禁止挂在风管架、线槽架等已悬挂不牢处)	

续表

序号	主要操作步骤	存在的风险	风险等级分析					主要防控措施	备注
			后果	暴露	可能性	风险值	风险等级		
23	检修完毕，试车	1. 送电时未确认负荷，导致设备损坏或人员伤害	25	1	1	25	四级	（1）送电前，先确定负荷已切断，再进行送电 （2）送电时，人员戴好绝缘手套，正确穿戴绝缘鞋，站在绝缘胶皮上进行操作，人员侧身送电（有条件可采用逐级控制进行送电）	
24		2. 送电试车时，检修人员站位不合理（如人员站在运动物体的正面或者后面，站在爆炸物体伤害的范围内等），试车过程中导致人员伤害	25	1	1	25	四级	（1）试车时与天车上的所有人员进行沟通确认站位，其他检修人员站在安全位置，严禁站在车辆运行区域 （2）人员避免自己站在运动物体行进路线上或下落物体、爆炸物体打击范围内	
25		3. 送电试车时未有专业人员指挥试车，导致试车过程中发生人员伤害	25	1	1	25	四级	试车时必须确保专人指挥、专人操作，其他检修人员站到安全位置	
26	工完场清	1. 吊运工器具使用的工器具袋破损或绳索破损，导致高空坠物伤人	5	1	1	5	四级	（1）吊运前检查工器具袋和绳索，保证其完好，破损时应及时更换 （2）吊运中保证吊运点下方没有人员，待被吊运物体落地后，人员才能靠近并将被吊运物体拖离开吊运点	
27		2. 检修作业后未清点工器具（如扳手、锤子、改锥、电笔、钳子等），导致工器具遗留在检修现场，造成设备损坏或人员伤害	5	1	1	5	四级	（1）检修作业所需要的工器具（如扳手、锤子、改锥、电笔、钳子等），将其放置在指定区域内 （2）设立检修作业工器具清单，作业完成后按照清单清点工器具（如扳手、锤子、改锥、电笔、钳子等）	

表 3.39 使用升降装置作业安全风险辨识及防控措施一览表

序号	主要操作步骤	存在的风险	风险等级分析					主要防控措施	备注
			后果	暴露	可能性	风险值	风险等级		
1	填写工作票并对风险进行辨识及防范	1. 工作票内容、步骤填写错误或遗漏,造成人员伤害	25	1	0.5	12.5	四级	正确填写工作票,明确检修内容,控制检修时间	
2		2. 未结合检修内容和检修现场实际情况进行风险辨识,造成人员伤害	25	1	0.5	12.5	四级	(1) 结合检修内容与作业现场环境进行风险辨识 (2) 按照辨识的风险逐一落实安全措施,不能存在漏项	
3		3. 未明确作业负责人、监护人,未确定互联互保人员,造成人员伤害	25	1	0.5	12.5	四级	指定作业负责人、监护人、互联互保人员并明确相关人员职责	
4	作业前对检修人员进行安全交底	1. 安全交底时内容错误,造成人员伤害	5	1	1	5	四级	检修负责人正确理解检修内容,并正确交底	
5		2. 检修人员未听清安全交底内容,造成人员伤害	5	1	1	5	四级	(1) 检修负责人进行安全交底时应声音洪亮,保证检修人员听清交底内容 (2) 安全交底完毕后抽查检修人员掌握安全交底内容情况	
6		3. 安全交底不完整、不规范,造成人员伤害	5	1	1	5	四级	安全交底内容必须完整、规范,且逐一落实	
7	检查劳动保护用品穿戴情况及人员状态	1. 人员未按规定着装(工作服、绝缘鞋、安全帽、防尘口罩、护目镜、绝缘手套、安全带),造成人员伤害	5	1	1	5	四级	作业前,工作服穿着做到"三紧",绝缘鞋系好鞋带,绝缘手套戴好,安全帽系好下颏带,护目镜清晰可见,确认安全带无破损、卡扣牢固	
8		2. 人员作业前喝酒、睡眠不足、精神状态不好等,导致作业过程中注意力不集中	5	1	1	5	四级	作业前,作业负责人检查人员是否存在酒后上岗,询问人员身体状况,观察人员精神状态,确认人员无异常状态后方可上岗作业	
9		3. 作业中人员的精神状态发生变化,导致注意力不集中	5	1	1	5	四级	(1) 作业中,作业负责人时刻注意人员精神状态,保证人员精神状态良好,严禁人员嬉戏打闹 (2) 作业中,作业负责人控制作业时长,如遇长时间作业,需配备应急人员	

续表

序号	主要操作步骤	存在的风险	风险等级分析					主要防控措施	备注
			后果	暴露	可能性	风险值	风险等级		
10	检查工器具及作业环境	1. 工器具不合格（如扳手开口处有裂纹、锤子锤头连接处有裂纹、改锥的连接处有裂纹、电笔的氖泡发暗、钳子的连接处有裂纹等），导致人员伤害	5	1	1	5	四级	（1）应立即停用，更换质量可靠的工器具 （2）正确使用工器具 （3）统计同品牌不合格工器具数量，报计划领用时避免领用有质量缺陷品牌的工器具	
11		2. 作业环境中存在风险（如有油、有水、有冰、有坑、有障碍物等），人员未辨识到位，导致受伤	5	1	1	5	四级	（1）作业前认真检查作业环境中存在的风险，如发现隐患，在制定落实安全措施后方可进行作业 （2）作业中，及时处理一些隐患（如设备漏油、工器具乱放等）后方可继续作业	
12	起升升降装置	1. 未设立警戒隔离区域，导致其他人员进入检修区域内受到伤害（如高空坠物等）	25	1	1	25	四级	（1）设立警戒隔离区域和明显的警戒隔离标识，禁止与检修作业无关的人员穿行进入检修区域 （2）地面监护人须在隔离区域外巡视，避免无关人员误入隔离区	
13		2. 升降装置未停在可靠的检修位置，人员使用时导致伤害（如挤伤、碰伤、高处坠落等）	25	1	1	25	四级	起升前提前定位，起升过程中避免与天车机构相撞，尽量不要在起升过程中移动天车进行对位（特殊情况需要专人指挥对位）	
14		3. 升降装置不平稳，导致检修人员意外受伤（如挤伤、碰伤、高处坠落等）	25	10	0.5	75	三级	（1）使用前需做好空载实验 （2）用前检查是否有漏油现象，如果有，在及时处理后再进行使用 （3）升降装置加装水平仪，保证装置平稳	
15	下降升降装置	1. 送电试车时，检修人员站位不合理（如人员站在运动物体的正面或者后面，站在爆炸物体伤害的范围内等），导致人员伤害	25	1	1	25	四级	（1）试车时与天车上的所有人员进行沟通确认站位，其他检修人员站在安全位置，严禁站在车辆运行区域 （2）人员避免自己站在运动物体行进路线上或下落物体、爆炸物体打击范围内	

续表

序号	主要操作步骤	存在的风险	风险等级分析					主要防控措施	备注
			后果	暴露	可能性	风险值	风险等级		
16	下降升降装置	2. 使用完毕后下降速度过快，导致人员伤害	25	1	1	25	四级	（1）使用过程中，使用人员与操作人员使用明确的手势配合，过程应缓慢平稳 （2）升降装置加装油缸锁，防止突然泄压导致意外	
17	工完场清	1. 吊运工器具使用的工器具袋破损或绳索破损，导致高空坠物伤人	5	1	1	5	四级	（1）吊运前检查工器具袋和绳索，保证其完好，破损时应及时更换 （2）吊运中保证吊运点下方没有人员，待被吊运物体落地后，人员才能靠近并将被吊运物体拖离开吊运点	
18		2. 检修作业后未清点工器具（如扳手、锤子、改锥、电笔、钳子等），导致工器具遗留在检修现场，造成设备损坏或人员伤害	5	1	1	5	四级	（1）检修作业所需要的工器具（如扳子、锤子、改锥、电笔、钳子等），将其放置在指定区域内 （2）设立检修作业工器具清单，作业完成后按照清单清点工器具（如扳手、锤子、改锥、电笔、钳子等）	

表 3.40 设备润滑作业安全风险辨识及防控措施一览表

序号	主要操作步骤	存在的风险	风险等级分析					主要防控措施	备注
			后果	暴露	可能性	风险值	风险等级		
1	填写工作票并对风险进行辨识及防范	1. 工作票内容、步骤填写错误或遗漏，造成人员伤害	25	1	0.5	12.5	四级	正确填写工作票，明确检修内容，控制检修时间	
2		2. 未结合检修内容和检修现场实际情况进行风险辨识，造成人员伤害	25	1	0.5	12.5	四级	（1）结合检修内容与作业现场环境进行风险辨识 （2）按照辨识的风险逐一落实安全措施，不能存在漏项	
3		3. 未明确作业负责人、监护人，未确定互联互保人员，造成人员伤害	25	1	0.5	12.5	四级	指定作业负责人、监护人、互联互保人员并明确相关人员职责	

续表

序号	主要操作步骤	存在的风险	风险等级分析					主要防控措施	备注
			后果	暴露	可能性	风险值	风险等级		
4	作业前对检修人员进行安全交底	1. 安全交底时内容错误，造成人员伤害	5	1	1	5	四级	检修负责人正确理解检修内容，并正确交底	
5		2. 检修人员未听清安全交底内容，造成人员伤害	5	1	1	5	四级	（1）检修负责人进行安全交底时应声音洪亮，保证检修人员听清交底内容 （2）安全交底完毕后抽查检修人员掌握安全交底内容情况	
6		3. 安全交底不完整、不规范，造成人员伤害	5	1	1	5	四级	安全交底内容必须完整、规范，且逐一落实	
7	检查劳动保护用品穿戴情况及人员状态	1. 人员未按规定着装（工作服、绝缘鞋、安全帽、防尘口罩、护目镜、绝缘手套、安全带），造成人员伤害	5	1	1	5	四级	作业前，工作服着装做到"三紧"，绝缘鞋系好鞋带，绝缘手套戴好，安全帽系好下颏带，护目镜清晰可见，确认安全带无破损、卡扣牢固	
8		2. 人员作业前喝酒、睡眠不足、精神状态不好等，导致作业过程中注意力不集中	5	1	1	5	四级	作业前，作业负责人检查人员是否存在酒后上岗，询问人员身体状况，观察人员精神状态，确认人员无异常状态后方可上岗作业	
9		3. 作业中人员的精神状态发生变化，导致注意力不集中	5	1	1	5	四级	（1）作业中，作业负责人时刻注意人员精神状态，保证人员精神状态良好，严禁人员嬉戏打闹 （2）作业中，作业负责人控制作业时长，如遇长时间作业，需配备应急人员	
10	检查工器具及作业环境	1. 工器具不合格（如扳手开口处有裂纹、锤子锤头连接处有裂纹、改锥的连接处有裂纹、电笔的氖泡发暗、钳子的连接处有裂纹等），导致人员伤害	5	1	1	5	四级	（1）应立即停用，更换质量可靠的工器具 （2）正确使用工器具 （3）统计同品牌不合格工器具数量，报计划领用时避免领用有质量缺陷品牌的工器具	

续表

序号	主要操作步骤	存在的风险	风险等级分析					主要防控措施	备注
			后果	暴露	可能性	风险值	风险等级		
11	检查工器具及作业环境	2. 作业环境中存在风险（如有油、有水、有冰、有坑、有障碍物等），人员未辨识到位，导致受伤	5	1	1	5	四级	（1）作业前认真检查作业环境中存在的风险，如发现隐患，在制定落实安全措施后方可进行作业 （2）作业中，及时处理一些隐患（如设备漏油、工器具乱放等）后方可继续作业	
12	车辆停靠在检修位置，上车检修	1. 未设立警戒隔离区域，导致其他人员进入检修区域内受到伤害	5	1	1	5	四级	（1）建立警戒隔离区域，设立明显的警戒隔离标志，禁止与检修作业无关的人员穿行进入检修区域 （2）地面监护人须在隔离区域外巡视，避免无关人员误入隔离区	
13		2. 天车未停在可靠的检修位置，人员上车时导致挤伤、碰伤、高处坠落	5	1	1	5	四级	（1）天车检修停靠在有爬梯附近，人员可通过爬梯顺利登车 （2）人员上车前，天车停靠的轨道上设立阻轨器，防止其他天车靠近	
14		3. 天车未切断主启动，天车操作人员误操作，导致检修人员意外受伤（如挤伤、碰伤、高处坠落等）	5	1	1	5	四级	（1）上车检修前与机手沟通，确认切断主启动 （2）上车过程中，打开登车门，确保天车切断主启动 （3）当人员未到达安全位置时，严禁送电动车	
15	设备润滑	1. 检修时设备未断电，导致检修人员触电	25	1	1	25	四级	（1）正确穿戴绝缘鞋与绝缘手套 （2）验电时采用双电笔验电，确认无电后由专人监护作业	
16		2. 误操作导致设备意外启动，造成人员发生机械伤害	25	1	1	25	四级	（1）切断设备的动力电源并挂牌，加装空开锁，以免导致设备意外送电启动 （2）将设备控制回路的自动控制关闭，启动手动控制，防止设备自动启停伤人	
17		3. 油脂掉落到脚下，导致人员滑倒、摔伤	25	1	1	25	四级	润滑时谨慎操作，尽量避免油脂掉落，及时清理掉落在地的油脂	

续表

序号	主要操作步骤	存在的风险	风险等级分析					主要防控措施	备注
			后果	暴露	可能性	风险值	风险等级		
18	设备润滑	4. 安全带未挂在牢固处，导致人员意外高处坠落	50	6	0.5	150	三级	悬挂安全带时，将其挂在牢固位置（禁止挂在风管架、线槽架等已悬挂不牢固处）	
19	检修完毕，试车	1. 送电时未确认负荷，导致设备损坏或人员伤害	25	1	1	25	四级	（1）送电前，先确定负荷已切断，再进行送电 （2）送电时，人员戴好绝缘手套，正确穿戴绝缘鞋，站在绝缘胶皮上进行操作，人员侧身送电（有条件可采用逐级控制进行送电）	
20		2. 送电试车时，检修人员站位不合理（如人员站在运动物体的正面或者后面，站在爆炸物体伤害的范围内等）、试车过程中导致人员伤害	25	1	1	25	四级	（1）试车时与天车上的所有人员进行沟通确认站位，其他检修人员站在安全位置，严禁站在车辆运行区域 （2）人员避免自己站在运动物体行进路线上或下落物体、爆炸物体打击范围内	
21		3. 送电试车时未有专业人员指挥试车，导致试车过程中发生人员伤害	25	1	1	25	四级	试车时必须确保专人指挥、专人操作，其他检修人员站到安全位置	
22	工完场清	1. 吊运工器具使用的工器具袋破损或绳索破损，导致高空坠物伤人	5	1	1	5	四级	（1）吊运前检查工器具袋和绳索，保证其完好，破损时应及时更换 （2）吊运中保证吊运点下方没有人员，待被吊运物体落地后，人员才能靠近并将被吊运物体拖离开吊运点	
23		2. 检修作业后未清点工器具（如扳手、锤子、改锥、电笔、钳子等），导致工器具遗留在检修现场，造成设备损坏或人员伤害	5	1	1	5	四级	（1）检修作业所需要的工器具（如扳手、锤子、改锥、电笔、钳子等），将其放置在指定区域内 （2）设立检修作业工器具清单，作业完成后按照清单清点工器具（如扳手、锤子、改锥、电笔、钳子等）	

表 3.41 天车焊接作业安全风险辨识及防控措施一览表

序号	主要操作步骤	存在的风险	风险等级分析					主要防控措施	备注
			后果	暴露	可能性	风险值	风险等级		
1	填写工作票并对风险进行辨识及防范	1. 工作票内容、步骤填写错误或遗漏,造成人员伤害	25	1	0.5	12.5	四级	正确填写工作票,明确检修内容,控制检修时间	
2		2. 未结合检修内容和检修现场实际情况进行风险辨识,造成人员伤害	25	1	0.5	12.5	四级	(1) 结合检修内容与作业现场环境进行风险辨识 (2) 按照辨识的风险逐一落实安全措施,不能存在漏项	
3		3. 未明确作业负责人、监护人,未确定互联互保人员,造成人员伤害	25	1	0.5	12.5	四级	指定作业负责人、监护人、互联互保人员并明确相关人员职责	
4	作业前对检修人员进行安全交底	1. 安全交底时内容错误,造成人员伤害	5	1	1	5	四级	检修负责人正确理解检修内容,并正确交底	
5		2. 检修人员未听清安全交底内容,造成人员伤害	5	1	1	5	四级	(1) 检修负责人进行安全交底时应声音洪亮,保证检修人员听清交底内容 (2) 安全交底完毕后抽查检修人员掌握安全交底内容情况	
6		3. 安全交底不完整、不规范,造成人员伤害	5	1	1	5	四级	安全交底内容必须完整、规范,且逐一落实	
7	检查劳动保护用品穿戴情况及人员状态	1. 人员未按规定着装(工作服、绝缘鞋、安全帽、防尘口罩、护目镜、绝缘手套、安全带),造成人员伤害	5	1	1	5	四级	作业前,工作服穿着做到"三紧",绝缘鞋系好鞋带,绝缘手套戴好,安全帽系好下颏带,护目镜清晰可见,确认安全带无破损、卡扣牢固	
8		2. 人员作业前喝酒、睡眠不足、精神状态不好等,导致作业过程中注意力不集中	5	1	1	5	四级	作业前,作业负责人检查人员是否存在酒后上岗,询问人员身体状况,观察人员精神状态,确认人员无异常状态后方可上岗作业	
9		3. 作业中人员的精神状态发生变化,导致注意力不集中	5	1	1	5	四级	(1) 作业中,作业负责人时刻注意人员精神状态,保证人员精神状态良好,严禁人员嬉戏打闹 (2) 作业中,作业负责人控制作业时长,如遇长时间作业,需配备应急人员	

续表

序号	主要操作步骤	存在的风险	风险等级分析					主要防控措施	备注
			后果	暴露	可能性	风险值	风险等级		
10	检查工器具及作业环境	1. 工器具不合格（如扳手开口处有裂纹、锤子锤头连接处有裂纹、改锥的连接处有裂纹、电笔的氖泡发暗、钳子的连接处有裂纹等），导致人员伤害	5	1	1	5	四级	（1）应立即停用，更换质量可靠的工器具 （2）正确使用工器具 （3）统计同品牌不合格工器具数量，报计划领用时避免领用有质量缺陷品牌的工器具	
11		2. 作业环境中存在风险（如有油、有水、有冰、有坑、有障碍物等），人员未辨识到位，导致受伤	5	1	1	5	四级	（1）作业前认真检查作业环境中存在的风险，如发现隐患，在制定落实安全措施后方可进行作业 （2）作业中，及时处理一些隐患（如设备漏油、工器具乱放等）后方可继续作业	
12	车辆停靠在检修位置，上车检修	1. 未设立警戒隔离区域，导致其他人员进入检修区域内受到伤害	5	1	1	5	四级	（1）建立警戒隔离区域，设立明显的警戒隔离标志，禁止与检修作业无关的人员穿行进入检修区域 （2）地面监护人须在隔离区域外巡视，避免无关人员误入隔离区	
13		2. 天车未停在可靠的检修位置，人员上车时导致挤伤、碰伤、高处坠落	50	2	1	100	三级	（1）天车检修停靠在有爬梯附近，人员可通过爬梯顺利登车 （2）人员上车前，天车停靠的轨道上设立阻轨器，防止其他天车靠近	
14		3. 天车未切断主启动，天车操作人员误操作，导致检修人员意外受伤（如挤伤、碰伤、高处坠落等）	5	1	1	5	四级	（1）上车检修前与机手沟通，确认切断主启动 （2）上车过程中，打开登车门，确保天车切断主启动 （3）当人员未到达安全位置时，严禁送电动车	
15	焊接	1. 接电时未断电，焊机或电源线破损漏点，导致人员触电	25	3	1	75	三级	若焊机或电源线有异常，应停止使用，直到所有隐患和异常都排除后方可使用	
16		2. 人员未佩戴绝缘手套，导致触电	25	1	1	25	四级	断电、验电，确认无电后在专人监护条件下作业	

续表

序号	主要操作步骤	存在的风险	风险等级分析					主要防控措施	备注
			后果	暴露	可能性	风险值	风险等级		
17	焊接	3. 电焊打伤人员面部、眼睛	25	1	1	25	四级	焊接作业时必须戴绝缘电焊手套，穿绝缘鞋，戴好焊帽或焊镜，谨慎操作	
18		4. 电焊作业人员无证操作，导致人员伤害	25	1	1	25	四级	严禁无证人员从事特种作业	
19	检修完毕，试车	1. 送电时未确认负荷，导致设备损坏或人员伤害	25	1	1	25	四级	（1）送电前，先确定负荷已切断，再进行送电 （2）送电时，人员戴好绝缘手套，正确穿戴绝缘鞋，站在绝缘胶皮上进行操作，人员侧身送电（有条件可采用逐级控制进行送电）	
20		2. 送电试车时，检修人员站位不合理（如人员站在运动物体的正面或者后面，站在爆炸物体伤害的范围内等）、试车过程中导致人员伤害	25	1	1	25	四级	（1）试车时与天车上的所有人员进行沟通确认站位，其他检修人员站在安全位置，严禁站在车辆运行区域 （2）人员避免自己站在运动物体行进路线上或下落物体、爆炸物体打击范围内	
21		3. 送电试车时未有专业人员指挥试车，导致试车过程中发生人员伤害	25	1	1	25	四级	试车时必须确保专人指挥、专人操作，其他检修人员站到安全位置	
22	工完场清	1. 吊运工器具使用的工器具袋破损或绳索破损，导致高空坠物伤人	5	1	1	5	四级	（1）吊运前检查工器具袋和绳索，保证其完好，破损时应及时更换 （2）吊运中保证吊装点下方没有人员，待被吊运物体落地后，人员才能靠近并将被吊运物体拖离开吊运点	
23		2. 检修作业后未清点工器具（如扳手、锤子、改锥、电笔、钳子等），导致工器具遗留在检修现场，造成设备损坏或人员伤害	5	1	1	5	四级	（1）检修作业所需要的工器具（如扳手、锤子、改锥、电笔、钳子等），将其放置在指定区域内 （2）设立检修作业工器具清单，作业完成后按照清单清点工器具（如扳手、锤子、改锥、电笔、钳子等）	

表 3.42 检修空压机作业安全风险辨识及防控措施一览表

序号	主要操作步骤	存在的风险	风险等级分析					主要防控措施	备注
			后果	暴露	可能性	风险值	风险等级		
1	填写工作票并对风险进行辨识及防范	1. 工作票内容、步骤填写错误或遗漏,造成人员伤害	25	1	0.5	12.5	四级	正确填写工作票,明确检修内容,控制检修时间	
2		2. 未结合检修内容和检修现场实际情况进行风险辨识,造成人员伤害	25	1	0.5	12.5	四级	(1) 结合检修内容与作业现场环境进行风险辨识 (2) 按照辨识的风险逐一落实安全措施,不能存在漏项	
3		3. 未明确作业负责人、监护人,未确定互联互保人员,造成人员伤害	25	1	0.5	12.5	四级	指定作业负责人、监护人、互联互保人员并明确相关人员职责	
4	作业前对检修人员进行安全交底	1. 安全交底时内容错误,造成人员伤害	5	1	1	5	四级	检修负责人正确理解检修内容,并正确交底	
5		2. 检修人员未听清安全交底内容,造成人员伤害	5	1	1	5	四级	(1) 检修负责人进行安全交底时应声音洪亮,保证检修人员听清交底内容 (2) 安全交底完毕后抽查检修人员掌握安全交底内容情况	
6		3. 安全交底不完整、不规范,造成人员伤害	5	1	1	5	四级	安全交底内容必须完整、规范,且逐一落实	
7	检查劳动保护用品穿戴情况及人员状态	1. 人员未按规定着装(工作服、绝缘鞋、安全帽、防尘口罩、护目镜、绝缘手套、安全带),造成人员伤害	5	1	1	5	四级	作业前,工作服穿着做到"三紧",绝缘鞋系好鞋带,绝缘手套戴好,安全帽系好下颏带,护目镜清晰可见,确认安全带无破损、卡扣牢固	
8		2. 人员作业前喝酒、睡眠不足、精神状态不好等,导致作业过程中注意力不集中	5	1	1	5	四级	作业前,作业负责人检查人员是否存在酒后上岗,询问人员身体状况,观察人员精神状态,确认人员无异常状态后方可上岗作业	
9		3. 作业中人员的精神状态发生变化,导致注意力不集中	5	1	1	5	四级	(1) 作业中,作业负责人时刻注意人员精神状态,保证人员精神状态良好,严禁人员嬉戏打闹 (2) 作业中,作业负责人控制作业时长,如遇长时间作业,需配备应急人员	

续表

序号	主要操作步骤	存在的风险	风险等级分析					主要防控措施	备注
			后果	暴露	可能性	风险值	风险等级		
10	检查工器具及作业环境	1. 工器具不合格（如扳手开口处有裂、锤子锤头连接处有裂纹、改锥的连接处有裂纹、电笔的氖泡发暗、钳子的连接处有裂纹等），导致人员伤害	5	1	1	5	四级	（1）应立即停用，更换质量可靠的工器具 （2）正确使用工器具 （3）统计同品牌不合格工器具数量，报计划领用时避免领用有质量缺陷品牌的工器具	
11		2. 作业环境中存在风险（如有油、有水、有冰、有坑、有障碍物等），人员未辨识到位，导致受伤	5	1	1	5	四级	（1）作业前认真检查作业环境中存在的风险，如发现隐患，在制定落实安全措施后方可进行作业 （2）作业中，及时处理一些隐患（如设备漏油、工器具乱放等）后方可继续作业	
12	车辆停靠在检修位置，上车检修	1. 未设立警戒隔离区域，导致其他人员进入检修区域内受到伤害	5	1	1	5	四级	（1）建立警戒隔离区域，设立明显的警戒隔离标志，禁止与检修作业无关的人员穿行进入检修区域 （2）地面监护人须在隔离区域外巡视，避免无关人员误入隔离区	
13		2. 天车未停在可靠的检修位置，人员上车时导致挤伤、碰伤、高处坠落	50	6	0.5	150	三级	（1）天车检修停靠在有爬梯附近，人员可通过爬梯顺利登车 （2）人员上车前，天车停靠的轨道上设立阻轨器，防止其他天车靠近	
14		3. 天车未切断主启动，天车操作人员误操作，导致检修人员意外受伤（如挤伤、碰伤、高处坠落等）	5	1	1	5	四级	（1）上车检修前与机手沟通，确认切断主启动 （2）上车过程中，打开登车门，确保天车切断主启动 （3）当人员未到达安全位置时，严禁送电动车	
15	检查空压机	1. 检修时设备未断电，导致检修人员触电	50	2	1	100	三级	（1）正确穿戴绝缘鞋与绝缘手套 （2）验电时采用双电笔验电，确认无电后由专人监护作业	

续表

序号	主要操作步骤	存在的风险	风险等级分析					主要防控措施	备注
			后果	暴露	可能性	风险值	风险等级		
16	检查空压机	2. 误操作设备意外启动,导致机械伤害	25	1	1	25	四级	(1) 切断设备的动力电源并挂牌,加装空开锁,以免导致设备意外送电启动 (2) 将设备控制回路的自动控制关闭,启动手动控制,防止设备自动启停伤人	
17		3. 检修时未泄压,导致人员伤害	25	1	1	25	四级	(1) 检修时注意先按下空压机急停开关,再进行检修更换 (2) 观察压力表数值,当其为零时再进行检修 (3) 测量油管和油箱温度,当其超过50℃时,停止检修,防止高温烫伤人员	
18		4. 检修过程中设备挤伤、碰伤检修人员	25	1	1	25	四级	作业前确认作业环境,作业中预留安全范围,检修人员注意站位	
19		5. 检修过程中导致设备损坏	25	1	1	25	四级	检修过程中人员需平稳缓慢,采取措施(使用绳索支撑保护等),防止设备或工器具之间的碰撞	
20	保养空压机	1. 检修时设备未断电,导致检修人员触电	50	2	1	100	三级	(1) 正确穿戴绝缘鞋与绝缘手套 (2) 验电时采用双电笔验电,确认无电后由专人监护作业	
21		2. 误操作导致设备意外启动,造成人员受到机械伤害	25	1	1	25	四级	(1) 切断设备的动力电源并挂牌,加装空开锁,以免导致设备意外送电启动 (2) 将设备控制回路的自动控制关闭,启动手动控制,防止设备自动启停伤人	
22		3. 检修保养时未泄压,导致人员伤害	25	1	1	25	四级	(1) 检修时注意先按下空压机急停开关,再进行保养 (2) 观察压力表数值,当其为零时再进行检修 (3) 测量油管和油箱温度,当其超过50℃时,停止检修,防止高温烫伤人员	

续表

序号	主要操作步骤	存在的风险	风险等级分析					主要防控措施	备注
			后果	暴露	可能性	风险值	风险等级		
23	保养空压机	4. 检修过程中设备挤伤、碰伤检修人员	25	1	1	25	四级	作业前确认作业环境，作业中预留安全范围，检修人员注意站位	
24		5. 检修过程中密封圈损坏，发生漏油，导致设备损坏	25	1	1	25	四级	检修过程中人员需平稳缓慢，安装密封圈时要谨慎小心，采取措施（使用绳索支撑保护等），防止设备或工器具之间的碰撞	
25	检修完毕，试车	1. 送电时未确认负荷，导致设备损坏或人员伤害	25	1	1	25	四级	（1）送电前，先确定负荷已切断，再进行送电 （2）送电时，人员戴好绝缘手套，正确穿戴绝缘鞋，站在绝缘胶皮上进行操作，人员侧身送电（有条件可采用逐级控制进行送电）	
26		2. 送电试车时，检修人员站位不合理（如人员站在运动物体的正面或者后面，站在爆炸物体伤害的范围内等）、试车过程中导致人员伤害	25	1	1	25	四级	（1）试车时与天车上的所有人员进行沟通确认站位，其他检修人员站在安全位置，严禁站在车辆运行区域 （2）人员避免自己站在运动物体行进路线上或下落物体、爆炸物体打击范围内	
27		3. 送电试车时未有专业人员指挥试车，导致试车过程中发生人员伤害	25	1	1	25	四级	试车时必须确保专人指挥、专人操作，其他检修人员站到安全位置	
28	工完场清	1. 吊运工器具使用的工器具袋破损或绳索破损，导致高空坠物伤人	5	1	1	5	四级	（1）吊运前检查工器具袋和绳索，保证其完好，破损时应及时更换 （2）吊运中保证吊运点下方没有人员，待被吊运物体落地后，人员才能靠近并将被吊运物体拖离开吊运点	
29		2. 检修作业后未清点工器具（如扳手、锤子、改锥、电笔、钳子等），导致工器具遗留在检修现场，造成设备损坏或人员伤害	5	1	1	5	四级	（1）检修作业所需要的工器具（如扳手、锤子、改锥、电笔、钳子等），将其放置在指定区域内 （2）设立检修作业工器具清单，作业完成后按照清单清点工器具（如扳手、锤子、改锥、电笔、钳子等）	

表 3.43 测量全车绝缘作业安全风险辨识及防控措施一览表

序号	主要操作步骤	存在的风险	风险等级分析					主要防控措施	备注
			后果	暴露	可能性	风险值	风险等级		
1	填写工作票并对风险进行辨识及防范	1. 工作票内容、步骤填写错误或遗漏，造成人员伤害	25	1	0.5	12.5	四级	正确填写工作票，明确检修内容，控制检修时间	
2		2. 未结合检修内容和检修现场实际情况进行风险辨识，造成人员伤害	25	1	0.5	12.5	四级	（1）结合检修内容与作业现场环境进行风险辨识 （2）按照辨识的风险逐一落实安全措施，不能存在漏项	
3		3. 未明确作业负责人、监护人，未确定互联互保人员，造成人员伤害	25	1	0.5	12.5	四级	指定作业负责人、监护人、互联互保人员并明确相关人员职责	
4	作业前对检修人员进行安全交底	1. 安全交底时内容错误，造成人员伤害	5	1	1	5	四级	检修负责人正确理解检修内容，并正确交底	
5		2. 检修人员未听清安全交底内容，造成人员伤害	5	1	1	5	四级	（1）检修负责人进行安全交底时应声音洪亮，保证检修人员听清交底内容 （2）安全交底完毕后抽查检修人员掌握安全交底内容情况	
6		3. 安全交底不完整、不规范，造成人员伤害	5	1	1	5	四级	安全交底内容必须完整、规范，且逐一落实	
7	检查劳动保护用品穿戴情况及人员状态	1. 人员未按规定着装（工作服、绝缘鞋、安全帽、防尘口罩、护目镜、绝缘手套、安全带），造成人员伤害	5	1	1	5	四级	作业前，工作服穿着做到"三紧"，绝缘鞋系好鞋带，绝缘手套戴好，安全帽系好下颌带，护目镜清晰可见，确认安全带无破损、卡扣牢固	
8		2. 人员作业前喝酒、睡眠不足、精神状态不好等，导致作业过程中注意力不集中	5	1	1	5	四级	作业前，作业负责人检查人员是否存在酒后上岗，询问人员身体状况，观察人员精神状态，确认人员无异常状态后方可上岗作业	
9		3. 作业中人员的精神状态发生变化，导致注意力不集中	5	1	1	5	四级	（1）作业中，作业负责人时刻注意人员状态，保证人员精神状态良好，严禁人员嬉戏打闹 （2）作业中，作业负责人控制作业时长，如遇长时间作业，需配备应急人员	

续表

序号	主要操作步骤	存在的风险	风险等级分析					主要防控措施	备注
			后果	暴露	可能性	风险值	风险等级		
10	检查工器具及作业环境	1. 工器具不合格（如扳手开口处有裂、锤子锤头连接处有裂纹、改锥的连接处有裂纹、电笔的氖泡发暗、钳子的连接处有裂纹等），导致人员伤害	5	1	1	5	四级	（1）应立即停用，更换质量可靠的工器具 （2）正确使用工器具 （3）统计同品牌不合格工器具数量，报计划领用时避免领用有质量缺陷品牌的工器具	
11		2. 作业环境中存在风险（如有油、有水、有冰、有坑、有障碍物等），人员未辨识到位，导致受伤	5	1	1	5	四级	（1）作业前认真检查作业环境中存在的风险，如发现隐患，在制定落实安全措施后方可进行作业 （2）作业中，及时处理一些隐患（如设备漏油、工器具乱放等）后方可继续作业	
12		1. 未设立警戒隔离区域，导致其他人员进入检修区域内受到伤害	5	1	1	5	四级	（1）建立警戒隔离区域，设立明显的警戒隔离标志，禁止与检修作业无关的人员穿行进入检修区域 （2）地面监护人须在隔离区域外巡视，避免无关人员误入隔离区	
13	车辆停靠在检修位置，上车检修	2. 天车未停在可靠的检修位置，人员上车时导致挤伤、碰伤、高处坠落	5	1	1	5	四级	（1）天车检修停靠在有爬梯附近，人员可通过爬梯顺利登车 （2）人员上车前，天车停靠的轨道上设立阻轨器，防止其他天车靠近	
14		3. 天车未切断主启动，天车操作人员误操作，导致检修人员意外受伤（如挤伤、碰伤、高处坠落等）	50	6	0.5	150	三级	（1）上车检修前与机手沟通，确认切断主启动 （2）上车过程中，打开登车门，确保天车切断主启动 （3）当人员未到达安全位置时，严禁送电动车	
15	测量绝缘	1. 检修时设备未断电，导致检修人员触电	5	1	1	5	四级	（1）正确穿戴绝缘鞋与绝缘手套 （2）验电时采用双电笔验电，确认无电后由专人监护作业	

续表

序号	主要操作步骤	存在的风险	风险等级分析					主要防控措施	备注
			后果	暴露	可能性	风险值	风险等级		
16	测量绝缘	2. 误操作导致设备意外启动,造成人员受到机械伤害	5	1	1	5	四级	(1)切断设备的动力电源并挂牌,加装空开锁,以免导致设备意外送电启动 (2)将设备控制回路的自动控制关闭,启动手动控制,防止设备自动启停伤人	
17		3. 作业过程中人员站位不当(如人员站在运动物体的正面或者后面,站在爆炸物体伤害的范围内等),导致伤害	5	1	1	5	四级	(1)检修人员相互提醒、配合,检查时小心谨慎并注意站位,使用兆欧表时戴好绝缘手套防止触电 (2)作业前确认作业环境,作业中预留安全范围,检修人员注意站位	
18		4. 人员滑倒、绊倒,导致伤害	5	1	1	5	四级	测量时注意身边和脚下的环境,相互提醒监督	
19		5. 安全带未挂在牢固处,导致人员意外高处坠落	5	1	1	5	四级	悬挂安全带时,将其挂在牢固位置(禁止挂在风管架、线槽架等已悬挂不牢固处)	
20	检修完毕,试车	1. 送电时未确认负荷,导致设备损坏或人员伤害	25	1	1	25	四级	(1)送电前,先确定负荷已切断,再进行送电 (2)送电时,人员戴好绝缘手套,正确穿戴绝缘鞋,站在绝缘胶皮上进行操作,人员侧身送电(有条件可采用逐级控制进行送电)	
21		2. 送电试车时,检修人员站位不合理(如人员站在运动物体的正面或者后面、站在爆炸物体伤害的范围内等)、试车过程中导致人员伤害	25	1	1	25	四级	(1)试车时与天车上的所有人员进行沟通确认站位,其他检修人员站在安全位置,严禁站在车辆运行区域 (2)人员避免自己站在运动物体行进路线上或下落物体、爆炸物体打击范围内	
22		3. 送电试车时未有专业人员指挥试车,导致试车过程中发生人员伤害	25	1	1	25	四级	试车时必须确认专人指挥、专人操作,其他检修人员站到安全位置	
23	工完场清	1. 吊运工器具使用的工器具袋破损或绳索破损,导致高空坠物伤人	5	1	1	5	四级	(1)吊运前检查工器具袋和绳索,保证其完好,破损时应及时更换 (2)吊运中保证吊运点下方没有人员,待被吊运物体落地后,人员才能靠近并将被吊运物体拖离开吊运点	

续表

序号	主要操作步骤	存在的风险	风险等级分析					主要防控措施	备注
			后果	暴露	可能性	风险值	风险等级		
24	工完场清	2. 检修作业后未清点工器具（如扳手、锤子、改锥、电笔、钳子等），导致工器具遗留在检修现场，造成设备损坏或人员伤害	5	1	1	5	四级	（1）检修作业所需要的工器具（如扳手、锤子、改锥、电笔、钳子等），将其放置在指定区域内 （2）设立检修作业工器具清单，作业完成后按照清单清点工器具（如扳手、锤子、改锥、电笔、钳子等）	

3.2.3 电气设备维修

经辨识，电气设备维修主要的作业活动有16项，岗位作业存在327项风险，其中辨识出一级风险0项、二级风险2项、三级风险15项、四级风险310项。

1. 岗位主要的作业活动/工作流程

①维修槽控机；②测量槽控机、短路口、电解槽绝缘；③调试VF误差；④校正电流；⑤紧固T型端子；⑥更换效应灯；⑦检修槽上部电机；⑧检修电解槽母线限位；⑨配电室配电柜除尘；⑩配电室抽屉开关操作；⑪检修气控柜；⑫维修厂房顶部照明灯；⑬配合启动电解槽；⑭配合停槽；⑮检修堆积门；⑯槽控机广播设备检修。

2. 电气设备检修岗位安全风险辨识及防控措施

电气设备检修岗位安全风险辨识及防控措施见表3.44至表3.59。

表3.44 维修槽控机作业安全风险辨识及防控措施一览表

序号	主要操作步骤	存在的风险	风险等级分析					主要防控措施	备注
			后果	暴露	可能性	风险值	风险等级		
1	填写工作票并对风险进行辨识及防范	1. 工作票内容、步骤填写错误或遗漏，造成人员伤害	25	1	0.5	12.5	四级	正确填写工作票，明确检修内容，控制检修时间	
2		2. 未结合检修内容和检修现场实际情况进行风险辨识，造成人员伤害	25	1	0.5	12.5	四级	（1）结合检修内容与作业现场环境进行风险辨识 （2）按照辨识的风险逐一落实安全措施，不能存在漏项	
3		3. 未明确作业负责人、监护人，未确定互联互保人员，造成人员伤害	25	1	0.5	12.5	四级	指定作业负责人、监护人、互联互保人员并明确相关人员职责	

续表

序号	主要操作步骤	存在的风险	风险等级分析					主要防控措施	备注
			后果	暴露	可能性	风险值	风险等级		
4	作业前对检修人员进行安全交底	1. 安全交底时内容错误，造成人员伤害	5	1	1	5	四级	检修负责人正确理解检修内容，并正确交底	
5		2. 检修人员未听清安全交底内容，造成人员伤害	5	1	1	5	四级	（1）检修负责人进行安全交底时应声音洪亮，保证检修人员听清交底内容 （2）安全交底完毕后抽查检修人员掌握安全交底内容情况	
6		3. 安全交底不完整、不规范，造成人员伤害	5	1	1	5	四级	安全交底内容必须完整、规范，且逐一落实	
7	检查劳动保护用品穿戴情况及人员状态	1. 人员未按规定着装（工作服、绝缘鞋、安全帽、防尘口罩、护目镜、绝缘手套、安全带），造成人员伤害	5	1	1	5	四级	作业前，工作服穿着做到"三紧"，绝缘鞋系好鞋带，绝缘手套戴好，安全帽系好下颏带，护目镜清晰可见，确认安全带无破损、卡扣牢固	
8		2. 人员作业前喝酒、睡眠不足、精神状态不好等，导致作业过程中注意力不集中	5	1	1	5	四级	作业前，作业负责人检查人员是否存在酒后上岗，询问人员身体状况，观察人员精神状态，确认人员无异常状态后方可上岗作业	
9	检查工器具是否完好可靠、作业环境是否安全	1. 工器具不合格（万用表表笔漏电、螺丝刀磨损、偏口钳有裂纹、电笔氖泡损坏等），导致人员伤害	50	2	0.5	50	四级	发现不合格的工器具，应立即停用，更换质量可靠的工器具，同时做好工器具消耗领用记录	
10		2. 人员作业环境中存在风险（如地面有杂物等），人员未辨识清楚，导致绊倒、摔伤	50	2	0.5	50	四级	作业前认真检查作业环境中存在的风险，如发现隐患，在制定落实安全措施或排除隐患后方可进行作业	
11	检修前通知电解槽作业人员、调度员、值机人员	1. 与作业槽看槽人员沟通不到位，导致电解槽来效应，造成电解质喷溅伤人或槽控机误动作伤人	15	10	0.1	15	四级	与作业槽看槽人员进行及时沟通	

续表

序号	主要操作步骤	存在的风险	风险等级分析					主要防控措施	备注
			后果	暴露	可能性	风险值	风险等级		
12	检修前通知电解槽作业人员、调度员、值机人员	2. 与调度员沟通不到位，导致出现安全问题	15	10	0.1	15	四级	向调度员清楚汇报工作情况	
13		3. 与值机人员沟通不到位，导致值机人员误以为该槽控机发生故障	15	10	0.1	15	四级	与值机人员沟通清楚，并反馈确认	
14	断开槽控机电源	1. 未对需断开的开关进行确认或确认错误，导致人员触电	50	2	1	100	三级	作业人员和监护人都需要确认开关断开	
15		2. 断开开关时未戴手套，导致人员触电	50	2	1	100	三级	操作时必须佩戴涂胶手套，面部侧对开关，其他人不许接触操作者	
16		3. 未对开关进行二次验电，导致人员触电	50	2	1	100	三级	确认验电部位正确，正确手持验电笔，验电时，严禁他人接触验电人员	
17	打开槽控机门	1. 打开的门角部碰伤作业人员或监护人	50	2	1	100	三级	（1）人员与槽控机保持一定的距离 （2）人员佩戴涂胶手套作业	
18		2. 触碰带电的进线端子，导致人员触电	50	2	1	100	三级	严禁触碰电源线进线端子和空气开关一次电源线金属部分	
19	拔出卡板	1. 未戴手套拔出板卡，导致人员手部划伤	15	2	1	30	四级	拔出或推入卡板前必须佩戴好手套	
20		2. 在电解槽旁作业，导致人员高温中暑	15	2	1	30	四级	多喝水，适当休息	
21	安装新卡板	1. 未戴手套推入板卡，导致人员手部划伤	15	2	1	30	四级	拔出或推入卡板前必须佩戴好手套	
22		2. 检修作业时电解槽来效应，导致电解质喷溅伤人	15	2	1	30	四级	（1）电解槽来效应后，检修人员停止作业，并撤离至安全位置 （2）电解人员停止烟道端捞炭渣作业，并关闭槽门	

续表

序号	主要操作步骤	存在的风险	风险等级分析					主要防控措施	备注
			后果	暴露	可能性	风险值	风险等级		
23	拆除接触器上的电线	1. 使用螺丝刀时出现滑脱，导致人员手部受伤	15	2	0.5	15	四级	操作螺丝刀时戴好手套	
24		2. 螺丝刀掉落在电源线进线端子上，导致断路	15	2	0.5	15	四级	使用绝缘材料保护进线端子	
25	拆除接触器地脚螺丝	1. 使用螺丝刀时出现滑脱，导致人员手部受伤	15	2	0.5	15	四级	操作螺丝刀时戴好手套	
26		2. 螺丝刀掉落在电源线进线端子上，导致断路	15	2	0.5	15	四级	使用绝缘材料保护进线端子	
27	安装新接触器	1. 使用螺丝刀时出现滑脱，导致人员手部受伤	25	2	0.5	25	四级	操作螺丝刀时戴好手套	
28		2. 螺丝刀掉落在电源线进线端子上，导致断路	25	2	0.5	25	四级	使用绝缘材料保护进线端子	
29		3. 接触器相序接反，导致阳极升降动作错误	25	2	0.5	25	四级	照图接线	
30	清理灰尘	1. 用手持吸尘器清理灰尘时未佩戴口罩，导致人员伤害	50	2	0.5	50	四级	正确佩戴口罩	
31		2. 触碰带电的进线端子，导致人员触电	50	2	0.5	50	四级	严禁触碰电源线进线端子和空气开关一次线金属部分	
32	送电	1. 送电时未戴涂胶手套合开关，导致人员触电	50	2	1	100	三级	操作时必须佩戴涂胶手套	
33		2. 送电后未进行确认，导致人员伤害	50	2	0.5	50	四级	送电后必须进行确认，经过验电确认电压合格后方可试车	
34	工完场清，安全撤离	1. 检修作业后未清点工器具（如扳手、螺丝刀、偏口钳、万用表、电笔等），导致工器具遗留在槽控机箱内，造成设备故障	25	2	0.5	25	四级	（1）应将检修作业所需要的工器具放置在作业现场指定区域内 （2）作业完成后清点工器具	

表 3.45 测量槽控机、短路口、电解槽绝缘作业安全风险辨识及防控措施一览表

序号	主要操作步骤	存在的风险	风险等级分析					主要防控措施	备注
			后果	暴露	可能性	风险值	风险等级		
1	填写工作票并对风险进行辨识及防范	1. 工作票内容、步骤填写错误或遗漏，造成人员伤害	25	1	0.5	12.5	四级	正确填写工作票，明确检修内容，控制检修时间	
2		2. 未结合检修内容和检修现场实际情况进行风险辨识，造成人员伤害	25	1	0.5	12.5	四级	（1）结合检修内容与作业现场环境进行风险辨识 （2）按照辨识的风险逐一落实安全措施，不能存在漏项	
3		3. 未明确作业负责人、监护人，未确定互联互保人员，造成人员伤害	25	1	0.5	12.5	四级	指定作业负责人、监护人、互联互保人员并明确相关人员职责	
4	作业前对检修人员进行安全交底	1. 安全交底时内容错误，造成人员伤害	5	1	1	5	四级	检修负责人正确理解检修内容，并正确交底	
5		2. 检修人员未听清安全交底内容，造成人员伤害	5	1	1	5	四级	（1）检修负责人进行安全交底时应声音洪亮，保证检修人员听清交底内容 （2）安全交底完毕后抽查检修人员掌握安全交底内容情况	
6		3. 安全交底不完整、不规范，造成人员伤害	5	1	1	5	四级	安全交底内容必须完整、规范，且逐一落实	
7	检查劳动保护用品穿戴情况及人员状态	1. 人员未按规定着装（工作服、绝缘鞋、安全帽、防尘口罩、护目镜、绝缘手套、安全带），造成人员伤害	5	1	1	5	四级	作业前，工作服穿着做到"三紧"，绝缘鞋系好鞋带，绝缘手套戴好，安全帽系好下颚带，护目镜清晰可见，确认安全带无破损、卡扣牢固	
8		2. 人员作业前喝酒、睡眠不足、精神状态不好等，导致作业过程中注意力不集中	5	1	1	5	四级	作业前，作业负责人检查人员是否存在酒后上岗，询问人员身体状况，观察人员精神状态，确认人员无异常状态后方可上岗作业	

续表

序号	主要操作步骤	存在的风险	风险等级分析					主要防控措施	备注
			后果	暴露	可能性	风险值	风险等级		
9	检查工器具是否完好可靠、作业环境是否安全	1. 工器具不合格（万用表表笔漏电、螺丝刀磨损、偏口钳有裂纹、电笔氖泡损坏等），导致人员伤害	50	2	0.5	50	四级	发现不合格的工器具，应立即停用，更换质量可靠的工器具，同时做好工器具消耗领用记录	
10		2. 人员作业环境中存在风险（如地面有杂物等），人员未辨识清楚，导致绊倒、摔伤	50	2	0.5	50	四级	作业前认真检查作业环境中存在的风险，如发现隐患，在制定落实安全措施或排除隐患后方可进行作业	
11	检修前通知电解槽作业人员、调度员、值机人员	1. 与作业槽看槽人员沟通不到位，导致电解槽来效应，造成电解质喷溅伤人或槽控机误动作伤人	15	10	0.1	15	四级	与作业槽看槽人员进行及时沟通	
12		2. 与调度沟通不到位，导致出现安全问题	15	10	0.1	15	四级	向调度员清楚汇报工作情况	
13		3. 与值机人员沟通不到位，导致值机人员误以为该槽控机发生故障	15	10	0.1	15	四级	与值机人员沟通清楚，并反馈确认	
14	一员工一只手持一根表笔与槽控机外壳接触，另一只手手持表笔与"地"接触	1. 兆欧表表笔线破损时与电解槽花隔板接触，导致人员触电	50	2	0.5	50	四级	作业前戴好手套，穿好绝缘鞋，提前检查工器具	
15		2. 在电解槽旁作业，导致人员高温中暑	50	2	0.5	50	四级	多喝水，适当休息	
16		3. 在电解槽旁作业时未佩戴口罩，导致人员患呼吸系统疾病	50	2	0.5	50	四级	正确佩戴口罩	
17	另一员工开始检测	1. 在电解槽旁作业时间长，导致人员高温中暑	15	2	1	30	四级	多喝水，适当休息	
18		2. 在电解槽旁作业时未佩戴口罩，导致人员患呼吸系统疾病	15	2	1	30	四级	正确佩戴口罩	

续表

序号	主要操作步骤	存在的风险	风险等级分析					主要防控措施	备注
			后果	暴露	可能性	风险值	风险等级		
19	测量每个螺杆与母线之间的绝缘	1. 在电解槽旁作业时间长，导致人员高温中暑	15	2	1	30	四级	多喝水，适当休息	
20		2. 在电解槽旁作业时未佩戴口罩，导致人员患呼吸系统疾病	15	2	1	30	四级	正确佩戴口罩	
21	测量电解槽各部之间的绝缘	1. 在电解槽旁作业时间长，导致人员高温中暑	15	2	0.5	15	四级	多喝水，适当休息	
22		2. 在电解槽旁作业时未佩戴口罩，导致人员患呼吸系统疾病	15	2	0.5	15	四级	正确佩戴口罩	
23	工完场清，安全撤离	1. 作业后未整理工器具、清理现场，导致人员绊倒、摔伤	15	2	0.5	15	四级	作业完成后，清点工器具并进行整理收拢后再离开	

表 3.46 调试 VF 误差作业安全风险辨识及防控措施一览表

序号	主要操作步骤	存在的风险	风险等级分析					主要防控措施	备注
			后果	暴露	可能性	风险值	风险等级		
1	填写工作票并对风险进行辨识及防范	1. 工作票内容、步骤填写错误或遗漏，造成人员伤害	25	1	0.5	12.5	四级	正确填写工作票，明确检修内容，控制检修时间	
2		2. 未结合检修内容和检修现场实际情况进行风险辨识，造成人员伤害	25	1	0.5	12.5	四级	（1）结合检修内容与作业现场环境进行风险辨识 （2）按照辨识的风险逐一落实安全措施，不能存在漏项	
3		3. 未明确作业负责人、监护人，未确定互联互保人员，造成人员伤害	25	1	0.5	12.5	四级	指定作业负责人、监护人、互联互保人员并明确相关人员职责	

续表

序号	主要操作步骤	存在的风险	风险等级分析					主要防控措施	备注
			后果	暴露	可能性	风险值	风险等级		
4	作业前对检修人员进行安全交底	1. 安全交底时内容错误，造成人员伤害	5	1	1	5	四级	检修负责人正确理解检修内容，并正确交底	
5		2. 检修人员未听清安全交底内容，造成人员伤害	5	1	1	5	四级	（1）检修负责人进行安全交底时应声音洪亮，保证检修人员听清交底内容 （2）安全交底完毕后抽查检修人员掌握安全交底内容情况	
6		3. 安全交底不完整、不规范，造成人员伤害	5	1	1	5	四级	安全交底内容必须完整、规范，且逐一落实	
7	检查劳动保护用品穿戴情况及人员状态	1. 人员未按规定着装（工作服、绝缘鞋、安全帽、防尘口罩、护目镜、绝缘手套、安全带），造成人员伤害	5	1	1	5	四级	作业前，工作服穿着做到"三紧"，绝缘鞋系好鞋带，绝缘手套戴好，安全帽系好下颌带，护目镜清晰可见，确认安全带无破损、卡扣牢固	
8		2. 人员作业前喝酒、睡眠不足、精神状态不好等，导致作业过程中注意力不集中	5	1	1	5	四级	作业前，作业负责人检查人员是否存在酒后上岗，询问人员身体状况，观察人员精神状态，确认人员无异常状态后方可上岗作业	
9	检查工器具是否完好可靠、作业环境是否安全	1. 工器具不合格（万用表表笔漏电、螺丝刀磨损、偏口钳有裂纹、电笔氖泡损坏等），造成人员伤害	50	2	0.5	50	四级	发现不合格的工器具，应立即停用，更换质量可靠的工器具，同时做好工器具消耗领用记录	
10		2. 人员作业环境中存在风险（如地面有杂物等），人员未辨识清楚，导致绊倒、摔伤	50	2	0.5	50	四级	作业前认真检查作业环境中存在的风险，如发现隐患，在制定落实安全措施或排除隐患后方可进行作业	
11	检修前通知电解槽作业人员、调度员、值机人员	1. 与作业槽看槽人员沟通不到位，导致电解槽来效应，造成电解质喷溅伤人或槽控机误动作伤人	15	10	0.1	15	四级	与作业槽看槽人员进行及时沟通	

续表

序号	主要操作步骤	存在的风险	风险等级分析					主要防控措施	备注
			后果	暴露	可能性	风险值	风险等级		
12	检修前通知电解槽作业人员、调度员、值机人员	2. 与调度员沟通不到位，导致出现安全问题	15	10	0.1	15	四级	向调度员清楚汇报工作情况	
13		3. 与值机人员沟通不到位，导致值机人员误以为该槽控机发生故障	15	10	0.1	15	四级	与值机人员沟通清楚，并反馈确认	
14	将槽压线进线端保险拨开	1. 未完全分离保险，导致短路伤人	50	2	0.5	50	四级	分离后将保险取出再作业	
15		2. 检修作业时电解槽来效应，电解质发生喷溅，导致人员伤害	50	2	0.5	50	四级	（1）电解槽来效应后人员停止作业，撤离至安全位置，远离电解槽门正对位置 （2）电解工停止捞炭渣作业	
16	接入固定电压进行调试	1. 静电导致电路板被击穿	15	2	0.5	15	四级	作业前通过触摸墙面释放静电	
17		2. 变压器误差较大，导致调试结果不准确	15	2	0.5	15	四级	使用万用表测量变压器并调试误差范围	
18		3. 在电解槽旁作业时间长，导致人员高温中暑	15	2	0.5	15	四级	多喝水，适当休息	
19		4. 电解槽旁作业时未佩戴口罩，导致人员患呼吸系统疾病	15	2	0.5	15	四级	正确佩戴口罩	
20	工完场清，安全撤离	1. 检修作业后未清点工器具（如扳手、螺丝刀、偏口钳、万用表、电笔等），导致工器具遗留在槽控机箱内，造成设备故障	25	2	1	50	四级	（1）应将检修作业所需要的工器具放置在作业现场指定区域内 （2）作业完成后，清点工器具	

表 3.47 校正电流作业安全风险辨识及防控措施一览表

序号	主要操作步骤	存在的风险	风险等级分析					主要防控措施	备注
			后果	暴露	可能性	风险值	风险等级		
1	填写工作票并对风险进行辨识及防范	1. 工作票内容、步骤填写错误或遗漏，造成人员伤害	25	1	0.5	12.5	四级	正确填写工作票，明确检修内容，控制检修时间	
2		2. 未结合检修内容和检修现场实际情况进行风险辨识，造成人员伤害	25	1	0.5	12.5	四级	（1）结合检修内容与作业现场环境进行风险辨识 （2）按照辨识的风险逐一落实安全措施，不能存在漏项	
3		3. 未明确作业负责人、监护人，未确定互联互保人员，造成人员伤害	25	1	0.5	12.5	四级	指定作业负责人、监护人、互联互保人员并明确相关人员职责	
4	作业前对检修人员进行安全交底	1. 安全交底时内容错误，造成人员伤害	5	1	1	5	四级	检修负责人正确理解检修内容，并正确交底	
5		2. 检修人员未听清安全交底内容，造成人员伤害	5	1	1	5	四级	（1）检修负责人进行安全交底时应声音洪亮，保证检修人员听清交底内容 （2）安全交底完毕后抽查检修人员掌握安全交底内容情况	
6		3. 安全交底不完整、不规范，造成人员伤害	5	1	1	5	四级	安全交底内容必须完整、规范，且逐一落实	
7	检查劳动保护用品穿戴情况及人员状态	1. 人员未按规定着装（工作服、绝缘鞋、安全帽、防尘口罩、护目镜、绝缘手套、安全带），造成人员伤害	5	1	1	5	四级	作业前，工作服穿着做到"三紧"，绝缘鞋系好鞋带，绝缘手套戴好，安全帽系好下颏带，护目镜清晰可见，确认安全带无破损、卡扣牢固	
8		2. 人员作业前喝酒、睡眠不足、精神状态不好等，导致作业过程中注意力不集中	5	1	1	5	四级	作业前，作业负责人检查人员是否存在酒后上岗，询问人员身体状况，观察人员精神状态，确认人员无异常状态后方可上岗作业	
9	检查工器具是否完好可靠、作业环境是否安全	1. 工器具不合格（万用表表笔漏电、螺丝刀磨损、偏口钳有裂纹、电笔氖泡损坏等），造成人员伤害	50	2	0.5	50	四级	发现不合格的工器具，应立即停用，更换质量可靠的工器具，同时做好工器具消耗领用记录	

续表

序号	主要操作步骤	存在的风险	风险等级分析					主要防控措施	备注
			后果	暴露	可能性	风险值	风险等级		
10	检查工器具是否完好可靠、作业环境是否安全	2. 人员作业环境中存在风险（如地面有杂物等），人员未辨识清楚，导致绊倒、摔伤	50	2	0.5	50	四级	作业前认真检查作业环境中存在的风险，如发现隐患，在制定落实安全措施或排除隐患后方可进行作业	
11	检修前通知电解槽作业人员、调度员、值机人员	1. 与作业槽看槽人员沟通不到位，导致电解槽来效应，造成电解质喷溅伤人或槽控机误动作伤人	15	10	0.1	15	四级	与作业槽看槽人员进行及时沟通	
12		2. 与调度员沟通不到位，导致出现安全问题	15	10	0.1	15	四级	向调度员清楚汇报工作情况	
13		3. 与值机人员沟通不到位，导致值机人员误以为该槽控机发生故障	15	10	0.1	15	四级	与值机人员沟通清楚，并反馈确认	
14	电工在电流调整柜操作前确认身体无静电	1. 静电导致电路板被击穿	25	2	1	50	四级	作业前通过触摸墙面释放静电	
15	调整可调电阻	1. 用小改锥或电笔调整可调电阻螺丝时，调试动作过大，接口机自动打开电流检修开关，导致半个系列的电解槽不能正常加工，可能造成多槽来效应，影响系列安全	25	2	1	50	四级	每次最多调试半圈，不可一次调整幅度太大	
16		2. 人员触碰其他有电的部位，有触电的风险	25	2	1	50	四级	（1）一人作业，另一人监护 （2）严禁徒手触碰带电的金属部分	
17	工完场清，安全撤离	1. 检修作业后未清点工器具（如扳手、万用表、螺丝刀、偏口钳、电笔等），导致工器具遗留在检修现场，造成设备损坏	25	2	1	50	四级	（1）应将检修作业所需要的工器具放置在作业现场指定区域内 （2）设立检修作业工器具清单，作业完成后按照清单清点工器具	

表 3.48 紧固 T 型端子作业安全风险辨识及防控措施一览表

序号	主要操作步骤	存在的风险	风险等级分析					主要防控措施	备注
			后果	暴露	可能性	风险值	风险等级		
1	填写工作票并对风险进行辨识及防范	1. 工作票内容、步骤填写错误或遗漏，造成人员伤害	25	1	0.5	12.5	四级	正确填写工作票，明确检修内容，控制检修时间	
2		2. 未结合检修内容和检修现场实际情况进行风险辨识，造成人员伤害	25	1	0.5	12.5	四级	（1）结合检修内容与作业现场环境进行风险辨识 （2）按照辨识的风险逐一落实安全措施，不能存在漏项	
3		3. 未明确作业负责人、监护人，未确定互联互保人员，造成人员伤害	25	1	0.5	12.5	四级	指定作业负责人、监护人、互联互保人员并明确相关人员职责	
4	作业前对检修人员进行安全交底	1. 安全交底时内容错误，造成人员伤害	5	1	1	5	四级	检修负责人正确理解检修内容，并正确交底	
5		2. 检修人员未听清安全交底内容，造成人员伤害	5	1	1	5	四级	（1）检修负责人进行安全交底时应声音洪亮，保证检修人员听清交底内容 （2）安全交底完毕后抽查检修人员掌握安全交底内容情况	
6		3. 安全交底不完整、不规范，造成人员伤害	5	1	1	5	四级	安全交底内容必须完整、规范，且逐一落实	
7	检查劳动保护用品穿戴情况及人员状态	1. 人员未按规定着装（工作服、绝缘鞋、安全帽、防尘口罩、护目镜、绝缘手套、安全带），造成人员伤害	5	1	1	5	四级	作业前，工作服穿着做到"三紧"，绝缘鞋系好鞋带，绝缘手套戴好，安全帽系好下颏带，护目镜清晰可见，确认安全带无破损、卡扣牢固	
8		2. 人员作业前喝酒、睡眠不足、精神状态不好等，导致作业过程中注意力不集中	5	1	1	5	四级	作业前，作业负责人检查人员是否存在酒后上岗，询问人身体状况，观察人员精神状态，确认人员无异常状态后方可上岗作业	
9	检查工器具是否完好可靠、作业环境是否安全	1. 工器具不合格（万用表表笔漏电、螺丝刀磨损、偏口钳有裂纹、电笔氖泡损坏等），造成人员伤害	50	2	0.5	50	四级	发现不合格的工器具，应立即停用，更换质量可靠的工器具，同时做好工器具消耗领用记录	

续表

序号	主要操作步骤	存在的风险	风险等级分析					主要防控措施	备注
			后果	暴露	可能性	风险值	风险等级		
10	检查工器具是否完好可靠、作业环境是否安全	2. 人员作业环境中存在风险（如地面有杂物等），人员未辨识清楚，导致绊倒、摔伤	50	2	0.5	50	四级	作业前认真检查作业环境中存在的风险，如发现隐患，在制定落实安全措施或排除隐患后方可进行作业	
11	作业前检查安全带有无破损，确认工器具绝缘，螺丝刀的金属部位缠绝缘胶布	1. 安全带破损，导致人员高处坠落	50	2	0.5	50	四级	仔细检查安全带有无破损	
12		2. 金属裸露部位过长，导致短路或触电	50	2	0.5	50	四级	（1）破损时及时更换 （2）严格包裹金属工器具，头部只留 1 cm 金属部位	
13	架设梯子	1. 过度发力造成梯子歪斜，导致人员碰伤	25	2	1	50	四级	两人一起配合作业，将梯子摆好、放置平稳	
14		2. 梯子不平稳	25	2	1	50	四级	用支撑物将梯子四个支点找平，确保梯子平稳	
15	登上梯子	1. 手拿工器具登梯，导致人员坠落	25	2	1	50	四级	将工器具放入工器具袋，背着工器具袋登梯	
16		2. 登梯过程中出现滑脱，导致人员伤害	25	2	1	50	四级	（1）登梯前检查梯子是否有油污，若有油污，及时清理 （2）配合人员扶好梯子	
17	挂好安全带	1. 将安全带挂在低处，导致人员坠落时安全带不起作用	25	1	0.5	12.5	四级	将安全带的锁扣挂在高处并且是牢固的位置	
18	用螺丝刀打开T型端子盒	1. 螺丝刀滑脱失去重心，导致人员坠落	25	1	1	25	四级	合理用力，谨慎操作	
19	紧固接线端子	1. 带电作业，人员有触电的可能	50	2	1	100	四级	使用绝缘梯子，佩戴绝缘手套，正确使用工器具，平稳用力	
20		2. 长时间在梯子上工作，容易产生疲劳，可能导致人员坠落	50	2	0.5	50	四级	适当休息	

续表

序号	主要操作步骤	存在的风险	风险等级分析					主要防控措施	备注
			后果	暴露	可能性	风险值	风险等级		
21	工完场清，安全撤离	1. 检修作业后未清点工器具，导致工器具遗留在检修现场，若发生工器具掉落，造成人员伤害	15	2	1	30	四级	（1）应将检修作业所需要的工器具放置在作业现场指定区域内 （2）作业完成后，清点工器具	

表3.49 更换效应灯作业安全风险辨识及防控措施一览表

序号	主要操作步骤	存在的风险	风险等级分析					主要防控措施	备注
			后果	暴露	可能性	风险值	风险等级		
1	填写工作票并对风险进行辨识及防范	1. 工作票内容、步骤填写错误或遗漏，造成人员伤害	25	1	0.5	12.5	四级	正确填写工作票，明确检修内容，控制检修时间	
2		2. 未结合检修内容和检修现场实际情况进行风险辨识，造成人员伤害	25	1	0.5	12.5	四级	（1）结合检修内容与作业现场环境进行风险辨识 （2）按照辨识的风险逐一落实安全措施，不能存在漏项	
3		3. 未明确作业负责人、监护人，未确定互联互保人员，造成人员伤害	25	1	0.5	12.5	四级	指定作业负责人、监护人、互联互保人员并明确相关人员职责	
4	作业前对检修人员进行安全交底	1. 安全交底时内容错误，造成人员伤害	5	1	1	5	四级	检修负责人正确理解检修内容，并正确交底	
5		2. 检修人员未听清安全交底内容，造成人员伤害	5	1	1	5	四级	（1）检修负责人进行安全交底时应声音洪亮，保证检修人员听清交底内容 （2）安全交底完毕后抽查检修人员掌握安全交底内容情况	
6		3. 安全交底不完整、不规范，造成人员伤害	5	1	1	5	四级	安全交底内容必须完整、规范，且逐一落实	
7	检查劳动保护用品穿戴情况及人员状态	1. 人员未按规定着装（工作服、绝缘鞋、安全帽、防尘口罩、护目镜、绝缘手套、安全带），造成人员伤害	5	1	1	5	四级	作业前，工作服穿着做到"三紧"，绝缘鞋系好鞋带，绝缘手套戴好，安全帽系下颌带，护目镜清晰可见，确认安全带无破损、卡扣牢固	

续表

序号	主要操作步骤	存在的风险	风险等级分析					主要防控措施	备注
			后果	暴露	可能性	风险值	风险等级		
8	检查劳动保护用品穿戴情况及人员状态	2. 人员作业前喝酒、睡眠不足、精神状态不好等，导致作业过程中注意力不集中	5	1	1	5	四级	作业前，作业负责人检查人员是否存在酒后上岗，询问人员身体状况，观察人员精神状态，确认人员无异常状态后方可上岗作业	
9	检查工器具是否完好可靠、作业环境是否安全	1. 工器具不合格（万用表表笔漏电、螺丝刀磨损、偏口钳有裂纹、电笔氖泡损坏等），造成人员伤害	50	2	0.5	50	四级	发现不合格的工器具，应立即停用，更换质量可靠的工器具，同时做好工器具消耗领用记录	
10		2. 人员作业环境中存在风险（如地面有杂物等），人员未辨识清楚，导致绊倒、摔伤	50	2	0.5	50	四级	作业前认真检查作业环境中存在的风险，如发现隐患，在制定落实安全措施或排除隐患后方可进行作业	
11	槽上部插红旗	1. 槽罩板未放置稳当，作业人员通过槽罩板登上电解槽时，导致人员坠落	25	1	1	25	四级	上槽检修作业前检查需要踩踏的槽罩板是否放稳、踩踏部位是否有损坏，如有损坏，及时通知电解槽维护人员更换，如发现松动部位，在及时将槽罩板放平稳后方可上槽作业	
12	登上电解槽	1. 未盖好的槽罩板（如槽罩板未放置好、槽罩板上支撑部位有开焊、破损等），导致人员坠落	25	1	1	25	四级	上槽检修作业前检查需要踩踏的槽罩板是否放稳、踩踏部位是否有损坏，如有损坏，及时通知电解槽维护人员更换	
13		2. 作业人员吸入较多的烟气，影响身体健康	25	1	1	25	四级	佩戴好口罩	
14	更换效应灯	1. 未盖好的槽罩板（如槽罩板未放置好、槽罩板上支撑部位有开焊、破损等），导致人员坠落	50	1	1	50	四级	上槽检修作业前检查需要踩踏的槽罩板是否放稳、踩踏部位是否有损坏，如有损坏，及时通知电解槽维护人员更换	
15		2. 安全带系挂位置不当，导致人员伤害	50	1	1	50	四级	将安全带挂至牢固位置，不许将其系挂至桥架等不牢固位置	

续表

序号	主要操作步骤	存在的风险	风险等级分析					主要防控措施	备注
			后果	暴露	可能性	风险值	风险等级		
16	更换效应灯	3. 两个以上不同作业内容的小组在同一电解槽上作业，形成交叉作业，有造成人员伤害的可能	50	1	1	50	四级	监护人注意严禁交叉作业	
17		4. 更换效应灯时未断电，导致人员触电	50	1	1	50	四级	操作前断电，并进行验电	
18		5. 作业时电解槽来效应，导致人员触电	50	1	1	50	四级	更换效应灯时断电	
19		6. 人员吸入较多的烟气，影响身体健康	50	1	1	50	四级	佩戴好口罩	
20		7. 作业时间长，导致人员中暑	50	1	1	50	四级	适当休息，多喝水	
21	走下电解槽	1. 未盖好的槽罩板（如槽罩板未放置好、槽罩板上支撑部位有开焊、破损等），导致人员坠落	25	1	1	25	四级	按照上槽路线下槽，不从未知路线下槽	
22	工完场清，安全撤离	1. 检修作业后未清点工器具（如扳手、万用表、螺丝刀、偏口钳、电笔等），导致工器具遗留在检修现场，造成设备损坏或人员伤害	25	2	0.5	25	四级	（1）将检修作业所需要的工器具（如扳手、万用表、螺丝刀、偏口钳、电笔等）放置在作业现场指定区域内 （2）设立检修作业工器具清单，作业完成后按照清单清点工器具	

表3.50 检修槽上部电机作业安全风险辨识及防控措施一览表

序号	主要操作步骤	存在的风险	风险等级分析					主要防控措施	备注
			后果	暴露	可能性	风险值	风险等级		
1	填写工作票并对风险进行辨识及防范	1. 工作票内容、步骤填写错误或遗漏，造成人员伤害	25	1	0.5	12.5	四级	正确填写工作票，明确检修内容，控制检修时间	

续表

序号	主要操作步骤	存在的风险	风险等级分析					主要防控措施	备注
			后果	暴露	可能性	风险值	风险等级		
2	填写工作票并对风险进行辨识及防范	2. 未结合检修内容和检修现场实际情况进行风险辨识，造成人员伤害	25	1	0.5	12.5	四级	（1）结合检修内容与作业现场环境进行风险辨识 （2）按照辨识的风险逐一落实安全措施，不能存在漏项	
3		3. 未明确作业负责人、监护人，未确定互联互保人员，造成人员伤害	25	1	0.5	12.5	四级	指定作业负责人、监护人、互联互保人员并明确相关人员职责	
4	作业前对检修人员进行安全交底	1. 安全交底时内容错误，造成人员伤害	5	1	1	5	四级	检修负责人正确理解检修内容，并正确交底	
5		2. 检修人员未听清安全交底内容，造成人员伤害	5	1	1	5	四级	（1）检修负责人进行安全交底时应声音洪亮，保证检修人员听清交底内容 （2）安全交底完毕后抽查检修人员掌握安全交底内容情况	
6		3. 安全交底不完整、不规范，造成人员伤害	5	1	1	5	四级	安全交底内容必须完整、规范，且逐一落实	
7	检查劳动保护用品穿戴情况及人员状态	1. 人员未按规定着装（工作服、绝缘鞋、安全帽、防尘口罩、护目镜、绝缘手套、安全带），造成人员伤害	5	1	1	5	四级	作业前，工作服穿着做到"三紧"，绝缘鞋系好鞋带，绝缘手套戴好，安全帽系好下颏带，护目镜清晰可见，确认安全带无破损、卡扣牢固	
8		2. 人员作业前喝酒、睡眠不足、精神状态不好等，导致作业过程中注意力不集中	5	1	1	5	四级	作业前，作业负责人检查人员是否存在酒后上岗，询问人员身体状况，观察人员精神状态，确认人员无异常状态后方可上岗作业	
9	检查工器具是否完好可靠、作业环境是否安全	1. 工器具不合格（万用表表笔漏电、螺丝刀磨损、偏口钳有裂纹、电笔氖泡损坏等），造成人员伤害	50	2	0.5	50	四级	发现不合格的工器具，应立即停用，更换质量可靠的工器具，同时做好工器具消耗领用记录	
10		2. 人员作业环境中存在风险（如地面有杂物等），人员未辨识清楚，导致绊倒、摔伤	50	2	0.5	50	四级	作业前认真检查作业环境中存在的风险，如发现隐患，在制定落实安全措施或排除隐患后方可进行作业	

续表

序号	主要操作步骤	存在的风险	风险等级分析					主要防控措施	备注
			后果	暴露	可能性	风险值	风险等级		
11	通知调度员及机房、电解槽监护人注意相关事项	1. 与作业槽相关人员沟通不到位,导致电解槽来效应,造成电解质喷溅伤人	50	2	0.5	50	四级	确认检修位置及故障已准确告知	
12		2. 槽控机误动作,导致人员伤害	50	2	0.5	50	四级	与相关人员确认作业的相关注意事项	
13	槽上部插红旗	1. 未盖好的槽罩板(如槽罩板未放置好、槽罩板上支撑部位有开焊、破损等),导致人员坠落	25	1	1	25	四级	上槽检修作业前检查需要踩踏的槽罩板是否放稳、踩踏部位是否有损坏,如有损坏,及时通知电解槽维护人员更换,如发现松动部位,在及时将槽罩板放平稳后方可上槽作业	
14		1. 未断开380 V电源开关,人员作业时可能发生触电	50	2	1	100	三级	检修前,确认槽控机380 V电源是否断开,若槽控机报故障,确认后再作业	
15	拆除电机电源线	2. 未盖好的槽罩板(如槽罩板未放置好、槽罩板上支撑部位有开焊、破损等),导致人员坠落	50	1	1	50	四级	上槽检修作业前检查需要踩踏的槽罩板是否放稳、踩踏部位是否有损坏,如有损坏,及时通知电解槽维护人员更换	
16		3. 安全带系挂位置不当,导致人员高处坠落	50	1	1	50	四级	安全带挂至牢固位置,不许将其系挂至桥架等不牢固位置	
17		4. 作业人员吸入较多的烟气,影响身体健康	50	1	1	50	四级	佩戴好口罩	
18		1. 拆除螺丝时碰伤手部	50	1	1	50	四级	佩戴好手套并合理用力操作	
19	拆除电机地脚螺丝	2. 两个以上不同作业内容的小组在同一电解槽上作业,形成交叉作业,有造成人员伤害的可能	50	1	1	50	四级	与电解岗位人员沟通改变工作流程,消除交叉作业	
20		3. 电解槽来效应,效应电压过高,导致电解槽部分绝缘损坏,发生大火放炮事故,同时可能伤害到人员	50	2	1	100	三级	当电解槽来效应时,人员应及时撤离电解槽,下槽时注意脚下,防止滑倒	

续表

序号	主要操作步骤	存在的风险	风险等级分析					主要防控措施	备注
			后果	暴露	可能性	风险值	风险等级		
21	拆除电机地脚螺丝	4. 作业人员吸入较多的烟气，影响身体健康	50	1	1	50	四级	佩戴好口罩	
22		1. 拆除螺丝时碰伤手部	50	1	1	50	四级	佩戴好手套并合理用力操作	
23	拆除电机和减速机法兰螺丝	2. 两个以上不同作业内容的小组在同一电解槽上作业，形成交叉作业，有造成人员伤害的可能	50	1	1	50	四级	与电解岗位人员沟通改变工作流程，消除交叉作业	
24		3. 电解槽来效应，效应电压过高，导致电解槽部分绝缘损坏，发生大火放炮事故，同时可能伤害到人员	50	2	1	100	三级	当电解槽来效应时，人员及时撤离电解槽，下槽时注意脚下，防止滑倒	
25		4. 作业人员吸入较多的烟气，影响身体健康	50	1	0.5	50	四级	佩戴好口罩	
26		5. 作业时间长，导致人员中暑	50	1	0.5	50	四级	适当休息，多喝水	

表 3.51　检修电解槽母线限位作业安全风险辨识及防控措施一览表

序号	主要操作步骤	存在的风险	风险等级分析					主要防控措施	备注
			后果	暴露	可能性	风险值	风险等级		
1	填写工作票并对风险进行辨识及防范	1. 工作票内容、步骤填写错误或遗漏，造成人员伤害	25	1	0.5	12.5	四级	正确填写工作票，明确检修内容，控制检修时间	
2		2. 未结合检修内容和检修现场实际情况进行风险辨识，造成人员伤害	25	1	0.5	12.5	四级	（1）结合检修内容与作业现场环境进行风险辨识 （2）按照辨识的风险逐一落实安全措施，不能存在漏项	
3		3. 未明确作业负责人、监护人，未确定互联互保人员，造成人员伤害	25	1	0.5	12.5	四级	指定作业负责人、监护人、互联互保人员并明确相关人员职责	

续表

序号	主要操作步骤	存在的风险	风险等级分析					主要防控措施	备注
			后果	暴露	可能性	风险值	风险等级		
4	作业前对检修人员进行安全交底	1. 安全交底时内容错误，造成人员伤害	5	1	1	5	四级	检修负责人正确理解检修内容，并正确交底	
5		2. 检修人员未听清安全交底内容，造成人员伤害	5	1	1	5	四级	（1）检修负责人进行安全交底时应声音洪亮，保证检修人员听清交底内容 （2）安全交底完毕后抽查检修人员掌握安全交底内容情况	
6		3. 安全交底不完整、不规范，造成人员伤害	5	1	1	5	四级	安全交底内容必须完整、规范，且逐一落实	
7	检查劳动保护用品穿戴情况及人员状态	1. 人员未按规定着装（工作服、绝缘鞋、安全帽、防尘口罩、护目镜、绝缘手套、安全带），造成人员伤害	5	1	1	5	四级	作业前，工作服穿着做到"三紧"，绝缘鞋系好鞋带，绝缘手套戴好，安全帽系好下颏带，护目镜清晰可见，确认安全带无破损、卡扣牢固	
8		2. 人员作业前喝酒、睡眠不足、精神状态不好等，导致作业过程中注意力不集中	5	1	1	5	四级	作业前，作业负责人检查人员是否存在酒后上岗，询问人员身体状况，观察人员精神状态，确认人员无异常状态后方可上岗作业	
9	检查工器具是否完好可靠、作业环境是否安全	1. 工器具不合格（万用表表笔漏电、螺丝刀磨损、偏口钳有裂纹、电笔氖泡损坏等），造成人员伤害	50	2	0.5	50	四级	发现不合格的工器具，应立即停用，更换质量可靠的工器具，同时做好工器具消耗领用记录	
10		2. 人员作业环境中存在风险（如地面有杂物等），人员未辨识清楚，导致绊倒、摔伤	50	2	0.5	50	四级	作业前认真检查作业环境中存在的风险，如发现隐患，在制定落实安全措施或排除隐患后方可进行作业	
11	通知调度员及机房、电解槽监护人注意相关事项	1. 与作业槽相关人员沟通不到位，导致电解槽来效应，造成电解质喷溅伤人	25	2	0.5	25	四级	确认检修位置及故障已准确告知	
12		2. 槽控机误动作，导致人员伤害	25	2	0.5	25	四级	与相关人员确认作业的相关注意事项	

续表

序号	主要操作步骤	存在的风险	风险等级分析					主要防控措施	备注
			后果	暴露	可能性	风险值	风险等级		
13	断开220V动力电源开关	1. 断开开关时未戴手套，导致人员触电	50	2	0.5	50	四级	操作时必须佩戴涂胶手套，面部侧对开关，其他人不许接触操作者	
14		2. 未正确验电，导致人员触电	50	2	0.5	50	四级	确认验电部位正确，正确手持验电笔，验电时，严禁他人接触验电人员	
15		3. 作业时配电箱门未挂牌上锁，导致其他人员误送电，引起检修人员触电、磕碰	50	2	0.5	50	四级	断电后将配电箱门闭合，并进行挂牌上锁，上锁时严禁使用同芯锁	
16	限位检修	1. 未盖好的槽罩板（如槽罩板未放置好、槽罩板上支撑部位有开焊、破损等），导致人员坠落	50	2	0.5	50	四级	上槽检修作业前检查需要踩踏的槽罩板是否放稳、踩踏部位是否有损坏，如有损坏，及时通知电解槽维护人员更换，如发现松动部位，在及时将槽罩板放平稳后方可上槽作业	
17		2. 电解槽上部的作业空间狭小，导致人员作业时受到磕碰伤害	50	2	0.5	50	四级	作业前做好各项防护措施，空间狭小部位使用工器具检修，严禁徒手检修	
18		3. 电解槽来效应，效应电压过高，导致电解槽部分绝缘损坏，发生大火放炮事故，同时可能伤害到人员	50	2	1	100	三级	当电解槽来效应时，人员及时撤离电解槽，下槽时注意脚下，防止滑倒	

表3.52 配电室配电柜除尘作业安全风险辨识及防控措施一览表

序号	主要操作步骤	存在的风险	风险等级分析					主要防控措施	备注
			后果	暴露	可能性	风险值	风险等级		
1	填写工作票并对风险进行辨识及防范	1. 工作票内容、步骤填写错误或遗漏，造成人员伤害	25	1	0.5	12.5	四级	正确填写工作票，明确检修内容，控制检修时间	
2		2. 未结合检修内容和检修现场实际情况进行风险辨识，造成人员伤害	25	1	0.5	12.5	四级	（1）结合检修内容与作业现场环境进行风险辨识 （2）按照辨识的风险逐一落实安全措施，不能存在漏项	

续表

序号	主要操作步骤	存在的风险	风险等级分析					主要防控措施	备注
			后果	暴露	可能性	风险值	风险等级		
3	填写工作票并对风险进行辨识及防范	3. 未明确作业负责人、监护人，未确定互联互保人员，造成人员伤害	25	1	0.5	12.5	四级	指定作业负责人、监护人、互联互保人员并明确相关人员职责	
4	作业前对检修人员进行安全交底	1. 安全交底时内容错误，造成人员伤害	5	1	1	5	四级	检修负责人正确理解检修内容，并正确交底	
5		2. 检修人员未听清安全交底内容，造成人员伤害	5	1	1	5	四级	（1）检修负责人进行安全交底时应声音洪亮，保证检修人员听清交底内容 （2）安全交底完毕后抽查检修人员掌握安全交底内容情况	
6		3. 安全交底不完整、不规范，造成人员伤害	5	1	1	5	四级	安全交底内容必须完整、规范，且逐一落实	
7	检查劳动保护用品穿戴情况及人员状态	1. 人员未按规定着装（工作服、绝缘鞋、安全帽、防尘口罩、护目镜、绝缘手套、安全带），造成人员伤害	5	1	1	5	四级	作业前，工作服穿着做到"三紧"，绝缘鞋系好鞋带，绝缘手套戴好，安全帽系好下颏带，护目镜清晰可见，确认安全带无破损、卡扣牢固	
8		2. 人员作业前喝酒、睡眠不足、精神状态不好等，导致作业过程中注意力不集中	5	1	1	5	四级	作业前，作业负责人检查人员是否存在酒后上岗，询问人员身体状况，观察人员精神状态，确认人员无异常状态后方可上岗作业	
9	检查工器具是否完好可靠、作业环境是否安全	1. 工器具不合格（万用表表笔漏电、螺丝刀磨损、偏口钳有裂纹、电笔氖泡损坏等），造成人员伤害	50	2	0.5	50	四级	发现不合格的工器具，应立即停用，更换质量可靠的工器具，同时做好工器具消耗领用记录	
10		2. 人员作业环境中存在风险（如地面有杂物等），人员未辨识清楚，导致绊倒、摔伤	50	2	0.5	50	四级	作业前认真检查作业环境中存在的风险，如发现隐患，在制定落实安全措施或排除隐患后方可进行作业	

续表

序号	主要操作步骤	存在的风险	风险等级分析					主要防控措施	备注
			后果	暴露	可能性	风险值	风险等级		
11	除尘	1. 未从现场停止运行中的设备,而直接从配电室开关处断电,可能发生设备事故,并伤及人员	50	1	1	50	四级	通知设备属地,先停止设备运行,后断电	
12		2. 未对母线进行断电处理,导致人员触电	50	1	1	50	四级	断电,并进行效验,确保无电操作	
13		3. 潮湿、阴雨天气情况下作业,导致人员触电	50	1	1	50	四级	避免潮湿、阴雨天气进入配电室	
14		4. 配电室内带电部位在作业时未做隔离,导致人员触电	50	1	1	50	四级	(1) 除尘作业时避免带电作业 (2) 将配电室抽屉抽出,到室外进行除尘作业	
15	工完场清,安全撤离	1. 检修作业后未清点工器具(如扳手、万用表、螺丝刀、偏口钳、电笔等),导致工器具遗留在检修现场,造成设备损坏或人员伤害	25	2	0.5	25	四级	(1) 应将检修作业所需要的工器具(如扳手、万用表、螺丝刀、偏口钳、电笔等)放置在作业现场指定区域内 (2) 设立检修作业工器具清单,作业完成后按照清单清点工器具	

表 3.53 配电室抽屉开关操作作业安全风险辨识及防控措施一览表

序号	主要操作步骤	存在的风险	风险等级分析					主要防控措施	备注
			后果	暴露	可能性	风险值	风险等级		
1	填写工作票并对风险进行辨识及防范	1. 工作票内容、步骤填写错误或遗漏,造成人员伤害	25	1	0.5	12.5	四级	正确填写工作票,明确检修内容,控制检修时间	
2		2. 未结合检修内容和检修现场实际情况进行风险辨识,造成人员伤害	25	1	0.5	12.5	四级	(1) 结合检修内容与作业现场环境进行风险辨识 (2) 按照辨识的风险逐一落实安全措施,不能存在漏项	
3		3. 未明确作业负责人、监护人,未确定互联互保人员,造成人员伤害	25	1	0.5	12.5	四级	指定作业负责人、监护人、互联互保人员并明确相关人员职责	

续表

序号	主要操作步骤	存在的风险	风险等级分析					主要防控措施	备注
			后果	暴露	可能性	风险值	风险等级		
4	作业前对检修人员进行安全交底	1. 安全交底时内容错误，造成人员伤害	5	1	1	5	四级	检修负责人正确理解检修内容，并正确交底	
5		2. 检修人员未听清安全交底内容，造成人员伤害	5	1	1	5	四级	（1）检修负责人进行安全交底时应声音洪亮，保证检修人员听清交底内容 （2）安全交底完毕后抽查检修人员掌握安全交底内容情况	
6		3. 安全交底不完整、不规范，造成人员伤害	5	1	1	5	四级	安全交底内容必须完整、规范，且逐一落实	
7	检查劳动保护用品穿戴情况及人员状态	1. 人员未按规定着装（工作服、绝缘鞋、安全帽、防尘口罩、护目镜、绝缘手套、安全带），造成人员伤害	5	1	1	5	四级	作业前，工作服着做到"三紧"，绝缘鞋系好鞋带，绝缘手套戴好，安全帽系好下颏带，护目镜清晰可见，确认安全带无破损、卡扣牢固	
8		2. 人员作业前喝酒、睡眠不足、精神状态不好等，导致作业过程中注意力不集中	5	1	1	5	四级	作业前，作业负责人检查人员是否存在酒后上岗，询问人员身体状况，观察人员精神状态，确认人员无异常状态后方可上岗作业	
9	检查工器具是否完好可靠、作业环境是否安全	1. 工器具不合格（万用表表笔漏电、螺丝刀磨损、偏口钳有裂纹、电笔氖泡损坏等），造成人员伤害	50	2	0.5	50	四级	发现不合格的工器具，应立即停用，更换质量可靠的工器具，同时做好工器具消耗领用记录	
10		2. 人员作业环境中存在风险（如地面有杂物等），人员未辨识清楚，导致绊倒、摔伤	50	2	0.5	50	四级	作业前认真检查作业环境中存在的风险，如发现隐患，在制定落实安全措施或排除隐患后方可进行作业	
11	确认需要断开的开关所控制的设备已经停止运行	1. 未确认被控制的设备已经断电，可能造成人员在检修过程中发生触电事故	25	2	0.5	25	四级	确认检修位置及故障已准确告知	

续表

序号	主要操作步骤	存在的风险	风险等级分析					主要防控措施	备注
			后果	暴露	可能性	风险值	风险等级		
12	确认需要断开的开关所控制的设备已经停止运行	2. 未确认被控制的设备已经断电并停止运行，检修人员与操作人员沟通不畅，可能造成操作人员发生机械伤害事故	25	2	0.5	25	四级	与相关人员确认作业的相关注意事项	
13	将抽屉开关把手打在"断开"位置	1. 未按操作票内容操作，导致误停电	50	1	1	50	四级	按操作票内容操作，采用双名称确认	
14		2. 操作时未戴手套，导致人员触电	50	2	1	50	三级	操作时，操作人员戴手套作业	
15		3. 操作时没有监护人，导致操作错误	50	1	1	50	四级	操作时，必须有监护人进行唱票和监护	
16	将抽屉开关把手打在"拉出"和"推入"位置	1. 未按操作票内容操作，导致误停电	50	1	1	50	四级	按操作票内容操作，采用双名称确认	
17		2. 操作时未戴手套，导致人员触电	50	2	1	100	三级	操作时，操作人员戴手套作业	
18		3. 操作时没有监护人，导致操作错误	50	1	1	50	四级	操作时，必须有监护人进行唱票和监护	

表 3.54 检修气控柜作业安全风险辨识及防控措施一览表

序号	主要操作步骤	存在的风险	风险等级分析					主要防控措施	备注
			后果	暴露	可能性	风险值	风险等级		
1	填写工作票并对风险进行辨识及防范	1. 工作票内容、步骤填写错误或遗漏，造成人员伤害	25	1	0.5	12.5	四级	正确填写工作票，明确检修内容，控制检修时间	
2		2. 未结合检修内容和检修现场实际情况进行风险辨识，造成人员伤害	25	1	0.5	12.5	四级	(1) 结合检修内容与作业现场环境进行风险辨识 (2) 按照辨识的风险逐一落实安全措施，不能存在漏项	
3		3. 未明确作业负责人、监护人，未确定互联互保人员，造成人员伤害	25	1	0.5	12.5	四级	指定作业负责人、监护人、互联互保人员并明确相关人员职责	

续表

序号	主要操作步骤	存在的风险	风险等级分析					主要防控措施	备注
			后果	暴露	可能性	风险值	风险等级		
4	作业前对检修人员进行安全交底	1. 安全交底时内容错误，造成人员伤害	5	1	1	5	四级	检修负责人正确理解检修内容，并正确交底	
5		2. 检修人员未听清安全交底内容，造成人员伤害	5	1	1	5	四级	（1）检修负责人进行安全交底时应声音洪亮，保证检修人员听清交底内容 （2）安全交底完毕后抽查检修人员掌握安全交底内容情况	
6		3. 安全交底不完整、不规范，造成人员伤害	5	1	1	5	四级	安全交底内容必须完整、规范，且逐一落实	
7	检查劳动保护用品穿戴情况及人员状态	1. 人员未按规定着装（工作服、绝缘鞋、安全帽、防尘口罩、护目镜、绝缘手套、安全带），造成人员伤害	5	1	1	5	四级	作业前，工作服穿着做到"三紧"，绝缘鞋系好鞋带，绝缘手套戴好，安全帽系好下颏带，护目镜清晰可见，确认安全带无破损、卡扣牢固	
8		2. 人员作业前喝酒、睡眠不足、精神状态不好等，导致作业过程中注意力不集中	5	1	1	5	四级	作业前，作业负责人检查人员是否存在酒后上岗，询问人员身体状况，观察人员精神状态，确认人员无异常状态后方可上岗作业	
9	检查工器具是否完好可靠、作业环境是否安全	1. 工器具不合格（万用表表笔漏电、螺丝刀磨损、偏口钳有裂纹、电笔氖泡损坏等），造成人员伤害	50	2	0.5	50	四级	发现不合格的工器具，应立即停用，更换质量可靠的工器具，同时做好工器具消耗领用记录	
10		2. 人员作业环境中存在风险（如地面有杂物等），人员未辨识清楚，导致绊倒、摔伤	50	2	0.5	50	四级	作业前认真检查作业环境中存在的风险，如发现隐患，在制定落实安全措施或排除隐患后方可进行作业	
11	通知调度员及机房、电解槽监护人注意相关事项	1. 与作业槽相关人员沟通不到位，导致电解槽失效应，造成电解质喷溅伤人	25	2	0.5	25	四级	确认检修位置及故障已准确告知	
12		2. 槽控机误动作，导致人员伤害	25	2	0.5	25	四级	与相关人员确认作业的相关注意事项	

续表

序号	主要操作步骤	存在的风险	风险等级分析					主要防控措施	备注
			后果	暴露	可能性	风险值	风险等级		
13	切断槽控机 220 V 动力电源	1. 断开开关时未戴手套，导致人员触电	50	1	1	50	四级	操作时必须佩戴涂胶手套，面部侧对开关，其他人不许接触操作者	
14		2. 未正确验电，导致人员触电	50	1	1	50	四级	确认验电部位正确，正确手持验电笔，验电时，严禁他人接触验电人员	
15		3. 作业时配电箱门未挂牌上锁，导致其他人员误送电，引起检修人员触电、磕碰	50	1	1	50	四级	断电后将配电箱门闭合，并进行挂牌上锁，上锁时严禁使用同芯锁	
16	先关闭气控柜压缩空气进口阀门，后泄压拆除 PU 管	1. 空气管路未被完全排空，在拆卸电磁阀、风管接头等时，导致人员崩伤	50	1	1	50	四级	打开排气阀，将压缩空气完全释放，作业时严禁关闭排气阀	
17		2. 操作时未戴手套，导致手部碰伤	15	1	1	15	四级	佩戴手套	
18		3. 管路有余风，将粉尘吹起来后伤害人员眼部	15	1	1	15	四级	拆风管时，风管头部不要对着人员	
19	拆除阀门后安装阀门	1. 用扳手拆除阀门，导致人员手部碰伤	50	1	1	50	四级	操作时戴好手套，并合理用力	
20		2. 阀门掉落，砸伤人员脚部	50	1	1	50	四级	取下阀体时，合理站位	
21		3. 检修地点距离电解槽较近，有直流电触电的风险	50	1	1	50	四级	作业时清理作业地点的铁制工器具，并与电解槽体保持安全距离	
22	检修完成后送风，槽控机 220 V 动力电源送电	1. 未送风或送电，导致电解槽无法加工	25	2	0.5	25	四级	检修完成后及时送电并自检	
23	工完场清，安全撤离	1. 检修作业后未清点工器具（如扳手、螺丝刀、偏口钳、电笔等），导致工器具遗留在检修现场，造成设备损坏或人员伤害	25	2	0.5	25	四级	（1）将检修作业所需要的工器具（如扳手、螺丝刀、偏口钳、电笔等）放置在作业现场指定区域内 （2）设立检修作业工器具清单，作业完成后按照清单清点工器具	

表 3.55 维修厂房顶部照明灯作业安全风险辨识及防控措施一览表

序号	主要操作步骤	存在的风险	风险等级分析					主要防控措施	备注
			后果	暴露	可能性	风险值	风险等级		
1	填写工作票并对风险进行辨识及防范	1. 工作票内容、步骤填写错误或遗漏，造成人员伤害	25	1	0.5	12.5	四级	正确填写工作票，明确检修内容，控制检修时间	
2		2. 未结合检修内容和检修现场实际情况进行风险辨识，造成人员伤害	25	1	0.5	12.5	四级	（1）结合检修内容与作业现场环境进行风险辨识 （2）按照辨识的风险逐一落实安全措施，不能存在漏项	
3		3. 未明确作业负责人、监护人，未确定互联互保人员，造成人员伤害	25	1	0.5	12.5	四级	指定作业负责人、监护人、互联互保人员并明确相关人员职责	
4	作业前对检修人员进行安全交底	1. 安全交底时内容错误，造成人员伤害	5	1	1	5	四级	检修负责人正确理解检修内容，并正确交底	
5		2. 检修人员未听清安全交底内容，造成人员伤害	5	1	1	5	四级	（1）检修负责人进行安全交底时应声音洪亮，保证检修人员听清交底内容 （2）安全交底完毕后抽查检修人员掌握安全交底内容情况	
6		3. 安全交底不完整、不规范，造成人员伤害	5	1	1	5	四级	安全交底内容必须完整、规范，且逐一落实	
7	检查劳动保护用品穿戴情况及人员状态	1. 人员未按规定着装（工作服、绝缘鞋、安全帽、防尘口罩、护目镜、绝缘手套、安全带），造成人员伤害	5	1	1	5	四级	作业前，工作服穿着做到"三紧"，绝缘鞋系好鞋带，绝缘手套戴好，安全帽系好下颚带，护目镜清晰可见，确认安全带无破损、卡扣牢固	
8		2. 人员作业前喝酒、睡眠不足、精神状态不好等，导致作业过程中注意力不集中	5	1	1	5	四级	作业前，作业负责人检查人员是否存在酒后上岗，询问人员身体状况，观察人员精神状态，确认人员无异常状态后方可上岗作业	
9	检查工器具是否完好可靠、作业环境是否安全	1. 工器具不合格（万用表表笔漏电、螺丝刀磨损、偏口钳有裂纹、电笔氖泡损坏等），造成人员伤害	50	2	0.5	50	四级	发现不合格的工器具，应立即停用，更换质量可靠的工器具，同时做好工器具消耗领用记录	

续表

序号	主要操作步骤	存在的风险	风险等级分析					主要防控措施	备注
			后果	暴露	可能性	风险值	风险等级		
10	检查工器具是否完好可靠、作业环境是否安全	2. 人员作业环境中存在风险（如地面有杂物等），人员未辨识清楚，导致绊倒、摔伤	50	2	0.5	50	四级	作业前认真检查作业环境中存在的风险，如发现隐患，在制定落实安全措施或排除隐患后方可进行作业	
11	与天车工沟通换灯位置及操作注意事项	1. 与作业相关人员沟通不到位、人员误操作，导致人员磕碰、触电、坠落等	50	2	3	300	二级	作业前联系相关人员，准确说明作业项目、影响范围、安全注意事项和应急联系方式	
12	通过检修平台登上天车	1. 与作业相关人员沟通不到位、人员误操作，导致人员磕碰、触电、坠落等	50	1	1	50	四级	待检修人员全部上到天车并站稳，且与多功能天车操作人员进行确认无误后，方可移动天车	
13	做好安全警戒，吊上新灯具	1. 掉落的灯具（在吊运灯具的过程中，由于灯具未拴牢、使用的绳索断裂等导致灯具掉落），导致人员伤害	25	1	1	25	四级	（1）作业前确认吊绳完好，拴牢灯具 （2）吊运作业区域内严禁非作业人员进入 （3）天车下方监护人在吊运时退至安全距离后再开始吊运	
14	检修人员选择合适位置开始更换灯具	1. 检修位置可能存在积料，人员未清理积料等杂物，导致人员滑倒、坠落	50	1	1	50	四级	（1）选择合适的检修位置（天车料箱顶部），检修位置范围内应无杂物、破碎料等影响站立的物品 （2）选择合适的安全带悬挂位置（天车护栏处），严禁将安全带挂在车辆移动部位、不牢固部位	
15		2. 作业过程中与天车工沟通不到位，导致人员滑倒、坠落	50	2	3	300	二级	天车工操作天车前与地面监护人、上部作业人员沟通确认人员已撤离至安全位置后方可操作天车	
16		3. 更换灯时未断电，导致人员触电	50	1	1	50	四级	作业时断开厂房照明电源开关并验电，设专人监护，更换完所有照明灯后测试检修效果，严禁频繁开关厂房顶灯	

续表

序号	主要操作步骤	存在的风险	风险等级分析					主要防控措施	备注
			后果	暴露	可能性	风险值	风险等级		
17	做好安全警戒，将旧灯具吊下天车	1. 掉落的灯具（在吊运灯具的过程中，由于灯具未拴牢、使用的绳索断裂等导致灯具掉落），导致人员伤害	50	1	1	50	四级	（1）作业前确认吊绳完好，拴牢灯具 （2）吊运作业区域内严禁非作业人员进入 （3）天车下方监护人在吊运时退至安全距离后再开始吊运	
18	电解机手将车开到平台处，检修人员安全下车	1. 与作业相关人员沟通不到位，人员误操作，导致人员磕碰、触电等	50	1	1	50	四级	与电解机手确认人员站到安全位置再动车，同时下车确认天车断电	
19	工完场清，安全撤离	1. 检修作业后未清点工器具（如扳手、万用表、螺丝刀、偏口钳、电笔等），导致工器具遗留在检修现场，造成设备损坏或人员伤害	15	10	0.1	15	四级	（1）将检修作业所需要的工器具（如扳手、万用表、螺丝刀、偏口钳、电笔等）放置在作业现场指定区域内 （2）设立检修作业工器具清单，作业完成后按照清单清点工器具	

表 3.56　配合启动电解槽作业安全风险辨识及防控措施一览表

序号	主要操作步骤	存在的风险	风险等级分析					主要防控措施	备注
			后果	暴露	可能性	风险值	风险等级		
1		1. 工作票内容、步骤填写错误或遗漏，造成人员伤害	25	1	0.5	12.5	四级	正确填写工作票，明确检修内容，控制检修时间	
2	填写工作票并对风险进行辨识及防范	2. 未结合检修内容和检修现场实际情况进行风险辨识，造成人员伤害	25	1	0.5	12.5	四级	（1）结合检修内容与作业现场环境进行风险辨识 （2）按照辨识的风险逐一落实安全措施，不能存在漏项	
3		3. 未明确作业负责人、监护人，未确定互联互保人员，造成人员伤害	25	1	0.5	12.5	四级	指定作业负责人、监护人、互联互保人员并明确相关人员职责	

续表

序号	主要操作步骤	存在的风险	风险等级分析					主要防控措施	备注
			后果	暴露	可能性	风险值	风险等级		
4	作业前对检修人员进行安全交底	1. 安全交底时内容错误，造成人员伤害	5	1	1	5	四级	检修负责人正确理解检修内容，并正确交底	
5		2. 检修人员未听清安全交底内容，造成人员伤害	5	1	1	5	四级	（1）检修负责人进行安全交底时应声音洪亮，保证检修人员听清交底内容 （2）安全交底完毕后抽查检修人员掌握安全交底内容情况	
6		3. 安全交底不完整、不规范，造成人员伤害	5	1	1	5	四级	安全交底内容必须完整、规范，且逐一落实	
7	检查劳动保护用品穿戴情况及人员状态	1. 人员未按规定着装（工作服、绝缘鞋、安全帽、防尘口罩、护目镜、绝缘手套、安全带），造成人员伤害	5	1	1	5	四级	作业前，工作服穿着做到"三紧"，绝缘鞋系好鞋带，绝缘手套戴好，安全帽系好下颏带，护目镜清晰可见，确认安全带无破损、卡扣牢固	
8		2. 人员作业前喝酒、睡眠不足、精神状态不好等，导致作业过程中注意力不集中	5	1	1	5	四级	作业前，作业负责人检查人员是否存在酒后上岗，询问人员身体状况，观察人员精神状态，确认人员无异常状态后方可上岗作业	
9	检查工器具是否完好可靠、作业环境是否安全	1. 工器具不合格（万用表表笔漏电、螺丝刀磨损、偏口钳有裂纹、电笔氖泡损坏等），造成人员伤害	50	2	0.5	50	四级	发现不合格的工器具，应立即停用，更换质量可靠的工器具，同时做好工器具消耗领用记录	
10		2. 人员作业环境中存在风险（如地面有杂物等），人员未辨识清楚，导致绊倒、摔伤	50	2	0.5	50	四级	作业前认真检查作业环境中存在的风险，如发现隐患，在制定落实安全措施或排除隐患后方可进行作业	
11	检查确认槽控机各项功能	1. 电解工私自启动槽控机提前加工下料，导致电解槽物料喷溅伤人	25	1	1	25	四级	（1）在调度员通知检查电解槽功能后，由专人检查槽控机各项功能 （2）在检修过程中电解工不得操作槽控机，如果必须操作槽控机进行作业，应通知检修人员离开检修位置，以保证检修人员的安全	

续表

序号	主要操作步骤	存在的风险	风险等级分析					主要防控措施	备注
			后果	暴露	可能性	风险值	风险等级		
12	安装喷嘴电极线和焙烧装置电源线	1. 电解槽周围焙烧设备多行走空间狭小，导致人员绊倒	25	2	0.5	25	四级	提前规划行走线路，走动时注意脚下	
13	焙烧设备送电、通气	1. 送电时未戴手套或姿势不正确，会有触电风险	25	2	0.5	25	四级	佩戴涂胶手套，送电操作时应身体侧向开关，他人不许触碰操作人员	
14		2. 送电后风机反转，电解槽内空气不足，点火作业时导致爆炸伤人	25	2	0.5	25	四级	送电后检查风机转向，方向错误时应及时调整	
15		3. 天然气管道排空作业时，导致人员窒息中毒	25	2	0.5	25	四级	作业时将排气管放置在空气流通较好的位置，排空作业时间不超过 1 min	
16	喷嘴点火	1. 点火时燃气阀门开关过大，导致火苗冒出，烫伤人员	25	2	0.5	25	四级	点火时戴好防护面罩，注意燃气阀门要逐步开启，严禁一次性全部开启	
17	检查焙烧设备	1. 检查焙烧设备周围的管路、电缆，导致人员滑倒、绊倒	50	1	1	50	四级	观察作业环境，检查焙烧设备时两人配合，严禁单人作业	
18		2. 焙烧设备处于高温状态，导致人员烫伤	50	1	1	50	四级	穿戴齐全劳动保护用品，防止烫伤	
19		3. 烟道端放置的焙烧设备与电解槽距离较近，人员经过有直流电触电的风险	50	1	1	50	四级	人员必须穿戴齐全劳动保护用品，焙烧设备与厂房金属结构保持绝缘，人员不能同时触摸电解槽和焙烧设备	
20	拆卸焙烧设备	1. 炙热的焙烧设备导致人员烫伤	25	1	1	25	四级	使用防护手套等隔热物品拆卸焙烧设备	
21		2. 作业时人员站位不当，导致踩入焙烧物料，造成烫伤	25	1	1	25	四级	拆卸设备时使用专用的踩踏工具，严禁直接接触焙烧物料	
22		3. 作业区域天车和机动车辆多，导致人员碰伤	25	1	1	25	四级	作业人员与天车和机动车保持安全距离	
23		4. 拆除焙烧设备电源线导致人员触电	25	1	1	25	四级	作业时穿戴齐全劳动保护用品，断电后必须验电，然后拆除电源线，严禁触碰有电部位	

续表

序号	主要操作步骤	存在的风险	风险等级分析					主要防控措施	备注
			后果	暴露	可能性	风险值	风险等级		
24	工完场清，安全撤离	1. 检修作业后未清点工器具（如扳手、万用表、螺丝刀、偏口钳、电笔等），导致工器具遗留在检修现场，造成设备损坏或人员伤害	15	10	0.1	15	四级	（1）将检修作业所需要的工器具（如扳手、万用表、螺丝刀、偏口钳、电笔等）放置在作业现场指定区域内 （2）设立检修作业工器具清单，作业完成后按照清单清点工器具	

表 3.57 配合停槽作业安全风险辨识及防控措施一览表

序号	主要操作步骤	存在的风险	风险等级分析					主要防控措施	备注
			后果	暴露	可能性	风险值	风险等级		
1	填写工作票并对风险进行辨识及防范	1. 工作票内容、步骤填写错误或遗漏，造成人员伤害	25	1	0.5	12.5	四级	正确填写工作票，明确检修内容，控制检修时间	
2		2. 未结合检修内容和检修现场实际情况进行风险辨识，造成人员伤害	25	1	0.5	12.5	四级	（1）结合检修内容与作业现场环境进行风险辨识 （2）按照辨识的风险逐一落实安全措施，不能存在漏项	
3		3. 未明确作业负责人、监护人，未确定互联互保人员，造成人员伤害	25	1	0.5	12.5	四级	指定作业负责人、监护人、互联互保人员并明确相关人员职责	
4	作业前对检修人员进行安全交底	1. 安全交底时内容错误，造成人员伤害	5	1	1	5	四级	检修负责人正确理解检修内容，并正确交底	
5		2. 检修人员未听清安全交底内容，造成人员伤害	5	1	1	5	四级	（1）检修负责人进行安全交底时应声音洪亮，保证检修人员听清交底内容 （2）安全交底完毕后抽查检修人员掌握安全交底内容情况	
6		3. 安全交底不完整、不规范，造成人员伤害	5	1	1	5	四级	安全交底内容必须完整、规范，且逐一落实	

续表

序号	主要操作步骤	存在的风险	风险等级分析					主要防控措施	备注
			后果	暴露	可能性	风险值	风险等级		
7	检查劳动保护用品穿戴情况及人员状态	1. 人员未按规定着装（工作服、绝缘鞋、安全帽、防尘口罩、护目镜、绝缘手套、安全带），造成人员伤害	5	1	1	5	四级	作业前，工作服穿着做到"三紧"，绝缘鞋系好鞋带，绝缘手套戴好，安全帽系好下颏带，护目镜清晰可见，确认安全带无破损、卡扣牢固	
8		2. 人员作业前喝酒、睡眠不足、精神状态不好等，导致作业过程中注意力不集中	5	1	1	5	四级	作业前，作业负责人检查人员是否存在酒后上岗，询问人员身体状况，观察人员精神状态，确认人员无异常状态后方可上岗作业	
9	检查工器具是否完好可靠、作业环境是否安全	1. 工器具不合格（万用表表笔漏电、螺丝刀磨损、偏口钳有裂纹、电笔氖泡损坏等），造成人员伤害	50	2	0.5	50	四级	发现不合格的工器具，应立即停用，更换质量可靠的工器具，同时做好工器具消耗领用记录	
10		2. 人员作业环境中存在风险（如地面有杂物等），人员未辨识清楚，导致绊倒、摔伤	50	2	0.5	50	四级	作业前认真检查作业环境中存在的风险，如发现隐患，在制定落实安全措施或排除隐患后方可进行作业	
11	断开动力槽控机380 V和220 V电源开关并加封条	1. 断开开关时未戴手套，导致人员触电	50	1	0.5	25	四级	操作时必须佩戴涂胶手套，面部侧对开关，其他人不许接触操作者	
12		2. 未正确验电，导致人员触电	50	1	0.5	25	四级	确认验电部位正确，正确手持验电笔，验电时，严禁他人接触验电人员	
13		3. 槽控机箱门未关闭上锁，导致其他人员误操作	50	1	0.5	25	四级	断电后上锁挂牌，严禁使用同芯锁	
14	工完场清，安全撤离	1. 检修作业后未清点工器具（如扳手、万用表、螺丝刀、偏口钳、电笔等），导致工器具遗留在检修现场，造成设备损坏或人员伤害	15	10	0.1	15	四级	（1）将检修作业所需要的工器具（如扳手、万用表、螺丝刀、偏口钳、电笔等）放置在作业现场指定区域内 （2）设立检修作业工器具清单，作业完成后按照清单清点工器具	

表 3.58 检修堆积门作业安全风险辨识及防控措施一览表

序号	主要操作步骤	存在的风险	风险等级分析					主要防控措施	备注
			后果	暴露	可能性	风险值	风险等级		
1	填写工作票并对风险进行辨识及防范	1. 工作票内容、步骤填写错误或遗漏，造成人员伤害	25	1	0.5	12.5	四级	正确填写工作票，明确检修内容，控制检修时间	
2		2. 未结合检修内容和检修现场实际情况进行风险辨识，造成人员伤害	25	1	0.5	12.5	四级	（1）结合检修内容与作业现场环境进行风险辨识 （2）按照辨识的风险逐一落实安全措施，不能存在漏项	
3		3. 未明确作业负责人、监护人，未确定互联互保人员，造成人员伤害	25	1	0.5	12.5	四级	指定作业负责人、监护人、互联互保人员并明确相关人员职责	
4	作业前对检修人员进行安全交底	1. 安全交底时内容错误，造成人员伤害	5	1	1	5	四级	检修负责人正确理解检修内容，并正确交底	
5		2. 检修人员未听清安全交底内容，造成人员伤害	5	1	1	5	四级	（1）检修负责人进行安全交底时应声音洪亮，保证检修人员听清交底内容 （2）安全交底完毕后抽查检修人员掌握安全交底内容情况	
6		3. 安全交底不完整、不规范，造成人员伤害	5	1	1	5	四级	安全交底内容必须完整、规范，且逐一落实	
7	检查劳动保护用品穿戴情况及人员状态	1. 人员未按规定着装（工作服、绝缘鞋、安全帽、防尘口罩、护目镜、绝缘手套、安全带），造成人员伤害	5	1	1	5	四级	作业前，工作服穿着做到"三紧"，绝缘鞋系好鞋带，绝缘手套戴好，安全帽系好下颌带，护目镜清晰可见，检查安全带无破损、卡扣牢固	
8		2. 人员作业前喝酒、睡眠不足、精神状态不好等，导致作业过程中注意力不集中	5	1	1	5	四级	作业前，作业负责人检查人员是否存在酒后上岗，询问人员身体状况，观察人员精神状态，确认人员无异常状态后方可上岗作业	
9	检查工器具是否完好可靠、作业环境是否安全	1. 工器具不合格（万用表表笔漏电、螺丝刀磨损、偏口钳有裂纹、电笔氖泡损坏等），造成人员伤害	50	2	0.5	50	四级	发现不合格的工器具，应立即停用，更换质量可靠的工器具，同时做好工器具消耗领用记录	

续表

序号	主要操作步骤	存在的风险	风险等级分析					主要防控措施	备注
			后果	暴露	可能性	风险值	风险等级		
10	检查工器具是否完好可靠、作业环境是否安全	2. 人员作业环境中存在风险（如地面有杂物等）人员未辨识清楚，导致绊倒、摔伤	50	2	0.5	50	四级	作业前认真检查作业环境中存在的风险，如发现隐患，在制定落实安全措施或排除隐患后方可进行作业	
11	判断故障	1. 通过升降堆积门判断故障点，在堆积门升降过程中，有碰伤人员的可能	25	2	0.5	25	四级	（1）作业人员合理站位，与升降门保持安全距离 （2）询问电解操作人员故障原因	
12	断电	1. 断开升降门控制柜电源时导致人员触电	25	2	0.5	25	四级	断开开关时，佩戴涂胶手套	
13		2. 断开升降门控制柜电源时碰伤手部	25	2	0.5	25	四级	严禁触碰开关一次电源线	
14	更换有故障的电气元件	1. 拆卸电气元件时触碰开关一次线，导致人员触电	25	2	0.5	25	四级	（1）作业人员和监护人都需要确认 （2）严禁触碰开关一次线	
15		2. 拆卸电气元件时划伤手部	25	2	0.5	25	四级	操作时必须佩戴涂胶手套，其他人不许接触操作者	
16	工完场清	1. 检修作业后未清点工器具（如扳手、万用表、螺丝刀、偏口钳、电笔等），导致工器具遗留在检修现场，造成设备损坏或人员伤害	15	10	0.1	15	四级	（1）将检修作业所需要的工器具（如扳手、万用表、螺丝刀、偏口钳、电笔等）放置在作业现场指定区域内 （2）设立检修作业工器具清单，作业完成后按照清单清点工器具	

表 3.59 槽控机广播设备检修作业安全风险辨识及防控措施一览表

序号	主要操作步骤	存在的风险	风险等级分析					主要防控措施	备注
			后果	暴露	可能性	风险值	风险等级		
1	填写工作票并对风险进行辨识及防范	1. 工作票内容、步骤填写错误或遗漏，造成人员伤害	25	1	0.5	12.5	四级	正确填写工作票，明确检修内容，控制检修时间	
2		2. 未结合检修内容和检修现场实际情况进行风险辨识，造成人员伤害	25	1	0.5	12.5	四级	（1）结合检修内容与作业现场环境进行风险辨识 （2）按照辨识的风险逐一落实安全措施，不能存在漏项	

续表

序号	主要操作步骤	存在的风险	风险等级分析					主要防控措施	备注
			后果	暴露	可能性	风险值	风险等级		
3	填写工作票并对风险进行辨识及防范	3. 未明确作业负责人、监护人，未确定互联互保人员，造成人员伤害	25	1	0.5	12.5	四级	指定作业负责人、监护人、互联互保人员并明确相关人员职责	
4		1. 安全交底时内容错误，造成人员伤害	5	1	1	5	四级	检修负责人正确理解检修内容，并正确交底	
5	作业前对检修人员进行安全交底	2. 检修人员未听清安全交底内容，造成人员伤害	5	1	1	5	四级	（1）检修负责人进行安全交底时应声音洪亮，保证检修人员听清交底内容 （2）安全交底完毕后抽查检修人员掌握安全交底内容情况	
6		3. 安全交底不完整、不规范，造成人员伤害	5	1	1	5	四级	安全交底内容必须完整、规范，且逐一落实	
7	检查劳动保护用品穿戴情况及人员状态	1. 人员未按规定着装（工作服、绝缘鞋、安全帽、防尘口罩、护目镜、绝缘手套、安全带），造成人员伤害	5	1	1	5	四级	作业前，工作服穿着做到"三紧"，绝缘鞋系好鞋带，绝缘手套戴好，安全帽系好下颏带，护目镜清晰可见，确认安全带无破损、卡扣牢固	
8		2. 人员作业前喝酒、睡眠不足、精神状态不好等，导致作业过程中注意力不集中	5	1	1	5	四级	作业前，作业负责人检查人员是否存在酒后上岗，询问人员身体状况，观察人员精神状态，确认人员无异常状态后方可上岗作业	
9	检查工器具是否完好可靠、作业环境是否安全	1. 工器具不合格（万用表表笔漏电、螺丝刀磨损、偏口钳有裂纹、电笔氖泡损坏等），造成人员伤害	50	2	0.5	50	四级	发现不合格的工器具，应立即停用，更换质量可靠的工器具，同时做好工器具消耗领用记录	
10		2. 人员作业环境中存在风险（如地面有杂物等）人员未辨识清楚，导致绊倒、摔伤	50	2	0.5	50	四级	作业前认真检查作业环境中存在的风险，如发现隐患，在制定落实安全措施或排除隐患后方可进行作业	

续表

序号	主要操作步骤	存在的风险	风险等级分析					主要防控措施	备注
			后果	暴露	可能性	风险值	风险等级		
11	沟通确认	1. 与作业相关人员沟通不到位、人员误操作，导致人员磕碰、触电	25	2	0.5	25	四级	确认检修位置已准确告知，通知电解人员关注槽况	
12	两人将梯子安放到位	1. 安放梯子时倾倒，导致砸伤人员	15	10	0.1	15	四级	两人操作时，注意力集中，共同用力，保持安全站位	
13		2. 安放梯子时未佩戴手套，导致划伤人员手部	15	10	0.1	15	四级	作业时必须佩戴手套	
14	一人登上梯子检修设备	1. 人员在登梯过程中，有滑脱坠落的可能	25	2	0.5	25	三级	登梯人员应踩稳扶好，并确认鞋子无油	
15		2. 登梯时工器具掉落，导致砸伤扶梯人员	25	2	0.5	25	三级	登梯时工器具应放在工器具袋中	
16		3. 梯子未扶稳，导致人员坠落	25	2	0.5	25	三级	扶梯人员集中注意力扶好梯子，不应离开梯子	
17	工完场清	1. 检修作业后未清点工器具（如扳手、万用表、螺丝刀、偏口钳、电笔等），导致工器具遗留在检修现场，造成设备损坏或人员伤害	15	10	0.1	15	四级	（1）将检修作业所需要的工器具（如扳手、万用表、螺丝刀、偏口钳、电笔等）放置在作业现场指定区域内 （2）设立检修作业工器具清单，作业完成后按照清单清点工器具	

3.3 氧化铝输送

氧化铝输送指电解生产所用氧化铝的输送，岗位作业按照生产运行和设备检修两部分进行风险辨识，重点针对具体作业活动的每个操作步骤找出存在的风险，分析风险等级并制定防范措施。

3.3.1 生产运行岗位主要的作业活动/工作流程

经辨识，生产运行主要的作业活动有14项，其岗位作业存在345项风险，其中辨识出一级风险0项、二级风险3项、三级风险34项、四级风险308项。主要的作业活动/工作流程为：
①启动（停止）斗提；②车辆进出库；③挂钩；④吊运氧化铝大包；⑤拆卸尼龙大包、塑料袋大包；⑥清理溜槽；⑦单锥刀打料；⑧维护锥刀；⑨物料堆垛；⑩翻包机翻包；⑪处理循环包内板结料；⑫使用电葫芦吊运物料；⑬清理斗提底部积料；⑭氟化盐打料。

3.3.2 生产运行岗位安全风险辨识及防控措施

生产运行岗位安全风险辨识及防控措施见表3.60至表3.73。

表3.60 启动（停止）斗提作业安全风险辨识及防控措施一览表

序号	主要操作步骤	存在的风险	风险等级分析					主要防控措施	备注
			后果	暴露	可能性	风险值	风险等级		
1	作业前检查人员状态和劳动保护用品穿戴情况	1. 作业人员有班前喝酒、睡眠不足、身体不适、精神状态不好等情况，导致作业过程中注意力不集中	25	2	0.5	25	四级	作业前，作业负责人检查作业人员是否酒后上岗，询问身体是否不适，观察精神状态是否正常，确认良好后方可作业	
2		2. 作业人员未按规定穿戴劳动保护用品（工作服、劳保鞋、安全帽、口罩），导致人员伤害	25	2	0.5	25	四级	作业前，作业负责人、互联互保人员检查作业人员工作服穿着（做到"三紧"），确保劳保鞋无破损且鞋带系好，安全帽下颚带系好，口罩与面部无缝隙	
3	作业前风险评价	1. 作业前未按要求开展风险辨识，导致人员伤害	15	2	0.5	15	四级	每次作业前要进行风险辨识	
4		2. 未结合现场实际情况进行风险辨识，导致人员伤害	15	2	0.5	15	四级	风险辨识要结合现场实际，根据工作环境的变化完善辨识内容，逐一落实防控措施	
5		3. 风险辨识过程中有遗漏，导致人员伤害	25	2	0.5	25	四级	抽查作业人员掌握存在的风险和防控措施情况，对照口袋卡及作业任务中存在的风险手指口述逐项进行提示提醒	
6		4. 未明确作业负责人，未确定互联互保人员，导致人员伤害	15	2	0.5	15	四级	指定作业负责人和互联互保人员	
7		5. 未掌握作业时的风险，导致人员伤害	15	2	0.5	15	四级	每项作业前要进行风险辨识	
8		6. 不知道作业中风险的防控措施，导致人员伤害	15	2	0.5	15	四级	风险辨识要结合现场实际，根据工作环境的变化完善辨识内容，逐一落实防控措施	

续表

序号	主要操作步骤	存在的风险	风险等级分析					主要防控措施	备注
			后果	暴露	可能性	风险值	风险等级		
9	关闭进料溜槽风机	1. 斗提积料过多，启动失败，导致进料溜槽风机设备损坏	5	3	0.5	7.5	四级	确认斗提无积料，在进料溜槽风机风阀关闭指示灯亮后执行下一步操作	
10	按下斗提停止按钮	1. 用潮湿的手操作开关，导致人员触电	50	2	1	100	三级	保持手部干燥，戴好橡胶手套，确保劳保鞋无破损、鞋带系好	
11		2. 操作柜下方无绝缘胶皮，导致人员触电	50	1	2	150	三级	确认操作柜下方绝缘胶皮完整	
12		3. 操作时踩踏破损的绝缘胶皮，导致人员触电	15	2	0.5	15	四级	操作时站在绝缘胶皮上	
13	打开进料溜槽风机及风阀操作	1. 操作位置空间狭小，鞋带未系好，导致人员摔伤	15	2	1	30	四级	工作服穿着做到"三紧"，确保劳保鞋无破损，鞋带系好，安全帽下颏带系好	
14		2. 未握紧阀门，导致滑脱	5	2	1	10	四级	操作过程中握紧阀门，防止滑脱	
15		3. 正面站立，导致人员伤害	15	2	0.5	15	四级	（1）侧方站立，互联互保人员在旁边监控 （2）后方有撤离空间	
16	启动斗提	1. 润滑油不足，导致设备损坏	15	2	0.5	15	四级	（1）按照计划巡检并做好记录 （2）观察油位油尺，低油位时要及时通知检修人员加油	
17		2. 劳保鞋鞋带未系好，导致人员滑倒摔伤	5	2	1	10	四级	工作服穿着做到"三紧"，确保劳保鞋无破损，鞋带系好，安全帽下颏带系好	
18		3. 未确认操作区域杂物，导致人员摔伤	5	2	1	10	四级	观察油位前，先确认站立位置无杂物，然后再上前操作	

续表

序号	主要操作步骤	存在的风险	风险等级分析					主要防控措施	备注
			后果	暴露	可能性	风险值	风险等级		
19	启动斗提	4. 带载启动斗提，导致设备受损	15	3	0.5	22.5	四级	（1）先启动风机，使物料流畅后保持 5~10 min （2）认真检查并确认耦合器、皮带、电机运行状态 （3）空载斗提运行 5~10 min	
20		5. 未对设备状况进行安全检查确认	15	3	0.5	22.5	四级	启动前必须对斗提进行检查，在确认无人从事点检维护作业后方可启动	

表 3.61 车辆进出库作业安全风险辨识及防控措施一览表

序号	主要操作步骤	存在的风险	风险等级分析					主要防控措施	备注
			后果	暴露	可能性	风险值	风险等级		
1	作业前检查人员状态和劳动保护用品穿戴情况	1. 作业人员有班前喝酒、睡眠不足、身体不适、精神状态不好等情况，导致作业过程中注意力不集中	25	2	0.5	25	四级	作业前，作业负责人检查作业人员是否酒后上岗，询问身体是否不适，观察精神状态是否正常，确认良好后方可作业	
2		2. 作业人员未按规定穿戴劳动保护用品（工作服、劳保鞋、安全帽、口罩），导致人员伤害	25	2	0.5	25	四级	作业前，作业负责人、互联互保人员检查作业人员工作服穿着（做到"三紧"），确保劳保鞋无破损且鞋带系好，安全帽下颌带系好，口罩与面部无缝隙	
3	作业前风险评价	1. 作业前未按要求开展风险辨识，导致人员伤害	15	2	0.5	15	四级	每次作业前要进行风险辨识	
4		2. 未结合现场实际情况进行风险辨识，导致人员伤害	15	2	0.5	15	四级	风险辨识要结合现场实际，根据工作环境的变化完善辨识内容，逐一落实防控措施	
5		3. 风险辨识过程中有遗漏，导致人员伤害	25	2	0.5	25	四级	抽查作业人员掌握存在的风险和防控措施情况，对照口袋卡及作业任务中存在的风险手指口述逐项进行提示提醒	
6		4. 未明确作业负责人，未确定互联互保人员，导致人员伤害	15	2	0.5	15	四级	指定作业负责人和互联互保人员	

续表

序号	主要操作步骤	存在的风险	风险等级分析					主要防控措施	备注
			后果	暴露	可能性	风险值	风险等级		
7	作业前风险评价	5. 未掌握作业时的风险，导致人员伤害	15	2	0.5	15	四级	每项作业前要进行风险辨识	
8		6. 不知道作业中风险的防控措施，导致人员伤害	15	2	0.5	15	四级	风险辨识要结合现场实际，根据工作环境的变化完善辨识内容，逐一落实防控措施	
9	指挥倒车	1. 指挥人员站在车辆侧后方进行指挥，导致受到伤害	50	2	1	100	三级	指挥人员与车辆保持2 m以上的安全距离，且始终处于司机的视线范围内	
10		2. 指挥人员指挥倒车方式错误，导致人员受伤	15	2	3	90	三级	指挥手势清晰正确	
11		3. 倒车区域有人员或蹬车平台、防坠网，导致撞坏设备、撞伤人员	5	6	1	30	四级	倒车前，先确认车辆行驶后方无人员或蹬车平台、防坠网，然后再开始指挥倒车	
12	外运司机倒车入库	1. 外运司机疲劳驾驶，导致撞坏设备、撞伤人员	15	3	0.5	22.5	四级	白料库工作人员观察外运司机状态，通过沟通了解司机身体及精神情况，对于严重疲劳的司机，禁止其继续倒车	
13		2. 外运司机不熟悉倒车区域环境，导致人员伤害	15	3	0.5	22.5	四级	倒车入库前，外运司机与作业人员确认车辆信息	
14		3. 车辆倒入白料库时无人指挥，导致人员受伤、设备受损	15	3	0.5	22.5	四级	作业人员指挥外运司机驶入倒车区域	
15	收取车钥匙（外运司机停车后，交车钥匙并在指定地点等待）	1. 未设定休息点，人员随意走动，导致其他风险	5	6	1	30	四级	设定休息点，要求外运司机在休息点就座休息	
16		2. 外运司机随意走动，导致受到伤害	15	2	1	30	四级	输料班工作人员现场监督管理，严禁外运司机随处走动	
17	车辆出库（卸车完毕后，清扫车内积料，鸣笛慢出库）	1. 车辆出库前未进行鸣笛警示，导致人员伤害	5	2	0.5	5	四级	车辆出库前先进行长鸣笛，确保门口无人后再进行动车操作	
18		2. 外运司机视线受限，导致外部过往人员被车辆撞伤	15	3	0.5	22.5	四级	启动后鸣笛，缓慢开离作业现场	
19		3. 车辆启动行驶速度快，导致人员受伤	5	2	3	30	四级	出门前车辆限速（低于5 km/h）	

续表

序号	主要操作步骤	存在的风险	风险等级分析					主要防控措施	备注
			后果	暴露	可能性	风险值	风险等级		
20	关闭大门	1. 未及时关闭大门，导致粉尘外溢	5	2	0.5	5	四级	每车进出后关闭大门	
21		2. 长时间不关闭大门，导致环境污染	5	2	0.5	5	四级	车辆倒入或驶出后 5 min 内关闭大门	

表 3.62 挂钩作业安全风险辨识及防控措施一览表

序号	主要操作步骤	存在的风险	风险等级分析					主要防控措施	备注
			后果	暴露	可能性	风险值	风险等级		
1	作业前检查人员状态和劳动保护用品穿戴情况	1. 作业人员有班前喝酒、睡眠不足、身体不适、精神状态不好等情况，导致作业过程中注意力不集中	25	2	0.5	25	四级	作业前，作业负责人检查作业人员是否酒后上岗，询问身体是否不适，观察精神状态是否正常，确认良好后方可作业	
2		2. 作业人员未按规定穿戴劳动保护用品（工作服、劳保鞋、安全帽、口罩），导致人员伤害	25	2	0.5	25	四级	作业前，作业负责人、互联互保人员检查作业人员工作服穿着（做到"三紧"），确保劳保鞋无破损且鞋带系好，安全帽下颏带系好，口罩与面部无缝隙	
3	作业前风险评价	1. 作业前未按要求开展风险辨识，导致人员伤害	15	2	0.5	15	四级	每次作业前要进行风险辨识	
4		2. 未结合现场实际情况进行风险辨识，导致人员伤害	15	2	0.5	15	四级	风险辨识要结合现场实际，根据工作环境的变化完善辨识内容，逐一落实防控措施	
5		3. 风险辨识过程中有遗漏，导致人员伤害	25	2	0.5	25	四级	抽查作业人员掌握存在的风险和防控措施情况，对照口袋卡及作业任务中存在的风险手指口述逐项进行提示提醒	
6		4. 未明确作业负责人，未确定互联互保人员，导致人员伤害	15	2	0.5	15	四级	指定作业负责人和互联互保人员	
7		5. 未掌握作业时的风险，导致人员伤害	15	2	0.5	15	四级	每项作业前要进行风险辨识	
8		6. 不知道作业中风险的防控措施，导致人员伤害	15	2	0.5	15	四级	风险辨识要结合现场实际，根据工作环境的变化完善辨识内容，逐一落实防控措施	

续表

序号	主要操作步骤	存在的风险	风险等级分析					主要防控措施	备注
			后果	暴露	可能性	风险值	风险等级		
9	检查吊链、扫帚、铁锹	1. 吊链磨损、钩头开裂、防脱卡缺失，导致氧化铝大包掉落，砸伤设备或人员	50	2	1	100	三级	检查吊链、钩头、防脱卡，确保吊链磨损部分不超过10%，钩头外观无变形、无裂纹，防脱卡安装完整，不符合规定的，应停止使用，及时更换	
10		2. 扫帚松动，导致现场遗留或材料浪费	5	2	0.5	5	四级	检查扫帚，确保扫帚前端无松动、捆绑绳牢固	
11		3. 铁锹锹柄开裂，导致人员手部受伤	25	1	0.5	12.5	四级	检查铁锹锹柄是否存在裂纹、破损，发现后及时更换	
12	挂钩人员登上氧化铝车	1. 挂钩人员被包袋绊住脚，导致摔伤	15	2	0.5	15	四级	行走时动作缓慢，确保脚未被套住	
13		2. 挂钩人员未在车厢中间大包上行走，导致安全事故	15	2	0.5	15	四级	挂钩人员在车厢中间大包上行走时，确保脚下未缠绕包带	
14		3. 挂钩作业上车前将防坠网摆放至作业面一侧，导致安全事故	50	2	1	100	三级	作业前必须将防坠网摆放至作业面一侧，人员操作时必须在防坠网一侧	
15		4. 劳保鞋鞋带未系好，导致人员摔伤	15	2	0.5	15	四级	作业人员工作服穿着做到"三紧"，确保劳保鞋无破损，鞋带系好，安全帽下颏带系好	
16	进行挂包带作业	1. 晃动的吊具碰伤人员	5	2	0.5	5	四级	待吊具到位后，人员方可走近作业	
17		2. 作业人员未面向吊具行驶方向，导致人员受伤	15	2	0.5	15	四级	作业人员面向吊具行驶方向	
18		3. 吊具摆幅大，人员上前操作时导致人员受伤	5	2	0.5	5	四级	（1）待吊具无摆动或摆动幅度小于20 cm时再上前操作 （2）作业人员工作服穿着做到"三紧"，系好安全帽下颏带	
19	挂钩人员正确站位	1. 挂钩人员站在大包运行的方向，导致人员受伤	15	1	0.5	7.5	四级	挂钩人员在大包运行方向的侧面进行挂钩	

续表

序号	主要操作步骤	存在的风险	风险等级分析					主要防控措施	备注
			后果	暴露	可能性	风险值	风险等级		
20	挂钩人员正确站位	2. 挂钩后未撤离到距起吊大包1.5 m以上的安全距离或站在无法避让的大包堆放面、角落发出起吊指令，导致人员受伤	5	2	0.5	5	四级	挂钩后，及时撤离至距起吊大包1.5 m以上的安全距离，待人员站在开阔区域后再发出起吊指令	
21		3. 劳保鞋鞋带未系好，导致人员摔伤	15	1	0.5	7.5	四级	作业人员工作服着做到"三紧"，确保劳保鞋无破损，鞋带系好，安全帽下颏带系好	
22	挂完包袋后，离开大包	1. 挂钩人员指挥失误或安全距离不足，导致人身伤害	15	2	1	30	四级	作业时人员保持安全站位，与大包袋保持1.5 m以上的安全距离	
23		2. 作业人员与大包袋未保持1.5 m以上的安全距离，导致人员受伤	50	1	3	150	三级	作业人员与大包袋必须保持1.5 m以上的安全距离	
24		3. 劳保鞋鞋带未系好，导致人员摔伤	5	2	0.5	5	四级	作业人员工作服着做到"三紧"，确保劳保鞋无破损且鞋带系好，安全帽下颏带系好	
25	挂最后4包氧化铝	1. 大包碰撞挂包人员，导致人员伤害	15	2	0.5	15	四级	待挂钩人员挂钩后，必须在其离开车辆到指定移动平台或到地面后，方可发出起吊指令	
26		2. 挂钩人员挂钩后未离开车辆就指挥天车起吊，导致人员受伤	15	2	1	30	四级	挂钩后，待达到安全距离后再发出起吊指令	
27		3. 劳保鞋鞋带未系好，导致人员摔伤	5	2	0.5	5	四级	作业人员工作服着做到"三紧"，确保劳保鞋无破损，鞋带系好，安全帽下颏带系好	
28	清理车底积料	1. 氧化铝遗留，导致物料飞扬	5	1	0.5	2.5	四级	彻底清扫，确保无遗留	
29		2. 现场未清理物品，导致人员受伤	5	1	0.5	2.5	四级	(1) 现场清理后，将物品摆放整齐 (2) 清理时必须通过指定移动平台上下车	

续表

序号	主要操作步骤	存在的风险	风险等级分析					主要防控措施	备注
			后果	暴露	可能性	风险值	风险等级		
30	清理车底积料	3. 未按要求正确佩戴口罩，导致人员患职业病	5	1	0.5	2.5	四级	作业人员工作服穿着做到"三紧"，确保劳保鞋无破损且鞋带系好，安全帽下颏带系好，口罩与面部无缝隙	
31	整理吊链、扫帚、铁锹，清理作业现场	1. 未及时整理吊链、扫帚、铁锹，导致人员伤害	5	1	0.5	2.5	四级	作业人员确认吊链放回吊链存放架，扫帚、铁锹放回工器具架	
32		2. 未将作业现场清理干净，导致人员伤害	5	1	0.5	2.5	四级	将作业现场清理干净	
33		3. 作业负责人未检查作业现场，导致物品遗留，造成其他伤害	5	1	0.5	2.5	四级	作业负责人检查作业现场	

表 3.63 吊运氧化铝大包作业安全风险辨识及防控措施一览表

序号	主要操作步骤	存在的风险	风险等级分析					主要防控措施	备注
			后果	暴露	可能性	风险值	风险等级		
1	作业前检查人员状态和劳动保护用品穿戴情况	1. 作业人员有班前喝酒、睡眠不足、身体不适、精神状态不好等情况，导致作业过程中注意力不集中	25	2	0.5	25	四级	作业前，作业负责人检查作业人员是否酒后上岗，询问身体是否不适，观察精神状态是否正常，确认良好后方可作业	
2		2. 作业人员未按规定穿戴劳动保护用品（工作服、劳保鞋、安全帽、口罩），导致人员伤害	25	2	0.5	25	四级	作业前，作业负责人、互联互保人员检查作业人员工作服穿着（做到"三紧"），确保劳保鞋无破损且鞋带系好，安全帽下颏带系好，口罩与面部无缝隙	
3	作业前风险评价	1. 作业前未按要求开展风险辨识，导致人员伤害	15	2	0.5	15	四级	每次作业前要进行风险辨识	

续表

序号	主要操作步骤	存在的风险	风险等级分析					主要防控措施	备注
			后果	暴露	可能性	风险值	风险等级		
4	作业前风险评价	2. 未结合现场实际情况进行风险辨识，导致人员伤害	15	2	0.5	15	四级	风险辨识要结合现场实际，根据工作环境的变化完善辨识内容，逐一落实防控措施	
5		3. 风险辨识过程中有遗漏，导致人员伤害	25	2	0.5	25	四级	抽查作业人员掌握存在的风险和防控措施情况，对照口袋卡及作业任务中存在的风险手指口述逐项进行提示提醒	
6		4. 未明确作业负责人，未确定互联互保人员，导致人员伤害	15	2	0.5	15	四级	指定作业负责人和互联互保人员	
7		5. 未掌握作业时的风险，导致人员伤害	15	2	0.5	15	四级	每项作业前要进行风险辨识	
8		6. 不知道作业中风险的防控措施，导致人员伤害	15	2	0.5	15	四级	风险辨识要结合现场实际，根据工作环境的变化完善辨识内容，逐一落实防控措施	
9	吊起氧化铝大包	1. 大包掉落，碰撞挂钩人员	50	2	1	100	三级	（1）天车工服从挂钩作业人员指挥 （2）严格按照"十不吊"规定执行	
10		2. 作业人员与大包袋未保持安全距离，导致人员受伤	15	2	0.5	15	四级	（1）挂钩人员挂钩后与大包袋保持安全距离 （2）避开天车吊物移动方向	
11		3. 劳保鞋鞋带未系好，导致人员摔伤	15	2	0.5	15	四级	挂钩人员工作服穿戴做到"三紧"，确保劳保鞋无破损且鞋带系好，安全帽下颚带系好，口罩与面部无缝隙	
12	从车上将氧化铝大包吊运到卸料平台	1. 大包掉落，导致人员受伤	50	2	1	100	三级	作业前对吊具进行安全检查，确保吊具安全、无缺陷	
13		2. 吊链磨损、钩头开裂、防脱卡缺失，导致氧化铝大包掉落，砸伤设备或人员	50	1	2	150	三级	作业人员检查吊链、钩头、防脱卡，确保吊链磨损部分不超过10%，钩头外观无变形、无裂纹，防脱卡安装完整，不符合规定的，要求停止使用，及时更换	
14		3. 被吊运物品与人员未保持有效安全距离，导致人员受伤	25	2	1	50	四级	被吊运物品与人员保持2 m以上的安全距离	

续表

序号	主要操作步骤	存在的风险	风险等级分析					主要防控措施	备注
			后果	暴露	可能性	风险值	风险等级		
15	将氧化铝大包降落在卸料架上	1. 吊运大包放稳前人员与卸料架距离近，导致人员受伤	5	3	1	15	四级	（1）在放稳吊运大包前，人员禁止进行打料操作 （2）与卸料架保持2 m以上的安全距离	
16		2. 大包碰撞卸料架，导致人员受伤	5	3	1	15	四级	待大包放置平稳后方可进行作业	

表3.64 拆卸尼龙大包、塑料袋大包作业安全风险辨识及防控措施一览表

序号	主要操作步骤	存在的风险	风险等级分析					主要防控措施	备注
			后果	暴露	可能性	风险值	风险等级		
1	作业前检查人员状态和劳动保护用品穿戴情况	1. 作业人员有班前喝酒、睡眠不足、身体不适、精神状态不好等情况，导致作业过程中注意力不集中	25	2	0.5	25	四级	作业前，作业负责人检查作业人员是否酒后上岗，询问身体是否不适，观察精神状态是否正常，确认良好后方可作业	
2		2. 作业人员未按规定穿戴劳动保护用品（工作服、劳保鞋、安全帽、口罩），导致人员伤害	25	2	0.5	25	四级	作业前，作业负责人、互联互保人员检查作业人员工作服穿着（做到"三紧"），确保劳保鞋无破损且鞋带系好，安全帽下颏带系好，口罩与面部无缝隙	
3	作业前风险评价	1. 作业前未按要求开展风险辨识，导致人员伤害	15	2	0.5	15	四级	每次作业前要进行风险辨识	
4		2. 未结合现场实际情况进行风险辨识，导致人员伤害	15	2	0.5	15	四级	风险辨识要结合现场实际，根据工作环境的变化完善辨识内容，逐一落实防控措施	
5		3. 风险辨识过程中有遗漏，导致人员伤害	25	2	0.5	25	四级	抽查作业人员掌握存在的风险和防控措施情况，对照口袋卡及作业任务中存在的风险手指口述逐项进行提示提醒	
6		4. 未明确作业负责人，未确定互联互保人员，导致人员伤害	15	2	0.5	15	四级	指定作业负责人和互联互保人员	

续表

序号	主要操作步骤	存在的风险	风险等级分析					主要防控措施	备注
			后果	暴露	可能性	风险值	风险等级		
7	作业前风险评价	5. 未掌握作业时的风险，导致人员伤害	15	2	0.5	15	四级	每项作业前要进行风险辨识	
8		6. 不知道作业中风险的防控措施，导致人员伤害	15	2	0.5	15	四级	风险辨识要结合现场实际，根据工作环境的变化完善辨识内容，逐一落实防控措施	
9	检查吊链、扫帚、铁锹、工具刀	1. 吊链磨损、钩头开裂、防脱卡缺失，导致氧化铝大包掉落，砸伤设备或人员	50	2	1	100	三级	检查吊链、钩头、防脱卡，确保吊链磨损部分不超过10%，钩头外观无变形、无裂纹，防脱卡安装完整，不符合规定的，要求停止使用，及时更换	
10		2. 扫帚松动，导致现场遗留或材料浪费	5	2	0.5	5	四级	检查扫帚，确保其前端无松动、捆绑绳牢固	
11		3. 铁锹锹柄开裂，导致人员手部受伤	25	1	0.5	12.5	四级	检查铁锹锹柄是否存在裂纹、破损，发现后及时更换	
12		4. 工具刀刀柄破损，导致人员手部受伤	5	2	0.5	5	四级	检查工具刀刀柄是否存在裂纹、破损，发现后及时更换	
13		5. 调整大包方向时木棍开裂，导致人员手部受伤	1	10	6	60	四级	检查调整方向木棍是否存在裂纹、破损，发现后及时更换	
14	挂钩操作	1. 天车吊链钩头下降过程中碰到操作人员	50	1	2	100	三级	（1）操作人员站在钩头运行区域外，必须面对钩头来向 （2）待天车吊链钩头停止后方可上前挂钩	
15		2. 吨包起吊过程中碰伤人员	25	2	1	50	四级	挂好钩后，人员撤离至蹬车平台或距离挂包2 m以上的安全距离	
16		3. 挂好钩后人员未撤离至蹬车平台或距大包1.5 m以上的安全距离，导致人员受伤	25	10	1	250	二级	挂好钩后，人员撤离至蹬车平台或距大包1.5 m以上的安全距离指挥天车起吊	

续表

序号	主要操作步骤	存在的风险	风险等级分析					主要防控措施	备注
			后果	暴露	可能性	风险值	风险等级		
17	将大包吊至半空中	1. 大包掉落，碰撞挂钩人员	50	2	1	100	三级	严禁人员在大包下面停留或通过	
18		2. 作业人员与大包未保持安全距离，导致人员受伤	50	2	1	100	三级	在指挥吊包下降过程中，作业人员与大包保持1.5 m以上的安全距离	
19		3. 避让大包时劳保鞋鞋带未系好，导致人员摔伤	25	2	1	50	四级	挂钩人员工作服穿着做到"三紧"，确保劳保鞋无破损且鞋带系好，安全帽下颏带系好，口罩与面部无缝隙	
20	用木棍调整大包方向	1. 人员使用短木棍或其他物品对大包进行位置调整，导致人员被大包碰撞	25	2	1	50	四级	使用长1.5 m以上的木棍对大包进行位置调整	
21		2. 氧化铝高空吊装时人员上前操作调整，导致人员受伤	25	2	1	50	四级	调整大包需在大包降低到一定高度时操作，即要求横向调整，禁止纵向调整	
22		3. 人员用手进行大包调整，导致人员受伤	5	2	0.5	5	四级	不准用手进行调整	
23	大包平稳降落到卸料架或锥刀架	1. 作业前未对卸料架承重部位的开焊、变形等情况进行检查，导致人员受伤	25	2	1	50	四级	每班对卸料架进行安全检查，有开焊、变形等情况时，要及时进行处理	
24		2. 大包压伤操作人员脚部	25	2	1	50	四级	在指挥吊包下降过程中，作业人员与氧化铝大包保持1.5 m以上的安全距离	
25		3. 大包未放置平稳或偏重，导致人员受伤	15	2	0.5	15	四级	确保大包放置平稳且不偏重	
26	解开卸料口绳索	1. 人员距离大包行走距离小于1.5 m，导致人员伤害	25	2	1	50	四级	在大包放稳前，禁止人员进行打料操作，人员与卸料架保持安全距离	
27		2. 大包未放置平稳就进行作业，导致人员伤害	25	2	1	50	四级	待大包放置平稳后方可进行作业	

续表

序号	主要操作步骤	存在的风险	后果	暴露	可能性	风险值	风险等级	主要防控措施	备注
28	解开卸料口绳索	3. 操作时未佩戴手套或手套破损，导致人员伤害	5	1	0.5	2.5	四级	操作时必须佩戴手套，且手套无缺陷	
29		4. 使用刀具时用力过猛，导致人员手部划伤	5	2	0.5	5	四级	操作时动作应缓慢	
30	清理废空包袋	1. 粉尘导致人员患职业病	5	1	0.5	2.5	四级	卸料后在收尘口将空大包清理干净	
31		2. 未及时清理脚下积料，导致人员摔倒	5	6	3	90	三级	及时清理输料地坑处积料	
32		3. 劳保鞋鞋带未系好，导致人员绊倒摔伤	25	1	2	50	四级	工作服穿着做到"三紧"，确保劳保鞋无破损且鞋带系好，安全帽下颌带系好	
33		4. 作业负责人未检查作业现场，导致物品遗留	5	1	0.5	2.5	四级	作业负责人检查作业现场	
34	摘钩卸废包	1. 钩头甩动，导致磕碰人员头部	15	1	0.5	7.5	四级	在吊运空包袋放稳前，禁止人员上前摘钩	
35		2. 挂钩人员挂钩后未离开车辆指挥天车起吊，导致人员受伤	25	1	1	25	四级	不许人员站在西侧摘钩	
36		3. 劳保鞋鞋带未系好，导致人员摔伤	5	1	0.5	2.5	四级	工作服穿着做到"三紧"，确保劳保鞋无破损且鞋带系好，安全帽下颌带系好，口罩与面部无缝隙	
37	整理吊链、扫帚、铁锹、调整方向木棍、工具刀，清理作业现场	1. 未及时整理吊链、扫帚、铁锹、调整方向木棍，导致人员伤害	5	1	0.5	2.5	四级	作业人员确认吊链放回吊链存放架，扫帚、铁锹、调整方向木棍放回工器具架，工具刀放回休息室工器具箱内，现场无遗留	
38		2. 作业现场未清理干净，导致人员伤害	5	1	0.5	2.5	四级	（1）将现场物品摆放整齐 （2）作业负责人检查作业现场	

表 3.65 清理溜槽作业安全风险辨识及防控措施一览表

序号	主要操作步骤	存在的风险	风险等级分析					主要防控措施	备注
			后果	暴露	可能性	风险值	风险等级		
1	作业前检查人员状态和劳动保护用品穿戴情况	1. 作业人员有班前喝酒、睡眠不足、身体不适、精神状态不好等情况，导致作业过程中注意力不集中	25	2	0.5	25	四级	作业前，作业负责人检查作业人员是否酒后上岗，询问身体是否不适，观察精神状态是否正常，确认良好后方可作业	
2		2. 作业人员未按规定穿戴劳动保护用品（工作服、劳保鞋、安全帽、口罩），导致人员伤害	25	2	0.5	25	四级	作业前，作业负责人、互联互保人员检查作业人员工作服穿着（做到"三紧"），确保劳保鞋无破损且鞋带系好，安全帽下颏带系好，口罩与面部无缝隙	
3	作业前风险评价	1. 作业前未按要求开展风险辨识，导致人员伤害	15	2	0.5	15	四级	每次作业前要进行风险辨识	
4		2. 未结合现场实际情况进行风险辨识，导致人员伤害	15	2	0.5	15	四级	风险辨识要结合现场实际，根据工作环境的变化完善辨识内容，逐一落实防控措施	
5		3. 风险辨识过程中有遗漏，导致人员伤害	25	2	0.5	25	四级	抽查作业人员掌握存在的风险和防控措施情况，对照口袋卡及作业任务中存在的风险手指口述逐项进行提示提醒	
6		4. 未明确作业负责人，未确定互联互保人员，导致人员伤害	15	2	0.5	15	四级	指定作业负责人和互联互保人员	
7		5. 未掌握作业时的风险，导致人员伤害	15	2	0.5	15	四级	每项作业前要进行风险辨识	
8		6. 不知道作业中风险的防控措施，导致人员伤害	15	2	0.5	15	四级	风险辨识要结合现场实际，根据工作环境的变化完善辨识内容，逐一落实防控措施	
9	检查筛网小簸箕、高压风管	1. 筛网小簸箕边部断股起丝，导致划伤人员手部	5	3	1	15	四级	（1）作业人员检查筛网小簸箕边部是否断股起丝 （2）作业人员工作服穿着做到"三紧"，正确佩戴防护手套	
10		2. 高压风管接头破损，导致人员受伤	25	1	0.5	12.5	四级	作业前检查高压风管接头是否开裂、松动	

续表

序号	主要操作步骤	存在的风险	风险等级分析					主要防控措施	备注
			后果	暴露	可能性	风险值	风险等级		
11	关闭溜槽风阀	1. 阀门未关紧，导致溜槽内物料喷溅伤人	5	6	1	30	四级	操作前作业人员检查并确认溜槽风阀是否关闭到位	
12		2. 阀门关闭错误，导致溜槽内物料飞扬	5	1	3	15	四级	关闭作业段溜槽风阀后再次确认检查其关闭状态	
13		3. 人员未站在安全位置上，导致溜槽内物料喷溅伤人	5	3	0.5	7.5	四级	确保人员距离溜槽0.5 m以上	
14	清理过滤网杂质	1. 劳保鞋鞋带未系好，导致人员摔伤	5	3	1	15	四级	作业人员工作服穿着做到"三紧"，确保劳保鞋无破损、鞋带系好	
15		2. 未正确佩戴口罩，导致人员患职业病	5	3	0.5	7.5	四级	系好安全帽下颌带，口罩与面部无缝隙	
16		3. 未有效收集杂质，导致物料飞扬，造成人员患职业病	15	2	0.5	15	四级	使用容器收集杂质，防止物料飞扬，确保口罩与面部无缝隙	
17	用筛网小簸箕清理溜槽杂质	1. 物料飞扬，导致人员患职业病	5	3	0.5	7.5	四级	工作服穿着做到"三紧"，确保劳保鞋无破损且鞋带系好，安全帽下颌带系好，口罩与面部无缝隙，正确佩戴手套，小心操作	
18		2. 筛网小簸箕边部断股起丝，导致划伤手部	5	3	0.5	7.5	四级	（1）作业人员检查筛网小簸箕边部是否断股起丝 （2）作业人员工作服穿着做到"三紧"，正确佩戴防护手套	
19	用高压风管吹溜槽内杂质	1. 未佩戴口罩，导致人员伤害	5	3	0.5	7.5	四级	工作服穿着做到"三紧"，确保劳保鞋无破损且鞋带系好，安全帽下颌带系好，口罩与面部无缝隙	
20	整理检查筛网小簸箕、高压风管，清理作业现场	1. 未对筛网小簸箕、高压风管进行及时整理，导致人员伤害	5	2	0.5	5	四级	作业人员确认将筛网小簸箕放置在定置点，高压风管盘好	
21		2. 作业现场未清理干净，导致人员伤害	5	2	0.5	5	四级	（1）将现场物品摆放整齐 （2）作业负责人检查作业现场	

表 3.66 单锥刀打料作业安全风险辨识及防控措施一览表

序号	主要操作步骤	存在的风险	风险等级分析					主要防控措施	备注
			后果	暴露	可能性	风险值	风险等级		
1	作业前检查人员状态和劳动保护用品穿戴情况	1. 作业人员有班前喝酒、睡眠不足、身体不适、精神状态不好等情况，导致作业过程中注意力不集中	25	2	0.5	25	四级	作业前，作业负责人检查作业人员是否酒后上岗，询问身体是否不适，观察精神状态是否正常，确认良好后方可作业	
2		2. 作业人员未按规定穿戴劳动保护用品（工作服、劳保鞋、安全帽、口罩），导致人员伤害	25	2	0.5	25	四级	作业前，作业负责人、互联互保人员检查作业人员工作服穿着（做到"三紧"），确保劳保鞋无破损且鞋带系好，安全帽下颏带系好，口罩与面部无缝隙	
3	作业前风险评价	1. 作业前未按要求开展风险辨识，导致人员伤害	15	2	0.5	15	四级	每次作业前要进行风险辨识	
4		2. 未结合现场实际情况进行风险辨识，导致人员伤害	15	2	0.5	15	四级	风险辨识要结合现场实际，根据工作环境的变化完善辨识内容，逐一落实防控措施	
5		3. 风险辨识过程中有遗漏，导致人员伤害	25	2	0.5	25	四级	抽查作业人员掌握存在的风险和防控措施情况，对照口袋卡及作业任务中存在的风险手指口述逐项进行提示提醒	
6		4. 未明确作业负责人，未确定互联互保人员，导致人员伤害	15	2	0.5	15	四级	指定作业负责人和互联互保人员	
7		5. 未掌握作业时的风险，导致人员伤害	15	2	0.5	15	四级	每项作业前要进行风险辨识	
8		6. 不知道作业中风险的防控措施，导致人员伤害	15	2	0.5	15	四级	风险辨识要结合现场实际，根据工作环境的变化完善辨识内容，逐一落实防控措施	
9	检查吊链，调整方向木棍	1. 吊链磨损、钩头开裂、防脱卡缺失，导致氧化铝大包掉落，砸坏设备或砸伤人员	50	2	1	100	三级	检查吊链、钩头、防脱卡，确保吊链磨损部分不超过10%，钩头外观无变形、无裂痕，防脱卡安装完整，不符合要求的，应停止使用，及时更换	
10		2. 调整大包方向时木棍开裂，导致人员手部受伤	25	1	0.5	12.5	四级	检查调整方向木棍是否存在裂纹、破损，发现后及时更换	

续表

序号	主要操作步骤	存在的风险	风险等级分析					主要防控措施	备注
			后果	暴露	可能性	风险值	风险等级		
11	大包被吊运至锥刀上方	1. 人员使用短木棍或其他物品对大包进行位置调整，导致人员受伤	25	1	0.5	12.5	四级	人员使用长 1.5 m 以上的木棍对大包进行位置调整	
12		2. 高空吊装大包时人员上前操作调整，导致人员受伤	15	1	1	15	四级	调整大包需在大包降低到一定高度时进行，即要求横向调整，禁止纵向调整	
13		3. 人员用手调整大包，导致手臂或身体受伤	25	2	1	50	四级	不准用手调整大包	
14	卸料人员合理站位	1. 站位不当使包袋挂住脚，导致人员绊倒	15	1	0.5	7.5	四级	行走时动作缓慢，确保脚未被套住	
15		2. 挂钩人员未在车厢中间行走，导致人员坠落	5	2	0.5	5	四级	挂钩人员在车厢中间行走	
16		3. 挂钩作业人员上车前未安装防坠网或人员站位不当，导致人员坠落	15	1	0.5	7.5	四级	提前安装防坠网且人员必须行走在防坠网一侧	
17		4. 劳保鞋鞋带未系好，导致人员摔伤	15	1	0.5	7.5	四级	工作服穿着做到"三紧"，确保劳保鞋无破损且鞋带系好，安全帽下颏带系好	
18	将大包料依次放在锥刀上卸料	1. 作业前未对卸料架承重部位的开焊、变形等情况进行检查，导致人员受伤	25	2	1	50	四级	每班作业人员对卸料架进行安全检查，有开焊、变形等情况时应及时处理	
19		2. 大包压伤操作人员脚部	25	2	1	50	四级	在指挥吊包下降过程中，作业人员与大包保持 1.5 m 以上的安全距离	
20		3. 大包未放置平稳或偏重，导致人员受伤	5	1	0.5	2.5	四级	将大包放置平稳且确保大包不偏重	

续表

序号	主要操作步骤	存在的风险	风险等级分析					主要防控措施	备注
			后果	暴露	可能性	风险值	风险等级		
21	取出锥刀上的塑料布（扎料后取出塑料布）	1. 粉尘导致人员患职业病	5	2	0.5	5	四级	卸料后在收尘口将空大包清理干净	
22		2. 未及时清理脚下积料，导致人员摔倒	5	6	3	90	三级	每包作业后及时清理输料地坑处积料	
23		3. 劳保鞋鞋带未系好，导致人员绊倒摔伤	5	3	1	15	四级	工作服穿着做到"三紧"，确保劳保鞋无破损且鞋带系好，安全帽下颌带系好	
24	清理废空包袋	1. 粉尘导致人员患职业病	5	1	0.5	2.5	四级	工作服穿着做到"三紧"，确保劳保鞋无破损且鞋带系好，安全帽下颌带系好，口罩与面部无缝隙	
25		2. 脚下积料未及时清理，导致摔倒	15	2	0.5	15	四级	每包作业后及时清理输料地坑处积料	
26	摘钩卸废包	1. 钩头晃动易磕碰人员头部，导致人员受伤	15	3	3	135	三级	在吊运空包袋放稳前，人员禁止上前摘钩，戴好安全帽	
27		2. 挂钩人员挂钩后未撤离至1.5 m以外距指挥天车起吊，大包掉落，导致人员受伤	50	2	3	300	二级	人员不许站在西侧摘钩，挂钩后应撤离至1.5 m以上的安全距离处指挥	
28		3. 劳保鞋鞋带未系好，导致人员摔伤	5	1	0.5	2.5	四级	工作服穿着做到"三紧"，确保劳保鞋无破损且鞋带系好，安全帽下颌带系好，口罩与面部无缝隙	
29	整理吊链，调整方向木棍，清理作业现场	1. 未及时整理吊链、调整方向木棍，导致人员伤害	5	1	0.5	2.5	四级	确认吊链放回吊链存放架，调整方向木棍放回工器具架	
30		2. 作业现场未清理干净，导致人员伤害	5	1	0.5	2.5	四级	（1）将现场物品摆放整齐 （2）作业负责人检查作业现场	

表 3.67 维护锥刀作业安全风险辨识及防控措施一览表

序号	主要操作步骤	存在的风险	风险等级分析					主要防控措施	备注
			后果	暴露	可能性	风险值	风险等级		
1	作业前检查人员状态和劳动保护用品穿戴情况	1. 作业人员有班前喝酒、睡眠不足、身体不适、精神状态不好等情况，导致作业过程中注意力不集中	25	2	0.5	25	四级	作业前，作业负责人检查作业人员是否酒后上岗，询问身体是否不适，观察精神状态是否正常，确认良好后方可作业	
2		2. 作业人员未按规定穿戴劳动保护用品（工作服、劳保鞋、安全帽、口罩），导致人员伤害	25	2	0.5	25	四级	作业前，作业负责人、互联互保人员检查作业人员工作服穿着（做到"三紧"），确保劳保鞋无破损且鞋带系好，安全帽下颌带系好，口罩与面部无缝隙	
3	作业前风险评价	1. 作业前未按要求开展风险辨识，导致人员伤害	15	2	0.5	15	四级	每次作业前要进行风险辨识	
4		2. 未结合现场实际情况进行风险辨识，导致人员伤害	15	2	0.5	15	四级	风险辨识要结合现场实际，根据工作环境的变化完善辨识内容，逐一落实防控措施	
5		3. 风险辨识过程中有遗漏，导致人员伤害	25	2	0.5	25	四级	抽查作业人员掌握存在的风险和防控措施情况，对照口袋卡及作业任务中存在的风险手指口述逐项进行提示提醒	
6		4. 未明确作业负责人，未确定互联互保人员，导致人员伤害	15	2	0.5	15	四级	指定作业负责人和互联互保人员	
7		5. 未掌握作业时的风险，导致人员伤害	15	2	0.5	15	四级	每项作业前要进行风险辨识	
8		6. 不知道作业中风险的防控措施，导致人员伤害	15	2	0.5	15	四级	风险辨识要结合现场实际，根据工作环境的变化完善辨识内容，逐一落实防控措施	
9	检查插线板、角磨机、磨片	1. 插线板破损，导致人员触电	50	2	1	50	三级	检查插线板，确保其无裂纹、无破损	
10		2. 角磨机异常，导致人员触电	50	2	1	100	三级	点动开关，检查角磨机运行是否正常	
11		3. 磨片开裂，导致人员受伤	25	2	0.5	25	四级	检查磨片，确保其无裂纹、无破损	
12	使用符合标准的电线及插座	1. 使用不符合标准的电线及插座，导致人员触电	25	1	0.5	12.5	四级	（1）作业前检查使用的电动工具及电缆，发现问题时停止使用 （2）必要时由专业电工进行接线和拆线	

续表

序号	主要操作步骤	存在的风险	风险等级分析					主要防控措施	备注
			后果	暴露	可能性	风险值	风险等级		
13	检查角磨机（使用前先检查角磨机安全护罩是否有缺陷）	1. 角磨机安全护罩有缺损、破坏，导致磨片飞出伤人	50	2	0.5	50	四级	检查角磨机的外观，确保其安全护罩齐全、无缺陷	
14		2. 作业前未检查磨片卡盘及螺栓是否紧固，导致人员受伤	5	3	0.5	7.5	四级	检查磨片卡盘及螺栓是否紧固、无缺陷	
15	检查磨片（使用前先检查磨片是否完好）	1. 作业前对磨片未进行检查，导致磨片飞出伤人	50	2	0.5	50	四级	作业前对磨片进行检查，对磨损超过1/3及存在缺陷的磨片进行更换	
16		2. 作业时人员站位不正确，导致人员受伤	50	2	0.5	50	四级	作业时人员站在角磨机侧面	
17		3. 作业时人员未佩戴安全护目镜，导致人员受伤	15	2	0.5	15	四级	作业时人员必须佩戴安全护目镜	
18	开始打磨锥刀（先戴好护目镜，后开始操作）	1. 作业时人员站立在打磨锥刀正后方，磨片脱落，导致人员割伤	50	2	0.5	50	四级	工作服穿着做到"三紧"，确保安全帽下颌带系好，口罩与面部无缝隙，佩戴安全护目镜，人员站立在打磨锥刀侧面使用角磨机	
19		2. 作业时人员未佩戴安全护目镜，导致人员眼部受伤	15	2	1	30	四级	作业时人员站在角磨机侧面进行操作，并佩戴安全护目镜，安全护目镜与面部无缝隙	
20		3. 劳保鞋鞋带未系好，导致人员绊倒摔伤	5	3	1	15	四级	工作服穿着做到"三紧"，确保劳保鞋无破损且鞋带系好，安全帽下颌带系好	
21	整理插线板、角磨机、磨片，清理作业现场	1. 未及时整理工器具，导致人员伤害	5	3	0.5	7.5	四级	作业人员确认将插线板、角磨机、磨片放回休息室工器具箱内	
22		2. 作业现场未清理干净，导致人员伤害	5	3	0.5	7.5	四级	（1）将现场物品摆放整齐 （2）作业负责人检查作业现场	

表 3.68 物料堆垛作业安全风险辨识及防控措施一览表

序号	主要操作步骤	存在的风险	风险等级分析					主要防控措施	备注
			后果	暴露	可能性	风险值	风险等级		
1	作业前检查人员状态和劳动保护用品穿戴情况	1. 作业人员有班前喝酒、睡眠不足、身体不适、精神状态不好等情况，导致作业过程中注意力不集中	25	2	0.5	25	四级	作业前，作业负责人检查作业人员是否酒后上岗，询问身体是否不适，观察精神状态是否正常，确认良好后方可作业	
2		2. 作业人员未按规定穿戴劳动保护用品（工作服、劳保鞋、安全帽、口罩），导致人员伤害	25	2	0.5	25	四级	作业前，作业负责人、互联互保人员检查作业人员工作服穿着（做到"三紧"），确保劳保鞋无破损且鞋带系好，安全帽下颏带系好，口罩与面部无缝隙	
3	作业前风险评价	1. 作业前未按要求开展风险辨识，导致人员伤害	15	2	0.5	15	四级	每次作业前要进行风险辨识	
4		2. 未结合现场实际情况进行风险辨识，导致人员伤害	15	2	0.5	15	四级	风险辨识要结合现场实际，根据工作环境的变化完善辨识内容，逐一落实防控措施	
5		3. 风险辨识过程中有遗漏，导致人员伤害	25	2	0.5	25	四级	抽查作业人员掌握存在的风险和防控措施情况，对照口袋卡及作业任务中存在的风险手指口述逐项进行提示提醒	
6		4. 未明确作业负责人，未确定互联互保人员，导致人员伤害	15	2	0.5	15	四级	指定作业负责人和互联互保人员	
7		5. 未掌握作业时的风险，导致人员伤害	15	2	0.5	15	四级	每项作业前要进行风险辨识	
8		6. 不知道作业中风险的防控措施，导致人员伤害	15	2	0.5	15	四级	风险辨识要结合现场实际，根据工作环境的变化完善辨识内容，逐一落实防控措施	
9	登上氧化铝或氟化铝包垛	1. 劳保鞋鞋带未系好，导致人员摔伤	15	2	0.5	15	四级	工作服穿着做到"三紧"，确保劳保鞋无破损且鞋带系好，安全帽下颏带系好，口罩与面部无缝隙	
10		2. 包袋绊住作业人员脚部，导致人员摔伤	15	2	0.5	15	四级	行走时动作缓慢，确保脚未被套住	
11		3. 人员登上大包时未抓稳扶好，在大包上行走时被包带绊倒，导致人员高处坠落	25	2	6	300	二级	（1）对于较高的氧化铝大包垛，人员必须使用梯子登上包垛 （2）将大包码放成金字塔形	

续表

序号	主要操作步骤	存在的风险	风险等级分析					主要防控措施	备注
			后果	暴露	可能性	风险值	风险等级		
12	配合吊运大包	1. 大包掉落,碰撞挂钩人员	50	2	1	100	三级	挂钩人员挂钩后保持安全站位,避开天车的移动方向	
13		2. 作业人员与大包袋未保持安全站位,导致人员受伤	25	2	0.5	25	四级	(1) 天车工服从挂钩人员指挥 (2) 严格按照"十不吊"规定执行	
14		3. 劳保鞋鞋带未系好,导致人员摔伤	15	2	0.5	15	四级	挂钩作业人员工作服穿着做到"三紧",确保劳保鞋无破损且鞋带系好,安全帽下颏带系好,口罩与面部无缝隙	
15	码放大包	1. 大包掉落,导致人员受伤	50	2	1	100	三级	作业前对吊具进行安全检查,确保吊具无缺陷	
16		2. 吊链磨损、钩头开裂、防脱卡缺失,导致氧化铝大包掉落,砸坏设备或砸伤人员	50	2	1	100	三级	作业人员检查吊链、钩头、防脱卡,确保吊链磨损部分不超过10%,钩头外观无变形、无裂纹,防脱卡安装完整,不符合要求的,应停止使用,及时更换	
17		3. 被吊运物品与人员未保持有效安全距离,导致人员受伤	15	2	0.5	15	四级	被吊运物品与人员保持2 m以上的安全距离	
18	走下包垛	1. 下大包时未抓稳扶好,在大包上行走时不小心被包带绊倒,导致人员伤害	15	2	0.5	15	四级	走下较低的氧化铝大包垛时需抓稳扶好	
19		2. 未使用梯子上、下包垛,导致人员受伤	5	2	0.5	5	四级	(1) 对于较高的氧化铝大包垛,人员必须使用梯子上、下包垛 (2) 将大包码放成金字塔形	

表 3.69 翻包机翻包作业安全风险辨识及防控措施一览表

序号	主要操作步骤	存在的风险	风险等级分析					主要防控措施	备注
			后果	暴露	可能性	风险值	风险等级		
1	作业前检查人员状态和劳动保护用品穿戴情况	1. 作业人员有班前喝酒、睡眠不足、身体不适、精神状态不好等情况,导致作业过程中注意力不集中	25	2	0.5	25	四级	作业前,作业负责人检查作业人员是否酒后上岗,询问身体是否不适,观察精神状态是否正常,确认良好后方可作业	
2		2. 作业人员未按规定穿戴劳动保护用品(工作服、劳保鞋、安全帽、口罩),导致人员伤害	25	2	0.5	25	四级	作业前,作业负责人、互联互保人检查作业人员工作服穿着(做到"三紧"),确保劳保鞋无破损且鞋带系好,安全帽下颏带系好,口罩与面部无缝隙	
3	作业前风险评价	1. 作业前未按要求开展风险辨识,导致人员伤害	15	2	0.5	15	四级	每次作业前要进行风险辨识	
4		2. 未结合现场实际情况进行风险辨识,导致人员伤害	15	2	0.5	15	四级	风险辨识要结合现场实际,根据工作环境的变化完善辨识内容,逐一落实防控措施	
5		3. 风险辨识过程中有遗漏,导致人员伤害	25	2	0.5	25	四级	抽查作业人员掌握存在的风险和防控措施情况,对照口袋卡及作业任务中存在的风险手指口述逐项进行提示提醒	
6		4. 未明确作业负责人,未确定互联互保人员,导致人员伤害	15	2	0.5	15	四级	指定作业负责人和互联互保人员	
7		5. 未掌握作业时的风险,导致人员伤害	15	2	0.5	15	四级	每项作业前要进行风险辨识	
8		6. 不知道作业中风险的防控措施,导致人员伤害	15	2	0.5	15	四级	风险辨识要结合现场实际,根据工作环境的变化完善辨识内容,逐一落实防控措施	
9	检查吊链、扫帚、铁锹、工具刀	1. 吊链磨损、钩头开裂、防脱卡缺失,导致大包掉落,砸坏设备或砸伤人员	50	2	1	100	三级	检查吊链、钩头、防脱卡,确保吊链磨损部分不超过10%,钩头外观无变形、无裂痕,防脱卡安装完整,不符合要求的,应停止使用,及时更换	
10		2. 扫帚松动,导致现场遗留或材料浪费	5	2	0.5	5	四级	检查扫帚,确保其前端无松动、捆绑绳牢固	

续表

序号	主要操作步骤	存在的风险	风险等级分析					主要防控措施	备注
			后果	暴露	可能性	风险值	风险等级		
11	检查吊链、扫帚、铁锹、工具刀	3. 铁锹锹柄开裂，导致人员手部受伤	25	1	0.5	12.5	四级	检查铁锹锹柄是否存在裂纹、破损，发现后及时更换	
12		4. 工具刀刀柄破损，导致人员手部受伤	5	2	0.5	5	四级	检查工具刀刀柄是否存在裂纹、破损，发现后及时更换	
13		5. 调整大包方向时木棍开裂，导致人员手部受伤	25	1	0.5	12.5	四级	检查调整方向木棍是否存在裂纹、破损，发现后及时更换	
14	用木棍调整大包方向（将吊包运至卸料架后用木棍调整大包方向）	1. 人员使用短木棍或其他物品对大包进行位置调整，导致人员伤害	25	2	1	50	四级	人员使用长1.5 m以上的木棍对大包进行位置调整	
15		2. 大包高空吊装时人员上前操作调整，导致人员伤害	25	2	1	50	四级	调整大包需在大包降低到一定高度时进行，即要求横向调整，禁止纵向调整	
16		3. 人员用手调整大包，导致人员受伤	5	2	0.5	5	四级	不准用手进行调整	
17	吊运2个并将其放置在翻包机平台上	1. 大包掉落，导致人员受伤	50	2	1	100	三级	作业前对吊具进行安全检查，确保吊具安全、无缺陷	
18		2. 吊链磨损、钩头开裂、防脱卡缺失，导致大包掉落，砸坏设备或砸伤人员	50	2	1	100	三级	检查吊链、钩头、防脱卡，确保吊链磨损部分不超过10%，钩头外观无变形、无裂纹，防脱卡安装完整，不符合要求的，应停止使用，及时更换	
19		3. 被吊运物品与人员未保持有效安全距离，导致人员受伤	25	2	1	50	四级	人员与被吊运物品保持2 m以上的安全距离	
20	翻包机放大包，摘钩	1. 作业操作区域有杂物，导致人员受伤	25	2	1	50	四级	确认摘钩操作区域无杂物	
21		2. 天车吊钩下降与翻包机倾翻同步进行，人员进入操作，易造成人员挤伤	5	10	3	150	三级	在天车吊钩下降至翻包机并将大包放稳后，方可进行翻包机倾翻，人员待大包放到位后上前摘钩	

续表

序号	主要操作步骤	存在的风险	风险等级分析					主要防控措施	备注
			后果	暴露	可能性	风险值	风险等级		
22	翻包机放大包，摘钩	3. 大包未放到位人员就进入操作，导致人员受伤	25	2	1	50	四级	（1）待大包放到位后人员才进入摘钩 （2）指挥天车吊包时，人员站在翻包机一侧，面向吊包运行方向	
23	操作翻包机翻包	1. 天车吊钩未随大包倾斜下降，导致人员砸伤	15	2	0.5	15	四级	天车吊钩随大包倾斜下降，直至大包放平稳	
24	顶升翻包机	1. 劳保鞋鞋带未系好，导致人员摔伤	25	1	0.5	12.5	四级	工作服穿着做到"三紧"，确保劳保鞋无破损且鞋带系好，安全帽下颌带系好，口罩与面部无缝隙	
25		2. 翻包时人员站在翻包机与地坑之间，导致人员砸伤	25	1	0.5	12.5	四级	操作人员站在翻包机侧里拐角处，点动控制翻包机起降	
26	回放翻包机到位	1. 作业人员身体靠近正在放平的翻包机平台，导致人员受到挤压	25	2	3	150	三级	回放翻包机前，在检查确认翻包机附近无人员后再进行下一步操作	
27		1. 粉尘导致人员患职业病	5	1	0.5	2.5	四级	卸料后在收尘口将空大包清理干净	
28	清理废空包袋	2. 脚下积料未及时清理，导致人员摔倒	15	2	0.5	15	四级	卸完料后，及时清理输料口地面的积料	
29		3. 劳保鞋鞋带未系好，导致人员绊倒摔伤	5	3	1	15	四级	工作服穿着做到"三紧"，确保劳保鞋无破损且鞋带系好，安全帽下颌带系好	
30	整理吊链、扫帚、铁锹、调整方向木棍、工具刀，清理作业现场	1. 未及时整理吊链、扫帚、铁锹、调整方向木棍，导致人员伤害	5	1	0.5	2.5	四级	确认吊链放回吊链存放架，扫帚、铁锹、调整方向木棍放回工器具架，工具刀放回休息室工器具箱内，现场无遗留	

表 3.70 处理循环包内板结料作业安全风险辨识及防控措施一览表

序号	主要操作步骤	存在的风险	风险等级分析					主要防控措施	备注
			后果	暴露	可能性	风险值	风险等级		
1	作业前检查人员状态和劳动保护用品穿戴情况	1. 作业人员有班前喝酒、睡眠不足、身体不适、精神状态不好等情况，导致作业过程中注意力不集中	25	2	0.5	25	四级	作业前，作业负责人检查作业人员是否酒后上岗，询问身体是否不适，观察精神状态是否正常，确认良好后方可作业	
2		2. 作业人员未按规定穿戴劳动保护用品（工作服、劳保鞋、安全帽、口罩），导致人员伤害	25	2	0.5	25	四级	作业前，作业负责人、互联互保人员检查作业人员工作服穿着（做到"三紧"），确保劳保鞋无破损且鞋带系好，安全帽下颏带系好，口罩与面部无缝隙	
3	作业前风险评价	1. 作业前未按要求开展风险辨识，导致人员伤害	15	2	0.5	15	四级	每次作业前要进行风险辨识	
4		2. 未结合现场实际情况进行风险辨识，导致人员伤害	15	2	0.5	15	四级	风险辨识要结合现场实际，根据工作环境的变化完善辨识内容，逐一落实防控措施	
5		3. 风险辨识过程中有遗漏，导致人员伤害	25	2	0.5	25	四级	抽查作业人员掌握存在的风险和防控措施情况，对照口袋卡及作业任务中存在的风险手指口述逐项进行提示提醒	
6		4. 未明确作业负责人，未确定互联互保人员，导致人员伤害	15	2	0.5	15	四级	指定作业负责人和互联互保人员	
7		5. 未掌握作业时的风险，导致人员伤害	15	2	0.5	15	四级	每项作业前要进行风险辨识	
8		6. 不知道作业中风险的防控措施，导致人员伤害	15	2	0.5	15	四级	风险辨识要结合现场实际，根据工作环境的变化完善辨识内容，逐一落实防控措施	
9	检查吊链、调整方向木棍等	1. 吊链磨损、钩头开裂、防脱卡缺失，导致大包掉落，砸坏设备或砸伤人员	50	2	1	100	三级	检查吊链、钩头、防脱卡，确保吊链磨损部分不超过10%，钩头外观无变形、无裂痕，防脱卡安装完整，不符合要求的，应停止使用，及时更换	
10		2. 调整大包方向时木棍开裂，导致人员手部受伤	25	1	0.5	12.5	四级	检查调整方向木棍是否存在裂纹、破损，发现后及时更换	

续表

序号	主要操作步骤	存在的风险	风险等级分析					主要防控措施	备注
			后果	暴露	可能性	风险值	风险等级		
11	从大包的进料口捡出氧化铝块	1. 从大包的进料口捡出的氧化铝块掉落，导致砸伤人员脚部	15	2	1	30	四级	（1）工作服穿着做到"三紧"，确保劳保鞋无破损且鞋带系好 （2）身体前倾，双脚分开并站在大包袋外侧	
12		2. 作业人员情绪不稳定，导致其他伤害	5	2	0.5	5	四级	互联互保人员配合作业	
13		3. 作业人员搬运时出现氧化铝块松动开裂、掉落，导致人员手部或脚部受伤	5	2	0.5	5	四级	作业人员搬运前确认氧化铝块无松动、无开裂	
14	用调整方向木棍将大的氧化铝块击碎	1. 击打氧化铝块时操作失误，导致人员身体扭伤	5	2	0.5	5	四级	（1）互联互保人员配合作业 （2）作业人员击打前确认工具无缺陷	
15		1. 粉尘导致作业人员患职业病	5	2	0.5	5	四级	卸料后在收尘口处将大包清理干净，佩戴口罩	
16	2~3人撑住大包，并对准循环包的出料口	2. 未及时清理脚下积料，导致人员摔倒	15	2	0.5	15	四级	卸完料后，及时清理输料口地面的积料	
17		3. 劳保鞋鞋带未系好，导致人员绊倒摔伤	5	3	1	15	四级	工作服穿着做到"三紧"，确保劳保鞋无破损且鞋带系好，安全帽下颌带系好	
18		4. 氧化铝块掉落，导致人员受伤	5	2	0.5	5	四级	（1）使用工器具从循环包底部的出料口处进行掏料 （2）在氧化铝块掉落停止后，正确使用工器具上前操作	
19	将循环包吊起来	1. 粉尘导致人员患职业病	5	2	0.5	5	四级	卸料后在收尘口处将空大包清理干净，佩戴口罩	
20		2. 在空包未被吊出卸料架前人员就上前操作，导致人员摔倒	5	2	6	60	四级	（1）工作服穿着做到"三紧"，确保劳保鞋无破损且鞋带系好，安全帽下颌带系好 （2）在空包未被吊出卸料架前，人员禁止上前操作	
21		3. 劳保鞋鞋带未系好，导致人员摔伤	5	3	1	15	四级	确保劳保鞋无破损且鞋带系好	

续表

序号	主要操作步骤	存在的风险	风险等级分析					主要防控措施	备注
			后果	暴露	可能性	风险值	风险等级		
22	整理吊链、扫帚、铁锹、调整方向木棍、工具刀，清理作业现场	1. 未及时整理吊链、扫帚、铁锹、调整方向木棍、工具刀，导致人员伤害	5	1	0.5	2.5	四级	确认将吊链放回吊链存放架，扫帚、铁锹、调整方向木棍放回工器具架，工具刀放回休息室工器具箱内，现场无遗留	

表 3.71 使用电葫芦吊运物料作业安全风险辨识及防控措施一览表

序号	主要操作步骤	存在的风险	风险等级分析					主要防控措施	备注
			后果	暴露	可能性	风险值	风险等级		
1	作业前检查人员状态和劳动保护用品穿戴情况	1. 作业人员有班前喝酒、睡眠不足、身体不适、精神状态不好等情况，导致作业过程中注意力不集中	25	2	0.5	25	四级	作业前，作业负责人检查作业人员是否酒后上岗，询问身体是否不适，观察精神状态是否正常，确认良好后方可作业	
2		2. 作业人员未按规定穿戴劳动保护用品（工作服、劳保鞋、安全帽、口罩），导致人员伤害	25	2	0.5	25	四级	作业前，作业负责人、互联互保人员检查作业人员工作服穿着（做到"三紧"），确保劳保鞋无破损且鞋带系好，安全帽下颌带系好，口罩与面部无缝隙	
3	作业前风险评价	1. 作业前未按要求开展风险辨识，导致人员伤害	15	2	0.5	15	四级	每次作业前要进行风险辨识	
4		2. 未结合现场实际情况进行风险辨识，导致人员伤害	15	2	0.5	15	四级	风险辨识要结合现场实际，根据工作环境的变化完善辨识内容，逐一落实防控措施	
5		3. 风险辨识过程中有遗漏，导致人员伤害	25	2	0.5	25	四级	抽查作业人员掌握存在的风险和防控措施情况，对照口袋卡及作业任务中存在的风险手指口述逐项进行提示提醒	
6		4. 未明确作业负责人，未确定互联互保人员，导致人员伤害	15	2	0.5	15	四级	指定作业负责人和互联互保人员	

续表

序号	主要操作步骤	存在的风险	风险等级分析					主要防控措施	备注
			后果	暴露	可能性	风险值	风险等级		
7	作业前风险评价	5. 未掌握作业时的风险，导致人员伤害	15	2	0.5	15	四级	每项作业前要进行风险辨识	
8		6. 不知道作业中风险的防控措施，导致人员伤害	15	2	0.5	15	四级	风险辨识要结合现场实际，根据工作环境的变化完善辨识内容，逐一落实防控措施	
9	检查吊链、调整方向木棍等	1. 吊链磨损、钩头开裂、防脱卡缺失，导致大包掉落，砸坏设备或砸伤人员	50	2	1	100	三级	检查吊链、钩头、防脱卡，确保吊链磨损部分不超过10%，钩头外观无变形、无裂痕，防脱卡安装完整，不符合要求的，应停止使用，及时更换	
10		2. 调整大包方向时木棍开裂，导致人员手部受伤	25	1	0.5	12.5	四级	检查调整方向木棍是否存在裂纹、破损，发现后及时更换	
11	对大包或物料进行挂钩处理	1. 吊具晃动，导致人员碰伤	5	2	0.5	5	四级	当吊具到位后，人员方可走近作业	
12		2. 作业人员未面向吊具行驶方向，导致人员受伤	5	2	0.5	5	四级	作业人员面向吊具行驶方向	
13		3. 吊具摆幅大，人员上前操作，导致人员受伤	5	2	0.5	5	四级	（1）待吊具无摆动或摆动幅度小于20 cm后，人员方可上前操作 （2）工作服穿着要做到"三紧"，确保安全帽下颌带系好	
14	吊运物料到氧化铝（其他物料）包垛上	1. 吊物过高，发生掉落时导致人员伤害	50	2	1	100	三级	（1）吊运物料不超高，临近物料垛时提升物料 （2）物料吊运期间，人员距物料保持1.5 m以上	
15		2. 吊运物料行驶速度过快，导致碰撞发生	15	2	0.5	15	四级	（1）谨慎慢行，距吊运点10 m内要减速 （2）人员面向天车运行方向且侧位站立	
16	整理吊链、扫帚、铁锹、调整方向木棍、工具刀，清理作业现场	1. 未及时整理吊链、扫帚、铁锹、调整方向木棍，导致人员伤害	5	1	0.5	2.5	四级	确认将吊链放回吊链存放架，扫帚、铁锹调、整方向木棍放回工器具架，工具刀放回休息室工器具箱内，现场无遗留	

表 3.72 清理斗提底部积料作业安全风险辨识及防控措施一览表

序号	主要操作步骤	存在的风险	风险等级分析					主要防控措施	备注
			后果	暴露	可能性	风险值	风险等级		
1	作业前检查人员状态和劳动保护用品穿戴情况	1. 作业人员有班前喝酒、睡眠不足、身体不适、精神状态不好等情况,导致作业过程中注意力不集中	25	2	0.5	25	四级	作业前,作业负责人检查作业人员是否酒后上岗,询问身体是否不适,观察精神状态是否正常,确认良好后方可作业	
2		2. 作业人员未按规定穿戴劳动保护用品(工作服、劳保鞋、安全帽、口罩),导致人员伤害	25	2	0.5	25	四级	作业前,作业负责人、互联互保人员检查作业人员工作服穿着(做到"三紧"),确保劳保鞋无破损且鞋带系好,安全帽下颌带系好,口罩与面部无缝隙	
3	作业前风险评价	1. 作业前未按要求开展风险辨识,导致人员伤害	15	2	0.5	15	四级	每次作业前要进行风险辨识	
4		2. 未结合现场实际情况进行风险辨识,导致人员伤害	15	2	0.5	15	四级	风险辨识要结合现场实际,根据工作环境的变化完善辨识内容,逐一落实防控措施	
5		3. 风险辨识过程中有遗漏,导致人员伤害	25	2	0.5	25	四级	抽查作业人员掌握存在的风险和防控措施情况,对照口袋卡及作业任务中存在的风险手指口述逐项进行提示提醒	
6		4. 未明确作业负责人,未确定互联互保人员,导致人员伤害	15	2	0.5	15	四级	指定作业负责人和互联互保人员	
7		5. 未掌握作业时的风险,导致人员伤害	15	2	0.5	15	四级	每项作业前要进行风险辨识	
8		6. 不知道作业中风险的防控措施,导致人员伤害	15	2	0.5	15	四级	风险辨识要结合现场实际,根据工作环境的变化完善辨识内容,逐一落实防控措施	
9	检查梯子、扫帚、铁锹	1. 梯子螺丝松动,导致人员踏空受伤	25	3	1	75	三级	作业人员确保梯子外观无变形、无裂痕、螺丝紧固	
10		2. 扫帚松动,导致现场遗留或材料浪费	5	1	0.5	2.5	四级	作业人员检查扫帚,确保其前端无松动、捆绑绳牢固	
11		3. 铁锹锹柄开裂,导致人员手部受伤	25	1	0.5	12.5	四级	作业人员检查铁锹锹柄是否存在裂纹、破损,发现后及时更换	

续表

序号	主要操作步骤	存在的风险	风险等级分析					主要防控措施	备注
			后果	暴露	可能性	风险值	风险等级		
12	通过梯子到斗提底部	1. 劳保鞋鞋带未系好，导致人员绊倒摔伤	5	3	1	15	四级	工作服穿着做到"三紧"，确保劳保鞋无破损且鞋带系好，安全帽下颏带系好	
13		2. 使用的爬梯脚踏板断裂，导致人员坠落	50	2	0.5	50	四级	检查爬梯踏板，如有开裂、开焊，应及时维修	
14		3. 上、下爬梯时未扶好扶手，导致人员坠落	15	2	0.5	15	四级	上、下爬梯时扶好扶手	
15	对故障斗提进行停电操作	1. 作业前未执行断电和警示，导致人员触电	50	2	0.5	50	四级	作业前必须执行断电并做警示	
16		2. 互联互保人员与操作人员未相互确认，导致其他伤害	25	1	0.5	12.5	四级	互联互保人员与操作人员相互确认	
17	将斗提底部的氧化铝清理到旁边的斗提内部	1. 粉尘导致人员患职业病	5	1	0.5	2.5	四级	清理时侧方站立，使用铁锹、扫帚将氧化铝清理干净，佩戴口罩	
18		2. 未及时清理脚下积料，导致人员摔倒	15	2	0.5	15	四级	卸完料后，及时清理输料口地面的积料	
19		3. 劳保鞋鞋带未系好，导致人员绊倒摔伤	5	3	1	15	四级	工作服穿着做到"三紧"，确保劳保鞋无破损且鞋带系好，安全帽下颏带系好	
20	通知维修工检查斗提	1. 未做好运行记录，导致设备真实性无法反映	25	2	0.5	25	四级	必须做好运行记录，定期检查	
21		2. 未通知检修人员排查，导致设备电机损坏	50	2	0.5	50	四级	及时报修，通知检修人员处理故障，检查运行记录	
22		3. 故障排查后未对设备进行检测，导致设备受损	25	1	0.5	12.5	四级	作业后必须对设备进行检测，确认其无异常后再投入使用	

续表

序号	主要操作步骤	存在的风险	风险等级分析					主要防控措施	备注
			后果	暴露	可能性	风险值	风险等级		
23	检修完毕后清扫卫生	1. 粉尘导致人员患职业病	5	1	0.5	2.5	四级	卸料后在收尘口将空大包清理干净，佩戴口罩	
24		2. 作业人员未正确使用口罩，导致人员患职业病	5	1	0.5	2.5	四级	工作服穿着做到"三紧"，确保劳保鞋无破损且鞋带系好，安全帽下颌带系好，口罩与面部无缝隙	
25		3. 劳保鞋鞋带未系好，导致人员绊倒、摔伤	5	3	1	15	四级	工作服穿着做到"三紧"，确保劳保鞋无破损且鞋带系好，安全帽下颌带系好	
26	整理梯子、扫帚、铁锹，清理作业现场	1. 未及时整理梯子、扫帚、铁锹，导致人员伤害	5	1	0.5	2.5	四级	确认将梯子放回定置点，扫帚、铁锹放回工器具架	
27		2. 作业现场未清理干净，导致人员伤害	5	1	0.5	2.5	四级	（1）将现场物品摆放整齐 （2）作业负责人检查作业现场	

表3.73 氟化盐打料作业安全风险辨识及防控措施一览表

序号	主要操作步骤	存在的风险	风险等级分析					主要防控措施	备注
			后果	暴露	可能性	风险值	风险等级		
1	作业前检查人员状态和劳动保护用品穿戴情况	1. 作业人员有班前喝酒、睡眠不足、身体不适、精神状态不好等情况，导致作业过程中注意力不集中	25	2	0.5	25	四级	作业前，作业负责人检查作业人员是否酒后上岗，询问身体是否不适，观察精神状态是否正常，确认良好后方可作业	
2		2. 作业人员未按规定穿戴劳动保护用品（工作服、劳保鞋、安全帽、口罩），导致人员伤害	25	2	0.5	25	四级	作业前，作业负责人、互联互保人员检查作业人员工作服穿着（做到"三紧"），确保劳保鞋无破损且鞋带系好，安全帽下颌带系好，口罩与面部无缝隙	
3	作业前风险评价	1. 作业前未按要求开展风险辨识，导致人员伤害	15	2	0.5	15	四级	每次作业前要进行风险辨识	

续表

序号	主要操作步骤	存在的风险	风险等级分析					主要防控措施	备注
			后果	暴露	可能性	风险值	风险等级		
4	作业前风险评价	2. 未结合现场实际情况进行风险辨识，导致人员伤害	15	2	0.5	15	四级	风险辨识要结合现场实际，根据工作环境的变化完善辨识内容，逐一落实防控措施	
5		3. 风险辨识过程中有遗漏，导致人员伤害	25	2	0.5	25	四级	抽查作业人员掌握存在的风险和防控措施情况，对照口袋卡及作业任务中存在的风险手指口述逐项进行提示提醒	
6		4. 未明确作业负责人，未确定互联互保人员，导致人员伤害	15	2	0.5	15	四级	指定作业负责人和互联互保人员	
7		5. 未掌握作业时的风险，导致人员伤害	15	2	0.5	15	四级	每项作业前要进行风险辨识	
8		6. 不知道作业中风险的防控措施，导致人员伤害	15	2	0.5	15	四级	风险辨识要结合现场实际，根据工作环境的变化完善辨识内容，逐一落实防控措施	
9	检查吊链、扫帚、铁锹、工具刀	1. 吊链磨损、钩头开裂、防脱卡缺失，导致大包掉落，砸坏设备或砸伤人员	50	2	1	100	三级	检查吊链、钩头、防脱卡，确保吊链磨损部分不超过10%，钩头外观无变形、无裂痕，防脱卡安装完整，不符合要求的，应停止使用，及时更换	
10		2. 扫帚松动，导致现场遗留或材料浪费	5	2	0.5	5	四级	检查扫帚，确保其前端无松动、捆绑绳牢固	
11		3. 铁锹锹柄开裂，导致人员手部受伤	25	1	0.5	12.5	四级	检查铁锹锹柄是否存在裂纹、破损，发现后及时更换	
12		4. 工具刀刀柄破损，导致人员手部受伤	5	2	0.5	5	四级	检查工具刀刀柄是否存在裂纹、破损，发现后及时更换	
13		5. 调整大包方向时木棍开裂，导致人员手部受伤	25	1	0.5	12.5	四级	检查调整方向木棍是否存在裂纹、破损，发现后及时更换	
14	通过爬梯上平台	1. 劳保鞋鞋带未系好，导致人员摔伤	5	1	0.5	2.5	四级	工作服穿着做到"三紧"，确保劳保鞋无破损且鞋带系好，安全帽下颏带系好	

续表

序号	主要操作步骤	存在的风险	风险等级分析					主要防控措施	备注
			后果	暴露	可能性	风险值	风险等级		
15	通过爬梯上平台	2. 未检查爬梯踏板是否开裂,导致人员坠落	5	1	0.5	2.5	四级	检查爬梯踏板,若有开裂、开焊,应及时维修	
16		3. 上、下爬梯时未扶好扶手,导致人员坠落	15	2	0.5	15	四级	上、下爬梯时扶好扶手	
17	吊运氟化盐大包	1. 未起钩到位,导致大包碰坏栏杆	5	1	0.5	2.5	四级	打料人员须在附近指挥作业	
18		2. 天车司机同时操作大车、小车,导致大包摆动,造成人员受伤	50	2	1	100	三级	严禁天车司机同时操作大车、小车	
19		3. 吊运时地面作业人员指挥信号不明确,导致人员受伤	25	2	1	50	四级	吊运时地面作业人员发出正确无误的指挥信号	
20	将大包对准锥刀降落	1. 作业前未对卸料架承重部位的开焊、变形等情况进行检查,导致人员受伤	25	2	1	50	四级	每班对卸料架进行安全检查,有开焊、变形等情况时及时处理	
21		2. 包架压伤操作人员脚部	25	2	1	50	四级	在指挥吊包下降过程中,作业人员与大包保持1.5 m以上的安全距离	
22		3. 大包袋未放置平稳或偏重,导致人员受伤	15	2	0.5	15	四级	大包袋放置平稳且确保大包袋不偏重	
23	清理废空包袋	1. 粉尘导致人员患职业病	5	1	0.5	2.5	四级	卸料后在收尘口处将空大包清理干净,佩戴口罩	
24		2. 未及时清理脚下积料,导致人员摔倒	15	2	0.5	15	四级	卸完料后,及时清理输料口地面的积料	
25		3. 劳保鞋鞋带未系好,导致人员绊倒摔伤	5	3	1	15	四级	工作服穿着做到"三紧",确保劳保鞋无破损且鞋带系好,安全帽下颏带系好	
26	摘钩卸废包	1. 钩头甩动,导致磕碰人员头部	15	1	0.5	7.5	四级	在空包袋放稳前,禁止人员上前摘钩	
27		2. 挂钩人员挂钩后未离开车辆指挥天车起吊,导致人员受伤	25	1	1	25	四级	人员不许站在西侧摘钩,挂钩后人员应距离大包袋1.5 m以上	
28		3. 劳保鞋鞋带未系好,导致人员摔伤	5	1	0.5	2.5	四级	工作服穿着做到"三紧",确保劳保鞋无破损且鞋带系好,安全帽下颏带系好,口罩与面部无缝隙	

续表

序号	主要操作步骤	存在的风险	风险等级分析					主要防控措施	备注
			后果	暴露	可能性	风险值	风险等级		
29	整理吊链、扫帚、铁锹、调整方向木棍、工具刀，清理作业现场	1. 未及时清理吊链、扫帚、铁锹、调整方向木棍，导致人员伤害	5	1	0.5	2.5	四级	确认将吊链放回吊链存放架，扫帚、铁锹、调整方向木棍放回工器具架，工具刀放回休息室工器具箱内，现场无遗留	
30		2. 作业现场未清理干净，导致人员伤害	5	1	0.5	2.5	四级	（1）将现场物品摆放整齐 （2）作业负责人检查作业现场	

3.3.3 设备检修岗位主要的作业活动/工作流程

经辨识，设备检修岗位主要的作业活动有19项，其岗位作业存在901项风险，其中辨识出一级风险4项、二级风险12项、三级风险123项、四级风险762项。

主要的作业活动/工作流程为：

①检查处理氧化铝仓库天车电气故障；②更换氧化铝仓库天车大车行走轮；③更换氧化铝仓库天车小车行走轮；④更换拖缆滑车；⑤检修检查滑触线；⑥更换天车卷扬钢丝绳或更换动滑轮组；⑦更换减速机；⑧更换小车电机、卷扬电机；⑨点检加料罗茨鼓风机；⑩更换电解槽上部溜槽；⑪更换电解槽排烟支管绝缘节或氧化铝流管绝缘节；⑫-3.5 m 更换维修压缩空气管道阀门；⑬处理电解槽烟道端料管绝缘节、悬臂溜槽故障；⑭更换气垫式皮带减速机；⑮更换气垫式皮带机皮带；⑯更换斗提被动轴承；⑰更换斗提料斗螺栓；⑱更换斗提电机减速机；⑲检修翻车机。

3.3.4 设备检修岗位安全风险辨识及防控措施

设备检修岗位安全风险辨识及防控措施见表3.74至表3.92。

表3.74 检查处理氧化铝仓库天车电气故障作业安全风险辨识及防控措施一览表

序号	主要操作步骤	存在的风险	风险等级分析					主要防控措施	备注
			后果	暴露	可能性	风险值	风险等级		
1	作业前检查人员状态和劳动保护用品穿戴情况	1. 作业人员有班前喝酒、睡眠不足、身体不适、精神状态不好等情况，导致作业过程中注意力不集中	25	1	0.5	12.5	四级	作业前，作业负责人检查作业人员是否酒后上岗，询问身体是否不适，观察精神状态是否正常，确认良好后方可作业	

续表

序号	主要操作步骤	存在的风险	风险等级分析					主要防控措施	备注
			后果	暴露	可能性	风险值	风险等级		
2	作业前检查人员状态和劳动保护用品穿戴情况	2. 作业人员未按规定穿戴劳动保护用品（工作服、劳保鞋、安全帽、口罩），导致人员伤害	25	1	0.5	12.5	四级	作业前，作业负责人、互联互保人员检查作业人员工作服穿着（做到"三紧"），确保劳保鞋无破损且鞋带系好，安全帽下颚带系好，口罩与面部无缝隙	
3	作业前风险评价	1. 作业前未按要求开展风险辨识，导致人员伤害	15	10	0.1	15	四级	每次作业前要进行风险辨识	
4		2. 未结合现场实际情况进行风险辨识，导致人员伤害	15	10	0.1	15	四级	风险辨识要结合现场实际，根据工作环境的变化完善辨识内容，逐一落实防控措施	
5		3. 风险辨识过程中有遗漏，导致人员伤害	15	10	0.1	15	四级	抽查作业人员掌握存在的风险和防控措施情况，对照口袋卡及作业任务中存在的风险手指口述逐项进行提示提醒	
6		4. 未明确作业负责人，未确定互联互保人员，导致人员伤害	15	10	0.1	15	四级	指定作业负责人和互联互保人员	
7		5. 未掌握作业时的风险，导致人员伤害	15	10	0.1	15	四级	每项作业前要进行风险辨识	
8		6. 不知道作业中风险的防控措施，导致人员伤害	15	10	0.1	15	四级	风险辨识要结合现场实际，根据工作环境的变化完善辨识内容，逐一落实防控措施	
9	检查螺丝刀、电笔、梅花扳手	1. 梅花扳手有磨损，作业时发生滑脱，导致人员伤害	5	1	1	5	四级	检查梅花扳手有无明显磨损，如有，应及时更换	
10		2. 电笔损坏造成验电结果错误，导致人员触电	25	2	0.5	25	四级	在带电线路上检查电笔是否完好	
11		3. 螺丝刀把手损坏，导致滑脱伤人	5	1	1	5	四级	检查螺丝刀把手有无裂纹，如有裂纹，应及时更换	
12	办理工作票	1. 未办理工作票就擅自作业，造成事故	25	2	3	150	三级	危险作业按照要求逐级审批，辨识后再办理工作票	
13		2. 未经审批就擅自作业，造成事故	25	2	3	150	三级	区域管理人员按照工作票要求逐级审批，现场监护	
14		3. 未经现场确认就进行作业，造成事故	25	2	3	150	三级	一般检修作业需经签发属地确认后方可操作	

续表

序号	主要操作步骤	存在的风险	风险等级分析					主要防控措施	备注
			后果	暴露	可能性	风险值	风险等级		
15	办理登高危险作业票	1. 未明确分级管控负责人，未确定危险作业等级，易造成高风险作业监护层级不正确，导致发生事故	50	2	1	100	三级	逐级授权审批登高作业，签发部门现场监护	
16		2. 作业人员不清楚危险作业，造成事故	50	1	1	50	四级	班组建立危险清单，加强对员工的安全培训	
17		3. 作业人员未结合现场实际情况进行办理，导致事故发生	25	1	0.5	12.5	四级	审批人员在结合现场实际情况现场验证安全措施可靠后签发办理	
18	作业前唱票	1. 作业人员对作业环境中的风险掌握有遗漏，造成事故	25	2	0.5	25	四级	对照口袋卡及作业任务中存在的风险手指口述逐项进行提示提醒	
19		2. 作业人员不知道作业环境中的风险，造成事故	25	2	0.5	25	四级	每项作业前要进行风险辨识	
20		3. 作业人员不知道作业环境中的风险如何防范，造成事故	25	2	0.5	25	四级	结合检修内容与作业现场环境逐一落实安全措施	
21	试车判断故障	1. 作业人员工作服穿着未做到"三紧"，劳保鞋鞋带未系好，安全帽下颌带未系好，造成事故	5	2	3	30	四级	工作服穿着做到"三紧"，确保劳保鞋无破损且鞋带系好，安全帽下颌带系好	
22		2. 检修人员未站在大小车运行方向的外侧，易造成挤伤	25	2	0.5	25	四级	检修人员站在大小车运行方向的外侧，防止碰伤、挤伤	
23		3. 天车工与检修人员沟通有误或人员之间未相互重复指令，导致误操作，造成人员伤害	25	1	0.5	12.5	四级	天车工与检修人员保持通信畅通	
24		4. 互联互保人员未在现场监护，易发生其他伤害	5	2	3	30	四级	互联互保人员相互警示	

续表

序号	主要操作步骤	存在的风险	风险等级分析					主要防控措施	备注
			后果	暴露	可能性	风险值	风险等级		
25	断电挂牌	1. 未断电挂牌，造成人员触电	50	1	1	50	四级	警示牌悬挂牢靠，锁闭开关箱	
26		2. 断电时操作失误，造成人员触电	50	1	1	50	四级	断电后，对开关的三相电源分别进行测量并放电	
27		3. 非专业人员进行断电操作，易造成人员触电	5	1	1	5	四级	专业电工持证上岗操作	
28	验电	1. 验电前未检查电笔好坏，造成人员触电	25	1	1	25	四级	验电前检查电笔好坏	
29		2. 使用万用表进行验电前未确认万用表是否正常，易造成人员触电	50	1	1	50	四级	使用前检查万用表是否正常	
30		3. 非专业人员操作，易造成人员触电	25	1	1	25	四级	专业电工持证上岗操作	
31	站在平台上检查电气设备	1. 站位不当，造成人员挤伤	25	1	1	25	四级	禁止观察人员站在卷扬钢丝绳附近，检修工与天车工做好沟通，作业负责人现场检查	
32		2. 人员注意力不集中，造成其他伤害	25	1	0.5	12.5	四级	互联互保人员现场监护	
33		3. 人员站位不当，造成其他伤害	25	1	1	25	四级	禁止观察人员站在卷扬钢丝绳附近	
34	更换电气设备或线路	1. 检修时，未设置警戒区域，其他人员随意进入，导致人员砸伤	25	1	1	25	四级	在被检修的天车下方拉警戒线，设专人监护	
35		2. 作业警戒区域外围无监护人员，易发生其他人员进入现场，导致人员受伤	25	1	1	25	四级	设专人监护	
36		3. 未通知属地人员，易发生其他人员误入检修区，导致人员受伤	25	1	1	25	四级	作业前属地确认签字并告知人员绕行	

续表

序号	主要操作步骤	存在的风险	风险等级分析					主要防控措施	备注
			后果	暴露	可能性	风险值	风险等级		
37	紧固螺栓	1. 劳保鞋鞋带未系好,安全帽下颚带未系好,导致人员受伤	5	1	1	5	四级	工作服穿着做到"三紧",确保劳保鞋无破损且鞋带系好,安全帽下颚带系好	
38		2. 操作不当,造成人员碰伤	5	1	1	5	四级	按照规定要求紧固螺母	
39		3. 未正确使用工器具,易造成人员受伤	25	1	0.5	12.5	四级	抓紧扳手,防止掉落	
40	修复后试车	1. 站位不当,造成人员挤伤事故	25	1	1	25	四级	(1) 检修人员站在大小车运行方向的外侧,防止人员碰伤、挤伤 (2) 互联互保人员相互警示	
41		2. 人员注意力不集中,造成其他伤害	25	1	0.5	12.5	四级	互联互保人员现场监护	
42		3. 人员站位不当,造成其他伤害	25	1	1	25	四级	检修人员站在大小车运行方向的外侧,防止人员碰伤、挤伤	
43	整理螺丝刀、电笔、梅花扳手,清理作业现场	1. 未及时整理螺丝刀、电笔、梅花扳手,易造成人员摔绊碰伤、磕伤	5	1	1	5	四级	(1) 确认将检修现场的螺丝刀、电笔、梅花扳手收回至检修班工器具箱内 (2) 将现场物品摆放整齐	
44		2. 作业现场未清理干净,易造成人员伤害	5	1	1	5	四级	作业负责人检查作业现场	
45	属地确认	1. 检修人员未全部撤离启动设备,造成人员伤害	5	2	1	20	四级	巡视现场,确认检修人员全部撤离	
46		2. 检修现场遗留物品,导致产生其他风险	5	1	1	5	四级	确认检修现场,将工器具、配件、物料全部清理完毕	

表 3.75 更换氧化铝仓库天车大车行走轮作业安全风险辨识及防控措施一览表

序号	主要操作步骤	存在的风险	风险等级分析					主要防控措施	备注
			后果	暴露	可能性	风险值	风险等级		
1	作业前检查人员状态和劳动保护用品穿戴情况	1. 作业人员有班前喝酒、睡眠不足、身体不适、精神状态不好等情况，导致作业过程中注意力不集中	25	1	0.5	12.5	四级	作业前，作业负责人检查作业人员是否酒后上岗，询问身体是否不适，观察精神状态是否正常，确认良好后方可作业	
2		2. 作业人员未按规定穿戴劳动保护用品（工作服、劳保鞋、安全帽、口罩），导致人员伤害	25	1	0.5	12.5	四级	作业前，作业负责人、互联互保人员检查作业人员工作服穿着（做到"三紧"），确保劳保鞋无破损且鞋带系好，安全帽下颏带系好，口罩与面部无缝隙	
3	作业前风险评价	1. 作业前未按要求开展风险辨识，导致人员伤害	15	10	0.1	15	四级	每次作业前要进行风险辨识	
4		2. 未结合现场实际情况进行风险辨识，导致人员伤害	15	10	0.1	15	四级	风险辨识要结合现场实际，根据工作环境的变化完善辨识内容，逐一落实防控措施	
5		3. 风险辨识过程中有遗漏，导致人员伤害	15	10	0.1	15	四级	抽查作业人员掌握存在的风险和防控措施情况，对照口袋卡及作业任务中存在的风险手指口述逐项进行提示提醒	
6		4. 未明确作业负责人，未确定互联互保人员，导致人员伤害	15	10	0.1	15	四级	指定作业负责人和互联互保人员	
7		5. 未掌握作业时的风险，导致人员伤害	15	10	0.1	15	四级	每项作业前要进行风险辨识	
8		6. 不知道作业中风险的防控措施，导致人员伤害	15	10	0.1	15	四级	风险辨识要结合现场实际，根据工作环境的变化完善辨识内容，逐一落实防控措施	
9	办理工作票	1. 未办理工作票就擅自作业，造成事故	25	2	3	150	三级	危险作业按照要求逐级审批，辨识后再办理工作票	
10		2. 未经审批就擅自作业，造成事故	25	2	3	150	三级	区域管理人员按工作票要求逐级审批，现场监护	
11		3. 未经现场确认，进行作业造成事故	25	2	3	150	三级	一般检修作业需经签发属地确认后方可操作	

续表

序号	主要操作步骤	存在的风险	风险等级分析					主要防控措施	备注
			后果	暴露	可能性	风险值	风险等级		
12	作业前唱票	1. 作业人员对作业环境中的风险掌握有遗漏,造成事故	25	2	0.5	25	四级	对照口袋卡及作业任务中存在的风险手指口述逐项进行提示提醒	
13		2. 作业人员不知道作业环境中的风险,造成事故	25	2	0.5	25	四级	每项作业前要进行风险辨识	
14		3. 作业人员不知道作业环境中的风险如何防控,造成事故	25	2	0.5	25	四级	结合检修内容与作业现场环境逐一落实安全措施	
15	检查螺丝刀、电笔、扳手、千斤顶、手拉葫芦	1. 扳手有磨损,作业时发生滑脱,造成人员受伤	5	1	1	5	四级	检查扳手有无明显磨损,如有,应及时更换	
16		2. 电笔损坏造成验电结果错误,发生触电伤人	5	1	1	5	四级	在带电线路上检查电笔是否完好	
17		3. 螺丝刀把手损坏,造成滑脱伤人	5	1	1	5	四级	检查螺丝刀把手有无裂纹,如有裂纹,应及时更换	
18		4. 千斤顶有损坏,使用时安全栓弹出,造成人员伤害	5	1	1	5	四级	检查千斤顶有无损坏,如有损坏,应及时更换	
19		5. 手拉葫芦链条有损坏,使用时发生断裂,造成重物掉落	5	1	1	5	四级	检查手拉葫芦链条有无损坏,如有损坏,应及时更换	
20	断电挂牌	1. 未断电挂牌,造成人员触电	50	2	1	100	三级	警示牌悬挂牢靠,锁闭开关箱	
21		2. 断电时操作失误,造成人员触电	50	2	1	100	三级	断电后,对开关的三相电源分别进行测量并放电	
22		3. 非专业人员进行断电操作,易造成人员触电	5	1	1	5	四级	专业电工持证上岗操作	
23	验电	1. 验电前未检查电笔好坏,造成人员触电	25	1	1	25	四级	验电前检查电笔好坏	
24		2. 使用万用表进行验电前未确认万用表是否正常,易造成人员触电	25	1	1	25	四级	使用前检查万用表是否正常	
25		3. 非专业人员操作,易造成人员触电	25	1	1	25	四级	专业电工持证上岗操作	

续表

序号	主要操作步骤	存在的风险	风险等级分析					主要防控措施	备注
			后果	暴露	可能性	风险值	风险等级		
26	在厂房大梁挂手拉葫芦	1. 一人抱起手拉葫芦，并将其钩子挂在钢梁上的吊带上，此时人员有可能因重心不稳发生摔倒	25	1	1	25	四级	两人配合作业	
27		2. 人员注意力不集中，造成高处坠落	5	1	1	5	四级	互联互保人员相互监督、提醒，作业时挂好安全带	
28		3. 站位不规范，造成其他伤害	25	2	0.5	25	四级	在被检修的部位下方拉警戒线，安排专人监护	
29	用千斤顶支撑	1. 操作不当，造成物体打击或挤压	25	1	1	25	四级	（1）正确使用千斤顶，千斤顶与被顶物品之间不得有支撑物 （2）千斤顶不能够做长时间支撑 （3）千斤顶支起后将枕木放入，取出千斤顶	
30		2. 人员注意力不集中，造成其他伤害	25	2	0.5	25	四级	互联互保人员现场监护	
31		3. 人员站位不当，造成其他伤害	25	1	1	25	四级	作业人员侧方站位	
32	拆卸行走轮螺栓	1. 操作不当，造成事故	25	1	1	25	四级	（1）工作服穿着做到"三紧"，确保劳保鞋无破损且鞋带系好，安全帽下颏带系好，口罩与面部无缝隙 （2）正确使用工器具，使用梅花扳手，防止滑脱 （3）佩戴并挂好双钩安全带，安全带高挂低用	
33		2. 人员注意力不集中，造成其他伤害	25	2	0.5	25	四级	检修区域下方做好物理隔离，安排专人监护	
34		3. 人员站位不当，造成其他伤害	25	1	1	25	四级	作业人员侧方站位	
35	安排升降车在吊装位置并起升	1. 升降车上的人员站位不合理，导致人员伤害	100	3	1	300	二级	升降车使用前做空载试验，作业人员站在升降车的中间位置并系好安全带，安全带高挂低用	
36		2. 人员注意力不集中，造成其他伤害	100	3	1	300	二级	互联互保人员现场监护	
37		3. 人员站位不当，造成其他伤害	100	3	1	300	二级	作业人员站在升降车的中间位置	

续表

序号	主要操作步骤	存在的风险	风险等级分析					主要防控措施	备注
			后果	暴露	可能性	风险值	风险等级		
38	使用手拉葫芦吊行走轮并下放	1. 人员配合不当，造成事故	100	3	1	300	二级	操作手拉葫芦的人员与旁边的人员配合好，互相进行安全检查督促	
39		2. 人员注意力不集中，造成其他伤害	100	3	1	300	二级	谨慎操作，缓慢放下行走轮，放下后保证稳当，并做好支撑	
40		3. 警戒不到位，造成其他伤害	100	3	1	300	二级	做好警戒和围挡工作	
41	将行走轮放升降车上	1. 降下行走轮时，升降车上的人员站位不合理，没有扶好行走轮，造成摆动，导致人员脚部压伤	25	1	1	25	四级	（1）升降车在使用前做空载试验 （2）系好安全带，安全带高挂低用	
42		2. 人员注意力不集中，造成其他伤害	25	2	0.5	25	四级	互联互保人员现场监护	
43		3. 人员站位不当，造成其他伤害	25	1	1	25	四级	作业人员站在升降车的中间位置	
44	降下升降车	1. 升降车降落时，人员未站稳扶好，造成伤害	25	1	1	25	四级	系好安全带，安全带高挂低用	
45		2. 人员注意力不集中，造成其他伤害	25	2	0.5	25	四级	互联互保人员现场监护	
46		3. 人员站位不当，造成其他伤害	25	1	1	25	四级	作业人员站在升降车两侧位置，缓慢放下旧电机	
47	安装行走轮	1. 操作不当，造成事故	50	2	1	100	三级	（1）工作服穿着做到"三紧"，确保劳保鞋无破损且鞋带系好，安全帽下颌带系好，口罩与面部无缝隙 （2）佩戴并挂好双钩安全带，安全带高挂低用	
48		2. 人员注意力不集中，造成其他伤害	25	2	0.5	25	四级	正确使用工器具，使用梅花扳手，防止滑脱	
49		3. 人员站位不当，造成其他伤害	25	1	1	25	四级	检修区域下方做好物理隔离，安排专人监护	
50	试车	1. 站位不当，造成挤伤事故	50	2	3	300	二级	（1）禁止观察人员站在小车的运行方向上 （2）检修工与天车工做好沟通 （3）作业负责人检查作业现场	
51		2. 人员注意力不集中，造成其他伤害	25	2	0.5	25	四级	互联互保人员现场监护	
52		3. 人员站位不当，造成其他伤害	25	1	1	25	四级	互联互保人员现场监护	

续表

序号	主要操作步骤	存在的风险	风险等级分析					主要防控措施	备注
			后果	暴露	可能性	风险值	风险等级		
53	整理螺丝刀、电笔、扳手、千斤顶、手拉葫芦，清理作业现场	1. 未及时整理螺丝刀、电笔、扳手、千斤顶、手拉葫芦，易造成人员碰伤、磕伤	5	1	1	5	四级	作业负责人检查作业现场	
54		2. 作业现场未清理干净，易造成人员伤害	25	2	0.5	25	四级	在轨道平台作业前检查安全带，使用双钩安全带，地面做好物理隔离，安排专人监护，作业时将安全带高挂低用	
55		3. 人员站位不当，造成其他伤害	5	1	1	5	四级	互联互保人员现场监护，分工应做到合理，作业负责人检查作业现场	
56	属地确认	1. 检修人员未全部撤离启动设备，造成事故	5	1	1	5	四级	巡视现场，确认检修人员全部撤离	
57		2. 检修现场遗留物品，导致产生其他风险	5	1	1	5	四级	确认检修现场的工器具、配件、物料全部清理完毕	
58		3. 人员站位不当，造成其他伤害	5	1	1	5	四级	互联互保人员现场监护	

表3.76 更换氧化铝仓库天车小车行走轮作业安全风险辨识及防控措施一览表

序号	主要操作步骤	存在的风险	风险等级分析					主要防控措施	备注
			后果	暴露	可能性	风险值	风险等级		
1	作业前检查人员状态和劳动保护用品穿戴情况	1. 作业人员有班前喝酒、睡眠不足、身体不适、精神状态不好等情况，导致作业过程中注意力不集中	25	1	0.5	12.5	四级	作业前，作业负责人检查作业人员是否酒后上岗，询问身体是否不适，观察精神状态是否正常，确认良好后方可作业	
2		2. 作业人员未按规定穿戴劳动保护用品（工作服、劳保鞋、安全帽、口罩），导致人员伤害	25	1	0.5	12.5	四级	作业前，作业负责人、互联互保人员检查作业人员工作服穿着（做到"三紧"），确保劳保鞋无破损且鞋带系好，安全帽下颌带系好，口罩与面部无缝隙	

续表

序号	主要操作步骤	存在的风险	风险等级分析					主要防控措施	备注
			后果	暴露	可能性	风险值	风险等级		
3	作业前风险评价	1. 作业前未按要求开展风险辨识，导致人员伤害	15	10	0.1	15	四级	每次作业前要进行风险辨识	
4		2. 未结合现场实际情况进行风险辨识，导致人员伤害	15	10	0.1	15	四级	风险辨识要结合现场实际，根据工作环境的变化完善辨识内容，逐一落实防控措施	
5		3. 风险辨识过程中有遗漏，导致人员伤害	15	10	0.1	15	四级	抽查作业人员掌握存在的风险和防控措施情况，对照口袋卡及作业任务中存在的风险手指口述逐项进行提示提醒	
6		4. 未明确作业负责人，未确定互联互保人员，导致人员伤害	15	10	0.1	15	四级	指定作业负责人和互联互保人员	
7		5. 未掌握作业时的风险，导致人员伤害	15	10	0.1	15	四级	每项作业前要进行风险辨识	
8		6. 不知道作业中风险的防控措施，导致人员伤害	15	10	0.1	15	四级	风险辨识要结合现场实际，根据工作环境的变化完善辨识内容，逐一落实防控措施	
9	办理工作票	1. 未办理工作票就擅自作业，造成事故	25	2	3	150	三级	危险作业按照要求逐级审批，辨识后再办理工作票	
10		2. 未经审批就擅自作业，造成事故	25	2	3	150	三级	区域管理人员按照工作票要求逐级审批，现场监护	
11		3. 未经现场确认就进行作业，造成事故	25	2	3	150	三级	一般检修作业需经签发地确认后方可操作	
12	作业前唱票	1. 作业人员对作业环境中的风险掌握有遗漏，造成事故	25	2	0.5	25	四级	对照口袋卡及作业任务中存在的风险手指口述逐项进行提示提醒	
13		2. 作业人员不知道作业环境中的风险，造成事故	25	2	0.5	25	四级	每项作业前要进行风险辨识	
14		3. 作业人员不知道作业环境中的风险如何防控，造成事故	25	2	0.5	25	四级	结合检修内容与作业现场环境逐一落实安全措施	
15	检查螺丝刀、电笔、扳手、千斤顶	1. 扳手有磨损，作业时发生滑脱，造成人员受伤	5	1	1	5	四级	检查扳手有无明显磨损，如有，应及时更换	
16		2. 电笔损坏造成验电结果错误，发生触电伤人	5	1	1	5	四级	在带电线路上检查电笔是否完好	
17		3. 螺丝刀把手损坏，造成滑脱伤人	5	1	1	5	四级	检查螺丝刀把手有无裂纹，如有裂纹，应及时更换	
18		4. 千斤顶有损坏，使用时安全栓弹出，造成人员伤害	5	1	1	5	四级	检查千斤顶有无损坏，如有损坏，应及时更换	

续表

序号	主要操作步骤	存在的风险	风险等级分析					主要防控措施	备注
			后果	暴露	可能性	风险值	风险等级		
19	断电挂牌	1. 未断电挂牌，造成人员触电	50	2	1	100	三级	警示牌悬挂牢靠，锁闭开关箱	
20		2. 断电时操作失误，造成人员触电	50	2	1	100	三级	断电后，对开关的三相电源分别进行测量并放电	
21		3. 非专业人员进行断电操作，易造成人员触电	5	1	1	5	四级	专业电工持证上岗操作	
22	验电	1. 验电前未检查电笔好坏，造成人员触电	25	1	1	25	四级	验电前检查电笔好坏	
23		2. 使用万用表检查验电前未确认万用表是否正常，易造成人员触电	25	1	1	25	四级	使用前检查万用表是否正常	
24		3. 非专业人员操作，易造成人员触电	25	1	1	25	四级	专业电工持证上岗操作	
25	用千斤顶支撑	1. 操作不当，造成物体打击或挤压	50	2	1	100	三级	正确使用千斤顶，千斤顶与被顶物体之间不得有支撑物，千斤顶不能够做长时间支撑，千斤顶支起后将枕木放入，取出千斤顶	
26		2. 人员注意力不集中，造成其他伤害	25	2	0.5	25	四级	互联互保人员现场监护	
27		3. 人员站位不当，造成其他伤害	25	1	1	25	四级	作业人员侧方站位	
28	拆卸行走轮螺栓	1. 操作不当，造成事故	25	1	1	25	四级	佩戴并挂好双钩安全带，安全带高挂低用，检修负责人确认步骤正确后再进行下一步操作	
29		2. 人员注意力不集中，造成其他伤害	25	2	0.5	25	四级	互联互保人员现场监护	
30		3. 人员站位不当，造成其他伤害	25	1	1	25	四级	作业人员侧方站位	
31	取出行走轮	1. 行走轮因滑脱掉落到地面，造成设备损坏或人员伤害	50	2	1	100	三级	两人作业，现场指定专人进行安全监护	
32		2. 人员注意力不集中，造成其他伤害	25	2	0.5	25	四级	互联互保人员现场监护	
33		3. 人员站位不当，造成其他伤害	25	1	1	25	四级	作业人员侧方站位	

续表

序号	主要操作步骤	存在的风险	风险等级分析					主要防控措施	备注
			后果	暴露	可能性	风险值	风险等级		
34	将行走轮吊放到地面	1. 绳子未拴好或断裂，导致行走轮发生滑脱掉落	25	1	1	25	四级	系重物放绳子时，应两人操作，现场指定专人进行安全监护，绳子后端应在天车护栏上做好保险扣，系绳子使用双结扣	
35		2. 人员注意力不集中，造成其他伤害	25	2	0.5	25	四级	互联互保人员现场监护	
36		3. 人员站位不当，造成其他伤害	25	1	1	25	四级	作业人员侧方站位	
37	吊运行走轮到天车	1. 绳子未拴好或断裂，导致行走轮发生滑脱掉落	25	1	1	25	四级	系重物放绳子时，应两人操作，现场指定专人进行安全监护，绳子后端应在天车护栏上做好保险扣，系绳子使用双结扣	
38		2. 人员注意力不集中，造成其他伤害	25	2	0.5	25	四级	互联互保人员现场监护	
39		3. 人员站位不当，造成其他伤害	25	1	1	25	四级	作业人员侧方站位	
40	安装行走轮	1. 行走轮未固定好，导致滑脱掉落	50	2	1	100	三级	（1）安装时，用绳子系好行走轮，防止掉落 （2）系重物放绳子时，应两人操作，现场指定专人进行安全监护，绳子后端应在天车护栏上做好保险扣，系绳子使用双结扣	
41		2. 人员注意力不集中，造成其他伤害	25	2	0.5	25	四级	互联互保人员现场监护	
42		3. 人员站位不当，造成其他伤害	25	1	1	25	四级	作业人员侧方站位	
43	试车	1. 操作不当，造成挤伤事故	50	2	3	300	二级	检修工与天车工做好沟通，负责人现场检查	
44		2. 人员注意力不集中，造成其他伤害	25	2	0.5	25	四级	互联互保人员现场监护	
45		3. 人员站位不当，造成其他伤害	25	1	1	25	四级	作业人员侧方站位	
46	整理螺丝刀、电笔、扳手、千斤顶，清理作业现场	1. 未及时整理螺丝刀、电笔、扳手、千斤顶，造成人员碰伤、磕伤	5	1	1	5	四级	作业人员确认螺丝刀、电笔、开口扳手、千斤顶无遗留，且存放至检修班工具箱内	
47		2. 作业现场未清理干净，造成人员滑倒碰伤、磕伤	5	1	1	5	四级	作业负责人检查作业现场	
48		3. 人员站位不当，造成其他伤害	25	1	1	25	四级	作业人员侧方站位	

续表

序号	主要操作步骤	存在的风险	风险等级分析					主要防控措施	备注
			后果	暴露	可能性	风险值	风险等级		
49	属地确认	1. 检修人员未全部撤离就启动设备，造成事故	5	1	1	5	四级	巡视现场，确认检修人员全部撤离	
50		2. 检修现场遗留物品，导致产生其他风险	5	1	1	5	四级	确认检修现场的工器具、配件、物料全部清理完毕	
51		3. 人员站位不当，造成其他伤害	5	1	1	5	四级	互联互保人员现场监护	

表 3.77 更换拖缆滑车作业安全风险辨识及防控措施一览表

序号	主要操作步骤	存在的风险	风险等级分析					主要防控措施	备注
			后果	暴露	可能性	风险值	风险等级		
1	作业前检查人员状态和劳动保护用品穿戴情况	1. 作业人员有班前喝酒、睡眠不足、身体不适、精神状态不好等情况，导致作业过程中注意力不集中	25	1	0.5	12.5	四级	作业前，作业负责人检查作业人员是否酒后上岗，询问身体是否不适，观察精神状态是否正常，确认良好后方可作业	
2		2. 作业人员未按规定穿戴劳动保护用品（工作服、劳保鞋、安全帽、口罩），导致人员伤害	25	1	0.5	12.5	四级	作业前，作业负责人、互联互保人员检查作业人员工作服穿着（做到"三紧"），确保劳保鞋无破损且鞋带系好，安全帽下颏带系好，口罩与面部无缝隙	
3	作业前风险评价	1. 作业前未按要求开展风险辨识，导致人员伤害	15	10	0.1	15	四级	每次作业前要进行风险辨识	
4		2. 未结合现场实际情况进行风险辨识，导致人员伤害	15	10	0.1	15	四级	风险辨识要结合现场实际，根据工作环境的变化完善辨识内容，逐一落实防控措施	
5		3. 风险辨识过程中有遗漏，导致人员伤害	15	10	0.1	15	四级	抽查作业人员掌握存在的风险和防控措施情况，对照口袋卡及作业任务中存在的风险手指口述逐项进行提示提醒	
6		4. 未明确作业负责人，未确定互联互保人员，导致人员伤害	15	10	0.1	15	四级	指定作业负责人和互联互保人员	
7		5. 未掌握作业时的风险，导致人员伤害	15	10	0.1	15	四级	每项作业前要进行风险辨识	
8		6. 不知道作业中风险的防控措施，导致人员伤害	15	10	0.1	15	四级	风险辨识要结合现场实际，根据工作环境的变化完善辨识内容，逐一落实防控措施	

续表

序号	主要操作步骤	存在的风险	风险等级分析					主要防控措施	备注
			后果	暴露	可能性	风险值	风险等级		
9	办理工作票	1. 未办理工作票就擅自作业,造成事故	25	2	3	150	三级	危险作业按照要求逐级审批,辨识后再办理工作票	
10		2. 未经审批就擅自作业,造成事故	25	2	3	150	三级	区域管理人员按照工作票要求逐级审批,现场监护	
11		3. 未经现场确认就进行作业,造成事故	25	2	3	150	三级	一般检修作业需经签发属地确认后方可操作	
12	作业前唱票	1. 作业人员对作业环境中的风险掌握有遗漏,造成事故	25	2	0.5	25	四级	对照口袋卡及作业任务中存在的风险手指口述逐项进行提示提醒	
13		2. 作业人员不知道作业环境中的风险,造成事故	25	2	0.5	25	四级	每项作业前要进行风险辨识	
14		3. 作业人员不知道作业环境中的风险如何防控,造成事故	25	2	0.5	25	四级	结合检修内容与作业现场环境逐一落实安全措施	
15	检查螺丝刀、电笔、扳手	1. 扳手有磨损,作业时发生滑脱,造成人员受伤	5	1	1	5	四级	检查扳手有无明显磨损,如有,应及时更换	
16		2. 电笔损坏造成验电结果错误,发生触电伤人	5	1	1	5	四级	在带电线路上检查电笔是否完好	
17		3. 螺丝刀把手损坏,造成滑脱伤人	5	1	1	5	四级	检查螺丝刀把手有无裂纹,如有裂纹,应及时更换	
18	断电挂牌	1. 未断电挂牌,造成人员触电	50	2	1	100	三级	警示牌悬挂牢靠,锁闭开关箱	
19		2. 断电时操作失误,造成人员触电	50	2	1	100	三级	断电后,对开关的三相电源分别进行测量并放电	
20		3. 非专业人员进行断电操作,易造成人员触电	50	2	1	100	三级	专业电工持证上岗操作	
21	验电	1. 验电前未检查电笔好坏,造成人员触电	25	1	1	25	四级	验电前检查电笔好坏	
22		2. 使用万用表检查验电前未确认万用表是否正常,易造成人员触电	25	1	1	25	四级	使用前检查万用表是否正常	
23		3. 非专业人员操作,易造成人员触电	25	1	1	25	四级	专业电工持证上岗操作	

续表

序号	主要操作步骤	存在的风险	风险等级分析					主要防控措施	备注
			后果	暴露	可能性	风险值	风险等级		
24	安装新滑车	1. 操作不当，造成事故	25	1	1	25	四级	用绳子将工器具挂在手腕处	
25		2. 人员注意力不集中，造成其他伤害	25	2	0.5	25	四级	互联互保人员现场监护	
26		3. 人员操作不当，造成其他伤害	25	1	1	25	四级	互联互保人员现场监护	
27	把拖缆线放好	1. 推动滑车整理电缆，造成人员挤伤	5	1	1	5	四级	将两侧拖缆滑车固定好，防止滑动，系绳子使用双结扣	
28		2. 人员注意力不集中，造成其他伤害	25	2	0.5	25	四级	互联互保人员现场监护	
29		3. 人员操作不当，造成其他伤害	25	1	1	25	四级	负责人在确认步骤正确后再进行下一步操作	
30	拆旧滑车	1. 操作不当，造成事故	25	1	1	25	四级	使用工器具储物袋取拿工器具	
31		2. 人员注意力不集中，造成其他伤害	25	2	0.5	25	四级	检修区域下方做好物理隔离，安排专人监护	
32		3. 防护不到位，造成其他伤害	25	2	0.5	25	四级	检修区域下方做好物理隔离，安排专人监护	
33	试车	1. 人员站位不当，造成挤伤事故	50	2	3	300	二级	禁止观察人员站在小车运行的方向上，检修工与天车工做好沟通	
34		2. 人员注意力不集中，造成其他伤害	25	2	0.5	25	四级	检修区域下方做好物理隔离，设专人监护	
35		3. 人员操作不当，造成其他伤害	25	1	1	25	四级	负责人在确认步骤正确后再进行下一步操作	
36	整理螺丝刀、电笔、扳手，清理作业现场	1. 未及时整理螺丝刀、电笔、扳手，易造成人员碰伤、磕伤	5	1	1	5	四级	作业人员确认螺丝刀、电笔、扳手无遗留，并按要求将其存放至检修班工器具箱内	
37		2. 作业现场未清理干净，易造成人员滑倒、碰伤、磕伤	5	1	1	5	四级	作业负责人检查作业现场	
38		3. 人员注意力不集中，造成其他伤害	25	2	0.5	25	四级	互联互保人员现场监护	

续表

序号	主要操作步骤	存在的风险	风险等级分析					主要防控措施	备注
			后果	暴露	可能性	风险值	风险等级		
39	属地确认	1. 检修人员未全部撤离就启动设备，造成事故	5	1	1	5	四级	巡视现场，确认检修人员全部撤离	
40		2. 检修现场遗留物品，导致产生其他风险	5	1	1	5	四级	确认检修现场的工器具、配件、物料全部清理完毕	
41		3. 人员操作不当，造成其他伤害	5	1	1	5	四级	互联互保人员现场监护	

表 3.78　检修检查滑触线作业安全风险辨识及防控措施一览表

序号	主要操作步骤	存在的风险	风险等级分析					主要防控措施	备注
			后果	暴露	可能性	风险值	风险等级		
1	作业前检查人员状态和劳动保护用品穿戴情况	1. 作业人员有班前喝酒、睡眠不足、身体不适、精神状态不好等情况，导致作业过程中注意力不集中	25	1	0.5	12.5	四级	作业前，作业负责人检查作业人员是否酒后上岗，询问身体是否不适，观察精神状态是否正常，确认良好后方可作业	
2		2. 作业人员未按规定穿戴劳动保护用品（工作服、劳保鞋、安全帽、口罩），导致人员伤害	25	1	0.5	12.5	四级	作业前，作业负责人、互联互保人员检查作业人员工作服穿着（做到"三紧"），确保劳保鞋不破损且鞋带系好，安全帽下颌带系好，口罩与面部无缝隙	
3	作业前风险评价	1. 作业前未按要求开展风险辨识，导致人员伤害	15	10	0.1	15	四级	每次作业前要进行风险辨识	
4		2. 未结合现场实际情况进行风险辨识，导致人员伤害	15	10	0.1	15	四级	风险辨识要结合现场实际，根据工作环境的变化完善辨识内容，逐一落实防控措施	
5		3. 风险辨识过程中有遗漏，导致人员伤害	15	10	0.1	15	四级	抽查作业人员掌握存在的风险和防控措施情况，对照口袋卡及作业任务中存在的风险手指口述逐项进行提示提醒	
6		4. 未明确作业负责人，未确定互联互保人员，导致人员伤害	15	10	0.1	15	四级	指定作业负责人和互联互保人员	

续表

序号	主要操作步骤	存在的风险	风险等级分析					主要防控措施	备注
			后果	暴露	可能性	风险值	风险等级		
7	作业前风险评价	5. 未掌握作业时的风险，导致人员伤害	15	10	0.1	15	四级	每项作业前要进行风险辨识	
8		6. 不知道作业中风险的防控措施，导致人员伤害	15	10	0.1	15	四级	风险辨识要结合现场实际，根据工作环境的变化完善辨识内容，逐一落实防控措施	
9	办理工作票	1. 未办理工作票就擅自作业，造成事故	25	2	3	150	三级	危险作业按照要求逐级审批，辨识后再办理工作票	
10		2. 未经审批就擅自作业，造成事故	25	2	3	150	三级	区域管理人员按工作票要求逐级审批，现场监护	
11		3. 未经现场确认就进行作业，造成事故	25	2	3	150	三级	一般检修作业需经签发属地确认后方可操作	
12	作业前唱票	1. 作业人员对作业环境中的风险掌握有遗漏，造成事故	25	2	0.5	25	四级	对照口袋卡及作业任务中存在的风险手指口述逐项进行提示提醒	
13		2. 作业人员不知道作业环境中的风险，造成事故	25	2	0.5	25	四级	每项作业前要进行风险辨识	
14		3. 作业人员不知道作业环境中的风险如何防控，造成事故	25	2	0.5	25	四级	结合检修内容与作业现场环境逐一落实安全措施	
15	检查螺丝刀、电笔、扳手	1. 扳手有磨损，作业时发生滑脱，造成人员受伤	5	1	1	5	四级	检查扳手有无明显磨损，如有，应及时更换	
16		2. 电笔损坏造成验电结果错误，发生触电伤人	25	2	0.5	25	四级	在带电线路上检查电笔是否完好	
17		3. 螺丝刀把手损坏，造成滑脱伤人	5	1	1	5	四级	检查螺丝刀把手有无裂纹，如有裂纹，应及时更换	
18	地面警戒	1. 未拉警戒线，造成事故	5	1	1	5	四级	在被检修部位的下方拉警戒线，安排专人监护	
19		2. 人员注意力不集中，造成高处坠落	5	1	1	5	四级	互联互保人员相互监督、提醒，作业时挂好安全带	
20		3. 操作不当，造成其他伤害	25	1	1	25	四级	作业负责人确认每一步正确后方可进行下一步操作	
21	试车判断故障	1. 试车时，传动机构转动，若人员靠近，有机械伤害的风险	5	1	1	5	四级	检修人员站在驾驶室观察滑触线的情况，不允许其站在检修平台上进行行车时的观察	
22		2. 人员注意力不集中，造成高处坠落	5	1	1	5	四级	互联互保人员相互监督、提醒，作业时挂好安全带	
23		3. 操作不当，造成其他伤害	25	1	1	25	四级	作业负责人确认每一步正确后方可进行下一步操作	

续表

序号	主要操作步骤	存在的风险	风险等级分析					主要防控措施	备注
			后果	暴露	可能性	风险值	风险等级		
24	断电挂牌	1. 未断电挂牌，造成人员触电	5	1	1	5	四级	警示牌悬挂牢靠，锁闭开关箱	
25		2. 断电时操作失误，造成人员触电	5	1	1	5	四级	断电后，对开关的三相电源分别进行测量并放电	
26		3. 非专业人员进行断电操作，易造成人员触电	5	1	1	5	四级	专业电工持证上岗操作	
27	验电	1. 验电前未检查电笔好坏，造成人员触电	25	1	1	25	四级	验电前检查电笔好坏	
28		2. 使用万用表检查验电前未确认万用表是否正常，易造成人员触电	25	1	1	25	四级	使用前检查万用表是否正常	
29		3. 非专业人员操作，易造成人员触电	25	1	1	25	四级	专业电工持证上岗操作	
30	到指定检修位置后系安全带	1. 未系安全带或不正确使用安全带，造成人员坠落事故	25	3	1	75	三级	作业时将安全带高挂低用	
31		2. 人员注意力不集中，造成高处坠落	25	3	1	75	三级	互联互保人员相互监督、提醒，作业时挂好安全带	
32		3. 操作不当，造成其他伤害	25	3	1	75	三级	作业负责人确认每一步正确后方可进行下一步操作	
33	拆卸滑触线螺栓	1. 高处作业时未使用梅花扳手，造成事故	5	1	1	5	四级	使用梅花扳手	
34		2. 人员注意力不集中，造成高处坠落	5	1	1	5	四级	互联互保人员相互监督、提醒，作业时挂好安全带	
35		3. 操作不当，造成其他伤害	25	1	1	25	四级	作业负责人确认每一步正确后方可进行下一步操作	
36	拆卸滑触线	1. 滑触线发生滑脱掉落，造成事故	25	1	1	25	四级	两端用绳子捆绑，绳扣合理，水平放下，防止滑脱	
37		2. 人员注意力不集中，造成高处坠落	5	1	1	5	四级	互联互保人员相互监督、提醒，作业时挂好安全带	
38		3. 操作不当，造成其他伤害	25	1	1	25	四级	作业负责人确认每一步正确后方可进行下一步操作	

续表

序号	主要操作步骤	存在的风险	风险等级分析					主要防控措施	备注
			后果	暴露	可能性	风险值	风险等级		
39	安装滑触线	1. 滑触线发生滑脱掉落，造成事故	25	1	1	25	四级	两端用绳子捆绑，绳扣合理，水平提升，防止滑脱	
40		2. 人员注意力不集中，造成高处坠落	5	1	1	5	四级	互联互保人员相互监督、提醒，作业时挂好安全带	
41		3. 操作不当，造成其他伤害	25	1	1	25	四级	作业负责人确认每一步正确后方可进行下一步操作	
42	紧固滑触线	1. 高处作业时未使用梅花扳手，造成事故	25	1	1	25	四级	使用梅花扳手，抓紧扳手，防止掉落	
43		2. 人员注意力不集中，造成高处坠落	5	1	1	5	四级	互联互保人员相互监督、提醒，作业时挂好安全带	
44		3. 操作不当，造成其他伤害	25	1	1	25	四级	作业负责人确认每一步正确后方可进行下一步操作	
45	整理螺丝刀、电笔、扳手，清理作业现场	1. 未及时整理螺丝刀、电笔、扳手，易造成人员碰伤、磕伤	5	1	1	5	四级	作业人员确认螺丝刀、电笔、扳手无遗留，并按要求将其存放至检修班工器具箱内，将现场物品摆放整齐	
46		2. 作业现场未清理干净，易造成人员滑倒、碰伤、磕伤	5	1	1	5	四级	作业负责人检查作业现场	
47		3. 人员注意力不集中，造成高处坠落	5	1	1	5	四级	作业负责人确认每一步正确后方可进行下一步操作	
48	属地确认	1. 检修人员未全部撤离就启动设备，造成伤害	5	1	1	5	四级	巡视现场确认检修人员全部撤离	
49		2. 检修现场遗留物品，导致产生其他风险	5	1	1	5	四级	确认检修现场的工器具、配件、物料全部清理完毕	

表 3.79 更换天车卷扬钢丝绳或更换动滑轮组作业安全风险辨识及防控措施一览表

序号	主要操作步骤	存在的风险	风险等级分析					主要防控措施	备注
			后果	暴露	可能性	风险值	风险等级		
1	作业前检查人员状态和劳动保护用品穿戴情况	1. 作业人员有班前喝酒、睡眠不足、身体不适、精神状态不好等情况,导致作业过程中注意力不集中	25	1	0.5	12.5	四级	作业前,作业负责人检查作业人员是否酒后上岗,询问身体是否不适,观察精神状态是否正常,确认良好后方可作业	
2		2. 作业人员未按规定穿戴劳动保护用品(工作服、劳保鞋、安全帽、口罩),导致人员伤害	25	1	0.5	12.5	四级	作业前,作业负责人、互联互保人员检查作业人员工作服穿着(做到"三紧"),确保劳保鞋无破损且鞋带系好,安全帽下颚带系好,口罩与面部无缝隙	
3	作业前风险评价	1. 作业前未按要求开展风险辨识,导致人员伤害	15	10	0.1	15	四级	每次作业前要进行风险辨识	
4		2. 未结合现场实际情况进行风险辨识,导致人员伤害	15	10	0.1	15	四级	风险辨识要结合现场实际,根据工作环境的变化完善辨识内容,逐一落实防控措施	
5		3. 风险辨识过程中有遗漏,导致人员伤害	15	10	0.1	15	四级	抽查作业人员掌握存在的风险和防控措施情况,对照袋卡及作业任务中存在的风险手指口述逐项进行提示提醒	
6		4. 未明确作业负责人,未确定互联互保人员,导致人员伤害	15	10	0.1	15	四级	指定作业负责人和互联互保人员	
7		5. 未掌握作业时的风险,导致人员伤害	15	10	0.1	15	四级	每项作业前要进行风险辨识	
8		6. 不知道作业中风险的防控措施,导致人员伤害	15	10	0.1	15	四级	风险辨识要结合现场实际,根据工作环境的变化完善辨识内容,逐一落实防控措施	
9	检查螺丝刀、电笔、扳手	1. 扳手有磨损,作业时发生滑脱,造成人员受伤	25	2	0.5	25	四级	检查扳手有无明显磨损,如有,应及时更换	
10		2. 电笔损坏造成验电结果错误,发生触电伤人	25	1	0.5	12.5	四级	在带电线路上检查电笔是否完好	
11		3. 螺丝刀把手损坏,造成滑脱伤人	25	2	0.5	25	四级	检查螺丝刀把手有无裂纹,如有裂纹,应及时更换	

续表

序号	主要操作步骤	存在的风险	风险等级分析					主要防控措施	备注
			后果	暴露	可能性	风险值	风险等级		
12	办理工作票	1. 未办理工作票就擅自作业，造成事故	25	2	3	150	三级	危险作业按照要求逐级审批，辨识后再办理工作票	
13		2. 未经审批擅自作业，造成事故	25	2	3	150	三级	区域管理人员按照工作票要求逐级审批，现场监护	
14		3. 未经现场确认就进行作业，造成事故	25	2	3	150	三级	一般检修作业需经签发属地确认后方可操作	
15	办理登高危险作业票	1. 未明确分级管控负责人、未确定危险作业等级，易造成高风险作业监护层级不对，发生事故	50	2	1	100	三级	逐级授权审批登高作业，签发部门现场监护	
16		2. 作业人员不清楚危险作业层级，造成重大事故	50	1	1	50	四级	班组建立危险作业清单，加强对员工的安全培训	
17		3. 作业人员未结合现场实际情况进行办理，导致事故发生	25	1	0.5	12.5	四级	审批人员结合现场实际情况现场验证安全措施可靠后签发办理	
18	作业前唱票	1. 作业人员对作业环境中的风险掌握有遗漏，造成事故	25	2	0.5	25	四级	对照口袋卡及作业任务中存在的风险手指口述逐项进行提示提醒	
19		2. 作业人员不知道作业环境中的风险，造成事故	25	2	0.5	25	四级	每项作业前要进行风险辨识	
20		3. 作业人员不知道作业环境中的风险如何防控，造成事故	25	2	0.5	25	四级	结合检修内容与作业现场环境逐一落实安全措施	
21	地面警戒	1. 检修时未设置警戒区域，其他人员随意进入，有砸伤的风险	5	1	1	5	四级	在被检修的天车下方拉警戒线，安排专人监护	
22		2. 作业警戒区域外围无监护人员，易发生其他人员进入现场，导致受伤	25	1	1	25	四级	安排专人监护	
23		3. 未通知属地人员，易发生其他人员误入检修区，导致人员受伤	25	1	1	25	四级	作业前属地确认签字并告知人员绕行	

续表

序号	主要操作步骤	存在的风险	风险等级分析					主要防控措施	备注
			后果	暴露	可能性	风险值	风险等级		
24	将动滑轮组降到地面	1. 动滑轮组甩动,导致磕碰人员头部	5	1	1	5	四级	将动滑轮组放置平稳,手不能直接扶钢丝绳和滑轮,应扶其外壳	
25		2. 劳保鞋鞋带未系好,导致人员摔伤	5	1	1	5	四级	作业人员工作服穿着应做到"三紧",确保劳保鞋无破损且鞋带系好,安全帽下颏带系好	
26		3. 现场无安全防护支撑,易造成设备损坏	25	2	0.5	25	四级	检修人员作业前做安全防护支撑	
27	断电挂牌	1. 未断电挂牌,造成人员触电	50	2	1	100	三级	警示牌悬挂牢靠,锁闭开关箱	
28		2. 断电时操作失误,造成人员触电	50	2	1	100	三级	断电后,对开关的三相电源分别进行测量并放电	
29		3. 非专业人员进行断电操作,易造成人员触电	5	1	1	5	四级	专业电工持证上岗操作	
30	验电	1. 验电前未检查电笔好坏,造成人员触电	25	1	1	25	四级	验电前检查电笔好坏	
31		2. 使用万用表检查验电前未确认万用表是否正常,易造成人员触电	25	1	1	25	四级	使用前检查万用表是否正常	
32		3. 非专业人员操作,易造成人员触电	25	1	1	25	四级	专业电工持证上岗操作	
33	拆滚筒钢丝绳压板螺栓	1. 劳保鞋鞋带未系好,易造成人员摔伤	25	3	1	75	三级	工作服穿着应做到"三紧",确保劳保鞋无破损且鞋带系好,安全帽下颏带系好,口罩与面部无缝隙	
34		2. 作业前未确认安全带是否正确悬挂,易导致人员高处坠落	25	3	1	75	三级	在小车平台作业前检查安全带悬挂是否正确	
35		3. 未系安全带,造成坠落事故	25	3	1	75	三级	作业时将安全带高挂低用	

续表

序号	主要操作步骤	存在的风险	风险等级分析					主要防控措施	备注
			后果	暴露	可能性	风险值	风险等级		
36	用绳子将钢丝绳下放到地面	1. 人员直接拿着拆卸下来的钢丝绳下往地面，易导致人员受伤	5	1	1	5	四级	不能直接拿着拆卸下来的钢丝绳往地面，用绳子将其整齐捆绑后放下	
37		2. 未使用绳子将钢丝绳捆绑结实放下，易造成钢丝绳掉落伤人	5	1	1	5	四级	用绳子将钢丝绳整齐捆绑后放下，使用双环结，确认无误后开始下一步操作	
38		3. 作业时指挥人员与天车工、检修工未做好沟通，误操作，导致人员受伤	25	1	1	25	四级	操作时与地面人员做好沟通，确保指令清晰	
39	地面人员抽钢丝绳	1. 劳保鞋鞋带未系好，安全帽下颏带未系好，导致人员伤害	5	1	1	5	四级	工作服穿着应做到"三紧"，确保劳保鞋无破损且鞋带系好，安全帽下颏带系好	
40		2. 未戴手套就从动滑轮中抽出被更换的钢丝绳，易造成人员手部受伤	25	1	0.5	12.5	四级	从动滑轮中抽出被更换的钢丝绳时戴好手套	
41		3. 作业人员与动滑轮未保持安全距离	25	1	0.5	12.5	四级	与动滑轮保持 1 m 安全距离	
42	安装钢丝绳并紧固	1. 人员直接拿着拆卸下来的钢丝绳下往地面，易导致人员受伤	5	1	1	5	四级	不能直接拿着拆卸下来的钢丝绳往地面，用绳子将其整齐捆绑后放下	
43		2. 未使用绳子将钢丝绳捆绑结实放下，易造成钢丝绳掉落伤人	5	1	1	5	四级	用绳子将钢丝绳整齐捆绑后放下，使用双环结，确认无误后开始下一步操作	
44		3. 作业时指挥人员与天车工、检修工未做好沟通，误操作，导致人员受伤	25	1	1	25	四级	操作时与地面人员做好沟通，确保指令清晰	
45	调整限位	1. 验电前未检查电笔好坏，造成人员触电	25	1	1	25	四级	验电前检查电笔好坏	
46		2. 使用万用表验电前未确认万用表是否正常，易造成人员触电	25	1	1	25	四级	验电前检查万用表情况	
47		3. 非专业人员操作，易造成人员触电	25	1	1	25	四级	专业电工持证上岗操作	

续表

序号	主要操作步骤	存在的风险	风险等级分析					主要防控措施	备注
			后果	暴露	可能性	风险值	风险等级		
48	送电并操作卷扬机	1. 站位不当，造成人员挤伤事故	25	1	1	25	四级	禁止观察人员站在卷扬钢丝绳附近，互联互保人员现场监护，作业负责人检查作业现场	
49		2. 人员注意力不集中，造成其他伤害	25	1	0.5	12.5	四级	互联互保人员现场监护	
50		3. 人员站位不当，造成其他伤害	25	1	1	25	四级	检修人员站在大小车运行的方向外侧，防止碰伤、挤伤	
51	整理螺丝刀、电笔、扳手，清理作业现场	1. 未及时整理螺丝刀、电笔、扳手，易造成人员碰伤、磕伤	5	1	1	5	四级	确认将检修现场的螺丝刀、电笔、扳手收回至检修班工器具箱内	
52		2. 作业现场未清理干净，易造成人员滑倒、碰伤、磕伤	5	1	1	5	四级	作业负责人检查作业现场	
53	属地确认	1. 检修人员未全部撤离就启动设备，造成伤害	5	2	2	20	四级	巡视现场，确认检修人员全部撤离	
54		2. 检修现场遗留物品，导致产生其他风险	5	1	1	5	四级	确认检修现场的工器具、配件、物料全部清理完毕	

表 3.80 更换减速机作业安全风险辨识及防控措施一览表

序号	主要操作步骤	存在的风险	风险等级分析					主要防控措施	备注
			后果	暴露	可能性	风险值	风险等级		
1	作业前检查人员状态和劳动保护用品穿戴情况	1. 作业人员有班前喝酒、睡眠不足、身体不适、精神状态不好等情况，导致作业过程中注意力不集中	25	1	0.5	12.5	四级	作业前，作业负责人检查作业人员是否酒后上岗，询问身体是否不适，观察精神状态是否正常，确认良好后方可作业	
2		2. 作业人员未按规定穿戴劳动保护用品（工作服、劳保鞋、安全帽、口罩），导致人员伤害	25	1	0.5	12.5	四级	作业前，作业负责人、互联互保人员检查作业人员工作服穿着（做到"三紧"），确保劳保鞋无破损且鞋带系好，安全帽下颏带系好，口罩与面部无缝隙	

续表

序号	主要操作步骤	存在的风险	风险等级分析					主要防控措施	备注
			后果	暴露	可能性	风险值	风险等级		
3	作业前风险评价	1. 作业前未按要求开展风险辨识，导致人员伤害	15	10	0.1	15	四级	每次作业前要进行风险辨识	
4		2. 未结合现场实际情况进行风险辨识，导致人员伤害	15	10	0.1	15	四级	风险辨识要结合现场实际，根据工作环境的变化完善辨识内容，逐一落实防控措施	
5		3. 风险辨识过程中有遗漏，导致人员伤害	15	10	0.1	15	四级	抽查作业人员掌握存在的风险和防控措施情况，对照口袋卡及作业任务中存在的风险手指口述逐项进行提示提醒	
6		4. 未明确作业负责人，未确定互联互保人员，导致人员伤害	15	10	0.1	15	四级	指定作业负责人和互联互保人员	
7		5. 未掌握作业时的风险，导致人员伤害	15	10	0.1	15	四级	每项作业前要进行风险辨识	
8		6. 不知道作业中风险的防控措施，导致人员伤害	15	10	0.1	15	四级	风险辨识要结合现场实际，根据工作环境的变化完善辨识内容，逐一落实防控措施	
9	办理工作票	1. 未办理工作票就擅自作业，造成事故	25	2	3	150	三级	危险作业按照要求逐级审批，辨识后再办理工作票	
10		2. 未经审批就擅自作业，造成事故	25	2	3	150	三级	区域管理人员按照工作票要求逐级审批，现场监护	
11		3. 未经现场确认就进行作业，造成事故	25	2	3	150	三级	一般检修作业需经签发属地确认后方可操作	
12	作业前唱票	1. 作业人员对作业环境中的风险掌握有遗漏，造成事故	25	2	0.5	25	四级	对照口袋卡及作业任务中存在的风险手指口述逐项进行提示提醒	
13		2. 作业人员不知道作业环境中的风险，造成事故	25	2	0.5	25	四级	每项作业前要进行风险辨识	
14		3. 作业人员不知道作业环境中的风险如何防控，造成事故	25	2	0.5	25	四级	结合检修内容与作业现场环境逐一落实安全措施	
15	检查螺丝刀、电笔、扳手、千斤顶、手拉葫芦	1. 扳手有磨损，作业时发生滑脱，导致人员伤害	5	1	1	5	四级	检查扳手有无明显磨损，如有，应及时更换	
16		2. 电笔有损坏，造成验电结果错误，导致触电伤人	5	1	1	5	四级	在带电线路上检查电笔是否完好	
17		3. 螺丝刀把手有损坏，导致滑脱伤人	5	1	1	5	四级	检查螺丝刀把手有无裂纹，如有裂纹，应及时更换	

续表

序号	主要操作步骤	存在的风险	风险等级分析					主要防控措施	备注
			后果	暴露	可能性	风险值	风险等级		
18	检查螺丝刀、电笔、扳手、千斤顶、手拉葫芦	4. 千斤顶有损坏，使用时安全栓弹出，导致伤人	5	1	1	5	四级	检查千斤顶有无损坏，如有损坏，应及时更换	
19		5. 手拉葫芦链条有损坏，使用时发生断裂，导致重物掉落伤人	5	1	1	5	四级	检查手拉葫芦链条有无损坏，如有损坏，应及时更换	
20	断电挂牌	1. 未断电挂牌，造成人员触电	50	2	1	100	三级	警示牌悬挂牢靠，锁闭开关箱	
21		2. 断电时操作失误，造成人员触电	50	2	1	100	三级	断电后，对开关的三相电源分别进行测量并放电	
22		3. 非专业人员进行断电操作，易造成人员触电	5	1	1	5	四级	专业电工持证上岗操作	
23	验电	1. 验电前未检查电笔好坏，造成人员触电	50	2	1	100	三级	验电前检查电笔好坏	
24		2. 使用万用表检查验电前未确认万用表是否正常，易造成人员触电	25	1	1	25	四级	验电前检查万用表是否正常	
25		3. 非专业人员操作，易造成人员触电	25	1	1	25	四级	专业电工持证上岗操作	
26	在厂房大梁上挂好手拉葫芦	1. 当一人抱起手拉葫芦，并将其钩子挂在钢梁上的吊带上时，有可能因重心不稳摔倒	25	1	1	25	四级	两人配合作业	
27		2. 操作不当，造成其他伤害	5	1	1	5	四级	互联互保人员相互监督、提醒，作业时挂好安全带	
28		3. 注意力不集中，造成其他伤害	25	2	0.5	25	四级	在被检修部位的下方拉警戒线，安排专人监护	

续表

序号	主要操作步骤	存在的风险	风险等级分析					主要防控措施	备注
			后果	暴露	可能性	风险值	风险等级		
29	拆卸减速机地脚螺栓和联轴器螺栓	1. 扳手滑脱，造成人员碰伤或摔倒	25	1	1	25	四级	使用梅花扳手，防止滑脱，佩戴并挂好双钩安全带，安全带高挂低用	
30		2. 操作不当，造成其他伤害	25	1	1	25	四级	负责人在确认步骤正确后再进行下一步操作	
31		3. 注意力不集中，造成其他伤害	25	2	0.5	25	四级	互联互保人员现场监护	
32	用手拉葫芦将减速机吊起	1. 吊起减速机时，破损的吊带有可能发生断裂，导致减速机掉落	25	1	1	25	四级	操作手拉葫芦的人员与旁边的人员配合好，互相进行安全检查督促，作业前检查吊带是否完好	
33		2. 操作不当，造成其他伤害	25	2	0.5	25	四级	谨慎操作，缓慢放下行走轮，放下后并保证稳当，做好支撑	
34		3. 注意力不集中，造成其他伤害	15	1	1	15	四级	做好警戒和围挡工作	
35	人工盘车，将大车移开	1. 盘车时，手部卷入旋转间隙，导致人员受伤	25	1	1	25	四级	（1）两人配合，用对讲机做好沟通，在大车两侧同时盘车 （2）互联互保人员现场监护控制盘车速度，操作时由作业负责人指挥	
36		2. 操作不当，造成其他伤害	25	1	1	25	四级	负责人在确认步骤正确后再进行下一步操作	
37		3. 注意力不集中，造成其他伤害	25	2	0.5	25	四级	互联互保人员现场监护	
38	安排升降车在吊装位置并起升	1. 升降车上的人员站位不合理，导致人员伤害	25	1	1	25	四级	（1）作业人员站在升降车的中间位置 （2）系好安全带，安全带高挂低用	
39		2. 操作不当，造成其他伤害	25	1	1	25	四级	负责人在确认步骤正确后再进行下一步操作	
40		3. 注意力不集中，造成其他伤害	25	2	0.5	25	四级	互联互保人员现场监护	
41	操作手拉葫芦，降下减速机到升降车上	1. 降下减速机时，升降车上的人员站位不合理，导致人员伤害	25	1	1	25	四级	（1）作业人员站在升降车两侧位置缓慢放下减速机 （2）系好安全带，安全带高挂低用	
42		2. 操作不当，造成其他伤害	25	1	1	25	四级	负责人在确认步骤正确后再进行下一步操作	
43		3. 注意力不集中，造成其他伤害	25	2	0.5	25	四级	互联互保人员现场监护	

续表

序号	主要操作步骤	存在的风险	风险等级分析					主要防控措施	备注
			后果	暴露	可能性	风险值	风险等级		
44	降下升降车	1. 升降车降落，车上员工应站稳扶好，否则有碰伤的风险	25	1	1	25	四级	（1）作业人员站在升降车两侧位置缓慢放下旧电机 （2）系好安全带，安全带高挂低用	
45		2. 操作不当，造成其他伤害	25	1	1	25	四级	负责人在确认步骤正确后再进行下一步操作	
46		3. 注意力不集中，造成其他伤害	25	2	0.5	25	四级	互联互保人员现场监护	
47	安装减速机地脚螺栓和联轴器螺栓	1. 扳手滑脱，造成人员碰伤或摔倒	5	1	1	5	四级	（1）工作服穿着做到"三紧"，确保劳保鞋无破损且鞋带系好，安全帽下颏带系好，口罩与面部无缝隙 （2）使用梅花扳手，防止滑脱	
48		2. 操作不当，造成其他伤害	25	1	1	25	四级	负责人在确认步骤正确后再进行下一步操作	
49		3. 注意力不集中，造成其他伤害	25	2	0.5	25	四级	互联互保人员现场监护	
50	试车	1. 站位不当，造成挤伤事故	50	2	1	100	三级	禁止观察人员站在小车运行的方向上	
51		2. 操作不当，造成其他伤害	25	1	1	25	四级	负责人在确认步骤正确后再进行下一步操作	
52		3. 注意力不集中，造成其他伤害	25	2	0.5	25	四级	互联互保人员现场监护	
53	整理螺丝刀、电笔、扳手、千斤顶、手拉葫芦，清理作业现场	1. 未及时整理螺丝刀、电笔、扳手、千斤顶、手拉葫芦，易造成人员碰伤、磕伤	5	1	1	5	四级	确认将螺丝刀、电笔、扳手、千斤顶、手拉葫芦收回至检修班工器具箱内	
54		2. 作业现场未清理干净，易造成人员滑倒、碰伤、磕伤	5	1	1	5	四级	作业负责人检查作业现场	
55		3. 注意力不集中，造成其他伤害	5	1	1	5	四级	作业负责人检查作业现场	
56	属地确认	1. 检修人员未全部撤离就启动设备，造成伤害	5	1	1	5	四级	巡视现场，确认检修人员全部撤离	
57		2. 检修现场遗留物品，导致产生其他风险	5	1	1	5	四级	确认检修现场的工器具、配件、物料全部清理完毕	
58		3. 注意力不集中，造成其他伤害	25	2	0.5	25	四级	互联互保人员现场监护	

表 3.81　更换小车电机、卷扬电机作业安全风险辨识及防控措施一览表

序号	主要操作步骤	存在的风险	风险等级分析					主要防控措施	备注
			后果	暴露	可能性	风险值	风险等级		
1	作业前检查人员状态和劳动保护用品穿戴情况	1. 作业人员有班前喝酒、睡眠不足、身体不适、精神状态不好等情况，导致作业过程中注意力不集中	25	1	0.5	12.5	四级	作业前，作业负责人检查作业人员是否酒后上岗，询问身体是否不适，观察精神状态是否正常，确认良好后方可作业	
2		2. 作业人员未按规定穿戴劳动保护用品（工作服、劳保鞋、安全帽、口罩），导致人员伤害	25	1	0.5	12.5	四级	作业前，作业负责人、互联互保人员检查作业人员工作服着（做到"三紧"），确保劳保鞋无破损且鞋带系好，安全帽下颌带系好，口罩与面部无缝隙	
3	作业前风险评价	1. 作业前未按要求开展风险辨识，导致人员伤害	15	10	0.1	15	四级	每次作业前要进行风险辨识	
4		2. 未结合现场实际情况进行风险辨识，导致人员伤害	15	10	0.1	15	四级	风险辨识要结合现场实际，根据工作环境的变化完善辨识内容，逐一落实防控措施	
5		3. 风险辨识过程中有遗漏，导致人员伤害	15	10	0.1	15	四级	抽查作业人员掌握存在的风险和防控措施情况，对照口袋卡及作业任务中存在的风险手指口述逐项进行提示提醒	
6		4. 未明确作业负责人，未确定互联互保人员，导致人员伤害	15	10	0.1	15	四级	指定作业负责人和互联互保人员	
7		5. 未掌握作业时的风险，导致人员伤害	15	10	0.1	15	四级	每项作业前要进行风险辨识	
8		6. 不知道作业中风险的防控措施，导致人员伤害	15	10	0.1	15	四级	风险辨识要结合现场实际，根据工作环境的变化完善辨识内容，逐一落实防控措施	
9	办理工作票	1. 未办理工作票就擅自作业，造成事故	25	2	3	150	三级	危险作业按照要求逐级审批，辨识后再办理工作票	
10		2. 未经审批就擅自作业，造成事故	25	2	3	150	三级	区域管理人员按照工作票要求逐级审批，现场监护	
11		3. 未经现场确认就进行作业，造成事故	25	2	3	150	三级	一般检修作业需经签发属地确认后方可操作	

续表

序号	主要操作步骤	存在的风险	风险等级分析					主要防控措施	备注
			后果	暴露	可能性	风险值	风险等级		
12	作业前唱票	1. 作业人员对作业环境中的风险掌握有遗漏，造成事故	25	2	0.5	25	四级	对照口袋卡及作业任务中存在的风险手指口述逐项进行提示提醒	
13		2. 作业人员不知道作业环境中的风险，造成事故	25	2	0.5	25	四级	每项作业前要进行风险辨识	
14		3. 作业人员不知道作业环境中的风险如何防控，造成事故	25	2	0.5	25	四级	结合检修内容与作业现场环境逐一落实安全措施	
15	检查螺丝刀、电笔、扳手、手拉葫芦	1. 扳手有磨损，导致作业时发生滑脱，造成人员伤害	5	1	1	5	四级	检查扳手有无明显磨损，如有，应及时更换	
16		2. 电笔有损坏，造成验电结果错误，导致触电伤人	25	2	0.5	25	四级	在带电线路上检查电笔是否完好	
17		3. 螺丝刀把手有损坏，导致滑脱伤人	5	1	1	5	四级	作业前确认工器具完好	
18		4. 手拉葫芦链条有损坏，使用时发生断裂，导致重物坠落伤人	25	2	0.5	25	四级	检查手拉葫芦链条有无损坏，如有损坏，应及时更换	
19	断电挂牌	1. 未断电挂牌，造成人员触电	50	2	1	100	三级	警示牌悬挂牢靠，锁闭开关箱	
20		2. 断电时操作失误，造成人员触电	50	2	1	100	三级	断电后，对开关的三相电源分别进行测量并放电	
21		3. 非专业人员进行断电操作，易造成人员触电	5	1	1	5	四级	专业电工持证上岗操作	
22	验电	1. 验电前未检查电笔好坏，造成人员触电	50	2	1	100	三级	验电前检查电笔好坏	
23		2. 使用万用表检查验电前未确认万用表是否正常，易造成人员触电	25	1	1	25	四级	使用前检查万用表是否正常	
24		3. 非专业人员操作，易造成人员触电	25	1	1	25	四级	专业电工持证上岗操作	

续表

序号	主要操作步骤	存在的风险	风险等级分析					主要防控措施	备注
			后果	暴露	可能性	风险值	风险等级		
25	在检修区域的地面做警戒工作	1. 未拉警戒线，发生高处坠物时造成事故	5	1	1	5	四级	互联互保人员现场监护	
26		2. 人员注意力不集中，造成高处坠落	5	1	1	5	四级	互联互保人员相互监督、提醒，作业时挂好安全带	
27		3. 没有人扶梯子，造成其他伤害	25	2	0.5	25	四级	在被检修部位的下方拉警戒线，安排专人监护	
28	拆卸电源线并包裹线头	1. 操作时扳手滑脱，造成人员手部碰伤	5	1	1	5	四级	戴好防护手套	
29		2. 做好线头的标记，防止接错线，导致设备事故或人身伤害	5	1	1	5	四级	对三相线进行标记	
30		3. 没有人扶梯子，造成其他伤害	25	2	0.5	25	四级	互联互保人员现场监护	
31	拆卸旧电机地脚螺栓和联轴器螺栓	1. 扳手滑脱，造成人员碰伤或摔倒	5	1	1	5	四级	戴好防护手套	
32		2. 人员注意力不集中，造成高处坠落	25	2	0.5	25	四级	在轨道平台作业前检查安全带，使用双钩安全带，地面做好物理隔离，安排专人监护，作业时将安全带高挂低用	
33		3. 动作不规范，造成其他伤害	5	1	1	5	四级	互联互保人员现场监护，分工应做到合理，作业负责人检查作业现场	
34	在厂房大梁上挂好手拉葫芦	1. 当一人抱起手拉葫芦，并将其钩子挂在钢梁上的吊带上时，有可能因重心不稳摔倒	25	1	1	25	四级	作业前检查手拉葫芦是否完好，两人配合工作，一人挂钩，另一人辅助	
35		2. 人员注意力不集中，造成高处坠落	5	1	1	5	四级	互联互保人员相互监督、提醒，作业时挂好安全带	
36		3. 动作不规范，造成其他伤害	5	1	1	5	四级	互联互保人员现场监护，分工应做到合理，作业负责人现场检查	
37	用手拉葫芦将电机吊起	1. 吊起电机时，破损的吊带有可能发生断裂，导致减速机掉落	50	2	1	100	三级	吊运前检查吊带是否完好，若发现吊带有损坏，应及时更换	
38		2. 人员注意力不集中，造成高处坠落	5	1	1	5	四级	互联互保人员相互监督、提醒，作业时挂好安全带	
39		3. 动作不规范，造成其他伤害	5	1	1	5	四级	互联互保人员现场监护，分工应做到合理，作业负责人现场检查	

续表

序号	主要操作步骤	存在的风险	风险等级分析					主要防控措施	备注
			后果	暴露	可能性	风险值	风险等级		
40	人工盘车，将大车移开	1. 盘车时，手部卷入旋转间隙，造成人员伤害	25	1	1	25	四级	控制盘车速度，操作时由作业负责人指挥	
41		2. 人员注意力不集中，造成高处坠落	25	2	0.5	25	四级	在轨道平台作业前检查安全带，使用双钩安全带，地面做好物理隔离，安排专人监护，作业时将安全带高挂低用	
42		3. 动作不规范，造成其他伤害	5	1	1	5	四级	互联互保人员现场监护，分工应做到合理，作业负责人现场检查	
43	安排升降车在吊装位置并起升	1. 升降车上的人员站位不合理，导致人员伤害	25	1	1	25	四级	升降车使用前做空载实验，作业人员站在升降车的中间位置	
44		2. 人员注意力不集中，造成高处坠落	25	2	0.5	25	四级	在轨道平台作业前检查安全带，使用双钩安全带，地面做好物理隔离，安排专人监护，作业时将安全带高挂低用	
45		3. 动作不规范，造成其他伤害	5	1	1	5	四级	互联互保人员现场监护，分工应做到合理，作业负责人检查作业现场	
46	将旧电机放到升降车上	1. 降下旧电机时，升降车上的人员站位不合理，导致人员伤害	25	1	1	25	四级	作业人员站在升降车两侧位置缓慢放下旧电机	
47		2. 人员注意力不集中，造成高处坠落	25	2	0.5	25	四级	在轨道平台作业前检查安全带，使用双钩安全带，地面做好物理隔离，安排专人监护，作业时将安全带高挂低用	
48		3. 动作不规范，造成其他伤害	5	1	1	5	四级	互联互保人员现场监护，分工应做到合理，作业负责人现场检查	

续表

序号	主要操作步骤	存在的风险	风险等级分析					主要防控措施	备注
			后果	暴露	可能性	风险值	风险等级		
49	安装电机	1. 扳手滑脱，造成人员碰伤或摔倒	25	1	1	25	四级	作业前检查工器具是否有缺陷，使用双钩安全带并高挂低用	
50		2. 人员注意力不集中，造成高处坠落	25	2	0.5	25	四级	在轨道平台作业前检查安全带，使用双钩安全带，地面做好物理隔离，安排专人监护，作业时将安全带高挂低用	
51		3. 动作不规范，造成其他伤害	5	1	1	5	四级	互联互保人员现场监护，分工应做到合理，作业负责人现场检查	
52	降下升降车	1. 升降车降落，车上员工应站稳扶好，否则有碰伤的风险	25	1	1	25	四级	作业人员站在升降车两侧位置缓慢放下旧电机	
53		2. 人员注意力不集中，造成高处坠落	25	2	0.5	25	四级	在轨道平台作业前检查安全带，使用双钩安全带，地面做好物理隔离，安排专人监护，作业时将安全带高挂低用	
54		3. 动作不规范，造成其他伤害	5	1	1	5	四级	互联互保人员现场监护，分工应做到合理，作业负责人现场检查	
55	试车	1. 站位不当，造成人员挤伤事故	50	2	1	100	三级	（1）禁止观察人员站在小车运行的方向上 （2）检修工与天车工做好沟通	
56		2. 人员注意力不集中，造成高处坠落	25	2	0.5	25	四级	在轨道平台作业前检查安全带，使用双钩安全带，地面做好物理隔离，安排专人监护，作业时将安全带高挂低用	
57		3. 动作不规范，造成其他伤害	5	1	1	5	四级	互联互保人员现场监护，分工应做到合理，作业负责人现场检查	

续表

序号	主要操作步骤	存在的风险	风险等级分析					主要防控措施	备注
			后果	暴露	可能性	风险值	风险等级		
58	整理螺丝刀、电笔、扳手、手拉葫芦，清理作业现场，工完场清	1. 未及时整理螺丝刀、电笔、扳手、手拉葫芦，易造成人员碰伤、磕伤	5	1	1	5	四级	作业人员确认螺丝刀、电笔、扳手、手拉葫芦无遗留，并将其存放至检修班工器具箱内，将现场物品摆放整齐	
59		2. 作业现场未清理干净，易造成人员滑倒碰伤、磕伤	5	1	1	5	四级	作业负责人检查作业现场	
60		3. 人员注意力不集中，造成高处坠落	25	2	0.5	25	四级	在轨道平台作业前检查安全带，使用双钩安全带，地面做好物理隔离，安排专人监护，作业时将安全带高挂低用	
61		4. 动作不规范，造成其他伤害	5	1	1	5	四级	互联互保人员现场监护，分工应做到合理，作业负责人现场检查	
62	属地确认	1. 检修人员未全部撤离就启动设备，造成伤害	5	1	1	5	四级	巡视现场，确认检修人员全部撤离	
63		2. 检修现场遗留物品，导致产生其他风险	5	1	1	5	四级	确认检修现场的工器具、配件、物料全部清理完毕	
64		3. 动作不规范，造成其他伤害	5	1	1	5	四级	互联互保人员现场监护	

表 3.82 点检加料罗茨鼓风机作业安全风险辨识及防控措施一览表

序号	主要操作步骤	存在的风险	风险等级分析					主要防控措施	备注
			后果	暴露	可能性	风险值	风险等级		
1	作业前检查人员状态和劳动保护用品穿戴情况	1. 作业人员有班前喝酒、睡眠不足、身体不适、精神状态不好等情况，导致作业过程中注意力不集中	25	1	0.5	12.5	四级	作业前，作业负责人检查作业人员是否酒后上岗，询问身体是否不适，观察精神状态是否正常，确认良好后方可作业	

续表

序号	主要操作步骤	存在的风险	风险等级分析					主要防控措施	备注
			后果	暴露	可能性	风险值	风险等级		
2	作业前检查人员状态和劳动保护用品穿戴情况	2. 作业人员未按规定穿戴劳动保护用品（工作服、劳保鞋、安全帽、口罩），导致人员伤害	25	1	0.5	12.5	四级	作业前，作业负责人、互联互保人员检查作业人员工作服穿着（做到"三紧"），确保劳保鞋无破损且鞋带系好，安全帽下颌带系好，口罩与面部无缝隙	
3	作业前风险评价	1. 作业前未按要求开展风险辨识，导致人员伤害	15	10	0.1	15	四级	每次作业前要进行风险辨识	
4		2. 未结合现场实际情况进行风险辨识，导致人员伤害	15	10	0.1	15	四级	风险辨识要结合现场实际，根据工作环境的变化完善辨识内容，逐一落实防控措施	
5		3. 风险辨识过程中有遗漏，导致人员伤害	15	10	0.1	15	四级	抽查作业人员掌握存在的风险和防控措施情况，对照口袋卡及作业任务中存在的风险手指口述逐项进行提示提醒	
6		4. 未明确作业负责人，未确定互联互保人员，导致人员伤害	15	10	0.1	15	四级	指定作业负责人和互联互保人员	
7		5. 未掌握作业时的风险，导致人员伤害	15	10	0.1	15	四级	每项作业前要进行风险辨识	
8		6. 不知道作业中风险的防控措施，导致人员伤害	15	10	0.1	15	四级	风险辨识要结合现场实际，根据工作环境的变化完善辨识内容，逐一落实防控措施	
9	检查注油枪、测振仪、听诊器	1. 注油枪油嘴有损坏，导致油脂泄漏	25	2	0.5	25	四级	检查注油枪油嘴是否完好，如有损坏，应及时更换	
10		2. 测振仪电量不足，造成检测结果不准确	25	2	0.5	25	四级	作业前检查测振仪电量是否充足	
11		3. 听诊器电量不足，造成检测结果不准确	25	2	0.5	25	四级	作业前检查听诊器电量是否充足	
12	办理工作票	1. 未办理工作票就擅自作业，造成事故	25	2	3	150	三级	危险作业按照要求逐级审批，辨识后再办理工作票	
13		2. 未经审批就擅自作业，造成事故	25	2	3	150	三级	区域管理人员按照工作票要求逐级审批，现场监护	
14		3. 未经现场确认就进行作业，造成事故	25	2	3	150	三级	一般检修作业需经签发属地确认后方可操作	

续表

序号	主要操作步骤	存在的风险	风险等级分析					主要防控措施	备注
			后果	暴露	可能性	风险值	风险等级		
15	作业前唱票	1. 作业人员对作业环境中的风险掌握有遗漏，造成事故	25	2	0.5	25	四级	对照口袋卡及作业任务中存在的风险手指口述逐项进行提示提醒	
16		2. 作业人员不知道作业环境中的风险，造成事故	25	2	0.5	25	四级	每项作业前要进行风险辨识	
17		3. 作业人员不知道作业环境中的风险如何防范，造成事故	25	2	0.5	25	四级	结合检修内容与作业现场环境逐一落实安全措施	
18	检查油位	1. 站位不当，可能导致人员受到机械伤害	25	2	0.5	25	四级	保持安全距离，禁止人员和工器具接触旋转轴	
19		2. 注意力不集中，造成其他伤害	25	2	0.5	25	四级	保持注意力集中，互联互保人员旁边监护	
20	检查压力仪表	1. 周围环境中有杂物，易发生绊倒及磕碰伤害	25	2	0.5	25	四级	作业前认真检查作业现场环境，及时清理可能导致磕碰、绊倒的杂物	
21		2. 注意力不集中，造成其他伤害	25	2	0.5	25	四级	保持注意力集中，互联互保人员旁边监护	
22	检查罗茨鼓风机及电机运行的声音	1. 站位不当，可能导致人员受到机械伤害	25	2	0.5	25	四级	保持安全距离，禁止人员和工器具接触旋转轴	
23		2. 注意力不集中，可能导致其他伤害	25	2	0.5	25	四级	保持注意力集中，互联互保人员旁边监护	
24		3. 未注意脚下，可能导致人员摔倒	25	2	0.5	25	四级	作业前清理周围杂物	
25	检查罗茨鼓风机出口压力及电机地脚螺栓	1. 检查时，距离旋转部位 50 cm 左右，旋转运行的风机有伤害身体的风险	50	2	0.5	50	四级	安全距离保持在 80 cm 以上，禁止人员和工器具接触旋转轴	
26		2. 站位不当，可能导致人员受到机械伤害	25	2	0.5	25	四级	保持安全距离，禁止人员和工器具接触旋转轴	
27		3. 注意力不集中，可能导致其他伤害	25	2	0.5	25	四级	保持注意力集中，互联互保人员旁边监护	
28	停止运行，将开关打到停止位	1. 用潮湿的手操作开关，有触电的风险	50	2	0.5	50	四级	作业人员操作时应站在绝缘胶皮上	
29		2. 未执行或执行失误，造成人员触电伤害	25	2	0.5	25	四级	确认按钮正确后再进行操作，操作后进行确认	
30		3. 绝缘地胶缺失或有破损，造成人员触电伤害	25	2	0.5	25	四级	确认操作柜下方绝缘地胶完整	

续表

序号	主要操作步骤	存在的风险	风险等级分析					主要防控措施	备注
			后果	暴露	可能性	风险值	风险等级		
31	补充润滑油	1. 操作不慎，导致油品泄漏	25	2	0.5	25	四级	人员协同配合，缓慢、谨慎操作	
32		2. 地面有油污，可能导致人员滑倒、摔伤	25	2	0.5	25	四级	及时清理地面油污	
33	检查气动提升机进料口、清理气动提升机内部的氧化铝	1. 氧化铝粉尘飞扬，造成人员患职业病	25	2	0.5	25	四级	工作服穿着做到"三紧"，确保劳保鞋无破损且鞋带系好，安全帽下颏带系好，口罩与面部无缝隙	
34		2. 未正确使用工器具，导致人员伤害	25	2	0.5	25	四级	使用合适的工器具，互联互保人员旁边监护	
35		3. 站位不当，可能导致其他伤害	25	2	0.5	25	四级	保持正确站位	
36	整理注油枪、测振仪、听诊器，清理作业现场	1. 未及时整理注油枪、测振仪、听诊器，易造成人员碰伤、磕伤	25	2	0.5	25	四级	确认将检修现场的注油枪、测振仪、听诊器收回至工器具箱内	
37		2. 作业现场未清理干净，易造成人员滑倒、碰伤、磕伤	25	2	0.5	25	四级	作业负责人检查作业现场	
38	属地确认	1. 检修人员未全部撤离就启动设备，造成伤害	25	2	0.5	25	四级	巡视现场，确认检修人员全部撤离	
39		2. 检修现场遗留物品，导致产生其他风险	25	2	0.5	25	四级	确认将检修现场的工器具、配件、物料全部清理完毕	

表3.83 更换电解槽上部溜槽作业安全风险辨识及防控措施一览表

序号	主要操作步骤	存在的风险	风险等级分析					主要防控措施	备注
			后果	暴露	可能性	风险值	风险等级		
1	作业前检查人员状态和劳动保护用品穿戴情况	1. 作业人员有班前喝酒、睡眠不足、身体不适、精神状态不好等情况，导致作业过程中注意力不集中	25	1	0.5	12.5	四级	作业前，作业负责人检查作业人员是否酒后上岗，询问身体是否不适，观察精神状态是否正常，确认良好后方可作业	

续表

序号	主要操作步骤	存在的风险	风险等级分析					主要防控措施	备注
			后果	暴露	可能性	风险值	风险等级		
2	作业前检查人员状态和劳动保护用品穿戴情况	2. 作业人员未按规定穿戴劳动保护用品（工作服、劳保鞋、安全帽、口罩），导致人员伤害	25	1	0.5	12.5	四级	作业前，作业负责人、互联互保人员检查作业人员工作服穿着（做到"三紧"），确保劳保鞋无破损且鞋带系好，安全帽下颏带系好，口罩与面部无缝隙	
3	作业前风险评价	1. 作业前未按要求开展风险辨识，导致人员伤害	15	10	0.1	15	四级	每次作业前要进行风险辨识	
4		2. 未结合现场实际情况进行风险辨识，导致人员伤害	15	10	0.1	15	四级	风险辨识要结合现场实际，根据工作环境的变化完善辨识内容，逐一落实防控措施	
5		3. 风险辨识过程中有遗漏，导致人员伤害	15	10	0.1	15	四级	抽查作业人员掌握存在的风险和防控措施情况，对照口袋卡及作业任务中存在的风险手指口述逐项进行提示提醒	
6		4. 未明确作业负责人，未确定互联互保人员，导致人员伤害	15	10	0.1	15	四级	指定作业负责人和互联互保人员	
7		5. 未掌握作业时的风险，导致人员伤害	15	10	0.1	15	四级	每项作业前要进行风险辨识	
8		6. 不知道作业中风险的防控措施，导致人员伤害	15	10	0.1	15	四级	风险辨识要结合现场实际，根据工作环境的变化完善辨识内容，逐一落实防控措施	
9	办理工作票	1. 未办理工作票就擅自作业，造成事故	25	2	3	150	三级	危险作业按照要求逐级审批，辨识后再办理工作票	
10		2. 未经审批就擅自作业，造成事故	25	2	3	150	三级	区域管理人员按照工作票要求逐级审批，现场监护	
11		3. 未经现场确认就进行作业，造成事故	25	2	3	150	三级	一般检修作业需经签发属地确认后方可操作	
12	办理登高危险作业票	1. 未明确分级管控负责人、未确定危险作业等级，易造成高风险作业监护层级不对，导致发生事故	50	2	1	100	三级	逐级授权审批登高作业，签发部门现场监护	
13		2. 作业人员不清楚危险作业，造成事故	50	1	1	50	四级	班组建立危险作业清单，加强对员工的安全培训	

续表

序号	主要操作步骤	存在的风险	风险等级分析					主要防控措施	备注
			后果	暴露	可能性	风险值	风险等级		
14	办理登高危险作业票	3. 作业人员未结合现场实际情况进行办理，导致事故发生	25	1	0.5	12.5	四级	审批人员结合现场实际情况现场验证安全措施可靠后签发办理	
15	作业前唱票	1. 作业人员对作业环境中的风险掌握有遗漏，造成事故	25	2	0.5	25	四级	对照口袋卡及作业任务中存在的风险手指口述逐项进行提示提醒	
16		2. 作业人员不知道作业环境中的风险，造成事故	25	2	0.5	25	四级	每项作业前要进行风险辨识	
17		3. 作业人员不知道作业环境中的风险如何防控，造成事故	25	2	0.5	25	四级	结合检修内容与作业现场环境逐一落实安全措施	
18	检查螺丝刀、电笔、扳手	1. 扳手有磨损，作业时发生滑脱，造成人员伤害	5	1	1	5	四级	检查扳手有无明显磨损，如有，应及时更换	
19		2. 电笔有损坏，造成验电结果错误，导致触电伤人	25	2	0.5	25	四级	在带电线路上检查电笔是否完好	
20		3. 螺丝刀把手有损坏，造成滑脱伤人	5	1	1	5	四级	作业前确认工器具是否完好	
21	作业前检查槽罩板是否稳固良好，其绝缘是否良好	1. 槽罩板放置不稳固，人员踏上时有倾覆的风险	5	1	1	5	四级	作业前，确认槽罩板是否稳固	
22		2. 徒手触摸槽罩板会被烫伤	50	1	1	50	四级	工作服穿着做到"三紧"，确保劳保鞋无破损且鞋带系好，安全帽下颏带系好，口罩与面部无缝隙，戴好防护手套	
23		3. 检查不到位，导致发生其他伤害	25	2	0.5	25	四级	作业负责人、互联互保人员现场监护	
24	检查花箅是否有缺陷	1. 作业人员行走在不平整的花箅上，有崴脚的可能	5	1	1	5	四级	互联互保人员、现场监护人互相提醒、监护	
25		2. 未检查花箅，可能导致人员磕碰伤害	5	1	1	5	四级	互联互保人员、现场监护人互相提醒、监护	
26		3. 花箅不平，可能导致倾翻，造成人身伤害	5	1	1	5	四级	互联互保人员现场监护	

续表

序号	主要操作步骤	存在的风险	风险等级分析					主要防控措施	备注
			后果	暴露	可能性	风险值	风险等级		
27	与电解工进行沟通，插好红旗进行监护	1. 未进行沟通，交叉作业导致人员伤害	25	1	1	25	四级	作业前，与属地天车工、电解工沟通确认，互联互保人员现场监控，电解槽来效应停止工作，待效应结束10 min且经再次确认后，方可进行下一步操作	
28		2. 未插红旗，不做警示，有被天车碰撞的风险	25	1	1	25	四级	在电解槽上插好红旗，做好警示	
29		3. 沟通不到位，可能导致其他伤害	25	1	1	25	四级	作业前，与属地天车工、电解工沟通确认	
30	登上电解槽	1. 槽上作业时劳动保护用品穿戴不全，有烫伤的风险	25	1	1	25	四级	工作服着做到"三紧"，确保劳保鞋无破损且鞋带系好，安全帽下颏带系好，口罩与面部无缝隙，戴好防护手套，电解槽来效应停止工作，待效应结束10 min且经再次确认后，方可进行下一步操作	
31		2. 不系安全带，有坠落的风险	25	1	1	25	四级	系好安全带，安全带高挂低用	
32		3. 踩翻盖板，有烫伤的风险	25	2	0.5	25	四级	互联互保人员现场监护	
33	拆卸风管和溜槽螺栓	1. 未正确使用工器具，造成手部受伤	25	1	1	25	四级	戴好防护手套，拧螺丝刀时方向朝外侧	
34		2. 未正确操作，可能导致其他伤害	25	1	1	25	四级	严格按照规程操作	
35		3. 工器具存在缺陷，可能导致人员伤害	5	1	1	5	四级	作业前确认工器具完好	
36	指挥多功能天车吊溜槽	1. 吊溜槽时指挥不明，可能造成人身伤害或设备损坏	25	1	1	25	四级	吊运时，安排专人负责指挥协调	
37		2. 捆绑不牢固，导致被吊运物品摆动或坠落，造成人身伤害或设备损坏	50	1	1	50	四级	用吊带固定好溜槽，在作业人员撤下电解槽后方可开始吊运	
38		3. 未找到溜槽重心，造成人身伤害	50	1	1	50	四级	使用吊带两点式固定溜槽，保持溜槽不倾斜	
39	紧固法兰螺栓、安装风管	1. 未正确使用工器具，造成人员手部受伤	25	1	1	25	四级	戴好防护手套，拧螺丝刀时方向朝外侧	
40		2. 未正确操作，可能导致其他伤害	25	1	1	25	四级	严格按照规程操作	
41		3. 工器具存在缺陷，可能导致人员伤害	5	1	1	5	四级	作业前确认工器具完好	

续表

序号	主要操作步骤	存在的风险	风险等级分析					主要防控措施	备注
			后果	暴露	可能性	风险值	风险等级		
42	整理螺丝刀、电笔、扳手，清理作业现场	1. 未及时整理螺丝刀、电笔、扳手，易造成人员碰伤、磕伤	5	1	1	5	四级	作业人员确认螺丝刀、电笔、扳手无遗留，并按要求将其放置在检修班工器具箱内	
43		2. 作业现场未清理干净，易造成人员滑倒、碰伤、磕伤	5	1	1	5	四级	作业负责人检查作业现场	
44	属地确认	1. 检修人员未全部撤离就启动设备，造成伤害	5	2	1	20	四级	巡视现场，确认检修人员全部撤离	
45		2. 检修现场遗留物品，导致产生其他风险	5	1	1	5	四级	确认检修现场的工器具、配件、物料全部清理完毕	

表3.84 更换电解槽排烟支管绝缘节或氧化铝流管绝缘节作业安全风险辨识及防控措施一览表

序号	主要操作步骤	存在的风险	风险等级分析					主要防控措施	备注
			后果	暴露	可能性	风险值	风险等级		
1	作业前检查人员状态和劳动保护用品穿戴情况	1. 作业人员有班前喝酒、睡眠不足、身体不适、精神状态不好等情况，导致作业过程中注意力不集中	25	1	0.5	12.5	四级	作业前，作业负责人检查作业人员是否酒后上岗，询问身体是否不适，观察精神状态是否正常，确认良好后方可作业	
2		2. 作业人员未按规定穿戴劳动保护用品（工作服、劳保鞋、安全帽、口罩），导致人员伤害	25	1	0.5	12.5	四级	作业前，作业负责人、互联互保人员检查作业人员工作服着（做到"三紧"），确认劳保鞋无破损且鞋带系好，安全帽下颌带系好，口罩与面部无缝隙	
3	作业前风险评价	1. 作业前未按要求开展风险辨识，导致人员伤害	15	10	0.1	15	四级	每次作业前要进行风险辨识	
4		2. 未结合现场实际情况进行风险辨识，导致人员伤害	15	10	0.1	15	四级	风险辨识要结合现场实际，根据工作环境的变化完善辨识内容，逐一落实防控措施	

续表

序号	主要操作步骤	存在的风险	风险等级分析					主要防控措施	备注
			后果	暴露	可能性	风险值	风险等级		
5	作业前风险评价	3. 风险辨识过程中有遗漏，导致人员伤害	15	10	0.1	15	四级	抽查作业人员掌握存在的风险和防控措施情况，对照口袋卡及作业任务中存在的风险手指口述逐项进行提示提醒	
6		4. 未明确作业负责人，未确定互联互保人员，导致人员伤害	15	10	0.1	15	四级	指定作业负责人和互联互保人员	
7		5. 未掌握作业时的风险，导致人员伤害	15	10	0.1	15	四级	每项作业前要进行风险辨识	
8		6. 不知道作业中风险的防控措施，导致人员伤害	15	10	0.1	15	四级	风险辨识要结合现场实际，根据工作环境的变化完善辨识内容，逐一落实防控措施	
9	办理工作票	1. 未办理工作票就擅自作业，造成事故	25	2	3	150	三级	危险作业按照要求逐级审批，辨识后再办理工作票	
10		2. 未经审批就擅自作业，造成事故	25	2	3	150	三级	区域管理人员按照工作票要求逐级审批，现场监护	
11		3. 未经现场确认就进行作业，造成事故	25	2	3	150	三级	一般检修作业需经签发属地确认后方可操作	
12	办理登高危险作业票	1. 未明确分级管控负责人、未确定危险作业等级，易造成高风险作业监护层级不对，导致事故发生	50	2	1	100	三级	逐级授权审批登高作业，签发部门现场监护	
13		2. 作业人员不清楚危险作业，造成重大事故	50	1	1	50	四级	班组建立危险作业清单，加强对员工的安全培训	
14		3. 作业人员未结合现场实际情况进行办理，导致事故发生	25	1	0.5	12.5	四级	审批人员结合现场实际情况现场验证安全措施可靠后签发办理	
15	作业前唱票	1. 作业人员对作业环境中的风险掌握有遗漏，造成事故	25	2	0.5	25	四级	对照口袋卡及作业任务中存在的风险手指口述逐项进行提示提醒	
16		2. 作业人员不知道作业环境中的风险，造成事故	25	2	0.5	25	四级	每项作业前要进行风险辨识	

续表

序号	主要操作步骤	存在的风险	风险等级分析					主要防控措施	备注
			后果	暴露	可能性	风险值	风险等级		
17	作业前唱票	3. 作业人员不知道作业环境中的风险如何防控，造成事故	25	2	0.5	25	四级	结合检修内容与作业现场环境逐一落实安全措施	
18	检查螺丝刀、电笔、扳手	1. 扳手有磨损，作业时发生滑脱，造成人员伤害	5	1	1	5	四级	检查扳手有无明显磨损，如有，应及时更换	
19		2. 电笔有损坏，造成验电结果错误，发生触电伤人	25	2	0.5	25	四级	在带电线路上检查电笔是否完好	
20		3. 螺丝刀把手有损坏，造成滑脱伤人	5	1	1	5	四级	作业前确认工器具是否完好	
21	电工对烟道的绝缘性进行检测	1. 作业时操作失误，有被直流电电击的可能	5	1	1	5	四级	工作服穿着做到"三紧"，确保劳保鞋无破损且鞋带系好，安全帽下颏带系好，口罩与面部无缝隙	
22		2. 检测绝缘前对兆欧表的好坏未进行实验，导致仪表数据不准，造成其他伤害	25	2	0.5	25	四级	检测绝缘前对兆欧表的好坏进行实验	
23		3. 操作人员未持证上岗，易造成触电事故	5	1	1	5	四级	电工操作人员需经培训合格后持证上岗	
24	系安全带	1. 作业人员劳保鞋鞋带未系好，安全帽下颏带未系好，导致人员受伤	5	2	3	30	四级	工作服穿着做到"三紧"，确保劳保鞋无破损且鞋带系好，安全帽下颏带系好，口罩与面部无缝隙	
25		2. 作业前未确认系好安全带，导致人员坠落	25	1	0.5	12.5	四级	工作前确认并系好安全带	
26		3. 安全带未正确悬挂，导致人员坠落	25	2	1	50	四级	安全带高挂低用，现场安排专人监护	
27	从梯子登上烟道	1. 人员登烟道未使用绝缘梯，造成触电，导致人员被电击，从高处坠落	25	3	1	75	三级	使用绝缘梯并扶好，工作时系好安全带	
28		2. 爬梯时滑脱，造成人员摔伤	25	3	1	75	三级	使用绝缘梯并扶好，工作时系好安全带	
29		3. 安全带未正确悬挂，导致人员坠落	25	3	1	75	三级	安全带高挂低用	

续表

序号	主要操作步骤	存在的风险	风险等级分析					主要防控措施	备注
			后果	暴露	可能性	风险值	风险等级		
30	拆螺丝	1. 高处工作时站在圆形烟管的上部，有坠落的风险	25	1	1	25	四级	工作时，系好安全带，使用绝缘梯并扶好，安全带高挂低用	
31		2. 未正确使用工器具，造成人员伤害	5	1	1	5	四级	使用工器具时拿稳抓牢	
32		3. 劳保鞋鞋带未系好，导致人员摔伤	5	2	3	30	四级	工作服穿着做到"三紧"，确保劳保鞋无破损且鞋带系好，安全帽下颚带系好，口罩与面部无缝隙	
33	安装滑轮和吊绳	1. 高空重物发生意外坠落，导致砸伤人员	25	1	1	25	四级	作业区域下方做好物理隔离，严禁非作业人员进入	
34		2. 现场未进行监护，导致人员受伤	25	1	1	25	四级	现场应指定专人进行监护	
35	拆绝缘节	1. 作业时，指挥人员与天车工、检修工未做好沟通，误操作，导致人员受伤	25	3	1	75	三级	作业时一人负责指挥，与天车工、检修工做好沟通	
36		2. 操作不当，造成事故	25	3	1	75	三级	使用工器具时拿稳抓牢	
37		3. 现场未进行监护，导致人员受伤	25	3	1	75	三级	现场应指定专人进行监护	
38	安装绝缘节	1. 作业时，指挥人员与天车工、检修工未做好沟通，误操作，导致人员受伤	25	3	1	75	三级	作业时一人负责指挥，与天车工、检修工做好沟通	
39		2. 操作不当，造成事故	25	3	1	75	三级	使用工器具时拿稳抓牢	
40		3. 现场未进行监护，导致人员受伤	25	3	1	75	三级	现场应指定专人进行监护	
41	通过梯子从烟道处下到地面	1. 人员登烟道未使用绝缘梯造成触电，导致人员被电击，从高处坠落	25	1	1	25	四级	使用绝缘梯并扶好，工作时系好安全带	
42		2. 爬梯时发生滑脱，造成人员摔伤	25	1	1	25	四级	使用绝缘梯并扶好，工作时系好安全带	
43		3. 安全带未正确悬挂，导致人员坠落	25	1	1	25	四级	安全带高挂低用	

续表

序号	主要操作步骤	存在的风险	风险等级分析					主要防控措施	备注
			后果	暴露	可能性	风险值	风险等级		
44	整理螺丝刀、电笔、扳手，清理作业现场	1. 未及时整理螺丝刀、电笔、扳手，易造成人员碰伤、磕伤	5	1	1	5	四级	作业人员确认螺丝刀、电笔、扳手无遗留，并将其放置在检修班工器具箱内，将现场物品摆放整齐	
45		2. 作业现场未清理干净，易造成人员滑倒碰伤、磕伤	5	1	1	5	四级	作业负责人检查作业现场	
46	属地确认	1. 检修人员未全部撤离就启动设备，造成伤害	5	1	1	5	四级	巡视现场，确认检修人员全部撤离	
47		2. 检修现场遗留物品，导致产生其他风险	25	1	1	25	四级	确认检修现场的工器具、配件、物料全部清理完毕	
48		3. 未与操作人员沟通确认就点检实验，导致新增其他风险	5	1	1	5	四级	互联互保人员现场监护	

表 3.85 -3.5 m 更换维修压缩空气管道阀门作业安全风险辨识及防控措施一览表

序号	主要操作步骤	存在的风险	风险等级分析					主要防控措施	备注
			后果	暴露	可能性	风险值	风险等级		
1	作业前检查人员状态和劳动保护用品穿戴情况	1. 作业人员有班前喝酒、睡眠不足、身体不适、精神状态不好等情况，导致作业过程中注意力不集中	25	1	0.5	12.5	四级	作业前，作业负责人检查作业人员是否酒后上岗，询问身体是否不适，观察精神状态是否正常，确认良好后方可作业	
2		2. 作业人员未按规定穿戴劳动保护用品（工作服、劳保鞋、安全帽、口罩），导致人员伤害	25	1	0.5	12.5	四级	作业前，作业负责人、互联互保人员检查作业人员工作服穿着（做到"三紧"），确保劳保鞋无破损且鞋带系好，安全帽下颏带系好，口罩与面部无缝隙	

续表

序号	主要操作步骤	存在的风险	风险等级分析					主要防控措施	备注
			后果	暴露	可能性	风险值	风险等级		
3	作业前风险评价	1. 作业前未按要求开展风险辨识，导致人员伤害	15	10	0.1	15	四级	每次作业前要进行风险辨识	
4		2. 未结合现场实际情况进行风险辨识，导致人员伤害	15	10	0.1	15	四级	风险辨识要结合现场实际，根据工作环境的变化完善辨识内容，逐一落实防控措施	
5		3. 风险辨识过程中有遗漏，导致人员伤害	15	10	0.1	15	四级	抽查作业人员掌握存在的风险和防控措施情况，对照口袋卡及作业任务中存在的风险手指口述逐项进行提示提醒	
6		4. 未明确作业负责人，未确定互联互保人员，导致人员伤害	15	10	0.1	15	四级	指定作业负责人和互联互保人员	
7		5. 未掌握作业时的风险，导致人员伤害	15	10	0.1	15	四级	每项作业前要进行风险辨识	
8		6. 不知道作业中风险的防控措施，导致人员伤害	15	10	0.1	15	四级	风险辨识要结合现场实际，根据工作环境的变化完善辨识内容，逐一落实防控措施	
9	办理工作票	1. 未办理工作票就擅自作业，造成事故	25	2	3	150	三级	危险作业按照要求逐级审批，辨识后再办理工作票	
10		2. 未经审批就擅自作业，造成事故	25	2	3	150	三级	区域管理人员按照工作票要求逐级审批，现场监护	
11		3. 未经现场确认就进行作业，造成事故	25	2	3	150	三级	一般检修作业需经签发属地确认后方可操作	
12	作业前唱票	1. 作业人员对作业环境中的风险掌握有遗漏，造成事故	25	2	0.5	25	四级	对照口袋卡及作业任务中存在的风险手指口述逐项进行提示提醒	
13		2. 作业人员不知道作业环境中的风险，造成事故	25	2	0.5	25	四级	每项作业前要进行风险辨识	
14		3. 作业人员不知道作业环境中的风险如何防范，造成事故	25	2	0.5	25	四级	结合检修内容与作业现场环境逐一落实安全措施	
15	与属地沟通	1. 未及时沟通，造成事故	5	1	1	5	四级	使用前进行沟通，做好确认	
16		2. 应急不到位，造成事故扩大	50	1	0.5	25	四级	做好应急准备	
17		3. 未进行现场指挥，造成其他伤害	25	1	0.5	12.5	四级	区域管理人员现场协调指挥	

续表

序号	主要操作步骤	存在的风险	风险等级分析					主要防控措施	备注
			后果	暴露	可能性	风险值	风险等级		
18	检查扳手、管钳、高压风管	1. 扳手有磨损，作业时发生滑脱，导致人员伤害	5	1	1	5	四级	检查扳手有无明显磨损，如有，应及时更换	
19		2. 管钳有损坏，作业时发生滑脱，导致人员伤害	5	1	1	5	四级	作业前检查管钳有无破损、开裂，如有，应及时更换	
20		3. 高压风管接头有破损，易造成人员受伤	5	1	1	5	四级	作业前检查高压风管接头是否开裂、松动	
21	连接应急风管	1. 崩开的风管对周围人员造成伤害	5	1	1	5	四级	将快速接头连接后，检查其有无松动	
22		2. 操作不当，造成其他伤害	25	1	1	25	四级	负责人在确认步骤正确后再进行下一步操作	
23		3. 注意力不集中，造成其他伤害	25	2	0.5	25	四级	互联互保人员现场监护	
24	关闭管路阀门	1. 操作不当，造成碰伤事故	5	1	1	5	四级	正确操作，工作服穿着做到"三紧"，确保劳保鞋无破损且鞋带系好，安全帽下颏带系好	
25		2. 螺栓锈死，导致无法正常打开设备	5	1	1	5	四级	使用松动液提前松动螺栓	
26		3. 注意力不集中，造成其他伤害	25	2	0.5	25	四级	互联互保人员现场监护	
27	挂牌	1. 未断电，造成触电事故或设备突然启动伤人	50	2	1	100	三级	断电后，对开关的三相电源分别进行测量并放电	
28		2. 未挂牌，造成其他伤害	5	1	1	5	四级	将警示牌悬挂牢靠，防止掉落	
29		3. 未锁闭，造成其他伤害	5	1	1	5	四级	锁闭开关箱	
30	维修段管路泄压	1. 站位不当，导致压缩空气伤人	25	2	0.5	25	四级	人员侧方站立，风管连接处与作业人员之间的距离大于 50 cm	
31		2. 人员注意力不集中，造成其他伤害	25	2	0.5	25	四级	互联互保人员现场监护	
32		3. 人员操作不当，造成其他伤害	25	1	1	25	四级	负责人在确认步骤正确后再进行下一步操作	
33	更换阀门	1. 操作不当，造成挤伤事故	25	1	1	25	四级	互联互保人员现场监护，分工应做到合理，作业负责人现场检查	

续表

序号	主要操作步骤	存在的风险	风险等级分析					主要防控措施	备注
			后果	暴露	可能性	风险值	风险等级		
34	更换阀门	2. 人员注意力不集中，造成其他伤害	25	2	0.5	25	四级	互联互保人员现场监护	
35		3. 人员操作不当，造成其他伤害	25	1	1	25	四级	负责人在确认步骤正确后再进行下一步操作	
36	打开管路阀门	1. 操作不当，造成碰伤事故或压缩空气伤人	5	1	1	5	四级	打开阀门前与属地确认阀门已关闭	
37		2. 人员注意力不集中，造成其他伤害	25	2	0.5	25	四级	区域管理人员现场协调指挥	
38		3. 人员操作不当，造成其他伤害	25	1	1	25	四级	人员侧方站立，风管连接处与作业人员之间的距离大于 50 cm	
39	关闭应急风源阀门，拆除应急风管	1. 风管固定处有尖锐的铁丝等，不规范操作可造成人员手部被割伤	5	1	1	5	四级	戴好防护手套，互联互保人员做好监护	
40		2. 人员注意力不集中，造成其他伤害	25	1	1	25	四级	确认应急风管两侧阀门均已关闭后再进行拆除，两人同时作业，做好沟通	
41		3. 人员操作不当，造成其他伤害	5	1	1	5	四级	互联互保人员旁边监控	
42	整理扳手、管钳、高压风管，清理作业现场	1. 未及时整理扳手、管钳、高压风管，易造成人员碰伤、磕伤	5	1	1	5	四级	作业人员确认扳手、管钳、高压风管收回并将其存放至检修班工器具箱内，将现场物品摆放整齐	
43		2. 作业现场未清理干净，易造成人员滑倒碰伤、磕伤	5	1	1	5	四级	作业负责人检查作业现场	
44		3. 人员操作不当，造成其他伤害	5	1	1	5	四级	作业负责人检查作业现场	
45	属地确认	1. 检修人员未全部撤离就启动设备，造成伤害	5	1	1	5	四级	巡视现场，确认检修人员全部撤离	
46		2. 检修现场遗留物品，导致产生其他风险	5	1	1	5	四级	确认检修现场的工器具、配件、物料全部清理完毕	
47		3. 沟通不到位，造成其他伤害	5	1	1	5	四级	与操作人员沟通进行点检实验，确认故障消除	

表 3.86 处理电解槽烟道端料管绝缘节、悬臂溜槽故障作业安全风险辨识及防控措施一览表

序号	主要操作步骤	存在的风险	风险等级分析					主要防控措施	备注
			后果	暴露	可能性	风险值	风险等级		
1	作业前检查人员状态和劳动保护用品穿戴情况	1. 作业人员有班前喝酒、睡眠不足、身体不适、精神状态不好等情况，导致作业过程中注意力不集中	25	1	0.5	12.5	四级	作业前，作业负责人检查作业人员是否酒后上岗，询问身体是否不适，观察精神状态是否正常，确认良好后方可作业	
2		2. 作业人员未按规定穿戴劳动保护用品（工作服、劳保鞋、安全帽、口罩），导致人员伤害	25	1	0.5	12.5	四级	作业前，作业负责人、互联互保人员检查作业人员工作服穿着（做到"三紧"），确保劳保鞋无破损且鞋带系好，安全帽下颏带系好，口罩与面部无缝隙	
3	作业前风险评价	1. 作业前未按要求开展风险辨识，导致人员伤害	15	10	0.1	15	四级	每次作业前要进行风险辨识	
4		2. 未结合现场实际情况进行风险辨识，导致人员伤害	15	10	0.1	15	四级	风险辨识要结合现场实际，根据工作环境的变化完善辨识内容，逐一落实防控措施	
5		3. 风险辨识过程中有遗漏，导致人员伤害	15	10	0.1	15	四级	抽查作业人员掌握存在的风险和防控措施情况，对照口袋卡及作业任务中存在的风险手指口述逐项进行提示提醒	
6		4. 未明确作业负责人，未确定互联互保人员，导致人员伤害	15	10	0.1	15	四级	指定作业负责人和互联互保人员	
7		5. 未掌握作业时的风险，导致人员伤害	15	10	0.1	15	四级	每项作业前要进行风险辨识	
8		6. 不知道作业中风险的防控措施，导致人员伤害	15	10	0.1	15	四级	风险辨识要结合现场实际，根据工作环境的变化完善辨识内容，逐一落实防控措施	
9	检查扳手、兆欧表、绝缘梯	1. 扳手有磨损，作业时发生滑脱，导致人员伤害	25	2	0.5	25	四级	检查扳手有无明显磨损，如有，应及时更换	
10		2. 兆欧表有损坏，造成检测结果不准确	25	1	0.5	12.5	四级	作业前正负极短接试验兆欧表是否完好，如有损坏，应及时更换	

续表

序号	主要操作步骤	存在的风险	风险等级分析					主要防控措施	备注
			后果	暴露	可能性	风险值	风险等级		
11	检查扳手、兆欧表、绝缘梯	3. 绝缘梯有损坏，造成人员摔伤	25	2	0.5	25	四级	作业前检查绝缘梯有无损坏，如有损坏，应先及时修复再进行作业	
12	办理工作票	1. 未办理工作票就擅自作业，造成事故	25	2	3	150	三级	危险作业按照要求逐级审批，辨识后再办理工作票	
13		2. 未经审批就擅自作业，造成事故	25	2	3	150	三级	区域管理人员按照工作票要求逐级审批，现场监护	
14		3. 未经现场确认就进行作业，造成事故	25	2	3	150	三级	一般检修作业需经签发属地确认后方可操作	
15	办理登高危险作业票	1. 未明确分级管控负责人、未确定危险作业等级，易造成高风险作业监护层级不对，导致事故发生	50	2	1	100	三级	逐级授权审批登高作业，签发部门现场监护	
16		2. 作业人员不清楚危险作业，造成重大事故	50	1	1	50	四级	班组建立危险作业清单，加强对员工的安全培训	
17		3. 作业人员未结合现场实际情况进行办理，导致事故发生	50	1	1	50	四级	审批人员结合现场实际情况现场验证安全措施可靠后签发办理	
18	作业前唱票	1. 作业人员对作业环境中的风险掌握有遗漏，造成事故	25	2	0.5	25	四级	对照口袋卡及作业任务中存在的风险手指口述逐项进行提示提醒	
19		2. 作业人员不知道作业环境中的风险，造成事故	25	2	0.5	25	四级	每项作业前要进行风险辨识	
20		3. 作业人员不知道作业环境中的风险如何防控，造成事故	25	2	0.5	25	四级	结合检修内容与作业现场环境逐一落实安全措施	
21	验电	1. 验电前未检查电笔好坏，造成人员触电	50	2	1	100	三级	验电前检查电笔好坏	
22		2. 使用万用表验电前未确认万用表是否正常，易造成人员触电	50	2	1	100	三级	验电前检查万用表是否正常	

续表

序号	主要操作步骤	存在的风险	风险等级分析					主要防控措施	备注
			后果	暴露	可能性	风险值	风险等级		
23	验电	3. 非专业人员操作,易造成人员触电	5	1	1	5	四级	专业电工持证上岗操作	
24	系好安全带	1. 作业人员劳保鞋鞋带未系好,安全帽下颌带未系好,导致人员受伤	5	1	1	5	四级	工作服穿着做到"三紧",确保劳保鞋无破损且鞋带系好,安全帽下颌带系好,口罩与面部无缝隙	
25		2. 作业前未确认系好安全带,导致人员坠落	50	1	0.5	25	四级	工作时确认系好安全带	
26		3. 安全带未正确悬挂,导致人员坠落风险急剧升高	50	1	0.5	25	四级	安全带高挂低用,现场安排专人监护	
27	从梯子登上烟道	1. 人员登烟道未使用绝缘梯,造成触电,导致人员被电击,从高处坠落	50	2	1	100	三级	使用绝缘梯并扶好,工作时系好安全带	
28		2. 爬梯时滑脱,造成人员摔伤	50	2	0.5	50	四级	使用绝缘梯并扶好,工作时系好安全带	
29		3. 安全带未正确悬挂,导致人员坠落风险急剧升高	50	2	0.5	50	四级	安全带高挂低用	
30	从电解槽通过烟道走到绝缘节处	1. 劳保鞋鞋带未系好,有破损,易造成人员触电	50	2	0.5	50	四级	工作服穿着做到"三紧",确保劳保鞋无破损且鞋带系好,安全帽下颌带系好	
31		2. 人员双脚站立距离过窄,易导致触电	50	2	0.5	50	四级	人员双脚站立距离不小于50 cm,系好安全带后行走	
32		3. 在烟道处行走时跨在绝缘节两侧,易造成人员触电	50	2	1	100	三级	在烟道处行走时禁止跨在绝缘节两侧	

续表

序号	主要操作步骤	存在的风险	风险等级分析					主要防控措施	备注
			后果	暴露	可能性	风险值	风险等级		
33	处理绝缘节、悬臂溜槽故障	1. 作业时，指挥人员与天车工、检修工未做好沟通，误操作，导致人员受伤	25	1	1	25	四级	作业时指定专人指挥，与天车工、检修工做好沟通	
34		2. 操作不当，造成事故	25	1	1	25	四级	使用工器具时拿稳抓牢	
35		3. 现场未进行监护，导致人员受伤	25	1	1	25	四级	现场应指定专人进行监护	
36	整理扳手、兆欧表、绝缘梯，清理作业现场	1. 未及时整理工器具，易造成人员碰伤、磕伤	25	2	0.5	25	四级	作业人员确认扳手、兆欧表、绝缘梯无遗留	
37		2. 作业现场未清理干净，易造成人员滑倒、碰伤、磕伤	25	2	0.5	25	四级	作业负责人检查作业现场	
38	送电试车	1. 送电时，未确认负荷，导致人员伤害	25	2	0.5	25	四级	送电前，确定负荷已切断，在进行送电时，作业人员戴好绝缘手套，穿好绝缘鞋	
39		2. 试车过程中检修人员站位不合理，发生人员伤害	50	2	0.5	50	四级	作业结束清点人数，确保全部安全撤离	

表 3.87 更换气垫式皮带减速机作业安全风险辨识及防控措施一览表

序号	主要操作步骤	存在的风险	风险等级分析					主要防控措施	备注
			后果	暴露	可能性	风险值	风险等级		
1	作业前检查人员状态和劳动保护用品穿戴情况	1. 作业人员有班前喝酒、睡眠不足、身体不适、精神状态不好等情况，导致作业过程中注意力不集中	25	2	0.5	25	四级	作业前，作业负责人检查作业人员是否酒后上岗，询问身体是否不适，观察精神状态是否正常，确认良好后方可作业	
2		2. 作业人员未按规定穿戴劳动保护用品（工作服、劳保鞋、安全帽、口罩），导致人员伤害	25	2	0.5	25	四级	作业前，作业负责人、互联互保人员检查作业人员工作服穿着（做到"三紧"），确保劳保鞋无破损且鞋带系好，安全帽下颚带系好，口罩与面部无缝隙	

续表

序号	主要操作步骤	存在的风险	风险等级分析					主要防控措施	备注
			后果	暴露	可能性	风险值	风险等级		
3	作业前风险评价	1. 作业前未按要求开展风险辨识，导致人员伤害	15	10	0.1	15	四级	每次作业前要进行风险辨识	
4		2. 未结合现场实际情况进行风险辨识，导致人员伤害	15	10	0.1	15	四级	风险辨识要结合现场实际，根据工作环境的变化完善辨识内容，逐一落实防控措施	
5		3. 风险辨识过程中有遗漏，导致人员伤害	15	10	0.1	15	四级	抽查作业人员掌握存在的风险和防控措施情况，对照口袋卡及作业任务中存在的风险手指口述逐项进行提示提醒	
6		4. 未明确作业负责人，未确定互联互保人员，导致人员伤害	15	10	0.1	15	四级	指定作业负责人和互联互保人员	
7		5. 未掌握作业时的风险，导致人员伤害	15	10	0.1	15	四级	每项作业前要进行风险辨识	
8		6. 不知道作业中风险的防控措施，导致人员伤害	15	10	0.1	15	四级	风险辨识要结合现场实际，根据工作环境的变化完善辨识内容，逐一落实防控措施	
9	办理工作票	1. 未办理工作票就擅自作业，造成事故	25	2	3	150	三级	危险作业按照要求逐级审批，辨识后再办理工作票	
10		2. 未经审批就擅自作业，造成事故	25	2	3	150	三级	区域管理人员按照工作票要求逐级审批，现场监护	
11		3. 未经现场确认就进行作业，造成事故	25	2	3	150	三级	一般检修作业需经签发属地确认后方可操作	
12	作业前唱票	1. 作业人员对作业环境中的风险掌握有遗漏，造成事故	25	2	0.5	25	四级	对照口袋卡及作业任务中存在的风险手指口述逐项进行提示提醒	
13		2. 作业人员不知道作业环境中的风险，造成事故	25	2	0.5	25	四级	每项作业前要进行风险辨识	
14		3. 作业人员不知道作业环境中的风险如何防控，造成事故	25	2	0.5	25	四级	结合检修内容与作业现场环境逐一落实安全措施	

续表

序号	主要操作步骤	存在的风险	风险等级分析					主要防控措施	备注
			后果	暴露	可能性	风险值	风险等级		
15	检查螺丝刀、电笔、扳手、手拉葫芦	1. 扳手有磨损,作业时发生滑脱,导致人员伤害	5	1	1	5	四级	检查扳手有无明显磨损,如有,应及时更换	
16		2. 电笔损坏造成验电结果错误,导致人员触电	5	1	1	5	四级	在带电线路上检查电笔是否完好	
17		3. 螺丝刀把手有损坏,导致人员伤害	5	1	1	5	四级	检查螺丝刀把手有无裂纹,如有裂纹,应及时更换	
18		4. 手拉葫芦链条有损坏,使用时断裂,导致重物坠落	25	2	0.5	25	四级	检查手拉葫芦链条有无损坏,如有损坏,应及时更换	
19	断电挂牌	1. 未断电挂牌,造成人员触电	50	2	1	100	三级	将警示牌悬挂牢靠,锁闭开关箱	
20		2. 断电时操作失误,造成人员触电	50	2	1	5	三级	断电后,对开关的三相电源分别进行测量并放电	
21		3. 非专业人员断电,导致人员伤害	5	1	1	5	四级	专业电工持证上岗操作	
22	拆电机线、拆卸电机及减速机	1. 检修时,如果设备未断电,易造成检修人员触电	25	1	1	25	四级	(1) 正确穿戴绝缘鞋与绝缘手套 (2) 采用双电笔验电,确认无电后由专人监护作业 (3) 对相线进行标记,对线头裸露部分进行包裹	
23		2. 由于误操作导致设备意外启动,造成人员受到机械伤害	25	1	1	25	四级	验电时采用双电笔,确认无电后由专人监护作业	
24		3. 工器具使用不当,造成设备损坏或人员伤害	5	1	1	5	四级	(1) 正确使用工器具,作业完毕后检查设备有无损坏 (2) 作业人员熟悉工器具的使用特性	
25		4. 作业过程中人员站位不当,导致人员伤害	5	1	1	5	四级	人员站位确认后,相互提醒监督	

续表

序号	主要操作步骤	存在的风险	风险等级分析					主要防控措施	备注
			后果	暴露	可能性	风险值	风险等级		
26	用吊车将电机或减速机吊运到皮带机顶部平台	1. 被吊运物品发生掉落，造成设备损坏或人员伤害	50	2	3	300	二级	（1）检查吊具有无缺陷（如吊具有无裂纹等），若有，应立即停用并更换质量可靠的吊具，同时做好吊具的消耗领用记录 （2）吊运电机时由专业起重人员指挥吊运，指挥人员与吊车司机、作业人员提前沟通吊装方案，做到各司其职 （3）被吊运物品经过区域的下方严禁站人，相互提醒监督，确保站位安全	
27		2. 指挥吊运人员无证指挥，导致事故	5	2	3	150	三级	严禁无证人员指挥作业，应由专人指挥，严禁多人指挥	
28		3. 被吊运物品超重，导致事故	50	2	3	300	二级	确认被吊运物品的重量，选用合适量程的吊索具，严禁超重吊运重物	
29	安装新电机或减速机	1. 安装过程中设备挤伤、碰伤检修人员	25	1	1	25	四级	（1）作业前确认作业环境，作业中预留安全范围，检修人员注意站位 （2）安装过程需平稳缓慢，防止设备或工器具之间的碰撞	
30		2. 安装过程中造成设备损坏	5	1	1	5	四级	安装过程需平稳缓慢，防止设备或工器具之间的碰撞	
31		3. 未到安装位置人员就提前解除设备，造成人员挤伤、碰伤	5	1	1	5	四级	安装过程中在设备上绑上牵引绳进行牵引，人员在拖拽牵引绳时须站在可靠位置	
32		4. 安全带未挂牢固处，造成人员意外高处坠落	25	1	1	25	四级	作业前确认作业环境，作业中预留安全范围，检修人员注意站位	

续表

序号	主要操作步骤	存在的风险	风险等级分析					主要防控措施	备注
			后果	暴露	可能性	风险值	风险等级		
33	试车	1. 送电时未确认负荷，导致设备损坏或人员伤害	5	1	1	5	四级	送电前，先确定负荷已切断再进行送电，作业负责人检查作业现场	
34		2. 送电试车时检修人员站位不合理，试车过程中发生人员伤害	50	2	1	50	三级	送电时，作业人员戴好绝缘手套，正确穿好绝缘鞋，站在绝缘胶皮上进行操作，人员侧身送电	
35		3. 送电试车时，未有专业人员指挥试车，造成试车过程中发生人员伤害	25	1	1	25	四级	试车时必须由专人指挥、专人操作，其他检修人员站到安全位置	
36	整理螺丝刀、电笔、扳手，清理作业现场	1. 未及时整理螺丝刀、电笔、扳手，易造成人员碰伤、磕伤	5	1	1	5	四级	作业人员确认螺丝刀、电笔、扳手无遗留，并按要求将其存放至检修班工器具箱内	
37		2. 作业现场未清理干净，易造成人员滑倒、碰伤、磕伤	5	1	1	5	四级	将现场物品摆放整齐	
38		3. 人员注意力不集中，造成其他伤害	5	1	1	5	四级	作业负责人检查作业现场	
39	属地确认	1. 检修人员未全部撤离就启动设备，造成人员伤害	5	1	1	5	四级	巡视现场，确认检修人员全部撤离	
40		2. 检修现场遗留物品，导致产生其他风险	5	1	1	5	四级	确认检修现场的工器具、配件、物料全部清理完毕	
41		3. 人员注意力不集中，造成其他伤害	5	1	1	5	四级	与操作人员沟通进行点检试验，确认故障消除	

表3.88 更换气垫式皮带机皮带作业安全风险辨识及防控措施一览表

序号	主要操作步骤	存在的风险	风险等级分析					主要防控措施	备注
			后果	暴露	可能性	风险值	风险等级		
1	作业前检查人员状态和劳动保护用品穿戴情况	1. 作业人员有班前喝酒、睡眠不足、身体不适、精神状态不好等情况，导致作业过程中注意力不集中	25	1	0.5	12.5	四级	作业前，作业负责人检查作业人员是否酒后上岗，询问身体是否不适，观察精神状态是否正常，确认良好后方可作业	
2		2. 作业人员未按规定穿戴劳动保护用品（工作服、劳保鞋、安全帽、口罩），导致人员伤害	25	1	0.5	12.5	四级	作业前，作业负责人、互联互保人员检查作业人员工作服穿着（做到"三紧"），确保劳保鞋无破损且鞋带系好，安全帽下颌带系好，口罩与面部无缝隙	
3	作业前风险评价	1. 作业前未按要求开展风险辨识，导致人员伤害	15	10	0.1	15	四级	每次作业前要进行风险辨识	
4		2. 未结合现场实际情况进行风险辨识，导致人员伤害	15	10	0.1	15	四级	风险辨识要结合现场实际，根据工作环境的变化完善辨识内容，逐一落实防控措施	
5		3. 风险辨识过程中有遗漏，导致人员伤害	15	10	0.1	15	四级	抽查作业人员掌握存在的风险和防控措施情况，对照口袋卡及作业任务中存在的风险手指口述逐项进行提示提醒	
6		4. 未明确作业负责人，未确定互联互保人员，导致人员伤害	15	10	0.1	15	四级	指定作业负责人和互联互保人员	
7		5. 未掌握作业时的风险，导致人员伤害	15	10	0.1	15	四级	每项作业前要进行风险辨识	
8		6. 不知道作业中风险的防控措施，导致人员伤害	15	10	0.1	15	四级	风险辨识要结合现场实际，根据工作环境的变化完善辨识内容，逐一落实防控措施	
9	办理工作票	1. 未办理工作票就擅自作业，造成事故	25	2	3	150	三级	危险作业按照要求逐级审批，辨识后再办理工作票	
10		2. 未经审批就擅自作业，造成事故	25	2	3	150	三级	区域管理人员按工作票要求逐级审批，现场监护	
11		3. 未经现场确认就进行作业，造成事故	25	2	3	150	三级	一般检修作业需经签发属地确认后方可操作	

续表

序号	主要操作步骤	存在的风险	后果	暴露	可能性	风险值	风险等级	主要防控措施	备注
12	作业前唱票	1. 作业人员对作业环境中的风险掌握有遗漏，造成事故	25	2	0.5	25	四级	对照口袋卡及作业任务中存在的风险手指口述逐项进行提示提醒	
13		2. 作业人员不知道作业环境中的风险，造成事故	25	2	0.5	25	四级	每项作业前要进行风险辨识	
14		3. 作业人员不知道作业环境中的风险如何防控，造成事故	25	2	0.5	25	四级	结合检修内容与作业现场环境逐一落实安全措施	
15	检查螺丝刀、电笔、扳手、手拉葫芦	1. 扳手有磨损，作业时发生滑脱，导致人员伤害	5	1	1	5	四级	检查扳手有无明显磨损，如有，应及时更换	
16		2. 电笔损坏造成验电结果错误，导致人员触电	5	1	1	5	四级	在带电线路上检查电笔是否完好	
17		3. 螺丝刀把手有损坏，导致人员伤害	5	1	1	5	四级	检查螺丝刀把手有无裂纹，如有裂纹，应及时更换	
18		4. 手拉葫芦链条有损坏，使用时断裂，导致重物坠落	5	1	1	5	四级	检查手拉葫芦链条有无损坏，如有损坏，应及时更换	
19	断电挂牌	1. 未断电挂牌，造成人员触电	50	2	1	100	三级	将警示牌悬挂牢靠，锁闭开关箱	
20		2. 断电时操作失误，造成人员触电	50	2	1	100	三级	断电后，对开关的三相电源分别进行测量并放电	
21		3. 非专业人员断电，导致人员伤害	5	1	1	5	四级	专业电工持证上岗操作	
22	拆除机尾盖板	1. 检修时设备未断电，易造成检修人员触电	50	2	3	300	二级	正确穿戴绝缘鞋及绝缘手套，验电时采用双电笔验电，确认无电后由专人监护作业	
23		2. 由于误操作导致设备意外启动，造成人员受到机械伤害	50	2	6	600	一级	验电时采用双电笔验电，确认无电后由专人监护作业	
24		3. 工器具使用不当，造成设备损坏或人员伤害	25	1	1	25	四级	正确使用工器具，作业完毕后检查设备有无损坏	
25		4. 作业过程中人员站位不当，导致人员伤害	50	2	1	5	三级	人员站位确认后，相互提醒监督	

续表

序号	主要操作步骤	存在的风险	风险等级分析					主要防控措施	备注
			后果	暴露	可能性	风险值	风险等级		
26	将新皮带与旧皮带打卡固定	1. 安装打卡过程中设备挤伤、碰伤检修人员	25	1	1	25	四级	互联互保人员现场监护，分工应做到合理，作业负责人检查作业现场	
27		2. 安装过程中造成设备损坏	25	1	1	25	四级	互联互保人员现场监护，分工应做到合理，作业负责人检查作业现场	
28		3. 未到安装位置人员就提前解除设备，造成人员挤伤、碰伤	50	2	6	600	一级	互联互保人员现场监护，分工应做到合理，作业负责人检查作业现场	
29		4. 由于误操作导致设备意外启动，造成人员受到机械伤害	50	2	6	600	一级	互联互保人员现场监护，分工应做到合理，作业负责人检查作业现场	
30	硫化皮带接头	1. 涉及切割机作业风险，同时切割时皮带过热，可能损坏皮带结构或引起着火，造成人身伤害	25	1	1	25	四级	切割作业时戴好防护眼罩	
31		2. 剥皮过程中，使用的刀片易划伤手指，刀片崩裂可能划伤面部	5	1	1	5	四级	使用刀片时佩戴有效的防护手套	
32		3. 使用旋转工器具时，戴手套作业可能出现手套被绞入，从而损伤手指，打磨出的橡胶颗粒细小、易被人员吸入，损害人员身体健康	25	1	1	25	四级	打磨皮带时要戴好防护口罩	
33	将旧皮带划开，分段取出	1. 站位不当，造成挤伤事故	25	1	1	25	四级	禁止检修人员站在皮带廊正下方	
34		2. 由于误操作导致设备意外启动，造成人员受到机械伤害	50	2	6	600	一级	现场安排专人指挥	
35		3. 拽拉皮带过程中挤伤、碰伤检修人员	5	1	1	5	四级	互联互保人员现场监护	
36		4. 割皮带过程中使用的刀片易划伤手指，刀片崩裂可能划伤面部	5	1	1	5	四级	使用刀片时佩戴有效的防护手套	

续表

序号	主要操作步骤	存在的风险	风险等级分析					主要防控措施	备注
			后果	暴露	可能性	风险值	风险等级		
37	试车	1. 送电时未确认负荷，导致设备损坏或人员伤害	5	1	1	5	四级	送电前，先确定负荷已切断再进行送电，作业负责人检查作业现场	
38		2. 送电试车时检修人员站位不合理，试车过程中发生人员伤害	25	1	1	25	四级	送电时，作业人员戴好绝缘手套，正确穿好绝缘鞋，站在绝缘胶皮上进行操作，人员侧身送电	
39		3. 送电试车时未有专业人员指挥试车，造成试车过程中发生人员伤害	25	1	1	25	四级	试车时必须由专人指挥、专人操作，其他检修人员站到安全位置	
40	整理螺丝刀、电笔、扳手，清理作业现场	1. 未及时整理螺丝刀、电笔、扳手，易造成人员碰伤、磕伤	5	1	1	5	四级	作业人员确认螺丝刀、电笔、扳手无遗留，并按要求将其存放至检修班工器具箱内	
41		2. 作业现场未清理干净，易造成人员滑倒、碰伤、磕伤	5	1	1	5	四级	将现场物品摆放整齐	
42		3. 人员注意力不集中，造成其他伤害	5	1	1	5	四级	作业负责人检查作业现场	
43	属地确认	1. 检修人员未全部撤离就启动设备，造成人员伤害	5	1	1	5	四级	巡视现场，确认检修人员全部撤离	
44		2. 检修现场遗留物品，导致产生其他风险	5	1	1	5	四级	确认检修现场的工器具、配件、物料全部清理完毕	
45		3. 人员注意力不集中，造成其他伤害	5	1	1	5	四级	与操作人员沟通进行点检试验，确认故障消除	

表 3.89 更换斗提被动轴承作业安全风险辨识及防控措施一览表

序号	主要操作步骤	存在的风险	风险等级分析					主要防控措施	备注
			后果	暴露	可能性	风险值	风险等级		
1	作业前检查人员状态和劳动保护用品穿戴情况	1. 作业人员有班前喝酒、睡眠不足、身体不适、精神状态不好等情况，导致作业过程中注意力不集中	25	1	0.5	12.5	四级	作业前，作业负责人检查作业人员是否酒后上岗，询问身体是否不适，观察精神状态是否正常，确认良好后方可作业	
2		2. 作业人员未按规定穿戴劳动保护用品（工作服、劳保鞋、安全帽、口罩），导致人员伤害	25	1	0.5	12.5	四级	作业前，作业负责人、互联互保人员检查作业人员工作服着（做到"三紧"），确保劳保鞋无破损且鞋带系好，安全帽下颌带系好，口罩与面部无缝隙	
3	作业前风险评价	1. 作业前未按要求开展风险辨识，导致人员伤害	15	10	0.1	15	四级	每次作业前要进行风险辨识	
4		2. 未结合现场实际情况进行风险辨识，导致人员伤害	15	10	0.1	15	四级	风险辨识要结合现场实际，根据工作环境的变化完善辨识内容，逐一落实防控措施	
5		3. 风险辨识过程中有遗漏，导致人员伤害	15	10	0.1	15	四级	抽查作业人员掌握存在的风险和防控措施情况，对照口袋卡及作业任务中存在的风险手指口述逐项进行提示提醒	
6		4. 未明确作业负责人，未确定互联互保人员，导致人员伤害	15	10	0.1	15	四级	指定作业负责人和互联互保人员	
7		5. 未掌握作业时的风险，导致人员伤害	15	10	0.1	15	四级	每项作业前要进行风险辨识	
8		6. 不知道作业中风险的防控措施，导致人员伤害	15	10	0.1	15	四级	风险辨识要结合现场实际，根据工作环境的变化完善辨识内容，逐一落实防控措施	
9	办理工作票	1. 未办理工作票就擅自作业，造成事故	25	2	3	150	三级	危险作业按照要求逐级审批，辨识后再办理工作票	
10		2. 未经审批就擅自作业，造成事故	25	2	3	150	三级	区域管理人员按照工作票要求逐级审批，现场监护	
11		3. 未经现场确认就进行作业，造成事故	25	2	3	150	三级	一般检修作业需经签发属地确认后方可操作	

续表

序号	主要操作步骤	存在的风险	风险等级分析					主要防控措施	备注
			后果	暴露	可能性	风险值	风险等级		
12	作业前唱票	1. 作业人员对作业环境中的风险掌握有遗漏，造成事故	25	2	0.5	25	四级	对照口袋卡及作业任务中存在的风险手指口述逐项进行提示提醒	
13		2. 作业人员不知道作业环境中的风险，造成事故	25	2	0.5	25	四级	每项作业前要进行风险辨识	
14		3. 作业人员不知道作业环境中的风险如何防控，造成事故	25	2	0.5	25	四级	结合检修内容与作业现场环境逐一落实安全措施	
15	检查螺丝刀、电笔、扳手	1. 扳手有磨损，作业时发生滑脱，导致人员伤害	5	1	1	5	四级	检查扳手有无明显磨损，如有，应及时更换	
16		2. 电笔损坏造成验电结果错误，导致人员触电	25	2	0.5	25	四级	在带电线路上检查电笔是否完好	
17		3. 螺丝刀把手有损坏，导致人员伤害	5	1	1	5	四级	检查螺丝刀把手有无裂纹，如有，应及时更换	
18	断电挂牌	1. 未断电挂牌，造成人员触电	50	2	1	100	三级	警示牌悬挂牢靠，锁闭开关箱	
19		2. 断电时操作失误，造成人员触电	50	2	1	100	三级	断电后，对开关的三相电源分别进行测量并放电	
20		3. 非专业人员断电，导致人员伤害	5	1	1	5	四级	专业电工持证上岗操作	
21	验电	1. 验电前未检查电笔好坏，造成人员触电	50	2	1	100	三级	验电前检查电笔好坏	
22		2. 使用万用表验电前未确认万用表是否正常，易造成人员触电	25	1	1	25	四级	验电前检查万用表是否正常	
23		3. 非专业人员操作，易造成人员触电	25	1	1	25	四级	专业电工持证上岗操作	
24	拆开端盖	1. 操作不当或工器具存在问题，造成人员手部受到伤害	5	1	1	5	四级	使用合适长度工器具进行拆卸，使用手臂发力，禁止使用身体发力	
25		2. 人员注意力不集中，造成高处坠落	25	1	1	25	四级	挂好安全带，现场安排专人监护	
26		3. 站位不当，造成其他伤害	25	1	1	25	四级	正确站位，互联互保人员相互监督提醒	

续表

序号	主要操作步骤	存在的风险	风险等级分析					主要防控措施	备注
			后果	暴露	可能性	风险值	风险等级		
27	拆卸、切割损坏的轴承	1. 操作不当,造成人员受到物体打击	5	1	1	5	四级	使用工器具时拿稳抓牢	
28		2. 人员注意力不集中,造成高处坠落	25	1	1	25	四级	工作时系好安全带	
29		3. 站位不当,造成其他伤害	5	1	1	5	四级	正确站位,互联互保人员相互监督提醒	
30	安装新轴承	1. 操作不当,造成人员受到物体打击	5	1	1	5	四级	工作服穿着做到"三紧",确保劳保鞋无破损且鞋带系好,安全帽下颏带系好,口罩与面部无缝隙	
31		2. 人员注意力不集中,造成高处坠落	5	1	1	5	四级	工作时系好安全带,安排专人监护	
32		3. 站位不当,造成其他伤害	5	1	1	5	四级	正确站位,互联互保人员相互监督提醒	
33	调试皮带	1. 操作不当或工器具存在问题,造成人员手部受伤	5	1	1	5	四级	使用专用扳手调整张紧丝杆,使用手臂发力,禁止使用身体发力	
34		2. 人员注意力不集中,造成高处坠落	25	1	1	25	四级	作业时系好安全带,安排专人监护	
35		3. 站位不当,造成其他伤害	5	1	1	5	四级	正确站位,互联互保人员相互监督提醒	
36	整理螺丝刀、电笔、扳手,清理作业现场	1. 未及时整理螺丝刀、电笔、扳手,易造成人员碰伤、磕伤	25	1	1	25	四级	确认螺丝刀、电笔、扳手无遗漏,并按要求将其存放至检修班工器具箱内,将现场物品摆放整齐	
37		2. 作业现场未清理干净,易造成人员滑倒碰伤、磕伤	25	1	1	25	四级	作业负责人检查作业现场	
38		3. 站位不当,造成其他伤害	25	1	1	25	四级	工作时系好安全带,悬挂好安全绳	
39	属地确认	1. 检修人员未全部撤离就启动设备,造成伤害	5	1	1	5	四级	巡视现场,确认检修人员全部撤离	
40		2. 检修现场遗留物品,导致产生其他风险	5	1	1	5	四级	确认检修现场的工器具、配件、物料全部清理完毕	
41		3. 站位不当,造成其他伤害	5	1	1	5	四级	正确站位,互联互保人员现场监护	

表 3.90　更换斗提料斗螺栓作业安全风险辨识及防控措施一览表

序号	主要操作步骤	存在的风险	风险等级分析					主要防控措施	备注
			后果	暴露	可能性	风险值	风险等级		
1	作业前检查人员状态和劳动保护用品穿戴情况	1. 作业人员有班前喝酒、睡眠不足、身体不适、精神状态不好等情况，导致作业过程中注意力不集中	25	1	0.5	12.5	四级	作业前，作业负责人检查作业人员是否酒后上岗，询问身体是否不适，观察精神状态是否正常，确认良好后方可作业	
2		2. 作业人员未按规定穿戴劳动保护用品（工作服、劳保鞋、安全帽、口罩），导致人员伤害	25	1	0.5	12.5	四级	作业前，作业负责人、互联互保人员检查作业人员工作服着（做到"三紧"），确保劳保鞋无破损且鞋带系好，安全帽下颌带系好，口罩与面部无缝隙	
3		1. 作业前未按要求开展风险辨识，导致人员伤害	15	10	0.1	15	四级	每次作业前要进行风险辨识	
4		2. 未结合现场实际情况进行风险辨识，导致人员伤害	15	10	0.1	15	四级	风险辨识要结合现场实际，根据工作环境的变化完善辨识内容，逐一落实防控措施	
5	作业前风险评价	3. 风险辨识过程中有遗漏，导致人员伤害	15	10	0.1	15	四级	抽查作业人员掌握存在的风险和防控措施情况，对照口袋卡及作业任务中存在的风险手指口述逐项进行提示提醒	
6		4. 未明确作业负责人，未确定互联互保人员，导致人员伤害	15	10	0.1	15	四级	指定作业负责人和互联互保人员	
7		5. 未掌握作业时的风险，导致人员伤害	15	10	0.1	15	四级	每项作业前要进行风险辨识	
8		6. 不知道作业中风险的防控措施，导致人员伤害	15	10	0.1	15	四级	风险辨识要结合现场实际，根据工作环境的变化完善辨识内容，逐一落实防控措施	
9		1. 未办理工作票就擅自作业，造成事故	25	2	3	150	三级	危险作业按照要求逐级审批，辨识后再办理工作票	
10	办理工作票	2. 未经审批就擅自作业，造成事故	25	2	3	150	三级	区域管理人员按照工作票要求逐级审批，现场监护	
11		3. 未经现场确认就进行作业，造成事故	25	2	3	150	三级	一般检修作业需经签发属地确认后方可操作	

续表

序号	主要操作步骤	存在的风险	风险等级分析					主要防控措施	备注
			后果	暴露	可能性	风险值	风险等级		
12	作业前唱票	1. 作业人员对作业环境中的风险掌握有遗漏,造成事故	25	2	0.5	25	四级	对照口袋卡及作业任务中存在的风险手指口述逐项进行提示提醒	
13		2. 作业人员不知道作业环境中的风险,造成事故	25	2	0.5	25	四级	每项作业前要进行风险辨识	
14		3. 作业人员不知道作业环境中的风险如何防控,造成事故	25	2	0.5	25	四级	结合检修内容与作业现场环境逐一落实安全措施	
15	检查螺丝刀、电笔、扳手	1. 扳手有磨损,作业时发生滑脱,导致人员伤害	5	1	1	5	四级	检查扳手有无明显磨损,如有,应及时更换	
16		2. 电笔损坏造成验电结果错误,导致人员触电	25	2	0.5	25	四级	在带电线路上检查电笔是否完好	
17		3. 螺丝刀把手有损坏,导致人员伤害	5	1	1	5	四级	检查螺丝刀把手有无裂纹,如有,应及时更换	
18	打开检修口	1. 操作不当,造成设备误动作	5	1	1	5	四级	作业前检查检修口处联锁限位是否有效、动作是否正常,确保打开检修口后主传动无法启动	
19		2. 人员注意力不集中,造成其他伤害	5	1	1	5	四级	互联互保人员相互监督提醒	
20		3. 劳动保护用品佩戴不齐全,造成其他伤害	5	2	3	30	四级	工作服穿着做到"三紧",确保劳保鞋无破损且鞋带系好,安全帽下颏带系好,口罩与面部无缝隙	
21	合上辅助传动电源	1. 误操作,造成人员触电	5	1	1	5	四级	按照规程操作,互联互保人员相互监督提醒	
22		2. 没有绝缘防护,造成人员触电	25	2	0.5	25	四级	人员操作时站在绝缘胶皮上	
23		3. 人员注意力不集中,造成其他伤害	5	1	1	5	四级	互联互保人员相互监督提醒	
24	启动辅助传动电机,检查螺栓	1. 人员配合不当,造成挤伤事故	25	1	1	25	四级	互联互保人员现场监护,分工应做到合理,作业负责人现场检查	
25		2. 人员注意力不集中,造成人员受到机械伤害	25	1	1	25	四级	作业时,人员与机械的运转部位保持1 m以上的安全距离,互联互保人员相互监督提醒	
26		3. 操作不当,造成其他伤害	25	1	1	25	四级	按照规程操作,互联互保人员相互监督提醒	

续表

序号	主要操作步骤	存在的风险	风险等级分析					主要防控措施	备注
			后果	暴露	可能性	风险值	风险等级		
27	断电挂牌	1. 未断电挂牌，造成人员触电	50	2	1	100	三级	将警示牌悬挂牢靠，锁闭开关箱	
28		2. 断电时操作失误，造成人员触电	50	2	1	100	三级	断电后，对开关的三相电源分别进行测量并放电	
29		3. 非专业人员断电，导致人员伤害	5	1	1	5	四级	专业电工持证上岗操作	
30	验电	1. 验电前未检查电笔好坏，造成人员触电	50	2	1	100	三级	验电前检查电笔好坏	
31		2. 使用万用表验电前未确认万用表是否正常，易造成人员触电	25	1	1	25	四级	验电前检查万用表是否正常	
32		3. 非专业人员操作，易造成人员触电	25	1	1	25	四级	专业电工持证上岗操作	
33	拆装螺栓	1. 操作失误，导致手部划伤	5	1	3	15	四级	戴好防护手套	
34		2. 人员注意力不集中，造成高处坠落	25	1	1	25	四级	作业时系好安全带，互联互保人员相互提醒监督	
35		3. 操作不当，造成其他伤害	25	1	1	25	四级	互联互保人员相互提醒监督	
36	关闭检修口	1. 操作不当，造成设备无法启动	5	1	1	5	四级	按规程操作，作业负责人现场检查确认后无误执行下一步操作	
37		2. 人员注意力不集中，造成高处坠落	5	1	1	5	四级	作业前检查检修口限位是否恢复，确认隔离护栏已上锁	
38		3. 操作不当，造成其他伤害	25	1	1	25	四级	互联互保人员相互提醒监督	
39	整理螺丝刀、电笔、扳手，清理作业现场	1. 未及时整理螺丝刀、电笔、扳手，易造成人员碰伤、磕伤	25	1	1	25	四级	确认螺丝刀、电笔、扳手无遗留，并按要求将其存放至检修班工器具箱内，将现场物品摆放整齐	
40		2. 作业现场未清理干净，易造成人员滑倒碰伤、磕伤	25	1	1	25	四级	作业负责人检查作业现场	
41		3. 操作不当，造成其他伤害	25	1	1	25	四级	正确操作	

续表

序号	主要操作步骤	存在的风险	风险等级分析					主要防控措施	备注
			后果	暴露	可能性	风险值	风险等级		
42	属地确认	1. 检修人员未全部撤离就启动设备,造成伤害	5	1	1	5	四级	巡视现场,确认检修人员全部撤离	
43		2. 检修现场遗留物品,导致产生其他风险	5	1	1	5	四级	确认检修现场的工器具、配件、物料全部清理完毕	
44		3. 操作不当,造成其他伤害	5	1	1	5	四级	互联互保人员现场监护	

表 3.91 更换斗提电机减速机作业安全风险辨识及防控措施一览表

序号	主要操作步骤	存在的风险	风险等级分析					主要防控措施	备注
			后果	暴露	可能性	风险值	风险等级		
1	作业前检查人员状态和劳动保护用品穿戴情况	1. 作业人员有班前喝酒、睡眠不足、身体不适、精神状态不好等情况,导致作业过程中注意力不集中	25	1	0.5	12.5	四级	作业前,作业负责人检查作业人员是否酒后上岗,询问身体是否不适,观察精神状态是否正常,确认良好后方可作业	
2		2. 作业人员未按规定穿戴劳动保护用品(工作服、劳保鞋、安全帽、口罩),导致人员伤害	25	1	0.5	12.5	四级	作业前,作业负责人、互联互保人员检查作业人员工作服穿着(做到"三紧"),确保劳保鞋无破损且鞋带系好,安全帽下颏带系好,口罩与面部无缝隙	
3	作业前风险评价	1. 作业前未按要求开展风险辨识,导致人员伤害	15	10	0.1	15	四级	每次作业前要进行风险辨识	
4		2. 未结合现场实际情况进行风险辨识,导致人员伤害	15	10	0.1	15	四级	风险辨识要结合现场实际,根据工作环境的变化完善辨识内容,逐一落实防控措施	
5		3. 风险辨识过程中有遗漏,导致人员伤害	15	10	0.1	15	四级	抽查作业人员掌握存在的风险和防控措施情况,对照口袋卡及作业任务中存在的风险手指口述逐项进行提示提醒	
6		4. 未明确作业负责人,未确定互联互保人员,导致人员伤害	15	10	0.1	15	四级	指定作业负责人和互联互保人员	

续表

序号	主要操作步骤	存在的风险	风险等级分析					主要防控措施	备注
			后果	暴露	可能性	风险值	风险等级		
7	作业前风险评价	5. 未掌握作业时的风险，导致人员伤害	15	10	0.1	15	四级	每项作业前要进行风险辨识	
8		6. 不知道作业中风险的防控措施，导致人员伤害	15	10	0.1	15	四级	风险辨识要结合现场实际，根据工作环境的变化完善辨识内容，逐一落实防控措施	
9	办理工作票	1. 未办工作票就擅自作业，造成事故	25	2	3	150	三级	危险作业按照要求逐级审批，辨识后再办理工作票	
10		2. 未经审批就擅自作业，造成事故	25	2	3	150	三级	区域管理人员按照工作票要求逐级审批，现场监护	
11		3. 未经现场确认就进行作业，造成事故	25	2	3	150	三级	一般检修作业需经签发属地确认后方可操作	
12	作业前唱票	1. 作业人员对作业环境中的风险掌握有遗漏，造成事故	25	2	0.5	25	四级	对照口袋卡及作业任务中存在的风险手指口述逐项进行提示提醒	
13		2. 作业人员不知道作业环境中的风险，造成事故	25	2	0.5	25	四级	每项作业前要进行风险辨识	
14		3. 作业人员不知道作业环境中的风险如何防控，造成事故	25	2	0.5	25	四级	结合检修内容与作业现场环境逐一落实安全措施	
15	检查螺丝刀、电笔、扳手，	1. 扳手有磨损，作业时发生滑脱，导致人员伤害	5	1	1	5	四级	检查扳手有无明显磨损，如有，应及时更换	
16		2. 电笔损坏造成验电结果错误，导致人员触电	25	2	0.5	25	四级	在带电线路上检查电笔是否完好	
17		3. 螺丝刀把手有损坏，导致人员伤害	5	1	1	5	四级	检查螺丝刀把手有无裂纹，如有，应及时更换	
18	断电挂牌	1. 未断电挂牌，造成人员触电	50	2	1	100	三级	将警示牌悬挂牢靠，锁闭开关箱	
19		2. 断电时操作失误，造成人员触电	50	2	1	100	三级	断电后，对开关的三相电源分别进行测量并放电	
20		3. 非专业人员断电，导致人员伤害	5	1	1	5	四级	专业电工持证上岗操作	
21	验电	1. 验电前未检查电笔好坏，造成人员触电	50	2	1	100	三级	验电前检查电笔好坏	

续表

序号	主要操作步骤	存在的风险	风险等级分析					主要防控措施	备注
			后果	暴露	可能性	风险值	风险等级		
22	验电	2. 使用万用表验电前未确认万用表是否正常，易造成人员触电	25	1	1	25	四级	验电前检查万用表是否正常	
23		3. 非专业人员操作，易造成人员触电	25	1	1	25	四级	专业电工持证上岗操作	
24	拆电机线、拆卸电机及减速机	1. 电动工器具存在缺陷时可造成触电事故，其他工器具存在缺陷时可造成人身伤害	25	1	1	25	四级	作业前作业人员检查电动工器具的绝缘情况，确认其他工器具情况	
25		2. 人员注意力不集中，造成高处坠落	5	1	1	5	四级	互联互保人员相互监督提醒，作业时系好安全带	
26		3. 操作不当，造成其他伤害	5	1	1	5	四级	作业负责人确认每一步正确后方可进行下一步操作	
27	拆卸联轴器	1. 人员配合不当或未按照操作规程进行操作，造成人身伤害	25	1	1	25	四级	互联互保人员现场监护，分工应做到合理，作业负责人检查作业现场	
28		2. 人员注意力不集中，造成高处坠落	5	1	1	5	四级	互联互保相互监督提醒，作业时系好安全带	
29		3. 操作不当，造成其他伤害	5	1	1	5	四级	作业负责人确认每一步正确后方可进行下一步操作	
30	用手拉葫芦将电机或减速机吊运到斗提顶部平台	1. 掉落的被吊运物品既可能砸坏设备设施，也可能造成人身伤害	25	1	1	25	四级	检查确认手拉葫芦各项保护是否有效、钢丝绳是否完好，吊运前先进行试吊，确定安全后再进行吊运	
31		2. 人员注意力不集中，造成高处坠落	5	1	1	5	四级	互联互保人员相互监督提醒，作业时系好安全带	
32		3. 操作不当，造成其他伤害	5	1	1	5	四级	作业负责人确认每一步正确后方可进行下一步操作	
33	用手拉葫芦将电机或减速机放到地面	1. 掉落的被吊运物品既可能砸坏设备设施，也可能造成人身伤害	25	1	1	25	四级	检查确认手拉葫芦各项保护是否有效、钢丝绳是否完好，吊运前先进行试吊，确定安全后再进行吊运	
34		2. 人员注意力不集中，造成高处坠落	5	1	1	5	四级	互联互保人员相互监督提醒，作业时系好安全带	
35		3. 操作不当，造成其他伤害	5	1	1	5	四级	作业负责人确认每一步正确后方可进行下一步操作	

续表

序号	主要操作步骤	存在的风险	风险等级分析					主要防控措施	备注
			后果	暴露	可能性	风险值	风险等级		
36	安装新电机或减速机	1. 操作不当,造成砸伤事故	25	1	1	25	四级	两人作业,现场指定专人进行安全监护	
37		2. 人员注意力不集中,造成高处坠落	5	1	1	5	四级	互联互保人员相互监督提醒,作业时系好安全带	
38		3. 操作不当,造成其他伤害	5	1	1	5	四级	作业负责人确认每一步正确后方可进行下一步操作	
39	试车	1. 操作不当造成触电事故,设备运转时人员身体卷入,导致人员受伤	50	2	1	5	三级	试车时上下人员做好沟通,避免人员误入斗提底部	
40		2. 人员注意力不集中,造成高处坠落	5	1	1	5	四级	互联互保人员相互监督提醒,作业时系好安全带	
41		3. 操作不当,造成其他伤害	5	1	1	5	四级	作业负责人确认每一步正确后方可进行下一步操作	
42	整理螺丝刀、电笔、扳手,清理作业现场	1. 未及时整理螺丝刀、电笔、扳手,易造成人员碰伤、磕伤	5	1	1	5	四级	作业人员确认螺丝刀、电笔、扳手无遗留,并按要求将其存放至检修班工器具箱内,将现场物品摆放整齐	
43		2. 作业现场未清理干净,易造成人员滑倒、碰伤、磕伤	5	1	1	5	四级	作业负责人检查作业现场	
44		3. 操作不当,造成其他伤害	5	1	1	5	四级	作业负责人确认每一步正确后方可进行下一步操作	
45	属地确认	1. 检修人员未全部撤离就启动设备,造成伤害	5	1	1	5	四级	巡视现场,确认检修人员全部撤离	
46		2. 检修现场遗留物品,导致产生其他风险	5	1	1	5	四级	确认检修现场的工器具、配件、物料全部清理完毕	
47		3. 人员注意力不集中,造成高处坠落	5	1	1	5	四级	互联互保人员现场监护	

表 3.92 检修翻车机作业安全风险辨识及防控措施一览表

序号	主要操作步骤	存在的风险	风险等级分析					主要防控措施	备注
			后果	暴露	可能性	风险值	风险等级		
1	作业前检查人员状态和劳动保护用品穿戴情况	1. 作业人员有班前喝酒、睡眠不足、身体不适、精神状态不好等情况,导致作业过程中注意力不集中	25	1	0.5	12.5	四级	作业前,作业负责人检查作业人员是否酒后上岗,询问身体是否不适,观察精神状态是否正常,确认良好后方可作业	
2		2. 作业人员未按规定穿戴劳动保护用品(工作服、劳保鞋、安全帽、口罩),导致人员伤害	25	1	0.5	12.5	四级	作业前,作业负责人、互联互保人员检查作业人员工作服穿着(做到"三紧"),确认劳保鞋无破损且鞋带系好,安全帽下颌带系好,口罩与面部无缝隙	
3	作业前风险评价	1. 作业前未按要求开展风险辨识,导致人员伤害	15	10	0.1	15	四级	每次作业前要进行风险辨识	
4		2. 未结合现场实际情况进行风险辨识,导致人员伤害	15	10	0.1	15	四级	风险辨识要结合现场实际,根据工作环境的变化完善辨识内容,逐一落实防控措施	
5		3. 风险辨识过程中有遗漏,导致人员伤害	15	10	0.1	15	四级	抽查作业人员掌握存在的风险和防控措施情况,对照口袋卡及作业任务中存在的风险手指口述逐项进行提示提醒	
6		4. 未明确作业负责人,未确定互联互保人员,导致人员伤害	15	10	0.1	15	四级	指定作业负责人和互联互保人员	
7		5. 未掌握作业时的风险,导致人员伤害	15	10	0.1	15	四级	每项作业前要进行风险辨识	
8		6. 不知道作业中风险的防控措施,导致人员伤害	15	10	0.1	15	四级	风险辨识要结合现场实际,根据工作环境的变化完善辨识内容,逐一落实防控措施	
9	办理工作票	1. 未办理工作票就擅自作业,造成事故	25	2	3	150	三级	危险作业按照要求逐级审批,辨识后再办理工作票	
10		2. 未经审批就擅自作业,造成事故	25	2	3	150	三级	区域管理人员按照工作票要求逐级审批,现场监护	
11		3. 未经现场确认就进行作业,造成事故	25	2	3	150	三级	一般检修作业需经签发属地确认后方可操作	
12	作业前唱票	1. 作业人员对作业环境中的风险掌握有遗漏,造成事故	25	2	0.5	25	四级	对照口袋卡及作业任务中存在的风险手指口述逐项进行提示提醒	
13		2. 作业人员不知道作业环境中的风险,造成事故	25	2	0.5	25	四级	每项作业前要进行风险辨识	
14		3. 作业人员不知道作业环境中的风险如何防控,造成事故	25	2	0.5	25	四级	结合检修内容与作业现场环境逐一落实安全措施	

续表

序号	主要操作步骤	存在的风险	风险等级分析					主要防控措施	备注
			后果	暴露	可能性	风险值	风险等级		
15	检查螺丝刀、电笔、扳手、手拉葫芦	1. 扳手有磨损，作业时出现滑脱，导致人员受伤	5	1	1	5	四级	检查扳手有无明显磨损，如有，应及时更换	
16		2. 电笔损坏造成验电结果错误，导致人员触电	5	1	1	5	四级	在带电线路上检查电笔是否完好	
17		3. 螺丝刀把手有损坏，导致人员伤害	5	1	1	5	四级	检查螺丝刀把手有无裂纹，如有裂纹，应及时更换	
18		4. 手拉葫芦链条有损坏，使用时断裂，导致重物坠落	5	1	1	5	四级	检查手拉葫芦链条有无损坏，如有损坏，应及时更换	
19	断电挂牌	1. 未断电挂牌，造成人员触电	50	2	1	100	三级	警示牌悬挂牢靠，锁闭开关箱	
20		2. 断电时操作失误，造成人员触电	50	2	1	100	三级	断电后，对开关的三相电源分别进行测量并放电	
21		3. 非专业人员断电，导致人员伤害	5	1	1	5	四级	专业电工持证上岗操作	
22	泄压	1. 设备未泄压，拆除时发生油管或液压装置喷油，导致人员伤害	25	2	0.5	25	四级	确认停机同时对压力显示装置进行检查，确认无压后方可进行工作	
23		2. 未使用手动泄压装置泄压，作业时，液压、气动站装置失效，油路或气管伤人	25	2	0.5	25	四级	液压缸或气缸或电磁阀作业要在确认泄压后方可进行	
24	更换油缸或气缸	1. 拆除中小型物件时，物件表面有油渍导致滑落	50	2	0.5	50	四级	拆除物件时作业人员站在安全位置，戴手套进行搬运	
25		2. 使用吊具吊运更换时用手对位，存在挤伤作业人员的风险	50	2	0.5	50	四级	吊运更换时，严禁用手垫或者用手代替工器具作业	
26		3. 作业区域油污大，导致人员滑倒	50	2	0.5	50	四级	及时清理油污大的区域	
27		4. 作业环境狭小，存在磕碰人员的风险	50	2	0.5	50	四级	穿戴好劳动保护用品，防止人员磕碰	
28		5. 拆卸、安装紧固件时出现滑脱，导致人员伤害	50	2	0.5	50	四级	使用工器具拆装紧固件或链接件，当工件脱离设备或回装时，要把工器具表面的油污擦掉	

续表

序号	主要操作步骤	存在的风险	风险等级分析					主要防控措施	备注
			后果	暴露	可能性	风险值	风险等级		
29	更换油缸或气缸	6. 电气焊作业时，现场易着火	50	2	0.5	50	四级	电气焊作业时，要配备灭火器，同时要用隔火装置做防护，防止着火	
30	管路维护或更换，阀组更换清洗	1. 液压油管更换时，电气焊引燃管路	25	2	0.5	25	四级	作业前把管路内的油放到接油装置内，并远离明火源	
31		2. 场地有油污，易发生火灾	25	2	0.5	25	四级	及时清理现场油污并配备灭火器	
32		3. 阀件清洗时油污污染环境，狭小空间易发生磕碰	25	2	0.5	25	四级	（1）清洗阀件时，使用专用的清理容器盛放清洗液 （2）空间狭小条件下安装时，防止脚下侧滑和肢体磕碰	
33	液压站更换油	1. 使用抽油机更换油，管路存在漏油，污染环境	50	2	0.5	50	四级	检查加油机各处连接是否安全可靠、管路是否完好	
34		2. 清理液压缸内部时，空间狭小导致肢体磕碰，同时有发生窒息的风险	50	2	0.5	50	四级	狭小空间作业时穿戴好劳动保护用品，使用气体检测装置进行检测，同时设专人监护	
35		3. 补油时使用油桶或加油机，油管摆动造成油品洒落或油桶掉落，污染环境	50	2	0.5	50	四级	补油时使用加油机，加油作业人员抓扶好油管，使用油桶加油，扶好油桶，防止掉落	
36	试车	1. 送电时未确认负荷，导致设备损坏或人员伤害	5	1	1	5	四级	送电前，先确定负荷已切断再进行送电，作业负责人检查作业现场	
37		2. 送电试车时检修人员站位不合理，试车过程中发生人员伤害	25	1	1	25	四级	人员侧身送电	
38		3. 送电试车时未有专业人员指挥试车，造成试车过程中发生人员伤害	25	1	1	25	四级	试车时必须设专人指挥、专人操作，其他检修人员站到安全位置	

续表

序号	主要操作步骤	存在的风险	风险等级分析					主要防控措施	备注
			后果	暴露	可能性	风险值	风险等级		
39	整理螺丝刀、电笔、扳手，清理作业现场	1. 未及时整理螺丝刀、电笔、扳手，易造成人员碰伤、磕伤	5	1	1	5	四级	（1）作业人员确认螺丝刀、电笔、扳手无遗留，且按要求将其存放至检修班工器具箱内 （2）将现场物品摆放整齐	
40		2. 作业现场未清理干净，易造成人员滑倒、碰伤、磕伤	5	1	1	5	四级	作业负责人检查作业现场	
41		3. 人员注意力不集中，造成其他伤害	5	1	1	5	四级	作业负责人检查作业现场	
42	属地确认	1. 检修人员未全部撤离就启动设备，造成伤害	5	1	1	5	四级	（1）巡视现场，确认检修人员全部撤离 （2）上述要求确认无误后方可签字验收	
43		2. 检修现场遗留物品，导致产生其他风险	5	1	1	5	四级	确认检修现场的工器具、配件、物料全部清理完毕	
44		3. 人员注意力不集中，造成其他伤害	5	1	1	5	四级	与操作人员沟通进行点检试验，确认故障消除	

3.4 烟气净化

烟气净化岗位作业按照生产运行和设备检修两部分进行风险辨识，重点针对具体作业活动的每个操作步骤找出存在的风险，分析风险等级并制定防范措施。

3.4.1 生产运行岗位主要的作业活动/工作流程

经辨识，生产运行主要的作业活动有7项，其岗位作业存在296项风险，其中辨识出一级风险0项、二级风险2项、三级风险8项、四级风险286项。主要的作业活动/工作流程为：

①脱硫系统放料；②点检设备；③启动或停止引风机；④清理疏通除尘器反应器；⑤处理电解槽槽上部溜槽漏料及漏风；⑥处理载氟仓下料口堵塞；⑦启动或停止气力提升机。

3.4.2 生产运行岗位安全风险辨识及防控措施

生产运行岗位安全风险辨识及防控措施见表 3.93 至表 3.99。

表 3.93 脱硫系统放料作业安全风险辨识及防控措施一览表

序号	主要操作步骤	存在的风险	风险等级分析					主要防控措施	备注
			后果	暴露	可能性	风险值	风险等级		
1	作业前检查人员状态和劳动保护用品穿戴情况	1. 作业人员有班前喝酒、睡眠不足、身体不适、精神状态不好等情况，导致作业过程中注意力不集中	25	2	0.5	25	四级	作业前，作业负责人检查作业人员是否酒后上岗，询问身体是否不适，观察精神状态是否正常，确认良好后方可作业	
2		2. 作业人员未按规定穿戴劳动保护用品（工作服、劳保鞋、安全帽、口罩），导致人员伤害	25	2	0.5	25	四级	作业前，作业负责人、互联互保人员检查作业人员工作服穿着（做到"三紧"），确保劳保鞋不破损且鞋带系好，安全帽下颌带系好，口罩与面部无缝隙	
3	作业前风险评价	1. 作业前未按要求开展风险辨识，导致人员伤害	15	10	0.1	15	四级	每次作业前要进行风险辨识	
4		2. 未结合现场实际情况进行风险辨识，导致人员伤害	15	10	0.1	15	四级	风险辨识要结合现场实际，根据工作环境的变化完善辨识内容，逐一落实防控措施	
5		3. 风险辨识过程中有遗漏，导致人员伤害	15	10	0.1	15	四级	抽查作业人员掌握存在的风险和防控措施情况，对照口袋卡及作业任务中存在的风险手指口述逐项进行提示提醒	
6		4. 未明确作业负责人，未确定互联互保人员，导致人员伤害	15	10	0.1	15	四级	指定作业负责人和互联互保人员	
7		5. 未掌握作业时的风险，导致人员伤害	15	10	0.1	15	四级	每项作业前要进行风险辨识	
8		6. 不知道作业中风险的防控措施，导致人员伤害	15	10	0.1	15	四级	风险辨识要结合现场实际，根据工作环境的变化完善辨识内容，逐一落实防控措施	
9	检查作业周边及高处环境	1. 周围环境中有杂物，导致人员伤害	1	6	3	18	四级	作业前认真检查作业现场环境，及时清理可能导致人员磕碰、绊倒的杂物	
10		2. 物理防护存在缺陷，导致高处坠落	1	6	3	18	四级	保证物理防护到位后再进行作业	
11		3. 地面有积水或积雪，导致人员摔倒	1	6	3	18	四级	作业前清除地面的积水或积雪	

续表

序号	主要操作步骤	存在的风险	风险等级分析					主要防控措施	备注
			后果	暴露	可能性	风险值	风险等级		
12	指挥、检查接料车停到位	1. 指挥人员站在车辆侧后方进行指挥，造成事故	1	6	3	18	四级	人员与车辆之间保持 2 m 以上的安全距离，且始终处于司机的视线范围内	
13		2. 指挥人员指挥倒车方式错误，造成事故	1	6	3	18	四级	确保指挥手势清晰、正确	
14		3. 倒车区域有人员或其他物品，造成事故	1	6	3	18	四级	倒车前先确认车辆行驶后方无人员或其他物品，然后再开始指挥倒车	
15	上下楼梯进行现场作业	1. 上下楼梯时未做到扶好扶手，导致人员摔倒	25	2	0.5	25	四级	作业前先认真检查爬梯及护栏情况，确认无缺陷后方可进行作业	
16		2. 台阶存在缺陷，导致其他伤害	25	2	0.5	25	四级	上下台阶时必须扶好扶手	
17		3. 跨台阶上下楼梯，导致人员坠落	25	2	0.5	25	四级	上下台阶时严禁跨台阶行为	
18	检查放料设备	1. 放料设备内有积料，导致电机或减速机启动卡阻	25	2	0.5	25	四级	（1）放料前先空载试车，运行正常后再投入使用 （2）发现问题停止操作，及时通知检修人员处理	
19		2. 未注意脚下，导致人员摔倒	1	6	3	18	四级	注意周围环境，及时清理杂物	
20		3. 未与运转设备保持安全距离，导致人员受到机械伤害	1	6	3	18	四级	与设备保持安全距离	
21	确认水路是否畅通	1. 泄漏后导致环境污染及人员患职业病	1	6	1	6	四级	（1）作业前应进行水路确认，若水路不畅通，及时进行处理 （2）保证具备正常操作的水流量	
22		2. 未注意脚下，导致人员摔倒	1	6	3	18	四级	注意周围环境，及时清理杂物	
23		3. 未与运转设备保持安全距离，导致人员触电	1	6	3	18	四级	与设备保持安全距离	

续表

序号	主要操作步骤	存在的风险	风险等级分析					主要防控措施	备注
			后果	暴露	可能性	风险值	风险等级		
24	操作箱控制启动卸料	1. 未站在完好的绝缘胶皮上操作，导致人员触电	25	6	1	150	三级	（1）工作服穿着做到"三紧"，确保劳保鞋无破损且鞋带系好，安全帽下颏带系好 （2）确认操作柜下方的绝缘胶皮完整 （3）人员操作时站在绝缘胶皮上	
25		2. 误操作，导致误启动其他设备	25	2	0.5	25	四级	确认执行按钮正确后再进行操作	
26		3. 未注意脚下，导致人员摔倒	1	6	3	18	四级	移动时注意脚下，防止摔倒	
27	清理作业现场	1. 未及时清理现场物品，导致人员摔倒、碰伤、磕伤	1	6	1	6	四级	（1）作业人员确认物品无遗留 （2）将现场物品摆放整齐	
28		2. 清理现场时操作不当，导致其他伤害	5	2	0.5	5	四级	作业负责人检查作业现场	

表3.94 点检设备作业安全风险辨识及防控措施一览表

序号	主要操作步骤	存在的风险	风险等级分析					主要防控措施	备注
			后果	暴露	可能性	风险值	风险等级		
1	作业前检查人员状态和劳动保护用品穿戴情况	1. 作业人员有班前喝酒、睡眠不足、身体不适、精神状态不好等情况，导致作业过程中注意力不集中	25	2	0.5	25	四级	作业前，作业负责人检查作业人员是否酒后上岗，询问身体是否不适，观察精神状态是否正常，确认良好后方可作业	
2		2. 作业人员未按规定穿戴劳动保护用品（工作服、劳保鞋、安全帽、口罩），导致人员伤害	25	2	0.5	25	四级	作业前，作业负责人、互联互保人员检查作业人员工作服穿着（做到"三紧"），确保劳保鞋无破损且鞋带系好，安全帽下颏带系好，口罩与面部无缝隙	
3	作业前风险评价	1. 作业前未按要求开展风险辨识，导致人员伤害	15	10	0.1	15	四级	每次作业前要进行风险辨识	
4		2. 未结合现场实际情况进行风险辨识，导致人员伤害	15	10	0.1	15	四级	风险辨识要结合现场实际，根据工作环境的变化完善辨识内容，逐一落实防控措施	

续表

序号	主要操作步骤	存在的风险	风险等级分析					主要防控措施	备注
			后果	暴露	可能性	风险值	风险等级		
5	作业前风险评价	3. 风险辨识过程中有遗漏，导致人员伤害	15	10	0.1	15	四级	抽查作业人员掌握存在的风险和防控措施情况，对照口袋卡及作业任务中存在的风险手指口述逐项进行提示提醒	
6		4. 未明确作业负责人、未确定互联互保人员，导致人员伤害	15	10	0.1	15	四级	指定作业负责人和互联互保人员	
7		5. 未掌握作业时的风险，导致人员伤害	15	10	0.1	15	四级	每项作业前要进行风险辨识	
8		6. 不知道作业中风险的防控措施，导致人员伤害	15	10	0.1	15	四级	风险辨识要结合现场实际，根据工作环境的变化完善辨识内容，逐一落实防控措施	
9	班长安排巡检，并进行安全交底	1. 检查设备时，值班人员远程操控启动设备，导致检查人员受到机械伤害	50	2	0.5	50	四级	确认与操作室保持信息通畅	
10		2. 交底不充分，导致人员受到其他伤害	15	2	0.5	15	四级	作业前手指口述口袋卡，明确安全措施	
11		3. 人员与设备转动部位之间的距离保持不当，导致人员受到机械伤害	50	2	3	300	二级	规范站位，与设备保持安全距离	
12	检查振动仪和注油枪	1. 振动仪线路破损或无电，导致数值不正确	15	2	0.5	15	四级	检查振动仪线路是否完好且电量是否充足	
13		2. 注油枪破损，导致润滑油泄漏	15	2	0.5	15	四级	检查确认注油枪外部无破损且旋盖紧固	
14		3. 人员注意力不集中或检查不细致，导致未及时发现振动仪和注油枪存在缺陷	15	2	0.5	15	四级	认真检查振动仪和注油枪，保证无缺陷	
15	上下楼梯进行现场作业	1. 梯子锈蚀、开焊，人员依靠时发生坠落	15	2	0.5	15	四级	工作服穿戴做到"三紧"，确保劳保鞋无破损且鞋带系好，安全帽下颏带系好，口罩与面部无缝隙，不要依靠梯子	
16		2. 跨步上下楼梯踩空，导致人员磕碰	15	2	0.5	15	四级	作业前，确认爬梯护栏稳固、无开焊	
17		3. 上下楼梯未踩稳，导致人员摔伤	15	2	0.5	15	四级	保持注意力集中，互联互保人员旁边监护	

续表

序号	主要操作步骤	存在的风险	风险等级分析					主要防控措施	备注
			后果	暴露	可能性	风险值	风险等级		
18	点检斗式提升机	1. 人员与设备运转部位之间的距离不足1 m，导致人员受到机械伤害	50	2	3	300	二级	（1）人员与设备运转部位之间保持1 m以上的安全距离，禁止身体和设备旋转部位接触 （2）工作服穿着做到"三紧"，确保劳保鞋无破损且鞋带系好，安全帽下颏带系好，口罩与面部无缝隙	
19		2. 人员与设备带电部位之间的距离不足1 m，导致人员触电	25	2	1	50	四级	人员与设备带电部位保持1 m以上的安全距离	
20		3. 作业时人员未观察设备环境，导致人员磕碰	25	2	0.5	25	四级	保持注意力集中，互联互保人员旁边监护	
21	点检罗茨鼓风机	1. 人员距离设备运转部位不足1 m，易发生机械伤害	25	2	0.5	25	四级	人员与设备运转部位之间保持1 m以上的安全距离，禁止身体和工器具接触旋转轴	
22		2. 人员与设备带电部位之间的距离不足1 m，导致人员触电	25	2	0.5	25	四级	与设备保持安全距离	
23		3. 作业时人员未观察设备环境，导致人员磕碰	15	2	0.5	15	四级	保持注意力集中，互联互保人员旁边监护	
24		4. 罗茨鼓风机运行时发出噪声，导致人员患职业病	25	1	0.5	12.5	四级	工作服穿着做到"三紧"，确保劳保鞋无破损且鞋带系好，安全帽下颏带系好，口罩与面部无缝隙，正确佩戴耳塞	
25		5. 使用测振仪检查振动值时，导线下垂卷入风机的旋转部位，导致人员受到机械伤害	25	2	0.5	25	四级	保持安全距离，禁止身体和工器具接触旋转轴	
26		6. 未注意脚下，导致人员摔倒	15	2	0.5	15	四级	作业前认真检查作业现场环境，及时清理可能导致人员磕碰、绊倒的杂物	

续表

序号	主要操作步骤	存在的风险	风险等级分析					主要防控措施	备注
			后果	暴露	可能性	风险值	风险等级		
27	点检罗茨鼓风机	7. 用潮湿的手操作开关，导致人员触电	25	2	0.5	25	四级	保持身体干燥	
28		8. 绝缘地胶缺失或破损，导致人员触电	25	2	0.5	25	四级	（1）确认操作柜下方的绝缘胶皮完整 （2）人员操作时站在绝缘胶皮上 （3）确认按钮正确后再进行操作，并进行确认	
29		9. 补充润滑油时未正确使用工器具，导致润滑油泄漏	15	2	0.5	15	四级	（1）补充润滑油时要少加多补 （2）及时清理地面的油污	
30		10. 氧化铝粉尘飞扬，导致人员患职业病	15	2	0.5	15	四级	工作服穿着做到"三紧"，确保劳保鞋无破损且鞋带系好，安全帽下颏带系好，口罩与面部无缝隙，正确佩戴耳塞	
31		11. 未清理注油枪上的油脂导致操作时滑脱，造成人员磕碰	25	2	0.5	25	四级	使用合适的加油工器具，并正确使用	
32	点检加料风机	1. 人员距离设备运转部位不足 1 m，导致人员受到机械伤害	5	6	1	30	四级	保持安全距离，禁止身体和工器具接触旋转轴	
33		2. 人员距离设备带电部位不足 1 m，导致人员触电	25	2	0.5	25	四级	保持安全距离，穿戴好绝缘手套和绝缘鞋	
34		3. 作业时人员未观察设备环境，导致人员磕碰	15	2	0.5	15	四级	保持注意力集中，互联互保人员旁边监护	
35		4. 风机运行时发出噪声，导致人员患职业病	25	1	0.5	12.5	四级	工作服穿着做到"三紧"，确保劳保鞋无破损且鞋带系好，安全帽下颏带系好，口罩与面部无缝隙，正确佩戴耳塞	
36		5. 未注意脚下，导致人员摔倒	15	2	0.5	15	四级	作业前认真检查作业现场环境，及时清理可能导致人员磕碰、绊倒的杂物	

续表

序号	主要操作步骤	存在的风险	风险等级分析					主要防控措施	备注
			后果	暴露	可能性	风险值	风险等级		
37	点检加料风机	6. 补充润滑油时未正确使用工器具，导致润滑油泄漏	15	2	0.5	15	四级	（1）补充润滑油时要少加多补 （2）及时清理地面的油污	
38		7. 未清理注油枪上的油脂导致操作时滑脱，造成人员磕碰	25	2	0.5	25	四级	使用合适的加油工器具，并正确使用	
39	点检引风机	1. 听诊器破损，导致数据不准确	15	2	0.5	15	四级	作业人员检查听诊器胶管是否破损、开裂	
40		2. 未对存在缺陷的听诊器进行更换，导致检查误差	15	2	0.5	15	四级	对不符合条件的听诊器进行更换	
41		3. 站位不当、距离不足，导致人员伤害	5	6	1	30	四级	工作服穿着做到"三紧"，确保劳保鞋无破损且鞋带系好，安全帽下颌带系好，口罩与面部无缝隙	
42		4. 人员注意力不集中，导致伤害	15	2	0.5	15	四级	保持注意力集中，互联互保人员旁边监护	
43		5. 作业时，人员虽然戴了防护罩但离旋转轴太近，导致人员受到机械伤害	5	6	1	30	四级	保持安全距离，作业时站稳，禁止身体和工器具接触旋转轴	
44	点检除尘器	1. 高压空气喷射伤人，粉尘危害	25	2	0.5	25	四级	侧方站立，互联互保人员旁边监护	
45		2. 作业时人员未观察设备环境，导致人员磕碰	15	2	0.5	15	四级	侧方站立，互联互保人员旁边监护	
46		3. 用手触摸料斗感觉其温度，导致人员烫伤、划伤	15	2	0.5	15	四级	工作服穿着做到"三紧"，确保劳保鞋无破损且鞋带系好，安全帽下颌带系好，口罩与面部无缝隙，佩戴好劳保手套	
47		4. 未与操作室运行人员沟通设备运行状态，造成事故	15	2	0.5	15	四级	确保作业人员与操作室之间信息通畅	

续表

序号	主要操作步骤	存在的风险	风险等级分析				主要防控措施	备注
			后果	暴露	可能性	风险值	风险等级		
48	点检新鲜仓二层平台风机	1. 触摸设备的旋转部位，导致人员受伤	1	6	3	18	四级	工作服穿着做到"三紧"，确保劳保鞋无破损且鞋带系好，安全帽下颏带系好，口罩与面部无缝隙	
49		2. 操作前未与值机人员沟通，存在影响生产的风险	1	6	3	18	四级	与值机人员做好沟通，确认完毕后再进行操作	
50		3. 作业时人员未观察设备环境，导致人员磕碰	1	6	3	18	四级	保持安全站位，与旋转部位保持 1 m 以上的安全距离	
51	点检循环料气提风机	1. 触摸设备的旋转部位，导致人员受伤	1	6	3	18	四级	工作服穿着做到"三紧"，确保劳保鞋无破损且鞋带系好，安全帽下颏带系好，口罩与面部无缝隙	
52		2. 操作前未与值机人员沟通，存在影响生产的风险	1	6	3	18	四级	与值机人员做好沟通，确认完毕后再进行操作	
53		3. 作业时人员未观察设备环境，导致人员磕碰	1	6	3	18	四级	保持安全站位，与旋转部位保持 1 m 以上的安全距离	
54	点检溜槽	1. 徒手触摸溜槽，导致烫伤	1	6	3	18	四级	佩戴好防护手套	
55		2. 操作前未与值机人员沟通，存在影响生产的风险	1	6	3	18	四级	与值机人员做好沟通，确认完毕后再进行操作	
56		3. 作业时人员未观察设备环境，导致人员磕碰	1	6	3	18	四级	保持安全站位	
57	点检反应器	1. 距离观察孔较近，导致身体被负压吸入	1	6	3	18	四级	与观察孔保持安全距离	
58		2. 操作前未与值机人员沟通，存在影响生产的风险	1	6	3	18	四级	与值机人员做好沟通，确认完毕后再进行操作	
59		3. 作业时人员未观察设备环境，导致人员磕碰	1	6	3	18	四级	保持安全站位，避免身体被负压吸入	

续表

序号	主要操作步骤	存在的风险	风险等级分析					主要防控措施	备注
			后果	暴露	可能性	风险值	风险等级		
60	点检溜槽风机	1. 触摸设备的旋转部位，导致人员受伤	1	6	3	18	四级	保持安全站位，与旋转部位保持1 m以上的安全距离	
61		2. 操作前未与值机人员沟通，存在影响生产的风险	1	6	3	18	四级	与值机人员做好沟通，确认完毕后再进行操作	
62		3. 作业时人员未观察设备环境，导致人员磕碰	1	6	3	18	四级	保持安全站位，与旋转部位保持1 m以上的安全距离	
63	检查热交换设备	1. 未佩戴防护手套触摸高温管，导致人员烫伤	1	6	3	18	四级	佩戴好防护手套	
64		2. 检查管路、阀门时触碰高温部位，导致人员烫伤	1	6	3	18	四级	规范操作，互联互保人员现场监护	
65		3. 作业时人员未观察设备环境，导致人员磕碰	1	6	3	18	四级	保持安全站位，与旋转部位保持1 m以上的安全距离	
66	巡检尾灰气提风机	1. 触摸设备的旋转部位，导致人员受伤	1	6	3	18	四级	工作服穿着做到"三紧"，确保劳保鞋无破损且鞋带系好，安全帽下颌带系好，口罩与面部无缝隙	
67		2. 未注意脚下，导致人员磕碰	1	6	3	18	四级	规范操作，互联互保人员现场监护	
68		3. 未保持安全站位，导致其他伤害	1	6	3	18	四级	保持安全站位，与旋转部位保持1 m以上的安全距离	
69	点检工艺水泵	1. 管路阀门损坏，造成高压水喷溅	1	6	3	18	四级	（1）工作服穿着做到"三紧"，确保劳保鞋无破损且鞋带系好，安全帽下颌带系好，口罩与面部无缝隙 （2）巡检水管时与水管保持1 m以上的安全距离	
70		2. 未注意脚下，导致人员磕碰	1	6	3	18	四级	规范操作，互联互保人员现场监护	
71		3. 与电机距离较近，存在旋转部位伤人的风险	1	6	3	18	四级	与旋转部位保持1 m以上的安全距离	
72	点检循环灰给料机	1. 触摸设备的旋转部位，导致人员受伤	1	6	3	18	四级	（1）工作服穿着做到"三紧"，确保劳保鞋无破损且鞋带系好，安全帽下颌带系好，口罩与面部无缝隙 （2）与旋转部位保持1 m以上的安全距离	
73		2. 未注意脚下，导致人员磕碰	1	6	3	18	四级	规范操作，互联互保人员现场监护	
74		3. 操作前未与值机人员沟通，存在影响生产的风险	1	6	3	18	四级	与值机人员做好沟通，确认完毕后再进行操作	

续表

序号	主要操作步骤	存在的风险	风险等级分析					主要防控措施	备注
			后果	暴露	可能性	风险值	风险等级		
75	点检循环料气提风机	1. 触摸设备的旋转部位，导致人员受伤	1	6	3	18	四级	（1）工作服穿着做到"三紧"，确保劳保鞋无破损且鞋带系好，安全帽下颌带系好，口罩与面部无缝隙 （2）保持安全站位，与旋转部位保持1 m以上的安全距离	
76		2. 未注意脚下，导致人员磕碰	1	6	3	18	四级	规范操作，互联互保人员现场监护	
77		3. 操作前未与值机人员沟通，存在影响生产的风险	1	6	3	18	四级	与值机人员做好沟通，确认完毕后再进行操作	
78	调整烟道阀门	1. 未根据工况调整进出口烟道阀门，导致系统运行不稳定	1	6	3	18	四级	（1）工作服穿着做到"三紧"，确保劳保鞋无破损且鞋带系好，安全帽下颌带系好，口罩与面部无缝隙 （2）根据工况调整烟道阀门，保证热交换运行稳定	
79		2. 操作前未与值机人员沟通，存在影响生产的风险	1	6	3	18	四级	与值机人员做好沟通，确认完毕后再进行操作	
80		3. 检查阀门操作不当，造成事故	1	6	3	18	四级	保持正确站位，穿戴好劳保手套	
81	整理作业现场	1. 作业现场未清理干净，导致人员滑倒、碰伤、磕伤	1	6	3	18	四级	将现场物品摆放整齐	
82		2. 遗留工器具，导致掉落伤人	1	6	3	18	四级	作业负责人检查作业现场	
83		3. 作业时人员未观察设备环境，造成事故	1	6	3	18	四级	互联互保人员现场监护	

表3.95 启动或停止引风机作业安全风险辨识及防控措施一览表

序号	主要操作步骤	存在的风险	风险等级分析					主要防控措施	备注
			后果	暴露	可能性	风险值	风险等级		
1	作业前检查人员状态和劳动保护用品穿戴情况	1. 作业人员有班前喝酒、睡眠不足、身体不适、精神状态不好等情况，导致作业过程中注意力不集中	25	2	0.5	25	四级	作业前，作业负责人检查作业人员是否酒后上岗，询问身体是否不适，观察精神状态是否正常，确认良好后方可作业	

续表

序号	主要操作步骤	存在的风险	风险等级分析					主要防控措施	备注
			后果	暴露	可能性	风险值	风险等级		
2	作业前检查人员状态和劳动保护用品穿戴情况	2. 作业人员未按规定穿戴劳动保护用品（工作服、劳保鞋、安全帽、口罩），导致人员伤害	25	2	0.5	25	四级	作业前，作业负责人、互联互保人员检查作业人员工作服穿着（做到"三紧"），确保劳保鞋无破损且鞋带系好，安全帽下颏带系好，口罩与面部无缝隙	
3	作业前风险评价	1. 作业前未按要求开展风险辨识，导致人员伤害	15	10	0.1	15	四级	每次作业前要进行风险辨识	
4		2. 未结合现场实际情况进行风险辨识，导致人员伤害	15	10	0.1	15	四级	风险辨识要结合现场实际，根据工作环境的变化完善辨识内容，逐一落实防控措施	
5		3. 风险辨识过程中有遗漏，导致人员伤害	15	10	0.1	15	四级	抽查作业人员掌握存在的风险和防控措施情况，对照口袋卡及作业任务中存在的风险手指口述逐项进行提示提醒	
6		4. 未明确作业负责人，未确定互联互保人员，导致人员伤害	15	10	0.1	15	四级	指定作业负责人和互联互保人员	
7		5. 未掌握作业时的风险，导致人员伤害	15	10	0.1	15	四级	每项作业前要进行风险辨识	
8		6. 不知道作业中风险的防控措施，导致人员伤害	15	10	0.1	15	四级	风险辨识要结合现场实际，根据工作环境的变化完善辨识内容，逐一落实防控措施	
9	检查引风机轴承箱内的循环水	1. 检查引风机循环水水泵时触碰旋转部位，导致人员伤害	5	2	1	10	四级	工作服穿着做到"三紧"，确保劳保鞋无破损且鞋带系好，安全帽下颏带系好，口罩与面部无缝隙，与水泵保持80 cm以上的安全距离，禁止身体和工器具接触旋转轴	
10		2. 未及时清理作业环境中的杂物，导致人员摔伤	5	2	1	10	四级	保持注意力集中，互联互保人员旁边监护	
11		3. 检查不到位或检查失误，导致设备缺陷未被及时发现，造成事故	5	2	1	10	四级	注意检查到位	
12	启动后的检查	1. 误触旋转部位，导致人员伤害	15	2	1	30	四级	（1）与设备保持80 cm以上的安全距离，禁止身体和工器具接触旋转轴 （2）工作服穿着做到"三紧"，确保劳保鞋无破损且鞋带系好，安全帽下颏带系好，口罩与面部无缝隙	

续表

序号	主要操作步骤	存在的风险	风险等级分析					主要防控措施	备注
			后果	暴露	可能性	风险值	风险等级		
13	启动后的检查	2. 人员注意力不集中，导致人员摔倒	5	2	1	10	四级	保持注意力集中，互联互保人员旁边监护	
14		3. 检查不到位，导致设备"带病"工作	5	2	1	10	四级	认真检查设备的工作情况，保证设备正常工作	
15	按下按钮，打开出口阀	1. 用潮湿的手操作开关，导致人员触电	5	2	1	10	四级	工作服穿着做到"三紧"，确保劳保鞋无破损且鞋带系好，安全帽下颌带系好，口罩与面部无缝隙	
16		2. 操作失误，导致误启动其他设备	5	2	1	10	四级	确认按钮后再进行操作，保证正确操作	
17		3. 绝缘垫缺失或破损，导致人员触电	5	2	1	10	四级	确认操作柜下方的绝缘胶皮完整	
18	按下引风机启动按钮	1. 用潮湿的手操作开关，导致人员触电	5	2	1	10	四级	工作服穿着做到"三紧"，确保劳保鞋无破损且鞋带系好，安全帽下颌带系好，口罩与面部无缝隙，戴好手套	
19		2. 操作失误，导致误启动其他设备	5	2	1	10	四级	确认按钮后再进行操作，保证正确操作	
20		3. 绝缘垫缺失或破损，导致人员触电	5	2	1	10	四级	确认操作柜下方的绝缘胶皮完整	
21		4. 启动时间过长，导致引风机倒转	5	2	1	10	四级	利用加强木棒挤压轴承防止倒转	
22	观察电机电流表，检查运行声音	1. 与控制箱及电缆距离过近，导致人员触电	15	2	1	30	四级	保持安全距离，禁止身体和工器具接触旋转轴	
23		2. 作业时人员未观察设备环境，导致人员磕碰	5	2	1	10	四级	注意观察周边环境，互联互保人员旁边监护	
24		3. 未确认各项运行参数是否在正常范围内，导致设备"带病"工作，造成设备损坏	5	2	1	10	四级	检查确认电机各项运行参数正常后方可离开	
25	打开进口阀、进口调节阀	1. 用潮湿的手操作开关，导致人员触电	5	2	1	10	四级	（1）工作服穿着做到"三紧"，确保劳保鞋无破损且鞋带系好，戴好手套，保持手部干燥 （2）保持注意力集中，互联互保人员旁边监护	
26		2. 操作失误，导致误启动其他设备	5	2	1	10	四级	确认按钮后再进行操作，操作后进行确认	
27		3. 绝缘垫缺失或破损，导致人员触电	5	2	1	10	四级	确认操作柜下方的绝缘胶皮完整	

续表

序号	主要操作步骤	存在的风险	风险等级分析					主要防控措施	备注
			后果	暴露	可能性	风险值	风险等级		
28	清理作业现场	1. 作业现场未清理干净，导致人员滑倒、碰伤、磕伤	1	2	1	2	四级	将现场物品摆放整齐	
29		2. 遗留工器具，导致掉落伤人	1	2	1	2	四级	作业负责人检查作业现场	

表 3.96 清理疏通除尘器反应器作业安全风险辨识及防控措施一览表

序号	主要操作步骤	存在的风险	风险等级分析					主要防控措施	备注
			后果	暴露	可能性	风险值	风险等级		
1	作业前检查人员状态和劳动保护用品穿戴情况	1. 作业人员有班前喝酒、睡眠不足、身体不适、精神状态不好等情况，导致作业过程中注意力不集中	25	2	0.5	25	四级	作业前，作业负责人检查作业人员是否酒后上岗，询问身体是否不适，观察精神状态是否正常，确认良好后方可作业	
2		2. 作业人员未按规定穿戴劳动保护用品（工作服、劳保鞋、安全帽、口罩），导致人员伤害	25	2	0.5	25	四级	作业前，作业负责人、互联互保人员检查作业人员工作服穿着（做到"三紧"），确保劳保鞋无破损且鞋带系好，安全帽下颌带系好，口罩与面部无缝隙	
3		1. 作业前未按要求开展风险辨识，导致人员伤害	15	10	0.1	15	四级	每次作业前要进行风险辨识	
4		2. 未结合现场实际情况进行风险辨识，导致人员伤害	15	10	0.1	15	四级	风险辨识要结合现场实际，根据工作环境的变化完善辨识内容，逐一落实防控措施	
5	作业前风险评价	3. 风险辨识过程中有遗漏，导致人员伤害	15	10	0.1	15	四级	抽查作业人员掌握存在的风险和防控措施情况，对照口袋卡及作业任务中存在的风险手指口述逐项进行提示提醒	
6		4. 未明确作业负责人、未确定互联互保人员，导致人员伤害	15	10	0.1	15	四级	指定作业负责人和互联互保人员	
7		5. 未掌握作业时的风险，导致人员伤害	15	10	0.1	15	四级	每项作业前要进行风险辨识	

续表

序号	主要操作步骤	存在的风险	风险等级分析					主要防控措施	备注
			后果	暴露	可能性	风险值	风险等级		
8	作业前风险评价	6. 不知道作业中风险的防控措施，导致人员伤害	15	10	0.1	15	四级	风险辨识要结合现场实际，根据工作环境的变化完善辨识内容，逐一落实防控措施	
9	关闭反应器进出口阀并挂警示牌	1. 关闭不严，导致人员被烟气伤害	5	2	1	10	四级	（1）关闭阀门后确认指示灯处于关闭状态 （2）工作服穿着做到"三紧"，确保劳保鞋无破损且鞋带系好，安全帽下颏带系好，口罩与面部无缝隙，佩戴眼罩	
10		2. 未挂警示牌，导致其他人员误操作	5	2	1	10	四级	关闭阀门后及时悬挂警示牌	
11		3. 操作失误或错误，导致阀门未能正常关闭	5	2	1	10	四级	（1）作业时缓慢用力，互联互保人员配合操作 （2）关闭阀门时确保操作正确，操作后进行确认	
12	检查固门器	1. 固门器损坏，导致反应器门关闭	5	2	1	10	四级	作业人员检查固门器是否完好，现场监护人旁边监护	
13		2. 检查不到位，导致固门器存在缺陷	5	2	1	10	四级	作业人员协同作业检查	
14		3. 作业时人员未观察设备环境，导致磕碰	5	2	1	10	四级	互联互保人员现场监护	
15	关闭反应器对应的氧化铝阀、二次循环料阀	1. 作业前未关闭该反应器氧化铝阀、二次循环料阀，导致物料飞扬	5	2	1	10	四级	作业前关闭氧化铝阀、二次循环料阀并挂牌	
16		2. 操作失误，阀门未能正常关闭	5	2	1	10	四级	关闭阀门并确认关闭状态	
17		3. 二次循环料阀关闭不严，导致物料飞扬	5	2	1	10	四级	关料后确认反应器内无氧化铝	
18	打开反应器检修门	1. 站在烟道上方打开反应器门时出现滑脱，导致人员摔伤	5	2	1	10	四级	（1）工作服穿着做到"三紧"，确保劳保鞋无破损且鞋带系好，安全帽下颏带系好，口罩与面部无缝隙 （2）2人以上配合作业，作业负责人、互联互保人员现场监护	

续表

序号	主要操作步骤	存在的风险	风险等级分析					主要防控措施	备注
			后果	暴露	可能性	风险值	风险等级		
19	打开反应器检修门	2. 未固定牢靠的门有被烟气负压关闭的风险，导致人员手臂砸伤	5	2	1	10	四级	将反应器检修门使用固门器固定牢靠	
20		3. 人员未协同作业或沟通不佳，导致磕碰	5	2	1	10	四级	人员协同作业，加强沟通	
21	在进口阀板处铺垫木板	1. 木板铺垫不牢靠，导致摔伤	5	2	1	10	四级	检查确认阀板无损坏，木板铺垫牢靠	
22		2. 作业时人员未观察设备环境，导致磕碰	5	2	1	10	四级	作业负责人、互联互保人员现场监护、相互配合	
23		3. 反应器内空间狭小，若工具出现滑脱，将导致其他伤害	5	2	1	10	四级	狭小空间内缓慢操作，互联互保人员旁边监护	
24	站在烟道外疏通反应器	1. 作业过程中由于高压风管摆动，导致人员碰伤	5	2	1	10	四级	将风管固定好后再打开风阀	
25		2. 使用高压风清理反应器时板结块掉落，导致人员伤害	5	2	1	10	四级	作业人员站在反应器室外侧进行作业	
26		3. 站在烟道上方清理疏通反应器时出现工具滑脱，导致人员砸伤、摔伤	5	2	1	10	四级	（1）工作服穿着做到"三紧"，确保劳保鞋无破损且鞋带系好，安全帽下颏带系好，口罩与面部无缝隙 （2）2人以上配合作业，作业负责人、互联互保人员现场监护	
27	进入烟道疏通反应器	1. 未进行通风检测就进入反应器内，导致人员中毒	50	2	1	100	三级	人员严格按照"先通风，后检测，再作业"的原则进行作业	
28		2. 无人监护，单人进入反应器进行作业，导致中毒窒息	50	2	1	100	三级	在受限空间外指定专门的监护人员进行安全监护	

续表

序号	主要操作步骤	存在的风险	风险等级分析					主要防控措施	备注
			后果	暴露	可能性	风险值	风险等级		
29	进入烟道疏通反应器	3. 作业过程中未进行气体检测，导致人员中毒	25	3	1	75	三级	作业时应至少2h进行一次有毒有害气体检测，若发现异常，立即组织人员撤离作业现场	
30	作业完成后人员撤离	1. 负压吸门，导致人员身体被夹伤	5	2	1	10	四级	利用绳索牵引反应器门，防止门突然关闭导致人员摔倒	
31		2. 未将作业时使用的物品带出，导致设备故障	5	2	1	10	四级	作业完成后清点物品	
32		3. 作业时人员未观察设备环境，导致磕碰	5	2	1	10	四级	作业负责人、互联互保人员现场监护、相互配合	
33	清理作业现场，整理固门器	1. 现场未及时整理固门器，导致人员碰伤、磕伤	5	2	1	10	四级	作业人员确认将固门器存放在定置点	
34		2. 作业现场未清理干净，导致人员滑倒、碰伤、磕伤	5	2	1	10	四级	（1）将现场物品摆放整齐 （2）作业负责人检查作业现场	
35		3. 作业时人员未观察设备环境，导致磕碰	5	2	1	10	四级	作业负责人、互联互保人员现场监护、相互配合	

表3.97 处理电解槽槽上部溜槽漏料及漏风作业安全风险辨识及防控措施一览表

序号	主要操作步骤	存在的风险	风险等级分析					主要防控措施	备注
			后果	暴露	可能性	风险值	风险等级		
1	作业前检查人员状态和劳动保护用品穿戴情况	1. 作业人员有班前喝酒、睡眠不足、身体不适、精神状态不好等情况，导致作业过程中注意力不集中	25	2	0.5	25	四级	作业前，作业负责人检查作业人员是否酒后上岗，询问身体是否不适，观察精神状态是否正常，确认良好后方可作业	

续表

序号	主要操作步骤	存在的风险	风险等级分析					主要防控措施	备注
			后果	暴露	可能性	风险值	风险等级		
2	作业前检查人员状态和劳动保护用品穿戴情况	2. 作业人员未按规定穿戴劳动保护用品（工作服、劳保鞋、安全帽、口罩），导致人员伤害	25	2	0.5	25	四级	作业前，作业负责人、互联互保人员检查作业人员工作服穿着（做到"三紧"），确保劳保鞋无破损且鞋带系好，安全帽下颔带系好，口罩与面部无缝隙	
3	作业前风险评价	1. 作业前未按要求开展风险辨识，导致人员伤害	15	10	0.1	15	四级	每次作业前要进行风险辨识	
4		2. 未结合现场实际情况进行风险辨识，导致人员伤害	15	10	0.1	15	四级	风险辨识要结合现场实际，根据工作环境的变化完善辨识内容，逐一落实防控措施	
5		3. 风险辨识过程中有遗漏，导致人员伤害	15	10	0.1	15	四级	抽查作业人员掌握存在的风险和防控措施情况，对照口袋卡及作业任务中存在的风险手指口述逐项进行提示提醒	
6		4. 未明确作业负责人，未确定互联互保人员，导致人员伤害	15	10	0.1	15	四级	指定作业负责人和互联互保人员	
7		5. 未掌握作业时的风险，导致人员伤害	15	10	0.1	15	四级	每项作业前要进行风险辨识	
8		6. 不知道作业中风险的防控措施，导致人员伤害	15	10	0.1	15	四级	风险辨识要结合现场实际，根据工作环境的变化完善辨识内容，逐一落实防控措施	
9	办理工作票	1. 未办理工作票就擅自作业，造成事故	25	2	3	150	三级	危险作业按照要求逐级审批，辨识后再办理检修票	
10		2. 未办理工作票，属地人员不清楚作业事项，导致设备误启动伤人	25	2	3	150	三级	区域管理人员按照工作票要求逐级审批，现场监护	
11	作业前检查螺丝刀、扳手	1. 螺丝刀手柄有破损，导致人员受伤	25	2	0.5	25	四级	检查确认螺丝刀手柄无破损、无缺失	
12		2. 扳手有磨损，导致人员受伤	25	2	0.5	25	四级	检查确认扳手无明显磨损	
13		3. 作业时人员未观察设备环境，导致磕碰	25	2	0.5	25	四级	注意观察周边环境，互联互保人员旁边监护	

续表

序号	主要操作步骤	存在的风险	风险等级分析					主要防控措施	备注
			后果	暴露	可能性	风险值	风险等级		
14	作业前检查槽罩板稳固是否良好、绝缘是否良好	1. 槽罩板放置不稳固，人员踏上时有倾覆的风险	5	6	1	30	四级	作业前，确认槽罩板稳固	
15		2. 徒手触摸槽罩板，导致人员烫伤	5	6	1	30	四级	佩戴防护手套	
16		3. 槽况运行不平稳，上槽易造成触电或人身伤害	5	6	1	30	四级	（1）与属地操作人员确认槽况平稳正常 （2）作业负责人、互联互保人员现场监护	
17	检查花算是否有缺陷	1. 作业人员行走在不平整的花算上，导致崴脚	25	2	0.5	25	四级	工作服穿着做到"三紧"，确保劳保鞋无破损且鞋带系好，安全帽下颌带系好，口罩与面部无缝隙	
18		2. 未检查花算，导致人员崴脚	25	2	0.5	25	四级	作业前，确认花算平稳	
19		3. 花算不平，导致人员倾翻	25	2	0.5	25	四级	互联互保人员现场监护	
20	与电解工进行沟通，插好红旗进行监护	1. 未进行沟通，属地人员操作造成检修人员人身伤害	5	6	1	30	四级	作业前，与属地天车工、电解工沟通确认	
21		2. 未插红旗做警示，有被天车碰撞的风险	5	6	1	30	四级	在电解槽上插好红旗，做好警示	
22		3. 沟通不到位，导致其他伤害	5	6	1	30	四级	（1）互联互保人员现场监护 （2）电解槽来效应停止工作，待效应结束 10 min 经再次确认后，方可进行下一步操作	
23	确认停止加料风机	1. 操作前未与值机人员沟通，存在影响生产的风险	5	6	0.5	15	四级	作业前，与值机人员确认停止加料风机	
24		2. 作业时人员未观察设备环境，导致磕碰	5	6	0.5	15	四级	注意观察周边环境，互联互保人员旁边监护	
25	登上电解槽	1. 上电解槽作业未佩戴防护手套，导致烫伤	5	6	1	30	四级	工作服穿着做到"三紧"，确保劳保鞋无破损且鞋带系好，安全帽下颌带系好，口罩与面部无缝隙，戴好防护手套	
26		2. 上电解槽作业未系安全带，导致高处坠落	5	6	1	30	四级	系好安全带，安全带高挂低用	

续表

序号	主要操作步骤	存在的风险	风险等级分析					主要防控措施	备注
			后果	暴露	可能性	风险值	风险等级		
27	登上电解槽	3. 电解槽槽罩板未放稳,导致人员踩空摔伤	5	6	1	30	四级	确认电解槽槽罩无松动,下方人员扶好盖板	
28	处理漏料点或更换风管	1. 未正确使用工器具,导致人员手部受伤	5	6	1	30	四级	工作服穿着做到"三紧",确保劳保鞋无破损且鞋带系好,安全帽下颏带系好,口罩与面部无缝隙,戴好防护手套	
29		2. 使用螺丝刀时出现滑脱,导致人员伤害	5	6	1	30	四级	拧螺丝刀时方向朝外侧	
30		3. 螺丝刀有磨损,容易滑脱,导致人员磕碰	5	6	1	30	四级	检查螺丝刀是否完好并正确使用螺丝刀,互联互保人员现场监护	
31	清理现场遗留物料,走下电解槽	1. 作业完成后未及时清理现场,导致其他伤害	5	6	1	30	四级	工作服穿着做到"三紧",确保劳保鞋无破损且鞋带系好,安全帽下颏带系好,口罩与面部无缝隙,戴好防护手套	
32		2. 电解槽槽罩板未放稳,导致人员踩空摔伤	5	6	1	30	四级	确认电解槽槽罩无松动,下方人员扶好盖板	
33		3. 人员注意力不集中,导致其他伤害	5	6	1	30	四级	互联互保人员现场监护	
34	作业完成后联系电脑操作人员启动风机进行检查	1. 启动风机未进行检查,导致物料飞扬	15	2	0.5	15	四级	(1)工作服穿着做到"三紧",确保劳保鞋无破损且鞋带系好,安全帽下颏带系好,口罩与面部无缝隙,戴好防护手套 (2)现场与属地人员确认无跑冒滴漏	
35		2. 启动加料风机时未进行沟通,造成事故	5	6	0.5	15	四级	保证良好有效的沟通	
36	清理作业现场,整理螺丝刀、扳手	1. 未及时整理螺丝刀、扳手,导致人员碰伤、磕伤	1	6	1	6	四级	(1)作业人员确认收回螺丝刀、扳手并将其存放至工器具箱内 (2)将现场物品摆放整齐	
37		2. 作业现场未清理干净,导致人员滑倒、碰伤、磕伤	1	6	1	6	四级	作业负责人检查作业现场	
38		3. 作业时人员未观察设备环境,导致磕碰	5	2	1	10	四级	作业负责人、互联互保人员现场监护、相互配合	

续表

序号	主要操作步骤	存在的风险	风险等级分析					主要防控措施	备注
			后果	暴露	可能性	风险值	风险等级		
39	属地确认	1. 检修人员未全部撤离就启动设备,造成事故	1	6	1	6	四级	巡视现场,确认检修人员全部撤离	
40		2. 检修现场遗留物品,导致掉落伤人	1	6	1	6	四级	确认检修现场的工器具、配件、物料全部清理完毕	
41		3. 检修故障未完全排除,未与属地人员沟通,造成事故	1	6	1	6	四级	(1) 与操作人员沟通进行点检试验,确认故障消除 (2) 上述要求确认无误后方可签字验收	

表 3.98 处理载氟仓下料口堵塞作业安全风险辨识及防控措施一览表

序号	主要操作步骤	存在的风险	风险等级分析					主要防控措施	备注
			后果	暴露	可能性	风险值	风险等级		
1	作业前检查人员状态和劳动保护用品穿戴情况	1. 作业人员有班前喝酒、睡眠不足、身体不适、精神状态不好等情况,导致作业过程中注意力不集中	25	2	0.5	25	四级	作业前,作业负责人检查作业人员是否酒后上岗,询问身体是否不适,观察精神状态是否正常,确认良好后方可作业	
2		2. 作业人员未按规定穿戴劳动保护用品(工作服、劳保鞋、安全帽、口罩),导致人员伤害	25	2	0.5	25	四级	作业前,作业负责人、互联互保人员检查作业人员工作服穿着(做到"三紧"),确保劳保鞋无破损且鞋带系好,安全帽下颌带系好,口罩与面部无缝隙	
3	作业前风险评价	1. 作业前未按要求开展风险辨识,导致人员伤害	15	10	0.1	15	四级	每次作业前要进行风险辨识	
4		2. 未结合现场实际情况进行风险辨识,导致人员伤害	15	10	0.1	15	四级	风险辨识要结合现场实际,根据工作环境的变化完善辨识内容,逐一落实防控措施	
5		3. 风险辨识过程中有遗漏,导致人员伤害	15	10	0.1	15	四级	抽查作业人员掌握存在的风险和防控措施情况,对照口袋卡及作业任务中存在的风险手指口述逐项进行提示提醒	
6		4. 未明确作业负责人,未确定互联互保人员,导致人员伤害	15	10	0.1	15	四级	指定作业负责人和互联互保人员	
7		5. 未掌握作业时的风险,导致人员伤害	15	10	0.1	15	四级	每项作业前要进行风险辨识	

续表

序号	主要操作步骤	存在的风险	风险等级分析					主要防控措施	备注
			后果	暴露	可能性	风险值	风险等级		
8	作业前风险评价	6. 不知道作业中风险的防控措施,导致人员伤害	15	10	0.1	15	四级	风险辨识要结合现场实际,根据工作环境的变化完善辨识内容,逐一落实防控措施	
9	通过扶梯上下载氟仓下料口平台	1. 未规范上下扶梯,有扭伤的风险	5	3	1	15	四级	工作服穿着做到"三紧",确保劳保鞋无破损且鞋带系好,安全帽下颌带系好,扶好扶梯	
10		2. 未检查扶梯,导致人员坠落	5	3	1	15	四级	作业前,确认扶梯稳固、无开焊	
11		3. 人员注意力不集中,导致其他伤害	5	3	1	15	四级	作业负责人与互联互保人员现场监护	
12	停止加料风机	1. 未停止加料风机,导致作业时物料飞扬	15	2	0.5	15	四级	(1) 工作服穿着做到"三紧",确保劳保鞋无破损且鞋带系好,安全帽下颌带系好,口罩与面部无缝隙并佩戴好口罩 (2) 作业人员确认与操作室保持信息通畅	
13		2. 操作失误,导致停错设备	5	3	0.5	7.5	四级	与操作室人员用对讲机确认停机	
14		3. 未规范操作,导致其他伤害	5	3	0.5	7.5	四级	规范人员操作,互联互保人员现场监护	
15	佩戴好眼罩	1. 眼罩损坏,导致眼睛受到伤害	5	3	1	15	四级	作业前检查眼罩是否有损坏,有损坏的,应及时更换	
16		2. 佩戴眼罩与面部不贴合,导致物料伤眼	5	3	0.5	7.5	四级	工作服穿着做到"三紧",确保劳保鞋无破损且鞋带系好,安全帽下颌带系好	
17	清理溜槽内的氧化铝块	1. 未佩戴好口罩,物料飞扬,有患职业病风险	15	2	0.5	15	四级	工作服穿着做到"三紧",确保劳保鞋无破损且鞋带系好,安全帽下颌带系好,口罩与面部无缝隙,并佩戴好眼罩	
18		2. 工器具存在缺陷,导致人员磕碰	5	3	1	15	四级	检查工器具并正确使用	
19		3. 作业时人员未观察设备环境,导致磕碰伤害	25	2	0.5	25	四级	观察周边环境,互联互保人员旁边监护	

续表

序号	主要操作步骤	存在的风险	风险等级分析					主要防控措施	备注
			后果	暴露	可能性	风险值	风险等级		
20	使用铁棍伸入下料口击碎氧化铝料块	1. 未佩戴好口罩，物料飞扬，有患职业病风险	15	2	0.5	15	四级	佩戴好口罩	
21		2. 铁棍断裂、变形，导致人员划伤	5	3	1	15	四级	检查确认铁棍无断裂、无变形痕迹，人员规范操作	
22		3. 作业时人员未观察设备环境，导致人员磕碰	5	3	1	15	四级	注意观察周边环境，互联互保人员旁边监护	
23	清理作业现场	1. 现场未及时清理铁棍，导致人员碰伤、磕伤	1	3	1	3	四级	作业人员确认铁棍无遗留，并将其放在定置点	
24		2. 作业现场未清理干净，导致人员滑倒、碰伤、磕伤	5	2	1	10	四级	（1）将现场物品摆放整齐 （2）作业负责人检查作业现场	
25		3. 作业时人员未观察设备环境，导致人员磕碰	5	3	0.5	7.5	四级	规范人员操作，互联互保人员现场监护	

表3.99 启动或停止气力提升机作业安全风险辨识及防控措施一览表

序号	主要操作步骤	存在的风险	风险等级分析					主要防控措施	备注
			后果	暴露	可能性	风险值	风险等级		
1	作业前检查人员状态和劳动保护用品穿戴情况	1. 作业人员有班前喝酒、睡眠不足、身体不适、精神状态不好等情况，导致作业过程中注意力不集中	25	2	0.5	25	四级	作业前，作业负责人检查作业人员是否酒后上岗，询问身体是否不适，观察精神状态是否正常，确认良好后方可作业	
2		2. 作业人员未按规定穿戴劳动保护用品（工作服、劳保鞋、安全帽、口罩），导致人员伤害	25	2	0.5	25	四级	作业前，作业负责人、互联互保人员检查作业人员工作服穿着（做到"三紧"），确保劳保鞋无破损且鞋带系好，安全帽下颏带系好，口罩与面部无缝隙	

续表

序号	主要操作步骤	存在的风险	风险等级分析					主要防控措施	备注
			后果	暴露	可能性	风险值	风险等级		
3	作业前风险评价	1. 作业前未按要求开展风险辨识，导致人员伤害	15	10	0.1	15	四级	每次作业前要进行风险辨识	
4		2. 未结合现场实际情况进行风险辨识，导致人员伤害	15	10	0.1	15	四级	风险辨识要结合现场实际，根据工作环境的变化完善辨识内容，逐一落实防控措施	
5		3. 风险辨识过程中有遗漏，导致人员伤害	15	10	0.1	15	四级	抽查作业人员掌握存在的风险和防控措施情况，对照口袋卡及作业任务中存在的风险手指口述逐项进行提示提醒	
6		4. 未明确作业负责人，未确定互联互保人员，导致人员伤害	15	10	0.1	15	四级	指定作业负责人和互联互保人员	
7		5. 未掌握作业时的风险，导致人员伤害	15	10	0.1	15	四级	每项作业前要进行风险辨识	
8		6. 不知道作业中风险的防控措施，导致人员伤害	15	10	0.1	15	四级	风险辨识要结合现场实际，根据工作环境的变化完善辨识内容，逐一落实防控措施	
9	切断供料阀门	1. 操作位置空间狭小，导致人员碰伤	5	3	1	15	四级	工作服穿着做到"三紧"，确保劳保鞋无破损且鞋带系好，安全帽下颏带系好，口罩与面部无缝隙，并佩戴好口罩	
10		2. 作业时人员未观察设备环境，导致人员磕碰	5	2	1	10	四级	规范人员操作，互联互保人员现场监护	
11		3. 与气力提升机旋转部位距离过近，导致人员受到机械伤害	1	6	3	18	四级	保持安全站位	
12	按下停止按钮	1. 用潮湿的手操作开关，导致人员触电	50	2	1	100	三级	作业人员保持手部干燥，戴好橡胶手套，确保劳保鞋无破损且鞋带系好	
13		2. 绝缘胶皮缺失，导致人员触电	15	2	0.5	15	四级	确认操作柜下方的绝缘胶皮完整	
14		3. 未检查到绝缘胶皮有破损，导致人员有触电的风险	15	2	0.5	15	四级	人员操作时站在绝缘胶皮上	

续表

序号	主要操作步骤	存在的风险	风险等级分析					主要防控措施	备注
			后果	暴露	可能性	风险值	风险等级		
15	打开进料流槽风阀	1. 操作位置空间狭小，导致人员碰伤	5	3	1	15	四级	工作服穿着做到"三紧"，确保劳保鞋无破损且鞋带系好，安全帽下颏带系好	
16		2. 操作阀门用力过大，导致滑脱	5	2	1	10	四级	操作过程中握紧阀门防止滑脱	
17		3. 作业时人员未观察设备环境，导致人员磕碰	1	6	3	18	四级	（1）侧方站立，互联互保人员旁边监控 （2）站立在后方有撤离空间的方向	
18	启动罗茨鼓风机	1. 用潮湿的手操作开关，导致人员触电	50	2	1	100	三级	作业人员保持手部干燥，戴好橡胶手套，确保劳保鞋无破损且鞋带系好	
19		2. 操作顺序错误，导致设备运行故障	5	6	1	30	四级	先开阀门后通知启动罗茨鼓风机，互联互保人员旁边监控	
20		3. 沟通不畅，导致错误操作	5	6	1	30	四级	（1）与操作室保持信息通畅 （2）与操作室人员使用对讲机确认信息	

3.4.3 设备检修岗位主要的作业活动/工作流程

经辨识，设备检修主要的作业活动有18项，其岗位作业存在688项风险，其中辨识出一级风险0项、二级风险2项、三级风险117项、四级风险569项。主要的作业活动/工作流程为：

①更换氧化铝仓库除尘器布袋；②更换电解烟气净化系统除尘布袋；③维修净化除尘器反应器；④更换脱硫除尘器布袋；⑤检修高压鼓风机；⑥维护检修罗茨鼓风机；⑦紧固空压机（引风机）电机接线端子；⑧补充干燥机分子筛；⑨维修干燥机；⑩维护更换油冷却器；⑪维护空气冷却器；⑫维护或清洗水过滤器；⑬检修水泵；⑭更换空压机冷却水阀门；⑮清理维护水池及设备；⑯检修冷却塔；⑰启动或停止水泵；⑱启动或停止空压机。

3.4.4 设备检修岗位安全风险辨识及防控措施

设备检修岗位安全风险辨识及防控措施见表3.100至表3.117。

表 3.100 更换氧化铝仓库除尘器布袋作业安全风险辨识及防控措施一览表

序号	主要操作步骤	存在的风险	风险等级分析					主要防控措施	备注
			后果	暴露	可能性	风险值	风险等级		
1	作业前检查人员状态和劳动保护用品穿戴情况	1. 作业人员有班前喝酒、睡眠不足、身体不适、精神状态不好等情况，导致作业过程中注意力不集中	25	1	0.5	12.5	四级	作业前，作业负责人检查作业人员是否酒后上岗，询问身体是否不适，观察精神状态是否正常，确认良好后方可作业	
2		2. 作业人员未按规定穿戴劳动保护用品（工作服、劳保鞋、安全帽、口罩），导致人员伤害	25	1	0.5	12.5	四级	作业前，作业负责人、互联互保人员检查作业人员工作服穿着（做到"三紧"），确保劳保鞋无破损且鞋带系好，安全帽下颌带系好，口罩与面部无缝隙	
3	作业前风险评价	1. 作业前未按要求开展风险辨识，导致人员伤害	15	10	0.1	15	四级	每次作业前要进行风险辨识	
4		2. 未结合现场实际情况进行风险辨识，导致人员伤害	15	10	0.1	15	四级	风险辨识要结合现场实际，根据工作环境的变化完善辨识内容，逐一落实防控措施	
5		3. 风险辨识过程中有遗漏，导致人员伤害	15	10	0.1	15	四级	抽查作业人员掌握存在的风险和防控措施情况，对照口袋卡及作业任务中存在的风险手指口述逐项进行提示提醒	
6		4. 未明确作业负责人，未确定互联互保人员，导致人员伤害	15	10	0.1	15	四级	指定作业负责人和互联互保人员	
7		5. 未掌握作业时的风险，导致人员伤害	15	10	0.1	15	四级	每项作业前要进行风险辨识	
8		6. 不知道作业中风险的防控措施，导致人员伤害	15	10	0.1	15	四级	风险辨识要结合现场实际，根据工作环境的变化完善辨识内容，逐一落实防控措施	
9	办理工作票	1. 未办理工作票就擅自作业，造成事故	25	2	3	150	三级	危险作业按照要求逐级审批，辨识后再办理工作票	
10		2. 未经审批就擅自作业，造成事故	25	2	3	150	三级	区域管理人员按照工作票要求逐级审批，现场监护	
11		3. 未经现场确认就进行作业，造成事故	25	2	3	150	三级	一般检修作业需经签发属地确认后方可操作	

续表

序号	主要操作步骤	存在的风险	风险等级分析					主要防控措施	备注
			后果	暴露	可能性	风险值	风险等级		
12	作业前唱票	1. 作业人员对作业环境中的风险掌握有遗漏，造成事故	5	2	3	150	三级	对照口袋卡及作业任务中存在的风险手指口述逐项进行提示提醒	
13		2. 作业人员不知道作业环境中的风险，造成事故	50	1	3	150	三级	每项作业前要进行风险辨识	
14		3. 作业人员不知道作业环境中的风险如何防控，造成事故	5	2	3	150	三级	结合检修内容与作业现场环境逐一落实安全措施	
15	检查螺丝刀、电笔、扳手	1. 扳手有磨损，作业时发生滑脱，导致人员伤害	25	2	0.5	25	四级	检查扳手有无明显磨损，如有，应及时更换	
16		2. 电笔损坏造成验电结果错误，导致人员触电	25	2	0.5	25	四级	在带电线路上检查电笔是否完好	
17		3. 螺丝刀把手有损坏，导致人员伤害	25	2	0.5	25	四级	检查螺丝刀把手有无裂纹，如有，应及时更换	
18	属地沟通	1. 部分除尘器上部与天车运行距离较近，沟通不当，造成天车伤人	5	1	1	5	四级	检修人员与运行人员之间加强沟通	
19		2. 作业人员劳保鞋鞋带未系好，安全帽下颏带未系好，导致人员受伤	25	2	0.5	25	四级	劳动保护用品穿戴齐全	
20		3. 无专人进行安全监护，导致作业人员挤伤	5	1	1	5	四级	安排专人现场监护	
21	关闭压缩空气阀	1. 作业人员劳保鞋鞋带未系好，安全帽下颏带未系好，导致人员受伤	25	3	1	75	三级	工作服穿着做到"三紧"，确保劳保鞋无破损且鞋带系好，安全帽下颏带系好，口罩与面部无缝隙	
22		2. 大量的粉尘影响人员作业，造成人员患呼吸道疾病	15	10	0.1	15	四级	按流程操作时确保氧化铝下料阀及二次料下料阀均已关闭严密	
23		3. 操作不当，造成设备损坏	15	10	0.1	15	四级	操作时先对推杆阀进行确认，确保推杆无卡阻，严禁强行打开推杆阀	

续表

序号	主要操作步骤	存在的风险	风险等级分析					主要防控措施	备注
			后果	暴露	可能性	风险值	风险等级		
24	断电挂牌	1. 未断电挂牌，造成人员触电	5	1	1	5	四级	警示牌悬挂牢靠，锁闭开关箱	
25		2. 断电时操作失误，造成人员触电	5	1	1	5	四级	断电后，对开关的三相电源分别进行测量并放电	
26		3. 非专业人员断电，导致人员伤害	5	1	1	5	四级	专业电工持证上岗操作	
27	打开除尘器检修盖板	1. 作业人员劳保鞋鞋带未系好，安全帽下颏带未系好，导致人员受伤	5	2	3	30	四级	工作服穿着做到"三紧"，确保劳保鞋无破损且鞋带系好，安全帽下颏带系好，口罩与面部无缝隙	
28		2. 检查更换布袋时，将铁盖板立在旁边的栏杆上，若倾倒，会砸伤工作人员	15	10	0.1	15	四级	平放盖板，防止掉落伤人	
29		3. 无专人进行安全监护，导致人员挤伤	25	3	1	75	三级	互联互保人员相互警示	
30	更换布袋	1. 粉尘造成人员患职业病	25	1	1	25	四级	确保口罩与面部无缝隙	
31		2. 人员用力过大，导致摔倒	15	10	0.1	15	四级	互联互保人员相互警示	
32		3. 劳保鞋鞋带未系好，导致人员受伤	5	2	3	30	四级	工作服穿着做到"三紧"，确保劳保鞋无破损且鞋带系好，安全帽下颏带系好	
33	整理螺丝刀、电笔、扳手，清理作业现场	1. 未及时整理螺丝刀、电笔、扳手，易造成人员碰伤、磕伤	5	1	1	5	四级	作业人员确认螺丝刀、电笔、扳手无遗留，且将其放置在检修班工器具箱内，将现场物品摆放整齐	
34		2. 作业现场未清理干净，易造成人员滑倒、碰伤、磕伤	5	1	1	5	四级	作业负责人检查作业现场	
35	属地确认	1. 检修人员未全部撤离就启动设备，造成伤害	5	1	1	5	四级	巡视现场，确认检修人员全部撤离	
36		2. 检修现场遗留物品，导致产生其他风险	25	1	1	25	四级	确认检修现场的工器具、配件、物料全部清理完毕	

表 3.101 更换电解烟气净化系统除尘布袋作业安全风险辨识及防控措施一览表

序号	主要操作步骤	存在的风险	风险等级分析					主要防控措施	备注
			后果	暴露	可能性	风险值	风险等级		
1	作业前检查人员状态和劳动保护用品穿戴情况	1. 作业人员有班前喝酒、睡眠不足、身体不适、精神状态不好等情况，导致作业过程中注意力不集中	25	1	0.5	12.5	四级	作业前，作业负责人检查作业人员是否酒后上岗，询问身体是否不适，观察精神状态是否正常，确认良好后方可作业	
2		2. 作业人员未按规定穿戴劳动保护用品（工作服、劳保鞋、安全帽、口罩），导致人员伤害	25	1	0.5	12.5	四级	作业前，作业负责人、互联互保人员检查作业人员工作服着（做到"三紧"），确保劳保鞋无破损且鞋带系好，安全帽下颏带系好，口罩与面部无缝隙	
3	作业前风险评价	1. 作业前未按要求开展风险辨识，导致人员伤害	15	10	0.1	15	四级	每次作业前要进行风险辨识	
4		2. 未结合现场实际情况进行风险辨识，导致人员伤害	15	10	0.1	15	四级	风险辨识要结合现场实际，根据工作环境的变化完善辨识内容，逐一落实防控措施	
5		3. 风险辨识过程中有遗漏，导致人员伤害	15	10	0.1	15	四级	抽查作业人员掌握存在的风险和防控措施情况，对照口袋卡及作业任务中存在的风险手指口述逐项进行提示提醒	
6		4. 未明确作业负责人、未确定互联互保人员，导致人员伤害	15	10	0.1	15	四级	指定作业负责人和互联互保人员	
7		5. 未掌握作业时的风险，导致人员伤害	15	10	0.1	15	四级	每项作业前要进行风险辨识	
8		6. 不知道作业中风险的防控措施，导致人员伤害	15	10	0.1	15	四级	风险辨识要结合现场实际，根据工作环境的变化完善辨识内容，逐一落实防控措施	
9	办理工作票	1. 未办理工作票就擅自作业，造成事故	25	2	3	150	三级	危险作业按照要求逐级审批，辨识后再办理工作票	
10		2. 未经审批就擅自作业，造成事故	25	2	3	150	三级	区域管理人员按照工作票要求逐级审批，现场监护	
11		3. 未经现场确认就进行作业，造成事故	25	2	3	150	三级	一般检修作业需经签发属地确认后方可操作	

续表

序号	主要操作步骤	存在的风险	风险等级分析					主要防控措施	备注
			后果	暴露	可能性	风险值	风险等级		
12	办理有限空间作业审批	1. 未明确分级管控负责人、未确定危险作业等级，易造成事故	5	2	3	150	三级	（1）10人以上（含10人）在有中毒或窒息等危险的有限空间场所作业，由公司审批 （2）3~9人在有中毒或窒息等危险的有限空间场所作业，由分厂审批 （3）1~2人在容器、炉窑内作业，由车间审批	
13		2. 作业人员不清楚危险作业，导致事故发生	50	1	3	150	三级	（1）作业前进行安全交底 （2）逐条确认安全措施的可靠性 （3）进行作业前风险辨识	
14		3. 作业人员未结合现场实际情况进行办理，导致事故发生	5	2	3	150	三级	审批人员结合现场实际情况现场验证安全措施可靠后签发办理	
15	作业前唱票	1. 作业人员对作业环境中的风险掌握有遗漏，造成事故	25	2	0.5	25	四级	对照口袋卡及作业任务中存在的风险手指口述逐项进行提示提醒	
16		2. 作业人员不知道作业环境中的风险，造成事故	25	2	0.5	25	四级	每项作业前要进行风险辨识	
17		3. 作业人员不知道作业环境中的风险如何防控，造成事故	25	2	0.5	25	四级	结合检修内容与作业现场环境逐一落实安全措施	
18	检查螺丝刀、电笔、扳手、气体检测仪	1. 扳手有磨损，导致作业时发生滑脱	5	1	1	5	四级	检查扳手有无明显磨损，如有，应及时更换	
19		2. 电笔有损坏，造成人员触电	25	2	0.5	25	四级	在带电线路上检查电笔是否完好	
20		3. 螺丝刀把手有损坏，导致人员伤害	5	1	1	5	四级	作业前确认工器具是否完好	
21		4. 气体检测仪电量低，导致有害气体检测结果不准确	50	2	3	300	二级	作业前检查气体检测仪电量是否充足，试验完好后再使用	
22	关闭除尘器进出口烟道阀门	1. 未关闭到位，导致有害气体伤人	25	2	0.5	25	四级	关闭进出口烟道阀门并现场查看限位是否到位	
23		2. 操作不当，造成其他伤害	25	2	0.5	25	四级	互联互保人员相互监护，按照规程操作	

续表

序号	主要操作步骤	存在的风险	风险等级分析					主要防控措施	备注
			后果	暴露	可能性	风险值	风险等级		
24	关闭氧化铝阀门	1. 作业人员劳保鞋鞋带未系好，安全帽下颏带未系好，导致人员受伤	25	1	1	25	四级	工作服穿着做到"三紧"，确保劳保鞋无破损且鞋带系好，安全帽下颏带系好，口罩与面部无缝隙	
25		2. 大量的粉尘影响人员作业，并可造成人员患呼吸道疾病或烟道积料	25	1	1	25	四级	操作前互联互保人员与作业人员共同确认氧化铝阀门关闭严密	
26		3. 操作不当，造成设备损坏	25	1	1	25	四级	按照规程操作，互联互保人员相互提醒	
27	关闭压缩空气阀门	1. 阀门未关闭或关闭不到位，造成压缩空气伤人	25	1	1	25	四级	作业前检查阀门，确保阀门的严密性可靠	
28		2. 操作不当，造成其他伤害	25	1	1	25	四级	按照规程操作，互联互保人员相互提醒	
29	打开除尘器检修门并固定	1. 快速吸回的门可造成人员伤害	25	1	1	25	四级	将反应器门使用固门器固定牢靠	
30		2. 人员注意力不集中，造成高处坠落	25	1	1	25	四级	正确站立，互联互保人员旁边监控	
31		3. 操作不当，造成其他伤害	25	1	1	25	四级	2人以上配合，作业负责人、互联互保人员现场监控	
32	定时进行氧含量、有害气体检测	1. 氧含量不足，造成人员窒息	50	2	1	100	三级	（1）人员严格按照"先通风，后检测，再作业"的原则进行作业 （2）在受限空间外指定专门的监护人进行安全监护 （3）作业时应至少2 h进行一次有毒有害气体检测，发现异常立即组织人员撤离作业现场 （4）现场配置正压式呼吸器	
33		2. 人员注意力不集中，造成高处坠落	25	1	1	25	四级	作业人员系好安全绳，利用对讲机做好沟通	
34		3. 操作不当，造成其他伤害	25	1	1	25	四级	互联互保人员现场监护，分工应做到合理，作业负责人检查作业现场	

续表

序号	主要操作步骤	存在的风险	风险等级分析					主要防控措施	备注
			后果	暴露	可能性	风险值	风险等级		
35	更换除尘器布袋	1. 除尘器室内光线暗,易绊倒人员;搬运喷吹管时操作不当,造成人员受伤	25	1	1	25	四级	使用磁吸照明灯进行照明	
36		2. 人员注意力不集中,造成高处坠落	50	3	1	150	三级	作业负责人、互联互保人员现场监控,相互配合	
37		3. 操作不当,造成其他伤害	25	3	1	75	三级	作业时2人搬运,防止砸伤	
38	整理螺丝刀、电笔、扳手、气体检测仪,清理作业现场	1. 未及时整理螺丝刀、电笔、扳手、气体检测仪,易造成人员碰伤、磕伤	5	1	1	5	四级	作业人员确认螺丝刀、电笔、扳手、气体检测仪无遗留,并按要求将其放置在检修班工器具箱内	
39		2. 作业现场未清理干净,易造成人员滑倒、碰伤、磕伤	5	1	1	5	四级	作业负责人检查作业现场	
40	属地确认	1. 检修人员未全部撤离就启动设备,造成伤害	5	2	1	20	四级	巡视现场,确认检修人员全部撤离	
41		2. 检修现场遗留物品,导致产生其他风险	5	1	1	5	四级	确认检修现场的工器具、配件、物料全部清理完毕	

表3.102 维修净化除尘器反应器作业安全风险辨识及防控措施一览表

序号	主要操作步骤	存在的风险	风险等级分析					主要防控措施	备注
			后果	暴露	可能性	风险值	风险等级		
1	作业前检查人员状态和劳动保护用品穿戴情况	1. 作业人员有班前喝酒、睡眠不足、身体不适、精神状态不好等情况,导致作业过程中注意力不集中	25	1	0.5	12.5	四级	作业前,作业负责人检查作业人员是否酒后上岗,询问身体是否不适,观察精神状态是否正常,确认良好后方可作业	
2		2. 作业人员未按规定穿戴劳动保护用品(工作服、劳保鞋、安全帽、口罩),导致人员伤害	25	1	0.5	12.5	四级	作业前,作业负责人、互联互保人员检查作业人员工作服穿着(做到"三紧"),确保劳保鞋无破损且鞋带系好,安全帽下颚带系好,口罩与面部无缝隙	

续表

序号	主要操作步骤	存在的风险	风险等级分析					主要防控措施	备注
			后果	暴露	可能性	风险值	风险等级		
3	作业前风险评价	1. 作业前未按要求开展风险辨识，导致人员伤害	15	10	0.1	15	四级	每次作业前要进行风险辨识	
4		2. 未结合现场实际情况进行风险辨识，导致人员伤害	15	10	0.1	15	四级	风险辨识要结合现场实际，根据工作环境的变化完善辨识内容，逐一落实防控措施	
5		3. 风险辨识过程中有遗漏，导致人员伤害	15	10	0.1	15	四级	抽查作业人员掌握存在的风险和防控措施情况，对照口袋卡及作业任务中存在的风险手指口述逐项进行提示提醒	
6		4. 未明确作业负责人，未确定互联互保人员，导致人员伤害	15	10	0.1	15	四级	指定作业负责人和互联互保人员	
7		5. 未掌握作业时的风险，导致人员伤害	15	10	0.1	15	四级	每项作业前要进行风险辨识	
8		6. 不知道作业中风险的防控措施，导致人员伤害	15	10	0.1	15	四级	风险辨识要结合现场实际，根据工作环境的变化完善辨识内容，逐一落实防控措施	
9	办理工作票	1. 未办理工作票就擅自作业，造成事故	25	2	3	150	三级	危险作业按照要求逐级审批，辨识后再办理工作票	
10		2. 未经审批就擅自作业，造成事故	25	2	3	150	三级	区域管理人员按照工作票要求逐级审批，现场监护	
11		3. 未经现场确认就进行作业，造成事故	25	2	3	150	三级	一般检修作业需经签发属地确认后方可操作	
12	办理有限空间作业审批	1. 未明确分级管控负责人、未确定危险作业等级，易造成事故	5	2	3	150	三级	（1）10人以上（含10人）在有中毒或窒息等危险的有限空间场所作业，由公司审批 （2）3~9人在有中毒或窒息等危险的有限空间场所作业，由分厂审批 （3）1~2人在容器、炉窑内作业，由车间审批	
13		2. 作业人员不清楚危险作业，导致事故发生	50	1	3	150	三级	（1）作业前进行安全交底 （2）逐条确认安全措施的可靠性 （3）进行作业前风险辨识	
14		3. 作业人员未结合现场实际情况进行办理，导致事故发生	5	2	3	150	三级	审批人员结合现场实际情况现场验证安全措施可靠后签发办理	

续表

序号	主要操作步骤	存在的风险	风险等级分析					主要防控措施	备注
			后果	暴露	可能性	风险值	风险等级		
15	作业前唱票	1. 作业人员对作业环境中的风险掌握有遗漏，造成事故	25	2	0.5	25	四级	对照口袋卡及作业任务中存在的风险手指口述逐项进行提示提醒	
16		2. 作业人员不知道作业环境中的风险，造成事故	25	2	0.5	25	四级	每项作业前要进行风险辨识	
17		3. 作业人员不知道作业环境中的风险如何防控，造成事故	25	2	0.5	25	四级	结合检修内容与作业现场环境逐一落实安全措施	
18	检查螺丝刀、电笔、扳手	1. 扳手有磨损，导致作业时出现滑脱，造成人员伤害	5	1	1	5	四级	检查扳手有无明显磨损，如有，应及时更换	
19		2. 电笔有损坏，造成人员触电	25	2	0.5	25	四级	在带电线路上检查电笔是否完好	
20		3. 螺丝刀把手有损坏，造成人员伤害	5	1	1	5	四级	作业前确认工器具是否完好	
21	关闭反应器氧化铝进料阀门	1. 作业人员劳保鞋鞋带未系好，安全帽下颏带未系好，导致人员受伤	5	1	3	30	四级	工作服穿着做到"三紧"，确保劳保鞋无破损且鞋带系好，安全帽下颏带系好，口罩与面部无缝隙	
22		2. 大量的粉尘影响人员作业，造成人员患呼吸道疾病	25	1	1	25	四级	按流程操作时，确保氧化铝进料阀门及二次料下料阀均已关闭严密	
23		3. 操作不当，造成设备损坏	25	1	1	25	四级	操作时先对推杆阀进行确认，确保推杆阀无卡阻，严禁强行打开推杆阀	
24	断电挂牌	1. 未断电挂牌，造成人员触电	50	2	1	100	三级	警示牌悬挂牢靠，锁闭开关箱	
25		2. 断电时操作失误，造成人员触电	50	2	1	100	三级	断电后，对开关的三相电源分别进行测量并放电	
26		3. 非专业人员断电，造成人员触电	5	1	1	5	四级	专业电工持证上岗操作	
27	验电	1. 验电前未检查电笔，造成人员触电	25	1	1	25	四级	验电前检查电笔好坏	

续表

序号	主要操作步骤	存在的风险	风险等级分析					主要防控措施	备注
			后果	暴露	可能性	风险值	风险等级		
28	验电	2. 验电前未确认万用表是否正常，造成人员触电	25	1	1	25	四级	验电前检查万用表是否正常	
29		3. 非专业人员操作，易造成人员触电	25	1	1	25	四级	专业电工持证上岗操作	
30	打开检修门	1. 1人较难打开门，有受伤风险	5	1	1	5	四级	2人以上配合，作业负责人、互联互保人员现场监控	
31		2. 门未固定牢靠，导致砸伤人员手臂	25	1	1	25	四级	将检修门使用固门器固定牢靠	
32		3. 人员未协同作业或沟通不佳，导致人员磕碰	25	1	1	25	四级	人员协同作业，加强沟通	
33	检查固门器	1. 固门器开裂导致反应器门关回，造成人员受伤	5	1	1	5	四级	作业人员检查固门器外观是否开裂	
34		2. 固门器存在缺陷，导致其他伤害	25	1	1	25	四级	作业人员协同作业检查	
35		3. 人员注意力不集中，导致磕伤	25	1	1	25	四级	互联互保人员现场监护	
36	通风检测	1. 作业人员未严格按照"先通风，后检测，再作业"进行操作，导致人员受伤或死亡	50	2	3	300	三级	人员严格按照"先通风，后检测，再作业"的原则进行作业	
37		2. 在受限空间外未指定专门的监护人进行安全监护	50	2	3	300	三级	在受限空间外安排专人进行安全监护	
38		3. 作业时未按要求进行有毒有害气体检测，发现异常没有立即组织人员撤离作业现场	50	2	3	300	三级	作业时应至少2 h进行一次有毒有害气体检测，发现异常立即组织人员撤离作业现场	

续表

序号	主要操作步骤	存在的风险	风险等级分析					主要防控措施	备注
			后果	暴露	可能性	风险值	风险等级		
39	焊接、维修	1. 反应器室内光线暗，易绊倒；进行维修作业时操作不当，导致人员受伤	25	3	1	75	三级	作业负责人、互联互保人员现场监控、相互配合，使用磁吸照明灯进行照明	
40		2. 作业人员劳保鞋鞋带未系好，安全帽下颚带未系好，导致人员受伤	25	3	1	75	三级	工作服穿着做到"三紧"，确保劳保鞋无破损且鞋带系好，安全帽下颚带系好，口罩与面部无缝隙	
41		3. 操作不当，造成其他伤害	25	3	1	75	三级	严格按照规程操作	
42	整理螺丝刀、电笔、扳手，清理现场	1. 未及时整理螺丝刀、电笔、扳手，易造成人员碰伤、磕伤	5	1	1	5	四级	作业人员确认螺丝刀、电笔、扳手无遗留，并将其放置在检修班工器具箱内，将现场物品摆放整齐	
43		2. 作业现场未清理干净，易造成人员滑倒、碰伤、磕伤	5	1	1	5	四级	作业负责人检查作业现场	
44	属地确认	1. 检修人员未全部撤离就启动设备，造成伤害	5	1	1	5	四级	巡视现场，确认检修人员全部撤离	
45		2. 检修现场遗留物品，导致产生其他风险	25	1	1	25	四级	确认检修现场的工器具、配件、物料全部清理完毕	

表3.103 更换脱硫除尘器布袋作业安全风险辨识及防控措施一览表

序号	主要操作步骤	存在的风险	风险等级分析					主要防控措施	备注
			后果	暴露	可能性	风险值	风险等级		
1	作业前检查人员状态和劳动保护用品穿戴情况	1. 作业人员有班前喝酒、睡眠不足、身体不适、精神状态不好等情况，导致作业过程中注意力不集中	25	1	0.5	12.5	四级	作业前，作业负责人检查作业人员是否酒后上岗，询问身体是否不适，观察精神状态是否正常，确认良好后方可作业	
2		2. 作业人员未按规定穿戴劳动保护用品（工作服、劳保鞋、安全帽、口罩），导致人员伤害	25	1	0.5	12.5	四级	作业前，作业负责人、互联互保人员检查作业人员工作服穿着（做到"三紧"），确保劳保鞋无破损且鞋带系好，安全帽下颚带系好，口罩与面部无缝隙	

续表

序号	主要操作步骤	存在的风险	风险等级分析					主要防控措施	备注
			后果	暴露	可能性	风险值	风险等级		
3	作业前风险评价	1. 作业前未按要求开展风险辨识，导致人员伤害	15	10	0.1	15	四级	每次作业前要进行风险辨识	
4		2. 未结合现场实际情况进行风险辨识，导致人员伤害	15	10	0.1	15	四级	风险辨识要结合现场实际，根据工作环境的变化完善辨识内容，逐一落实防控措施	
5		3. 风险辨识过程中有遗漏，导致人员伤害	15	10	0.1	15	四级	抽查作业人员掌握存在的风险和防控措施情况，对照口袋卡及作业任务中存在的风险手指口述逐项进行提示提醒	
6		4. 未明确作业负责人，未确定互联互保人员，导致人员伤害	15	10	0.1	15	四级	指定作业负责人和互联互保人员	
7		5. 未掌握作业时的风险，导致人员伤害	15	10	0.1	15	四级	每项作业前要进行风险辨识	
8		6. 不知道作业中风险的防控措施，导致人员伤害	15	10	0.1	15	四级	风险辨识要结合现场实际，根据工作环境的变化完善辨识内容，逐一落实防控措施	
9	办理工作票	1. 未办理工作票就擅自作业，造成事故	25	2	3	150	三级	危险作业按照要求逐级审批，辨识后再办理工作票	
10		2. 未经审批就擅自作业，造成事故	25	2	3	150	三级	区域管理人员按照工作票要求逐级审批，现场监护	
11		3. 未经现场确认就进行作业，造成事故	25	2	3	150	三级	一般检修作业需经签发属地确认后方可操作	
12	办理有限空间作业审批	1. 未明确分级管控负责人、未确定危险作业等级，易造成事故	5	2	3	150	三级	（1）10人以上（含10人）在有中毒或窒息等危险的有限空间场所作业，由公司审批 （2）3~9人在有中毒或窒息等危险的有限空间场所作业，由分厂审批 （3）1~2人在容器、炉窑内作业，由车间审批	
13		2. 作业人员不清楚危险作业，导致事故发生	50	1	3	150	三级	（1）作业前进行安全交底 （2）逐条确认安全措施的可靠性 （3）进行作业前风险辨识	
14		3. 作业人员未结合现场实际情况进行办理，导致事故发生	5	2	3	150	三级	审批人员结合现场实际情况现场验证安全措施可靠后签发办理	

续表

序号	主要操作步骤	存在的风险	风险等级分析					主要防控措施	备注
			后果	暴露	可能性	风险值	风险等级		
15	作业前唱票	1. 作业人员对作业环境中的风险掌握有遗漏，造成事故	25	2	0.5	25	四级	对照口袋卡及作业任务中存在的风险手指口述逐项进行提示提醒	
16		2. 作业人员不知道作业环境中的风险，造成事故	25	2	0.5	25	四级	每项作业前要进行风险辨识	
17		3. 作业人员不知道作业环境中的风险如何防控，造成事故	25	2	0.5	25	四级	结合检修内容与作业现场环境逐一落实安全措施	
18	检查螺丝刀、电笔、扳手、气体检测仪	1. 扳手有磨损，导致作业时发生滑脱	5	1	1	5	四级	检查扳手有无明显磨损，如有，应及时更换	
19		2. 电笔有损坏，造成人员触电	25	2	0.5	25	四级	在带电线路上检查电笔是否完好	
20		3. 螺丝刀把手有损坏，导致人员伤害	5	1	1	5	四级	作业前确认工器具是否完好	
21		4. 气体检测仪电量低，导致有害气体检测结果不准确	25	2	0.5	25	四级	作业前检查气体检测仪电量是否充足，试验完好后再使用	
22	关闭除尘器进出口烟道阀门	1. 未关闭到位，导致有害气体伤人	5	1	1	5	四级	确保口罩与面部无缝隙，关闭进出口烟道阀门并现场查看限位是否到位	
23		2. 人员注意力不集中，造成高处坠落	5	1	1	5	四级	互联互保人员相互监督、提醒，作业时系好安全带	
24		3. 操作不当，造成其他伤害	25	1	1	25	四级	作业负责人确认每一步正确后方可进行下一步操作	
25	关闭压缩空气阀门	1. 阀门未关闭或关闭不到位，造成压缩空气伤人	5	1	1	5	四级	作业前检查阀门，确保阀门的严密性可靠	
26		2. 人员注意力不集中，造成高处坠落	5	1	1	5	四级	互联互保人员相互监督、提醒，作业时系好安全带	
27		3. 操作不当，造成其他伤害	25	1	1	25	四级	作业负责人确认每一步正确后方可进行下一步操作	
28	打开除尘器检修门并固定	1. 快速吸回的门可造成人员伤害	25	1	1	25	四级	将反应器门使用固门器固定牢靠	
29		2. 人员注意力不集中，造成高处坠落	5	1	1	5	四级	互联互保人员相互监督、提醒，作业时系好安全带	
30		3. 操作不当，造成其他伤害	25	1	1	25	四级	作业负责人确认每一步正确后方可进行下一步操作	

续表

序号	主要操作步骤	存在的风险	风险等级分析					主要防控措施	备注
			后果	暴露	可能性	风险值	风险等级		
31	通风检测	1. 氧含量不足，造成人员窒息	50	2	1	100	三级	（1）人员严格按照"先通风，后检测，再作业"的要求作业 （2）安排专人进行安全监护 （3）作业时应至少2 h进行一次有毒有害气体检测，发现异常立即组织人员撤离 （4）作业现场配置正压式呼吸器	
32		2. 人员注意力不集中，造成高处坠落	5	1	1	5	四级	互联互保对象相互监督、提醒，作业时系好安全带	
33		3. 操作不当，造成其他伤害	25	1	1	25	四级	作业负责人确认每一步正确后方可进行下一步操作	
34	更换除尘器布袋	1. 除尘器室内光线暗，易绊倒人员；搬运喷吹管时操作不当，导致人员受伤	25	3	1	75	三级	使用磁吸照明灯进行照明	
35		2. 人员注意力不集中，造成高处坠落	25	3	1	75	三级	互联互保人员相互监督、提醒，作业时系好安全带	
36		3. 操作不当，造成其他伤害	25	3	1	75	三级	作业负责人确认每一步正确后方可进行下一步操作	
37	整理螺丝刀、电笔、扳手、气体检测仪，清理作业现场	1. 未及时整理螺丝刀、电笔、扳手、气体检测仪，易造成人员碰伤、磕伤	5	1	1	5	四级	作业人员确认螺丝刀、电笔、扳手、气体检测仪无遗留，并按要求将其放至检修班工器具箱内	
38		2. 作业现场未清理干净，易造成人员滑倒、碰伤、磕伤	5	1	1	5	四级	作业负责人检查作业现场	
39		3. 人员注意力不集中，造成高处坠落	5	1	1	5	四级	互联互保人员相互监督、提醒，作业时系好安全带	
40	属地确认	1. 检修人员未全部撤离就启动设备，造成伤害	5	1	1	5	四级	巡视现场，确认检修人员全部撤离	
41		2. 检修现场遗留物品，导致产生其他风险	5	1	1	5	四级	确认检修现场的工器具、配件、物料全部清理完毕	
42		3. 操作不当，造成其他伤害	25	1	1	25	四级	互联互保人员现场监护	

表 3.104 检修高压风机作业安全风险辨识及防控措施一览表

序号	主要操作步骤	存在的风险	风险等级分析					主要防控措施	备注
			后果	暴露	可能性	风险值	风险等级		
1	作业前检查人员状态和劳动保护用品穿戴情况	1. 作业人员有班前喝酒、睡眠不足、身体不适、精神状态不好等情况，导致作业过程中注意力不集中	25	1	0.5	12.5	四级	作业前，作业负责人检查作业人员是否酒后上岗，询问身体是否不适，观察精神状态是否正常，确认良好后方可作业	
2		2. 作业人员未按规定穿戴劳动保护用品（工作服、劳保鞋、安全帽、口罩），导致人员伤害	25	1	0.5	12.5	四级	作业前，作业负责人、互联互保人员检查作业人员工作服穿着（做到"三紧"），确保劳保鞋无破损且鞋带系好，安全帽下颏带系好，口罩与面部无缝隙	
3	作业前风险评价	1. 作业前未开展风险辨识，导致人员伤害	15	10	0.1	15	四级	每次作业前要进行风险辨识	
4		2. 作业人员未结合现场实际情况进行风险辨识，导致人员伤害	15	10	0.1	15	四级	风险辨识要结合现场实际，根据工作环境的变化完善辨识内容，逐一落实防控措施	
5		3. 作业人员风险辨识过程中有遗漏，导致人员伤害	15	10	0.1	15	四级	抽查作业人员掌握存在的风险和防控措施情况	
6		4. 作业人员未明确作业负责人，未确定互联互保人员，导致人员伤害	15	10	0.1	15	四级	指定作业负责人和互联互保人员	
7		5. 作业人员未掌握作业时的风险，导致人员伤害	15	10	0.1	15	四级	抽查作业人员掌握存在的风险和防控措施情况	
8		6. 作业人员不知道作业中风险的防控措施，导致人员伤害	15	10	0.1	15	四级	对照口袋卡及作业任务中存在的风险手指口述逐项进行提示提醒，逐一落实防控措施	
9	办理工作票	1. 未办理工作票就擅自作业，造成事故	25	2	3	150	三级	危险作业按照要求逐级审批，辨识后再办理检修工作票	
10		2. 未经审批就擅自作业，造成事故	25	2	3	150	三级	区域管理人员按照工作票要求逐级审批，现场监护	
11		3. 未经现场确认就进行作业，造成事故	25	2	3	150	三级	一般检修作业需经签发属地确认后方可操作	

续表

序号	主要操作步骤	存在的风险	风险等级分析					主要防控措施	备注
			后果	暴露	可能性	风险值	风险等级		
12	作业前唱票	1. 作业人员对作业环境中的风险掌握有遗漏，导致人员伤害	25	2	0.5	25	四级	对照口袋卡及作业任务中存在的风险手指口述逐项进行提示提醒，逐一落实防控措施	
13		2. 作业人员不知道作业环境中的风险，导致人员伤害	25	2	0.5	25	四级	每项作业前要进行风险辨识	
14		3. 作业人员不知道作业环境中的风险如何防控，导致人员伤害	25	2	0.5	25	四级	结合检修内容与作业现场环境逐一落实安全措施	
15	检查螺丝刀、电笔、扳手	1. 扳手有磨损，导致作业时发生滑脱，造成人员伤害	5	1	1	5	四级	检查扳手有无明显磨损，如有，应及时更换	
16		2. 电笔有损坏，造成验电结果错误，导致人员触电	25	2	0.5	25	四级	在带电线路上检查电笔是否完好	
17		3. 螺丝刀把手有损坏，导致作业时发生滑脱	5	1	1	5	四级	作业前确认工器具完好	
18	断电挂牌	1. 未断电挂牌，造成人员触电	50	2	1	100	三级	警示牌悬挂牢靠，锁闭开关箱	
19		2. 断电时操作失误，造成人员触电	50	2	1	100	三级	断电后，对开关的三相电源分别进行测量并放电	
20		3. 非专业人员断电，导致人员触电	5	1	1	5	四级	专业电工持证上岗操作	
21		4. 断电后未等主回路滤波电容放电完毕就进行检修作业，造成人员触电	25	2	0.5	25	四级	严格按照检修作业规程操作，电容没有放电完毕不得进行检修作业	
22	验电	1. 验电前未检查电笔好坏，造成人员触电	50	2	1	100	三级	验电前检查电笔好坏	
23		2. 验电前未确认万用表是否正常，造成人员触电	25	1	1	25	四级	验电前检查万用表是否正常	
24		3. 非专业人员操作，造成人员触电	25	1	1	25	四级	专业电工持证上岗操作	
25	拆卸更换电机地脚螺栓	未使用敲击扳手，或操作时用力不当，导致人员伤害	5	1	1	5	四级	严格按照操作规程作业	

续表

序号	主要操作步骤	存在的风险	风险等级分析					主要防控措施	备注
			后果	暴露	可能性	风险值	风险等级		
26	拆卸更换风机联轴器	1. 拔轮器与联轴器连接部位发生滑脱，导致人员伤害	25	1	1	25	四级	确认拔轮器完好并按照操作规程作业	
27		2. 进口阀门没有关闭严实，负压带动风机叶轮和联轴器旋转，造成人员伤害	50	2	1	100	三级	严格按照工艺操作规程作业，关闭风机进口阀门	
28		3. 进口阀法兰没有用盲板封堵，负压把作业人员吸入烟管内	50	2	1	100	三级	严格按照检修作业规程作业，封堵风机进口阀法兰	
29		4. 站在烟管上端作业，未系安全带，导致高处坠落	50	2	1	100	三级	严格按照检修作业规程作业，高处作业时系好安全带	
30	拆卸更换风机叶轮	1. 未正确使用工器具，造成手部受伤	25	1	1	25	四级	拧扳手时方向朝外侧	
31		2. 未正确操作，可能导致其他伤害	25	1	1	25	四级	严格按照规程操作	
32		3. 工器具存在缺陷，导致人员磕碰	5	1	1	5	四级	作业前确认工器具是否完好	
33		4. 在操作过程中出现拔轮器滑脱，造成人员伤害	25	1	1	25	四级	确认拔轮器完好并按照操作规程作业	
34	拆卸轴承箱盖	1. 未正确使用工器具，造成人员手部受伤	25	1	1	25	四级	拧扳手时方向朝外侧	
35		2. 未正确操作，可能导致其他伤害	25	1	1	25	四级	严格按照规程操作	
36		3. 工器具存在缺陷，可能导致人员磕碰	5	1	1	5	四级	作业前确认工器具是否完好	
37	拆卸风机轴承	1. 用手锤敲击时，若操作不慎，可能伤及手部	25	1	1	25	四级	必须使用工器具进行作业	
38		2. 未带眼罩，产生的铁屑可能崩入眼内	25	1	1	25	四级	工作服穿着做到"三紧"，确保劳保鞋无破损且鞋带系好，戴好手套及眼镜或罩，现场放置灭火器	
39		3. 周围有易燃物，进行气割作业可能引发火灾	25	1	1	25	四级	清除周围易燃物	

续表

序号	主要操作步骤	存在的风险	风险等级分析					主要防控措施	备注
			后果	暴露	可能性	风险值	风险等级		
40	拆卸风机轴承	4. 违反气割操作规定，气瓶距离达不到要求，未安装回火阀，可能发生火灾或爆炸，被割物件温度高导致人员烫伤	50	0.5	0.5	12.5	四级	保证动火点距离气瓶10 m以上，气瓶之间的距离保持在5 m以上，安装回火阀门，防止着火	
41	更换补充润滑油	1. 作业人员劳保鞋带未系好，安全帽下颏带未系好，导致人员受伤	5	2	3	30	四级	工作服穿着做到"三紧"，确保劳保鞋无破损且鞋带系好，安全帽下颏带系好	
42		2. 泄漏的油脂可造成环境污染	25	1	1	25	四级	使用专用的注油辅助工器具，注油时要缓慢、小心	
43		3. 现场工器具准备不全，导致油品泄漏	25	1	1	25	四级	准备好抹布等工器具，对洒出的油脂进行彻底清除	
44	整理螺丝刀、电笔、扳手，清理作业现场	1. 未及时整理螺丝刀、电笔、扳手，易造成人员碰伤、磕伤	5	1	1	5	四级	作业人员确认螺丝刀、电笔、扳手无遗留，并按要求将其放置在检修班工器具箱内，将现场物品摆放整齐	
45		2. 作业现场未清理干净，易造成人员滑倒、碰伤、磕伤	5	1	1	5	四级	作业负责人检查作业现场	
46	属地确认	1. 检修人员未全部撤离就启动设备，造成伤害	5	2	1	20	四级	巡视现场，确认检修人员全部撤离	
47		2. 检修现场遗留物品，导致产生其他风险	5	1	1	5	四级	确认检修现场的工器具、配件、物料全部清理完毕	

表3.105 维护检修罗茨鼓风机作业安全风险辨识及防控措施一览表

序号	主要操作步骤	存在的风险	风险等级分析					主要防控措施	备注
			后果	暴露	可能性	风险值	风险等级		
1	作业前检查人员状态和劳动保护用品穿戴情况	1. 作业人员班前喝酒、睡眠不足、身体不适、精神状态不好等情况，导致作业过程中注意力不集中	25	1	0.5	12.5	四级	作业前，作业负责人检查作业人员是否酒后上岗，询问身体是否不适，观察精神状态是否正常，确认良好后方可作业	

续表

序号	主要操作步骤	存在的风险	风险等级分析					主要防控措施	备注
			后果	暴露	可能性	风险值	风险等级		
2	作业前检查人员状态和劳动保护用品穿戴情况	2. 作业人员未按规定穿戴劳动保护用品（工作服、劳保鞋、安全帽、口罩），导致人员伤害	25	1	0.5	12.5	四级	作业前，作业负责人、互联互保人员检查作业人员工作服穿着（做到"三紧"），确保劳保鞋无破损且鞋带系好，安全帽下颌带系好，口罩与面部无缝隙	
3	作业前风险评价	1. 作业人员作业前未按要求开展风险辨识，导致人员伤害	15	10	0.1	15	四级	每次作业前要进行风险辨识	
4		2. 作业人员未结合现场实际情况进行风险辨识，导致人员伤害	15	10	0.1	15	四级	风险辨识要结合现场实际，根据工作环境的变化完善辨识内容，逐一落实防控措施	
5		3. 作业人员风险辨识过程中有遗漏，导致人员伤害	15	10	0.1	15	四级	抽查作业人员掌握存在的风险和防控措施情况	
6		4. 作业人员未明确作业负责人，未确定互联互保人员，导致人员伤害	15	10	0.1	15	四级	指定作业负责人和互联互保人员	
7		5. 作业人员未掌握作业时的风险，导致人员伤害	15	10	0.1	15	四级	抽查作业人员掌握存在的风险和防控措施情况	
8		6. 作业人员不知道作业中风险的防控措施，导致人员伤害	15	10	0.1	15	四级	对照口袋卡及作业任务中存在的风险手指口述逐项进行提示提醒，逐一落实防控措施	
9	办理工作票	1. 未办理工作票就擅自作业，造成事故	25	2	3	150	三级	危险作业按照要求逐级审批，辨识后再办理工作票	
10		2. 未经审批就擅自作业，造成事故	25	2	3	150	三级	区域管理人员按照工作票要求逐级审批，现场监护	
11		3. 未经现场确认就进行作业，造成事故	25	2	3	150	三级	一般检修作业需经签发属地确认后方可操作	
12	作业前唱票	1. 作业人员对作业环境中的风险掌握有遗漏，导致人员伤害	25	2	0.5	25	四级	对照口袋卡及作业任务中存在的风险手指口述逐项进行提示提醒，逐一落实防控措施	
13		2. 作业人员不知道作业环境中的风险，导致人员伤害	25	2	0.5	25	四级	每项作业前要进行风险辨识	
14		3. 作业人员不知道作业环境中的风险如何防控，导致人员伤害	25	2	0.5	25	四级	结合检修内容与作业现场环境逐一落实安全措施	

续表

序号	主要操作步骤	存在的风险	风险等级分析					主要防控措施	备注
			后果	暴露	可能性	风险值	风险等级		
15	检查螺丝刀、电笔、扳手	1. 扳手有磨损，导致作业时发生滑脱	5	1	1	5	四级	检查扳手有无明显磨损，如有，应及时更换	
16		2. 电笔有损坏，造成验电结果错误，导致人员触电	25	2	0.5	25	四级	在带电线路上检查电笔是否完好	
17		3. 螺丝刀把手有损坏，导致作业时发生滑脱	5	1	1	5	四级	作业前确认工器具是否完好	
18	断电挂牌	1. 未断电挂牌，造成人员触电	50	2	1	100	三级	警示牌悬挂牢靠，锁闭开关箱	
19		2. 断电时操作失误，造成人员触电	50	2	1	100	三级	断电后，对开关的三相电源分别进行测量并放电	
20		3. 非专业人员操作，造成人员触电	5	1	1	5	四级	专业电工持证上岗操作	
21	验电	1. 验电前未检查电笔好坏，造成人员触电	50	2	1	100	三级	验电前检查电笔好坏	
22		2. 使用万用表验电前未确认万用表是否正常，易造成人员触电	25	1	1	25	四级	验电前检查万用表是否正常	
23		3. 非专业人员操作，造成人员触电	25	1	1	25	四级	专业电工持证上岗操作	
24	拆除更换进气管	1. 未正确使用工器具，造成人员受伤	5	1	1	5	四级	戴好防护手套，拧扳手时方向朝外侧	
25		2. 未正确操作，可能导致其他伤害	25	1	1	25	四级	严格按照规程操作	
26		3. 工器具存在缺陷，导致人员磕碰	5	1	1	5	四级	作业前确认工器具是否完好	
27	拆除更换三角带	1. 操作不当，造成人员手指或其他部位被夹入皮带槽内	25	1	1	25	四级	操作过程中握紧工器具，防止滑脱	
28		2. 徒手安装三角带，导致手指或其他部位受伤	25	1	1	25	四级	安装三角带时使用工器具，禁止徒手安装	
29		3. 作业时工器具发生滑脱，导致人员手部受伤	25	1	1	25	四级	作业前检查使用的工器具是否完好，保证工器具无缺陷	

续表

序号	主要操作步骤	存在的风险	风险等级分析					主要防控措施	备注
			后果	暴露	可能性	风险值	风险等级		
30	拆卸更换轴承	1. 劳保鞋鞋带未系好，安全帽下颌带未系好，导致人员伤害	25	1	1	25	四级	工作服穿着做到"三紧"，确保劳保鞋无破损且鞋带系好，安全帽下颌带系好	
31		2. 未正确使用工器具，造成人员手部受伤	5	1	1	5	四级	戴好防护手套，拧扳手时方向朝外侧	
32		3. 工器具存在缺陷，可能导致人员伤害	5	1	1	5	四级	（1）操作过程中握紧工器具，防止滑脱 （2）侧方站立，互联互保人员旁边监护	
33	整理螺丝刀、电笔、扳手，清理作业现场	1. 未及时整理螺丝刀、电笔、扳手，易造成人员碰伤、磕伤	5	1	1	5	四级	作业人员确认螺丝刀、电笔、扳手无遗留，并按要求将其放置在检修班工器具箱内，将现场物品摆放整齐	
34		2. 作业现场未清理干净，易造成人员滑倒、碰伤、磕伤	5	1	1	5	四级	作业负责人检查作业现场	
35	属地确认	1. 检修人员未全部撤离就启动设备，造成人员伤害	5	2	1	20	四级	巡视现场，确认检修人员全部撤离	
36		2. 检修现场遗留物品，导致产生其他风险	5	1	1	5	四级	确认检修现场的工器具、配件、物料全部清理完毕	

表3.106 紧固空压机（引风机）电机接线端子作业安全风险辨识及防控措施一览表

序号	主要操作步骤	存在的风险	风险等级分析					主要防控措施	备注
			后果	暴露	可能性	风险值	风险等级		
1	作业前检查人员状态和劳动保护用品穿戴情况	1. 作业人员班前喝酒、睡眠不足、身体不适、精神状态不好等情况，导致作业过程中注意力不集中	25	1	0.5	12.5	四级	作业前，作业负责人检查作业人员是否酒后上岗，询问身体是否不适，观察精神状态是否正常，确认良好后方可作业	

续表

序号	主要操作步骤	存在的风险	风险等级分析					主要防控措施	备注
			后果	暴露	可能性	风险值	风险等级		
2	作业前检查人员状态和劳动保护用品穿戴情况	2. 作业人员未按规定穿戴劳动保护用品（工作服、劳保鞋、安全帽、口罩），可能导致人员伤害	25	1	0.5	12.5	四级	作业前，作业负责人、互联互保人员检查作业人员工作服穿着（做到"三紧"），确保劳保鞋无破损且鞋带系好，安全帽下颏带系好，口罩与面部无缝隙	
3	作业前风险评价	1. 作业人员作业前未按要求开展风险辨识，导致人员伤害	15	10	0.1	15	四级	每次作业前要进行风险辨识	
4		2. 作业人员未结合现场实际情况进行风险辨识，导致人员伤害	15	10	0.1	15	四级	风险辨识要结合现场实际，根据工作环境的变化完善辨识内容，逐一落实防控措施	
5		3. 作业人员风险辨识过程中有遗漏，导致人员伤害	15	10	0.1	15	四级	抽查作业人员掌握存在的风险和防控措施情况	
6		4. 作业人员未明确作业负责人、未确定互联互保人员，导致人员伤害	15	10	0.1	15	四级	指定作业负责人和互联互保人员	
7		5. 作业人员未掌握作业时的风险，导致人员伤害	15	10	0.1	15	四级	抽查作业人员掌握存在的风险和防控措施情况	
8		6. 作业人员不知道作业中风险的防控措施，导致人员伤害	15	10	0.1	15	四级	对照口袋卡及作业任务中存在的风险手指口述逐项进行提示提醒，逐一落实防控措施	
9	办理工作票	1. 未办理工作票就擅自作业，造成事故	25	2	3	150	三级	危险作业按照要求逐级审批，辨识后再办理工作票	
10		2. 未经审批就擅自作业，造成事故	25	2	3	150	三级	区域管理人员按照工作票要求逐级审批，现场监护	
11		3. 未经现场确认就进行作业，造成事故	25	2	3	150	三级	一般检修作业需经签发属地确认后方可操作	
12	检查工器具、仪器仪表	1. 扳手有磨损，导致作业发生滑脱，造成人员伤害	5	1	1	5	四级	检查扳手有无明显磨损，如有，应及时更换	
13		2. 电笔有损坏，造成验电结果错误，导致人员触电	25	2	0.5	25	四级	在带电线路上检查电笔是否完好	
14		3. 螺丝刀把手有损坏，导致作业时发生滑脱	5	1	1	5	四级	检查螺丝刀把手有无裂纹，如有裂纹，应及时更换	
15		4. 仪器仪表不合格，导致人员触电	50	2	1	100	三级	（1）确认仪器仪表在检验有效期内 （2）确认作业的仪器仪表符合设备需求 （3）确认仪器仪表外观有无破损 （4）规范使用仪器仪表	

续表

序号	主要操作步骤	存在的风险	风险等级分析					主要防控措施	备注
			后果	暴露	可能性	风险值	风险等级		
16	作业前唱票	1. 作业人员对作业环境中的风险掌握有遗漏，导致人员伤害	25	2	0.5	25	四级	对照口袋卡及作业任务中存在的风险手指口述逐项进行提示提醒，逐一落实防控措施	
17		2. 作业人员不知道作业环境中的风险，导致人员伤害	25	2	0.5	25	四级	每项作业前要进行风险辨识	
18		3. 作业人员不知道作业环境中的风险如何防控，导致人员伤害	25	2	0.5	25	四级	结合检修内容与作业现场环境逐一落实安全措施	
19	断电挂牌	1. 未断电挂牌，造成人员触电	50	2	1	100	三级	警示牌悬挂牢靠，锁闭开关箱	
20		2. 断电时操作失误，造成人员触电	50	2	1	100	三级	断电后，对开关的三相电源分别进行测量并放电	
21		3. 非专业人员操作，造成人员触电	50	2	1	100	三级	专业电工持证上岗操作	
22	验电	1. 验电前未检查电笔好坏，造成人员触电	50	2	1	100	三级	验电前检查电笔好坏	
23		2. 使用万用表验电前未确认万用表是否正常，造成人员触电	25	1	1	25	四级	验电前检查万用表是否正常	
24		3. 非专业人员操作，造成人员触电	25	1	1	25	四级	专业电工持证上岗操作	
25	对接线端子进行放电	1. 验电前未检查电笔好坏，造成人员触电	50	2	1	100	三级	验电前检查电笔好坏	
26		2. 使用万用表验电前未确认万用表是否正常，造成人员触电	25	1	1	25	四级	验电前检查万用表是否正常	
27		3. 非专业人员操作，造成人员触电	25	1	1	25	四级	专业电工持证上岗操作	

续表

序号	主要操作步骤	存在的风险	风险等级分析					主要防控措施	备注
			后果	暴露	可能性	风险值	风险等级		
28	紧固端子	1. 劳保鞋鞋带未系好，安全帽下颏带未系好，导致人员受伤	5	2	3	30	四级	工作服穿着做到"三紧"，确保劳保鞋无破损且鞋带系好，安全帽下颏带系好	
29		2. 操作不当，造成碰伤事故	5	1	1	5	四级	按照规定要求紧固螺母	
30		3. 未正确使用工器具，易造成人员受伤	25	1	0.5	12.5	四级	使用开口扳手	
31	整理螺丝刀、电笔、扳手，清理作业现场	1. 未及时整理螺丝刀、电笔、扳手，易造成人员碰伤、磕伤	5	1	1	5	四级	作业人员确认螺丝刀、电笔、扳手无遗留，将现场物品摆放整齐	
32		2. 作业现场未清理干净，易造成人员滑倒、碰伤、磕伤	5	1	1	5	四级	作业负责人检查作业现场	
33	属地确认	1. 检修人员未全部撤离就启动设备，造成伤害	5	2	1	20	四级	巡视现场，确认检修人员全部撤离	
34		2. 检修现场遗留物品，导致产生其他风险	5	1	1	5	四级	确认检修现场的工器具、配件、物料全部清理完毕	

表 3.107 补充干燥机分子筛作业安全风险辨识及防控措施一览表

序号	主要操作步骤	存在的风险	风险等级分析					主要防控措施	备注
			后果	暴露	可能性	风险值	风险等级		
1	作业前检查人员状态和劳动保护用品穿戴情况	1. 作业人员班前喝酒、睡眠不足、身体不适、精神状态不好等情况，可能导致作业过程中注意力不集中	25	1	0.5	12.5	四级	作业前，作业负责人检查作业人员是否酒后上岗，询问身体是否不适，观察精神状态是否正常，确认良好后方可作业	
2		2. 作业人员未按规定穿戴劳动保护用品（工作服、劳保鞋、安全帽、口罩），可能导致人员伤害	25	1	0.5	12.5	四级	作业前，作业负责人、互联互保人员检查作业人员工作服穿着（做到"三紧"），确保劳保鞋无破损且鞋带系好，安全帽下颏带系好，口罩与面部无缝隙	

续表

序号	主要操作步骤	存在的风险	风险等级分析					主要防控措施	备注
			后果	暴露	可能性	风险值	风险等级		
3	作业前风险评价	1. 作业人员作业前未按要求开展风险辨识，导致人员伤害	15	10	0.1	15	四级	每次作业前要进行风险辨识	
4		2. 作业人员未结合现场实际情况进行风险辨识，导致人员伤害	15	10	0.1	15	四级	风险辨识要结合现场实际，根据工作环境的变化完善辨识内容，逐一落实防控措施	
5		3. 作业人员风险辨识过程中有遗漏，导致人员伤害	15	10	0.1	15	四级	抽查作业人员掌握存在的风险和防控措施情况	
6		4. 作业人员未明确作业负责人，未确定互联互保人员，导致人员伤害	15	10	0.1	15	四级	指定作业负责人和互联互保人员	
7		5. 作业人员未掌握作业时的风险，导致人员伤害	15	10	0.1	15	四级	抽查作业人员掌握存在的风险和防控措施情况	
8		6. 作业人员不知道作业中风险的防控措施，导致人员伤害	15	10	0.1	15	四级	对照口袋卡及作业任务中存在的风险手指口述逐项进行提示提醒，逐一落实防控措施	
9	办理工作票	1. 未办理工作票就擅自作业，造成事故	25	2	3	150	三级	危险作业按照要求逐级审批，辨识后再办理工作票	
10		2. 未经审批就擅自作业，造成事故	25	2	3	150	三级	区域管理人员按照工作票要求逐级审批，现场监护	
11		3. 未经现场确认就进行作业，造成事故	25	2	3	150	三级	一般检修作业需经签发属地确认后方可操作	
12	检查螺丝刀、电笔、扳手	1. 扳手有磨损，导致作业时发生滑脱，造成人员伤害	5	1	1	5	四级	检查扳手有无明显磨损，如有，应及时更换	
13		2. 电笔有损坏，造成验电结果错误，导致人员触电	25	2	0.5	25	四级	在带电线路上检查电笔是否完好	
14		3. 螺丝刀把手损坏，导致作业时发生滑脱	5	1	1	5	四级	检查螺丝刀把手有无裂纹，如有裂纹，应及时更换	
15	作业前唱票	1. 作业人员对作业环境中的风险掌握有遗漏，导致人员伤害	25	2	0.5	25	四级	对照口袋卡及作业任务中存在的风险手指口述逐项进行提示提醒，逐一落实防控措施	
16		2. 作业人员不知道作业环境中的风险，导致人员伤害	25	2	0.5	25	四级	每项作业前要进行风险辨识	
17		3. 作业人员不知道作业环境中的风险如何防控，导致人员伤害	25	2	0.5	25	四级	结合检修内容与作业现场环境逐一落实安全措施	

续表

序号	主要操作步骤	存在的风险	风险等级分析					主要防控措施	备注
			后果	暴露	可能性	风险值	风险等级		
18	关闭进出口阀门	1. 阀门未关闭或关闭不到位，造成压缩空气伤人	5	1	1	5	四级	关闭阀门后再打开气包排污阀进行泄压	
19		2. 人员注意力不集中，造成高处坠落	50	0.5	0.5	12.5	四级	侧方站立，互联互保人员旁边监护	
20		3. 操作不当，造成其他伤害	15	10	0.1	15	四级	作业前检查阀门，确保阀门的严密性可靠	
21	断电挂牌	1. 未断电挂牌，造成人员触电	5	1	1	5	四级	警示牌悬挂牢靠，锁闭开关箱	
22		2. 断电时操作失误，造成人员触电	5	1	1	5	四级	断电后，对开关的三相电源分别进行测量并放电	
23		3. 非专业人员操作，导致人员触电	5	1	1	5	四级	专业电工持证上岗操作	
24	验电	1. 验电前未检查电笔好坏，造成人员触电	25	1	1	25	四级	验电前检查电笔好坏	
25		2. 使用万用表验电前未确认万用表是否正常，易造成人员触电	25	1	1	25	四级	验电前检查万用表是否正常	
26		3. 非专业人员操作，易造成人员触电	25	1	1	25	四级	专业电工持证上岗操作	
27	打开排水阀门进行泄压	1. 未正确使用工器具，造成人员受伤	25	1	1	25	四级	拧扳手时方向朝外侧	
28		2. 未正确操作，导致阀门砸伤脚部	25	1	0.5	12.5	四级	互联互保人员现场监护	
29		3. 工器具存在缺陷，导致人员伤害	5	1	1	5	四级	作业前确认工器具是否完好	
30		4. 劳保鞋鞋带未系好，导致人员摔伤	5	2	3	30	四级	工作服穿着做到"三紧"，确保劳保鞋无破损且鞋带系好，安全帽下颏带系好，口罩与面部无缝隙，戴好防护手套	
31	打开检查口	1. 人员登梯子前未确认梯子是否开裂、松动，易发生高处坠落	50	0.5	0.5	12.5	四级	作业前仔细检查梯子，确认梯子安全、可靠、无裂痕、螺丝无松动	

续表

序号	主要操作步骤	存在的风险	风险等级分析					主要防控措施	备注
			后果	暴露	可能性	风险值	风险等级		
32	打开检查口	2. 劳保鞋鞋带未系好,导致人员摔伤	5	2	3	30	四级	工作服穿着做到"三紧",确保劳保鞋无破损且鞋带系好,安全帽下颏带系好,系好安全带	
33		3. 打开阀盖螺栓时可能导致人员坠落	25	1	1	25	四级	(1) 使用梅花扳手,防止滑脱 (2) 安全带要高挂低用	
34	补充分子筛	1. 人员登梯子前未确认梯子是否开裂、松动,易发生高处坠落	50	0.5	0.5	12.5	四级	作业人员确认在梯子上作业前已经站稳,互联互保人员现场监护	
35		2. 劳保鞋鞋带未系好,导致人员摔伤	5	2	3	30	四级	工作服穿着做到"三紧",确保劳保鞋无破损且鞋带系好,安全帽下颏带系好,系好安全带	
36		3. 打开阀盖螺栓时可能导致人员坠落	25	1	1	25	四级	安全带要高挂低用	
37	整理螺丝刀、电笔、扳手,清理作业现场	1. 未及时整理螺丝刀、电笔、扳手,易造成人员碰伤、磕伤	5	1	1	5	四级	作业人员确认螺丝刀、电笔、扳手无遗留,将现场物品摆放整齐	
38		2. 作业现场未清理干净,易造成人员滑倒、碰伤、磕伤	5	1	1	5	四级	作业负责人检查作业现场	
39	属地确认	1. 检修人员未全部撤离就启动设备,造成伤害	5	2	1	20	四级	巡视现场,确认检修人员全部撤离	
40		2. 检修现场遗留物品,导致产生其他风险	5	1	1	5	四级	确认检修现场的工器具、配件、物料全部清理完毕	

表 3.108 维修干燥机作业安全风险辨识及防控措施一览表

序号	主要操作步骤	存在的风险	风险等级分析					主要防控措施	备注
			后果	暴露	可能性	风险值	风险等级		
1	作业前检查人员状态和劳动保护用品穿戴情况	1. 作业人员班前喝酒、睡眠不足、身体不适、精神状态不好等情况，可能导致作业过程中注意力不集中	25	1	0.5	12.5	四级	作业前，作业负责人检查作业人员是否酒后上岗，询问身体是否不适，观察精神状态是否正常，确认良好后方可作业	
2		2. 作业人员未按规定穿戴劳动保护用品（工作服、劳保鞋、安全帽、口罩），可能导致人员伤害	25	1	0.5	12.5	四级	作业前，作业负责人、互联互保人员检查作业人员工作服穿着（做到"三紧"），确保劳保鞋无破损且鞋带系好，安全帽下颏带系好，口罩与面部无缝隙	
3	作业前风险评价	1. 作业人员作业前未按要求开展风险辨识，导致人员伤害	15	10	0.1	15	四级	每次作业前要进行风险辨识	
4		2. 作业人员未结合现场实际情况进行风险辨识，导致人员伤害	15	10	0.1	15	四级	风险辨识要结合现场实际，根据工作环境的变化完善辨识内容，逐一落实防控措施	
5		3. 作业人员风险辨识过程中有遗漏，导致人员伤害	15	10	0.1	15	四级	抽查作业人员掌握存在的风险和防控措施情况	
6		4. 作业人员未明确作业负责人，未确定互联互保人员，导致人员伤害	15	10	0.1	15	四级	指定作业负责人和互联互保人员	
7		5. 作业人员未掌握作业时的风险，导致人员伤害	15	10	0.1	15	四级	抽查作业人员掌握存在的风险和防控措施情况	
8		6. 作业人员不知道作业中风险的防控措施，导致人员伤害	15	10	0.1	15	四级	对照口袋卡及作业任务中存在的风险手指口述逐项进行提示提醒，逐一落实防控措施	
9	办理工作票	1. 未办理工作票就擅自作业，造成事故	25	2	3	150	三级	危险作业按照要求逐级审批，辨识后再办理工作票	
10		2. 未经审批就擅自作业，造成事故	25	2	3	150	三级	区域管理人员按照工作票要求逐级审批，现场监护	
11		3. 未经现场确认就进行作业，造成事故	25	2	3	150	三级	一般检修作业需经签发属地确认后方可操作	

续表

序号	主要操作步骤	存在的风险	风险等级分析					主要防控措施	备注
			后果	暴露	可能性	风险值	风险等级		
12	检查螺丝刀、电笔、扳手	1. 扳手有磨损，导致作业时发生滑脱，造成人员伤害	5	1	1	5	四级	检查扳手有无明显磨损，如有，应及时更换	
13		2. 电笔有损坏，造成人员触电	25	2	0.5	25	四级	在带电线路上检查电笔是否完好	
14		3. 螺丝刀把手损坏，导致作业时发生滑脱	5	1	1	5	四级	检查螺丝刀把手有无裂纹，如有裂纹，应及时更换	
15	作业前唱票	1. 作业人员对作业环境中的风险掌握有遗漏，导致人员伤害	25	2	0.5	25	四级	对照口袋卡及作业任务中存在的风险手指口述逐项进行提示提醒，逐一落实防控措施	
16		2. 作业人员不知道作业环境中的风险，导致人员伤害	25	2	0.5	25	四级	每项作业前要进行风险辨识	
17		3. 作业人员不知道作业环境中的风险如何防控，导致人员伤害	25	2	0.5	25	四级	结合检修内容与作业现场环境逐一落实安全措施	
18	关闭进出口阀门	1. 阀门未关闭或关闭不到位，造成压缩空气伤人	25	1	1	25	四级	侧方站立，互联互保人员旁边监护	
19		2. 作业前未检查阀门严密性，导致人员受伤	25	1	1	25	四级	作业前检查阀门，确保阀门的严密性可靠	
20		3. 操作不当，造成其他伤害	25	1	1	25	四级	关阀后现场人员站在阀门侧方进行泄压	
21	断电挂牌	1. 未断电挂牌，造成人员触电	50	2	1	100	三级	警示牌悬挂牢靠，锁闭开关箱	
22		2. 断电时操作失误，造成人员触电	50	2	1	100	三级	断电后，对开关的三相电源分别进行测量并放电	
23		3. 非专业人员操作，造成人员触电	5	1	1	5	四级	专业电工持证上岗操作	
24	验电	1. 验电前未检查电笔好坏，造成人员触电	50	2	1	100	三级	验电前检查电笔好坏	
25		2. 使用万用表验电前未确认万用表是否正常，易造成人员触电	25	1	1	25	四级	验电前检查万用表是否正常	
26		3. 非专业人员操作，易造成人员触电	25	1	1	25	四级	专业电工持证上岗操作	

续表

序号	主要操作步骤	存在的风险	风险等级分析					主要防控措施	备注
			后果	暴露	可能性	风险值	风险等级		
27	打开排水阀门进行泄压	1. 阀门未关闭或关闭不到位，造成压缩空气伤人	50	1	1	50	四级	侧方站立，互联互保人员旁边监护	
28		2. 作业前未检查阀门的严密性，导致人员受伤	25	1	1	25	四级	作业前检查阀门，确保阀门的严密性可靠	
29		3. 操作不当，造成其他伤害	25	1	1	25	四级	关阀后现场人员站在阀门侧方进行泄压	
30	更换仪表	1. 未正确使用工器具，造成手部受伤	25	1	1	25	四级	拧扳手时方向朝外侧	
31		2. 未正确操作，可能导致其他伤害	25	1	1	25	四级	严格按照规程操作	
32		3. 工器具存在缺陷，可能导致人员伤害	5	1	1	5	四级	作业前确认工器具是否完好	
33	维修干燥罐底部过滤网	1. 劳保鞋鞋带未系好，安全帽下颌带未系好，导致人员伤害	5	2	3	30	四级	工作服穿着做到"三紧"，确保劳保鞋无破损且鞋带系好，安全帽下颌带系好	
34		2. 在干燥罐内部作业，由于空间狭小，作业时有磕碰身体的情况发生	25	1	3	75	三级	操作过程中握紧阀门，防止滑脱	
35		3. 操作人员站位不正确，操作时易发生磕碰	25	1	1	25	四级	侧方站立，互联互保人员旁边监护，站立在后方有撤离空间的方向	
36	拆卸气动蝶阀	1. 劳保鞋鞋带未系好，安全帽下颌带未系好，导致人员伤害	5	2	3	30	四级	工作服穿着做到"三紧"，确保劳保鞋无破损且鞋带系好，安全帽下颌带系好，口罩与面部无缝隙，戴好防护手套	
37		2. 法兰顶丝脱落，可能导致人员伤害	25	1	1	25	四级	安全站位，作业前检查法兰顶丝	
38		3. 操作人员站位不正确，操作时易发生磕碰	25	1	1	25	四级	站立在后方有撤离空间的方向，侧方站立，互联互保人员旁边监护	

续表

序号	主要操作步骤	存在的风险	风险等级分析					主要防控措施	备注
			后果	暴露	可能性	风险值	风险等级		
39	整理螺丝刀、电笔、扳手，清理作业现场	1. 未及时整理螺丝刀、电笔、扳手，易造成人员摔绊碰伤、磕伤	5	1	1	5	四级	作业人员确认螺丝刀、电笔、扳手无遗留，将现场物品摆放整齐	
40		2. 作业现场未清理干净，易造成人员滑倒、碰伤、磕伤	5	1	1	5	四级	作业负责人检查作业现场	
41	属地确认	1. 检修人员未全部撤离就启动设备，造成伤害	5	2	1	20	四级	巡视现场，确认检修人员全部撤离	
42		2. 检修现场遗留物品，导致产生其他风险	5	1	1	5	四级	确认检修现场的工器具、配件、物料全部清理完毕	

表 3.109 维护更换油冷却器作业安全风险辨识及防控措施一览表

序号	主要操作步骤	存在的风险	风险等级分析					主要防控措施	备注
			后果	暴露	可能性	风险值	风险等级		
1	作业前检查人员状态和劳动保护用品穿戴情况	1. 作业人员班前喝酒、睡眠不足、身体不适、精神状态不好等情况，可能导致作业过程中注意力不集中	25	1	0.5	12.5	四级	作业前，作业负责人检查作业人员是否酒后上岗，询问身体是否不适，观察精神状态是否正常，确认良好后方可作业	
2		2. 作业人员未按规定穿戴劳动保护用品（工作服、劳保鞋、安全帽、口罩），可能导致人员伤害	25	1	0.5	12.5	四级	作业前，作业负责人、互联互保人员检查作业人员工作服穿着（做到"三紧"），确保劳保鞋无破损且鞋带系好，安全帽下颏带系好，口罩与面部无缝隙	
3	作业前风险评价	1. 作业人员作业前未按要求开展风险辨识，导致人员伤害	15	10	0.1	15	四级	每次作业前要进行风险辨识	

续表

序号	主要操作步骤	存在的风险	风险等级分析					主要防控措施	备注
			后果	暴露	可能性	风险值	风险等级		
4	作业前风险评价	2. 作业人员未结合现场实际情况进行风险辨识，导致人员伤害	15	10	0.1	15	四级	风险辨识要结合现场实际，根据工作环境的变化完善辨识内容，逐一落实防控措施	
5		3. 作业人员风险辨识过程中有遗漏，导致人员伤害	15	10	0.1	15	四级	抽查作业人员掌握存在的风险和防控措施情况	
6		4. 作业人员未明确作业负责人，未确定互联互保人员，导致人员伤害	15	10	0.1	15	四级	指定作业负责人和互联互保人员	
7		5. 作业人员未掌握作业时的风险，导致人员伤害	15	10	0.1	15	四级	抽查作业人员掌握存在的风险和防控措施情况	
8		6. 作业人员不知道作业中风险的防控措施，导致人员伤害	15	10	0.1	15	四级	对照口袋卡及作业任务中存在的风险手指口述逐项进行提示提醒，逐一落实防控措施	
9	检查电笔、扳手、管钳	1. 扳手有磨损，导致作业时发生滑脱，造成人员伤害	5	1	1	5	四级	检查扳手有无明显磨损，如有，应及时更换	
10		2. 电笔有损坏，造成验电结果错误，导致人员触电	25	2	0.5	25	四级	在带电线路上检查电笔是否完好	
11		3. 管钳有损坏，导致作业时发生滑脱	5	1	1	5	四级	作业前检查管钳有无破损、开裂，如有，应及时更换	
12	办理工作票	1. 未办理工作票就擅自作业，造成事故	25	2	3	150	三级	危险作业按照要求逐级审批，辨识后再办理工作票	
13		2. 未经审批就擅自作业，造成事故	25	2	3	150	三级	区域管理人员按照工作票要求逐级审批，现场监护	
14		3. 未经现场确认就进行作业，造成事故	25	2	3	150	三级	一般检修作业需经签发属地确认后方可操作	
15	作业前唱票	1. 作业人员对作业环境中的风险掌握有遗漏，导致人员伤害	25	2	0.5	25	四级	对照口袋卡及作业任务中存在的风险手指口述逐项进行提示提醒，逐一落实防控措施	
16		2. 作业人员不知道作业环境中的风险，导致人员伤害	25	2	0.5	25	四级	每项作业前要进行风险辨识	
17		3. 作业人员不知道作业环境中的风险如何防控，导致人员伤害	25	2	0.5	25	四级	结合检修内容与作业现场环境逐一落实安全措施	

续表

序号	主要操作步骤	存在的风险	风险等级分析					主要防控措施	备注
			后果	暴露	可能性	风险值	风险等级		
18	关闭循环水阀门	1. 劳保鞋鞋带未系好，安全帽下颏带未系好，易造成人员受伤	5	2	3	30	四级	工作服穿着做到"三紧"，确保劳保鞋无破损且鞋带系好，安全帽下颏带系好	
19		2. 操作时未握紧阀门，导致人员受伤	5	1	1	5	四级	操作过程中握紧阀门，防止滑脱	
20		3. 人员面对循环水阀门站立，易造成高压喷射伤害	25	1	0.5	12.5	四级	侧方站立，互联互保人员旁边监护	
21		4. 站立在后方无撤离空间，紧急情况下无法撤离	25	1	1	25	四级	站立在后方有撤离空间的方向	
22	断电挂牌	1. 未断电挂牌，造成人员触电	50	2	1	100	三级	警示牌悬挂牢靠，锁闭开关箱	
23		2. 断电时操作失误，造成人员触电	50	2	1	100	三级	断电后，对开关的三相电源分别进行测量并放电	
24		3. 非专业人员操作，造成人员触电	5	1	1	5	四级	专业电工持证上岗操作	
25	验电	1. 验电前未检查电笔好坏，造成人员触电	25	1	1	25	四级	验电前检查电笔好坏	
26		2. 使用万用表验电前未确认万用表是否正常，易造成人员触电事故	25	1	1	25	四级	验电前检查万用表是否正常	
27		3. 非专业人员操作，易造成人员触电	25	1	1	25	四级	专业电工持证上岗操作	
28	泄压	1. 未正确使用工器具，造成手部受伤	25	1	1	25	四级	拧扳手时方向朝外侧	
29		2. 未正确操作，导致阀门砸伤脚部	25	2	1	50	四级	注意站位，互联互保人员相互配合、提醒、监护	
30		3. 工器具存在缺陷，可能导致人员伤害	25	1	1	25	四级	作业前确认工器具是否完好	
31		4. 劳保鞋鞋带未系好，导致人员摔伤	5	2	3	30	四级	工作服穿着做到"三紧"，确保劳保鞋无破损且鞋带系好，安全帽下颏带系好，口罩与面部无缝隙，戴好防护手套	

续表

序号	主要操作步骤	存在的风险	风险等级分析					主要防控措施	备注
			后果	暴露	可能性	风险值	风险等级		
32	拆卸冷却器进出水管路	1. 劳保鞋鞋带未系好，导致人员摔伤	5	2	3	30	四级	工作服穿着做到"三紧"，确保劳保鞋无破损且鞋带系好，安全帽下颌带系好	
33		2. 操作不当，造成水流喷伤眼睛	25	2	1	50	四级	正确佩戴护目镜	
34		3. 现场无监护人员在场，易发生其他风险	25	1	1	25	四级	作业全程设专人监护，互联互保人员相互提醒、监护	
35	清理油冷却器	1. 劳保鞋鞋带未系好，导致人员摔伤	5	2	3	30	四级	工作服穿着做到"三紧"，确保劳保鞋无破损且鞋带系好，安全帽下颌带系好	
36		2. 操作不当，造成水流喷伤眼睛	25	2	1	50	四级	正确佩戴护目镜	
37		3. 现场无监护人员在场，易发生事故	25	1	1	25	四级	作业全程设专人监护，互联互保人员相互提醒、监护	
38	打开循环水阀门	1. 劳保鞋鞋带未系好，安全帽下颌带未系好，易造成人员受伤	5	2	3	30	四级	工作服穿着做到"三紧"，确保劳保鞋无破损且鞋带系好，安全帽下颌带系好	
39		2. 操作时未握紧阀门，导致人员伤害	25	1	1	25	四级	操作过程中握紧阀门，防止滑脱	
40		3. 人员面对循环水阀门站立，易造成高压喷射伤害	25	1	0.5	12.5	四级	侧方站立，互联互保人员旁边监护	
41		4. 站立在后方无撤离空间，紧急情况下无法撤离	25	1	1	25	四级	站立在后方有撤离空间的方向	
42	整理电笔、扳手、管钳，清理作业现场	1. 未及时整理电笔、扳手、管钳，易造成人员碰伤、磕伤	5	1	1	5	四级	确认将检修现场的电笔、扳手、管钳收回至检修班工器具箱，现场物品摆放整齐	
43		2. 作业现场未清理干净，易造成人员滑倒、碰伤、磕伤	5	1	1	5	四级	作业负责人检查作业现场	

续表

序号	主要操作步骤	存在的风险	风险等级分析					主要防控措施	备注
			后果	暴露	可能性	风险值	风险等级		
44	属地确认	1. 检修人员未全部撤离就启动设备，造成伤害	5	2	1	20	四级	巡视现场，确认检修人员全部撤离	
45		2. 检修现场遗留物品，导致产生其他风险	5	1	1	5	四级	确认检修现场的工器具、配件、物料全部清理完毕	

表 3.110 维护空气冷却器作业安全风险辨识及防控措施一览表

序号	主要操作步骤	存在的风险	风险等级分析					主要防控措施	备注
			后果	暴露	可能性	风险值	风险等级		
1	作业前检查人员状态和劳动保护用品穿戴情况	1. 作业人员班前喝酒、睡眠不足、身体不适、精神状态不好等，导致作业过程中注意力不集中	25	1	0.5	12.5	四级	作业前，作业负责人检查作业人员是否酒后上岗，询问身体是否不适，观察精神状态是否正常，确认良好后方可作业	
2		2. 作业人员未按规定穿戴劳动保护用品（工作服、劳保鞋、安全帽、口罩），可能导致人员伤害	25	1	0.5	12.5	四级	作业前，作业负责人、互联互保人员检查作业人员工作服穿着（做到"三紧"），确保劳保鞋无破损且鞋带系好，安全帽下颏带系好，口罩与面部无缝隙	
3	作业前风险评价	1. 作业人员作业前未按要求开展风险辨识，导致人员伤害	15	10	0.1	15	四级	每次作业前要进行风险辨识	
4		2. 作业人员未结合现场实际情况进行风险辨识，导致人员伤害	15	10	0.1	15	四级	风险辨识要结合现场实际，根据工作环境的变化完善辨识内容，逐一落实防控措施	
5		3. 作业人员风险辨识过程中有遗漏，导致人员伤害	15	10	0.1	15	四级	抽查作业人员掌握存在的风险和防控措施情况	
6		4. 作业人员未明确作业负责人，未确定互联互保人员，导致人员伤害	15	10	0.1	15	四级	指定作业负责人和互联互保人员	
7		5. 作业人员未掌握作业时的风险，导致人员伤害	15	10	0.1	15	四级	抽查作业人员掌握存在的风险和防控措施情况	
8		6. 作业人员不知道作业中风险的防控措施，导致人员伤害	15	10	0.1	15	四级	对照口袋卡及作业任务中存在的风险手指口述逐项进行提示提醒，逐一落实防控措施	

续表

序号	主要操作步骤	存在的风险	风险等级分析					主要防控措施	备注
			后果	暴露	可能性	风险值	风险等级		
9	检查电笔、扳手、管钳	1. 扳手有磨损导致作业时发生滑脱，造成人员伤害	5	1	1	5	四级	检查扳手有无明显磨损，如有，应及时更换	
10		2. 电笔损坏，造成验电结果错误，导致人员触电	25	2	0.5	25	四级	在带电线路上检查电笔是否完好	
11		3. 管钳有损坏，导致作业时发生滑脱	5	1	1	5	四级	作业前检查管钳有无破损、开裂，如有，应及时更换	
12	办理工作票	1. 未办理工作票就擅自作业，造成事故	25	2	3	150	三级	危险作业按照要求逐级审批，辨识后再办理工作票	
13		2. 未经审批就擅自作业，造成事故	25	2	3	150	三级	区域管理人员按照工作票要求逐级审批，现场监护	
14		3. 未经现场确认就进行作业，造成事故	25	2	3	150	三级	一般检修作业需经签发地确认后方可操作	
15	作业前唱票	1. 作业人员对作业环境中的风险掌握有遗漏，导致人员伤害	25	2	0.5	25	四级	对照口袋卡及作业任务中存在的风险手指口述逐项进行提示提醒	
16		2. 作业人员不知道作业环境中的风险，导致人员伤害	25	2	0.5	25	四级	每项作业前要进行风险辨识	
17		3. 作业人员不知道作业环境中的风险如何防控，导致人员伤害	25	2	0.5	25	四级	结合检修内容与作业现场环境逐一落实安全措施	
18	打开冷却器端盖	1. 劳保鞋鞋带未系好，安全帽下颏带未系好，易造成人员受伤	5	2	3	30	四级	工作服穿着做到"三紧"，确保劳保鞋无破损且鞋带系好，安全帽下颏带系好	
19		2. 操作时未握紧阀门，导致人员受伤	25	1	1	25	四级	操作过程中握紧阀门，防止滑脱	
20		3. 站立后方无撤离空间，紧急情况下无法撤离	25	1	0.5	12.5	四级	侧身站立，互联互保人员旁边监护	
21	清理冷却器管路	1. 劳保鞋鞋带未系好，导致人员摔伤	5	2	3	30	四级	工作服穿着做到"三紧"，确保劳保鞋无破损且鞋带系好，安全帽下颏带系好	
22		2. 操作不当，造成水流喷伤眼睛	25	2	1	50	四级	正确佩戴护目镜	
23		3. 现场无监护人员在场，易发生其他风险	25	1	1	25	四级	作业全程专人监护，互联互保人员相互提醒、监护	

续表

序号	主要操作步骤	存在的风险	风险等级分析					主要防控措施	备注
			后果	暴露	可能性	风险值	风险等级		
24	整理电笔、扳手、管钳，清理作业现场	1. 未及时整理电笔、扳手、管钳，易造成人员碰伤、磕伤	5	1	1	5	四级	确认将检修现场的电笔、扳手、管钳收回至检修班工器具箱，现场物品摆放整齐	
25		2. 作业现场未清理干净，易造成人员滑倒、碰伤、磕伤	5	1	1	5	四级	作业负责人检查作业现场	
26	属地确认	1. 检修人员未全部撤离就启动设备，造成伤害	5	2	1	20	四级	巡视现场，确认检修人员全部撤离	
27		2. 检修现场遗留物品，导致产生其他风险	5	1	1	5	四级	确认检修现场的工器具、配件、物料全部清理完毕	

表3.111 维护或清洗水过滤器作业安全风险辨识及防控措施一览表

序号	主要操作步骤	存在的风险	风险等级分析					主要防控措施	备注
			后果	暴露	可能性	风险值	风险等级		
1	作业前检查人员状态和劳动保护用品穿戴情况	1. 作业人员班前喝酒、睡眠不足、身体不适、精神状态不好等，导致作业过程中注意力不集中	25	1	0.5	12.5	四级	作业前，作业负责人检查作业人员是否酒后上岗，询问身体是否不适，观察精神状态是否正常，确认良好后方可作业	
2		2. 作业人员未按规定穿戴劳动保护用品（工作服、劳保鞋、安全帽、口罩），可能导致人员伤害	25	1	0.5	12.5	四级	作业前，作业负责人、互联互保人员检查作业人员工作服穿着（做到"三紧"），确认劳保鞋无破损且鞋带系好，安全帽下颚带系好，口罩与面部无缝隙	
3	作业前风险评价	1. 作业人员作业前未按要求开展风险辨识，导致人员伤害	15	10	0.1	15	四级	每次作业前要进行风险辨识	
4		2. 作业人员未结合现场实际情况进行风险辨识，导致人员伤害	15	10	0.1	15	四级	风险辨识要结合现场实际，根据工作环境的变化完善辨识内容，逐一落实防控措施	

续表

序号	主要操作步骤	存在的风险	风险等级分析					主要防控措施	备注
			后果	暴露	可能性	风险值	风险等级		
5	作业前风险评价	3. 作业人员风险辨识过程中有遗漏，导致人员伤害	15	10	0.1	15	四级	抽查作业人员掌握存在的风险和防控措施情况	
6		4. 作业人员未明确作业负责人，未确定互联互保人员，导致人员伤害	15	10	0.1	15	四级	指定作业负责人和互联互保人员	
7		5. 作业人员未掌握作业时的风险，导致人员伤害	15	10	0.1	15	四级	抽查作业人员掌握存在的风险和防控措施情况	
8		6. 作业人员不知道作业中风险的防控措施，导致人员伤害	15	10	0.1	15	四级	对照口袋卡及作业任务中存在的风险手指口述逐项进行提示提醒，逐一落实防控措施	
9	办理工作票	1. 未办理工作票就擅自作业，造成事故	25	2	3	150	三级	危险作业按照要求逐级审批，辨识后再办理工作票	
10		2. 未经审批就擅自作业，造成事故	25	2	3	150	三级	区域管理人员按照工作票要求逐级审批，现场监护	
11		3. 未经现场确认就进行作业，造成事故	25	2	3	150	三级	一般检修作业需经签发属地确认后方可操作	
12	检查螺丝刀、电笔、扳手	1. 扳手有磨损，导致作业时发生滑脱，导致人员伤害	5	1	1	5	四级	检查扳手有无明显磨损，如有，应及时更换	
13		2. 电笔有损坏，造成验电结果错误，导致人员触电	25	2	0.5	25	四级	在带电线路上检查电笔是否完好	
14		3. 螺丝刀把手有损坏，导致滑脱伤人	5	1	1	5	四级	检查螺丝刀把手有无裂纹，如有裂纹，应及时更换	
15	作业前唱票	1. 作业人员对作业环境中的风险掌握有遗漏，导致人员伤害	25	2	0.5	25	四级	对照口袋卡及作业任务中存在的风险手指口述逐项进行提示提醒	
16		2. 作业人员不知道作业环境中的风险，导致人员伤害	25	2	0.5	25	四级	每项作业前要进行风险辨识	
17		3. 作业人员不知道作业环境中的风险如何防控，导致人员伤害	25	2	0.5	25	四级	结合检修内容与作业现场环境逐一落实安全措施	
18	关闭循环水阀门	1. 劳保鞋鞋带未系好，安全帽下颏带未系好，易造成人员受伤	5	2	3	30	四级	工作服穿着做到"三紧"，确保劳保鞋无破损且鞋带系好，安全帽下颏带系好	
19		2. 操作时未握紧阀门，导致人员伤害	25	1	1	25	四级	操作过程中握紧阀门，防止滑脱	

续表

序号	主要操作步骤	存在的风险	风险等级分析					主要防控措施	备注
			后果	暴露	可能性	风险值	风险等级		
20	关闭循环水阀门	3. 人员面对循环水阀门站立，易造成高压喷射受伤	25	2	1	50	四级	侧方站立，互联互保人员旁边监护	
21		4. 站立后方无撤离空间，紧急情况下无法撤离	25	1	1	25	四级	站立在后方有撤离空间的方向	
22	泄压	1. 未正确使用工器具，造成人员受伤	25	1	1	25	四级	拧扳手时方向朝外侧	
23		2. 未正确操作，导致阀门砸伤脚部	25	1	1	25	四级	互联互保人员现场监护	
24		3. 工器具存在缺陷，可能导致人员磕碰	25	1	1	25	四级	互联互保人员现场监护	
25		4. 劳保鞋鞋带未系好，导致人员摔伤	5	2	3	30	四级	工作服穿着做到"三紧"，确保劳保鞋无破损且鞋带系好	
26	打开过滤器端盖	1. 劳保鞋鞋带未系好，安全帽下颚带未系好，易造成人员受伤	5	2	3	30	四级	（1）工作服穿着做到"三紧"，确保劳保鞋无破损且鞋带系好，安全帽下颚带系好 （2）侧方站立，互联互保人员旁边监护	
27		2. 操作时未握紧阀门，导致人员受伤	25	1	1	25	四级	操作过程中握紧工器具，防止滑脱	
28		3. 站立后方无撤离空间，紧急情况下无法撤离	25	1	1	25	四级	站立在后方有撤离空间的方向	
29	打开循环水阀门	1. 劳保鞋鞋带未系好，安全帽下颚带未系好，易造成人员受伤	5	1	1	5	四级	工作服穿着做到"三紧"，确保劳保鞋无破损且鞋带系好，安全帽下颚带系好	
30		2. 操作时未握紧阀门，导致人员受伤	5	2	3	30	四级	操作过程中握紧阀门，防止滑脱	
31		3. 人员面对循环水阀门站立，易造成高压喷射伤害	25	1	0.5	12.5	四级	侧方站立，互联互保人员旁边监护	
32		4. 站立后方无撤离空间，紧急情况下无法撤离	25	1	1	25	四级	站立在后方有撤离空间的方向	

续表

序号	主要操作步骤	存在的风险	风险等级分析					主要防控措施	备注
			后果	暴露	可能性	风险值	风险等级		
33	整理螺丝刀、电笔、扳手，清理作业现场	1. 未及时整理螺丝刀、电笔、扳手，易造成人员碰伤、磕伤	5	1	1	5	四级	作业人员确认螺丝刀、电笔、扳手无遗留，并按要求将其放置在检修班工器具箱内，将现场物品摆放整齐	
34		2. 作业现场未清理干净，易造成人员滑倒、碰伤、磕伤	5	1	1	5	四级	作业负责人检查作业现场	
35	属地确认	1. 检修人员未全部撤离就启动设备，造成伤害	5	2	1	20	四级	巡视现场，确认检修人员全部撤离	
36		2. 检修现场遗留物品，导致产生其他风险	5	1	1	5	四级	确认检修现场的工器具、配件、物料全部清理完毕	

表 3.112　检修水泵作业安全风险辨识及防控措施一览表

序号	主要操作步骤	存在的风险	风险等级分析					主要防控措施	备注
			后果	暴露	可能性	风险值	风险等级		
1	作业前检查人员状态和劳动保护用品穿戴情况	1. 作业人员班前喝酒、睡眠不足、身体不适、精神状态不好等，可能导致作业过程中注意力不集中	25	1	0.5	12.5	四级	作业前，作业负责人检查作业人员是否酒后上岗，询问身体是否不适，观察精神状态是否正常，确认良好后方可作业	
2		2. 作业人员未按规定穿戴劳动保护用品（工作服、劳保鞋、安全帽、口罩），可能导致人员伤害	25	1	0.5	12.5	四级	作业前，作业负责人、互联互保人员检查作业人员工作服穿着（做到"三紧"），确认劳保鞋无破损且鞋带系好，安全帽下颏带系好，口罩与面部无缝隙	
3	作业前风险评价	1. 作业人员作业前未按要求开展风险辨识，导致人员伤害	15	10	0.1	15	四级	每次作业前要进行风险辨识	
4		2. 作业人员未结合现场实际情况进行风险辨识，导致人员伤害	15	10	0.1	15	四级	风险辨识要结合现场实际，根据工作环境的变化完善辨识内容，逐一落实防控措施	

续表

序号	主要操作步骤	存在的风险	风险等级分析					主要防控措施	备注
			后果	暴露	可能性	风险值	风险等级		
5	作业前风险评价	3. 作业人员风险辨识过程中有遗漏，导致人员伤害	15	10	0.1	15	四级	抽查作业人员掌握存在的风险和防控措施情况	
6		4. 作业人员未明确作业负责人，未确定互联互保人员，导致人员伤害	15	10	0.1	15	四级	指定作业负责人和互联互保人员	
7		5. 作业人员未掌握作业时的风险，导致人员伤害	15	10	0.1	15	四级	抽查作业人员掌握存在的风险和防控措施情况	
8		6. 作业人员不知道作业中风险的防控措施，导致人员伤害	15	10	0.1	15	四级	对照口袋卡及作业任务中存在的风险手指口述逐项进行提示提醒，逐一落实防控措施	
9	办理工作票	1. 未办理工作票就擅自作业，造成事故	25	2	3	150	三级	危险作业按照要求逐级审批，辨识后再办理工作票	
10		2. 未经审批就擅自作业，造成事故	25	2	3	150	三级	区域管理人员按照工作票要求逐级审批，现场监护	
11		3. 未经现场确认就进行作业，造成事故	25	2	3	150	三级	一般检修作业需经签发属地确认后方可操作	
12	检查螺丝刀、电笔、扳手	1. 扳手有磨损，造成人员受伤	5	1	1	5	四级	检查扳手有无明显磨损，如有，应及时更换	
13		2. 电笔有损坏，造成验电结果错误，导致人员伤害	25	2	0.5	25	四级	在带电线路上检查电笔是否完好	
14		3. 螺丝刀把手有损坏，导致滑脱伤人	5	1	1	5	四级	检查螺丝刀把手有无裂纹，如有裂纹，应及时更换	
15	作业前唱票	1. 作业人员对作业环境中的风险掌握有遗漏，导致人员伤害	25	2	0.5	25	四级	对照口袋卡及作业任务中存在的风险手指口述逐项进行提示提醒	
16		2. 作业人员不知道作业环境中的风险，导致人员伤害	25	2	0.5	25	四级	每项作业前要进行风险辨识	
17		3. 作业人员不知道作业环境中的风险如何防控，导致人员伤害	25	2	0.5	25	四级	结合检修内容与作业现场环境逐一落实安全措施	
18	关闭冷却水循环水进出口阀门	1. 未正确使用工器具，造成人员受伤	25	1	1	25	四级	拧扳手时方向朝外侧	
19		2. 未正确操作，可能导致其他伤害	25	1	1	25	四级	严格按照规程操作	
20		3. 工器具存在缺陷，可能导致磕碰伤害	5	1	1	5	四级	作业前确认工器具是否完好	
21		4. 劳保鞋鞋带未系好，导致人员摔伤	5	2	3	30	四级	工作服穿着做到"三紧"，确保劳保鞋无破损且鞋带系好，安全帽下颏带系好	

续表

序号	主要操作步骤	存在的风险	风险等级分析					主要防控措施	备注
			后果	暴露	可能性	风险值	风险等级		
22	断电挂牌	1. 未断电挂牌，造成人员触电	50	2	1	100	三级	警示牌悬挂牢靠，锁闭开关箱	
23		2. 断电时操作失误，造成人员触电	50	2	1	100	三级	断电后，对开关的三相电源分别进行测量并放电	
24		3. 非专业人员操作，造成人员触电	5	1	1	5	四级	专业电工持证上岗操作	
25	验电	1. 验电前未检查电笔好坏，造成人员触电	50	2	1	100	三级	验电前检查电笔好坏	
26		2. 使用万用表验电前未确认万用表是否正常，易造成人员触电	50	1	1	50	四级	验电前检查万用表是否正常	
27		3. 非专业人员操作，易造成人员触电	25	1	1	25	四级	专业电工持证上岗操作	
28	泄放压力	1. 未正确使用工器具，造成手部受伤	25	1	1	25	四级	拧扳手时方向朝外侧	
29		2. 未正确操作，可能导致其他伤害	25	1	1	25	四级	严格按照规程操作	
30		3. 操作不当，造成高压水喷伤眼睛	25	1	1	25	四级	泄压口对面禁止站人，防止喷溅	
31	拆卸更换水泵	1. 未正确使用工器具，造成人员受伤	25	1	1	25	四级	拧开口扳手时方向朝外侧	
32		2. 未正确操作，可能导致其他伤害	25	1	1	25	四级	安装水泵时，撬动水泵、紧固螺栓应谨慎操作	
33		3. 工器具存在缺陷，可能导致磕碰伤害	5	1	1	5	四级	作业前确认工器具是否完好	
34		4. 劳保鞋鞋带未系好，导致人员摔伤	5	2	3	30	四级	工作服穿着做到"三紧"，确保劳保鞋无破损且鞋带系好，安全帽下颔带系好	
35	打开冷却水循环水进出口阀门	1. 未正确使用工器具，造成手部受伤	25	1	1	25	四级	拧扳手时方向朝外侧	
36		2. 未正确操作，可能导致其他伤害	25	1	1	25	四级	严格按照规程操作	
37		3. 工器具存在缺陷，可能导致磕碰伤害	5	1	1	5	四级	作业前确认工器具是否完好	
38		4. 劳保鞋鞋带未系好，导致人员摔伤	5	2	3	30	四级	工作服穿着做到"三紧"，确保劳保鞋无破损且鞋带系好，安全帽下颔带系好	

续表

序号	主要操作步骤	存在的风险	风险等级分析					主要防控措施	备注
			后果	暴露	可能性	风险值	风险等级		
39	整理螺丝刀、电笔、扳手，清理作业现场	1. 未及时整理螺丝刀、电笔、扳手，易造成人员碰伤、磕伤	5	1	1	5	四级	作业人员确认螺丝刀、电笔、扳手无遗留，将现场物品摆放整齐	
40		2. 作业现场未清理干净，易造成人员滑倒碰伤、磕伤	5	1	1	5	四级	作业负责人检查作业现场	
41	属地确认	1. 检修人员未全部撤离就启动设备，造成伤害	5	2	1	20	四级	巡视现场，确认检修人员全部撤离	
42		2. 检修现场遗留物品，导致产生其他风险	5	1	1	5	四级	确认检修现场的工器具、配件、物料全部清理完毕	

表3.113 更换空压机冷却水阀门作业安全风险辨识及防控措施一览表

序号	主要操作步骤	存在的风险	风险等级分析					主要防控措施	备注
			后果	暴露	可能性	风险值	风险等级		
1	作业前检查人员状态和劳动保护用品穿戴情况	1. 作业人员班前喝酒、睡眠不足、身体不适、精神状态不好等，可能导致作业过程中注意力不集中	25	1	0.5	12.5	四级	作业前，作业负责人检查作业人员是否酒后上岗，询问身体是否不适，观察精神状态是否正常，确认良好后方可作业	
2		2. 作业人员未按规定穿戴劳动保护用品（工作服、劳保鞋、安全帽、口罩），可能导致人员伤害	25	1	0.5	12.5	四级	作业前，作业负责人、互联互保人员检查作业人员工作服穿着（做到"三紧"），确保劳保鞋无破损且鞋带系好，安全帽下颌带系好，口罩与面部无缝隙	
3	作业前风险评价	1. 作业人员作业前未按要求开展风险辨识，导致人员伤害	15	10	0.1	15	四级	每次作业前要进行风险辨识	
4		2. 作业人员未结合现场实际情况进行风险辨识，导致人员伤害	15	10	0.1	15	四级	风险辨识要结合现场实际，根据工作环境的变化完善辨识内容，逐一落实防控措施	

续表

序号	主要操作步骤	存在的风险	风险等级分析					主要防控措施	备注
			后果	暴露	可能性	风险值	风险等级		
5	作业前风险评价	3. 作业人员风险辨识过程中有遗漏，导致人员伤害	15	10	0.1	15	四级	抽查作业人员掌握存在的风险和防控措施情况	
6		4. 作业人员未明确作业负责人，未确定互联互保人员，导致人员伤害	15	10	0.1	15	四级	指定作业负责人和互联互保人员	
7		5. 作业人员未掌握作业时的风险，导致人员伤害	15	10	0.1	15	四级	抽查作业人员掌握存在的风险和防控措施情况	
8		6. 作业人员不知道作业中风险的防控措施，导致人员伤害	15	10	0.1	15	四级	对照口袋卡及作业任务中存在的风险手指口述逐项进行提示提醒，逐一落实防控措施	
9	办理工作票	1. 未办理工作票就擅自作业，造成事故	25	2	3	150	三级	危险作业按照要求逐级审批，辨识后再办理工作票	
10		2. 未经审批就擅自作业，造成事故	25	2	3	150	三级	区域管理人员按照工作票要求逐级审批，现场监护	
11		3. 未经现场确认就进行作业，造成事故	25	2	3	150	三级	一般检修作业需经发签发属地确认后方可操作	
12	作业前唱票	1. 作业人员对作业环境中的风险掌握有遗漏，造成人员伤害	25	2	0.5	25	四级	对照口袋卡及作业任务中存在的风险手指口述逐项进行提示提醒	
13		2. 作业人员不知道作业环境中的风险，造成人员伤害	25	2	0.5	25	四级	每项作业前要进行风险辨识	
14		3. 作业人员不知道作业环境中的风险如何防控，造成人员伤害	25	2	0.5	25	四级	结合检修内容与作业现场环境逐一落实安全措施	
15	检查螺丝刀、电笔、扳手	1. 扳手有磨损，导致作业时发生滑脱，造成人员伤害	5	1	1	5	四级	检查扳手有无明显磨损，如有，应及时更换	
16		2. 电笔有损坏，造成验电结果错误，导致人员触电	25	2	0.5	25	四级	在带电线路上检查电笔是否完好	
17		3. 螺丝刀把手有损坏，导致工作时发生滑脱	5	1	1	5	四级	作业前确认工器具是否完好	
18	打开地沟井盖	1. 未正确使用工器具，造成人员受伤	25	1	1	25	四级	拧扳手时方向朝外侧	
19		2. 未正确操作，可能导致其他伤害	25	1	1	25	四级	严格按照规程操作	
20		3. 工器具存在缺陷，可能导致磕碰伤害	5	1	1	5	四级	作业前确认工器具是否完好	

续表

序号	主要操作步骤	存在的风险	风险等级分析					主要防控措施	备注
			后果	暴露	可能性	风险值	风险等级		
21	打开地沟井盖	4. 劳保鞋鞋带未系好，导致人员摔伤	5	2	3	30	四级	工作服穿着做到"三紧"，确保劳保鞋无破损且鞋带系好，安全帽下颌带系好	
22	关闭空压机循环水母管中间联通阀	1. 未正确使用工器具，造成人员受伤	25	1	1	25	四级	拧扳手时方向朝外侧	
23		2. 未正确操作，可能导致其他伤害	25	1	1	25	四级	严格按照规程操作	
24		3. 工器具存在缺陷，可能导致磕碰伤害	5	1	1	5	四级	作业前确认工器具是否完好	
25		4. 劳保鞋鞋带未系好，导致人员摔伤	5	2	3	30	四级	工作服穿着做到"三紧"，确保劳保鞋无破损且鞋带系好，安全帽下颌带系好	
26	关闭所修空压机最近的进出循环水阀门	1. 未正确使用工器具，造成人员受伤	25	1	1	25	四级	拧扳手时方向朝外侧	
27		2. 未正确操作，可能导致其他伤害	25	1	1	25	四级	严格按照规程操作	
28		3. 工器具存在缺陷，可能导致磕碰伤害	5	1	1	5	四级	作业前确认工器具是否完好	
29		4. 劳保鞋鞋带未系好，导致人员摔伤	5	2	3	30	四级	工作服穿着做到"三紧"，确保劳保鞋无破损且鞋带系好，安全帽下颌带系好	
30	排水泄压更换阀门	1. 未正确使用工器具，造成人员受伤	25	1	1	25	四级	拧扳手时方向朝外侧	
31		2. 未正确操作，导致阀门砸伤脚部	25	1	1	25	四级	严格按照规程操作	
32		3. 工器具存在缺陷，可能导致磕碰伤害	5	1	1	5	四级	作业前确认工器具是否完好	
33		4. 劳保鞋鞋带未系好，导致人员摔伤	5	2	3	30	四级	工作服穿着做到"三紧"，确保劳保鞋无破损且鞋带系好，安全帽下颌带系好	
34	整理螺丝刀、电笔、扳手，清理作业现场	1. 未及时整理螺丝刀、电笔、扳手，易造成人员碰伤、磕伤	5	1	1	5	四级	作业人员确认螺丝刀、电笔、扳手无遗留，将现场物品摆放整齐	
35		2. 作业现场未清理干净，易造成人员滑倒、碰伤、磕伤	5	1	1	5	四级	作业负责人检查作业现场	

续表

序号	主要操作步骤	存在的风险	风险等级分析					主要防控措施	备注
			后果	暴露	可能性	风险值	风险等级		
36	属地确认	1. 检修人员未全部撤离就启动设备，造成伤害	5	2	1	20	四级	巡视现场，确认检修人员全部撤离	
37		2. 检修现场遗留物品，导致产生其他风险	5	1	1	5	四级	确认检修现场的工器具、配件、物料全部清理完毕	

表3.114 清理维护水池及设备作业安全风险辨识及防控措施一览表

序号	主要操作步骤	存在的风险	风险等级分析					主要防控措施	备注
			后果	暴露	可能性	风险值	风险等级		
1	作业前检查人员状态和劳动保护用品穿戴情况	1. 作业人员班前喝酒、睡眠不足、身体不适、精神状态不好等，导致作业过程中注意力不集中	25	1	0.5	12.5	四级	作业前，作业负责人检查作业人员是否酒后上岗，询问身体是否不适，观察精神状态是否正常，确认良好后方可作业	
2		2. 作业人员未按规定穿戴劳动保护用品（工作服、劳保鞋、安全帽、口罩），可能导致人员伤害	25	1	0.5	12.5	四级	作业前，作业负责人、互联互保人员检查作业人员工作服穿着（做到"三紧"），确保劳保鞋无破损且鞋带系好，安全帽下颌带系好，口罩与面部无缝隙	
3	作业前风险评价	1. 作业人员作业前未按要求开展风险辨识，导致人员伤害	15	10	0.1	15	四级	每次作业前要进行风险辨识	
4		2. 作业人员未结合现场实际情况进行风险辨识，导致人员伤害	15	10	0.1	15	四级	风险辨识要结合现场实际，根据工作环境的变化完善辨识内容，逐一落实防控措施	
5		3. 作业人员风险辨识过程中有遗漏，导致人员伤害	15	10	0.1	15	四级	抽查作业人员掌握存在的风险和防控措施情况	
6		4. 作业人员未明确作业负责人，未确定互联互保人员，导致人员伤害	15	10	0.1	15	四级	指定作业负责人和互联互保人员	

续表

序号	主要操作步骤	存在的风险	风险等级分析					主要防控措施	备注
			后果	暴露	可能性	风险值	风险等级		
7	作业前风险评价	5. 作业人员未掌握作业时的风险,导致人员伤害	15	10	0.1	15	四级	抽查作业人员掌握存在的风险和防控措施情况	
8		6. 作业人员不知道作业中风险的防控措施,导致人员伤害	15	10	0.1	15	四级	对照口袋卡及作业任务中存在的风险手指口述逐项进行提示提醒,逐一落实防控措施	
9	办理工作票	1. 未办理工作票就擅自作业,造成事故	25	2	3	150	三级	危险作业按照要求逐级审批,辨识后再办理工作票	
10		2. 未经审批就擅自作业,造成事故	25	2	3	150	三级	区域管理人员按工作票要求逐级审批,现场监护	
11		3. 未经现场确认就进行作业,造成事故	25	2	3	150	三级	一般检修作业需经签发属地确认后方可操作	
12	办理有限空间作业审批	1. 未明确分级管控负责人、未确定危险作业等级,易造成事故	5	2	3	150	三级	(1) 10人以上(含10人)在有中毒或窒息等危险的有限空间场所作业,由公司审批 (2) 3~9人在有中毒或窒息等危险的有限空间场所作业,由分厂审批 (3) 1~2人在容器、炉窑内作业,由车间审批	
13		2. 作业人员不清楚危险作业,导致事故发生	50	1	3	150	三级	(1) 作业前进行安全交底 (2) 逐条确认安全措施的可靠性 (3) 进行作业前风险辨识	
14		3. 作业人员未结合现场实际情况进行办理,导致事故发生	5	2	3	150	三级	审批人员结合现场实际情况现场验证安全措施可靠后签发办理	
15	作业前唱票	1. 作业人员对作业环境中的风险掌握有遗漏,造成人员伤害	25	2	0.5	25	四级	对照口袋卡及作业任务中存在的风险手指口述逐项进行提示提醒	
16		2. 作业人员不知道作业环境中的风险,造成人员伤害	25	2	0.5	25	四级	每项作业前要进行风险辨识	
17		3. 作业人员不知道作业环境中的风险如何防控,造成人员伤害	25	2	0.5	25	四级	结合检修内容与作业现场环境逐一落实安全措施	

续表

序号	主要操作步骤	存在的风险	风险等级分析					主要防控措施	备注
			后果	暴露	可能性	风险值	风险等级		
18	检查螺丝刀、电笔、扳手、气体检测仪	1. 扳手有磨损，导致作业时发生滑脱，造成人员伤害	5	1	1	5	四级	检查扳手有无明显磨损，如有，应及时更换	
19		2. 电笔有损坏，造成验电结果错误，导致人员触电	25	2	0.5	25	四级	在带电线路上检查电笔是否完好	
20		3. 螺丝刀把手损坏，导致作业时发生滑脱	5	1	1	5	四级	作业前确认工器具是否完好	
21		4. 气体检测仪电量低，导致有害气体检测结果不准确	25	2	0.5	25	四级	作业前检查气体检测仪电量是否充足，试验完好后再使用	
22	关闭水池的进水阀门	1. 水池中的水位过高，导致人员存在被淹溺的风险	5	1	1	5	四级	检查确认进水阀门的完好程度，保证水阀门关闭严密	
23		2. 未检查确认进水阀门的完好程度，导致产生其他风险	25	1	1	25	四级	持续关注进水阀门及水位情况	
24		3. 无专人进行安全监护，导致人员受伤	25	1	0.5	12.5	四级	指派专人进行安全监护，监护人与作业人员互联互保、相互呼应	
25	抽走污水	1. 未及时关闭水泵，导致水泵损坏	5	1	1	5	四级	（1）严格按照水泵的启停要求进行操作 （2）抽水时安排人员进行水位观察，抽干后及时停止水泵运行	
26	打开水池多个检查口通风	1. 作业人员观察时未保持安全距离，导致人员坠落	5	1	1	5	四级	作业人员观察时保持1 m安全距离	
27		2. 操作时人员不慎坠入污水池	25	1	0.5	12.5	四级	现场人员系好安全带	
28		3. 无专人进行安全监护，导致作业人员受伤	25	1	0.5	12.5	四级	互联互保人员相互警示	

续表

序号	主要操作步骤	存在的风险	风险等级分析					主要防控措施	备注
			后果	暴露	可能性	风险值	风险等级		
29	断电挂牌	1. 未断电挂牌，造成人员触电	50	2	1	100	三级	警示牌悬挂牢靠，锁闭开关箱	
30		2. 断电时操作失误，造成人员触电	50	2	1	100	三级	断电后，对开关的三相电源分别进行测量并放电	
31		3. 非专业人员操作，造成人员触电	5	1	1	5	四级	专业电工持证上岗操作	
32	验电	1. 验电前未检查电笔好坏，造成人员触电	50	2	1	100	三级	验电前检查电笔好坏	
33		2. 使用万用表验电前未确认万用表是否正常，易造成人员触电	25	1	1	25	四级	验电前检查万用表是否正常	
34		3. 非专业人员操作，易造成人员触电	25	1	1	25	四级	专业电工持证上岗操作	
35	作业前检测水池内含氧量和有害气体含量	1. 作业人员未严格按照"先通风，后检测，再作业"进行操作，导致人员受伤或死亡	50	2	3	300	二级	作业人员严格按照"先通风，后检测，再作业"的原则进行	
36		2. 在受限空间外未设专门的监护人进行安全监护	50	2	1	100	三级	在受限空间外设专门的监护人进行安全监护	
37		3. 作业时未按要求进行有毒有害气体检测，发现异常时未及时组织人员撤离作业现场	50	2	1	100	三级	作业时应至少2 h进行一次有毒有害气体检测，发现异常应立即组织人员撤离作业现场	
38	清理人员使用梯子进入污水池进行清理	1. 人员未检查梯子，导致从高处坠落	25	1	1	25	四级	使用前确保梯子螺栓紧固、梯子无开裂、无变形	
39		2. 爬梯时发生滑脱，造成人员摔伤	25	1	1	25	四级	使用前确保梯子螺栓紧固、梯子无开裂、无变形	
40		3. 安全带未正确悬挂，导致风险急剧升高	25	1	1	25	四级	工作时，系好安全带，悬挂好安全绳	

续表

序号	主要操作步骤	存在的风险	风险等级分析					主要防控措施	备注
			后果	暴露	可能性	风险值	风险等级		
41	作业中检测水池内含氧量和有害气体含量	1. 监护人与作业人员未实时沟通，导致人员昏迷	25	1	1	25	四级	作业时监护人使用对讲机实时与作业人员进行沟通，相互呼应，互联互保	
42		2. 在受限空间外未设专门的监护人进行安全监护	25	1	0.5	12.5	四级	在受限空间外设专门的监护人进行安全监护	
43		3. 作业时未按要求进行有毒有害气体检测，发现异常时未及时组织人员撤离作业现场	25	1	0.5	12.5	四级	作业时应至少 2 h 进行一次有毒有害气体检测，发现异常立即组织人员撤离作业现场	
44	整理螺丝刀、电笔、扳手、气体检测仪，清理作业现场	1. 未及时整理螺丝刀、电笔、扳手、气体检测仪，易造成人员碰伤、磕伤	5	1	1	5	四级	作业人员确认螺丝刀、电笔、扳手、气体检测仪无遗留，并按要求将它们放置在检修班工器具箱内	
45		2. 作业现场未清理干净，易造成人员滑倒、碰伤、磕伤	5	1	1	5	四级	作业负责人检查作业现场	
46	清理人员使用梯子进入污水池进行清理	1. 人员未检查梯子，导致从高处坠落	25	1	1	25	四级	使用前确保梯子螺栓紧固、梯子无开裂、无变形	
47		2. 爬梯时发生滑脱，造成人员摔伤	25	1	1	25	四级	工作时，系好安全带，悬挂好安全绳	
48		3. 安全带未正确悬挂，导致风险急剧升高	25	1	1	25	四级	工作时，系好安全带，悬挂好安全绳	
49	属地确认	1. 检修人员未全部撤离就启动设备，造成伤害	5	1	1	5	四级	巡视现场，确认检修人员全部撤离	
50		2. 检修现场遗留物品，导致产生其他风险	5	1	1	5	四级	确认检修现场的工器具、配件、物料全部清理完毕	

表 3.115 检修冷却塔作业安全风险辨识及防控措施一览表

序号	主要操作步骤	存在的风险	风险等级分析					主要防控措施	备注
			后果	暴露	可能性	风险值	风险等级		
1	作业前检查人员状态和劳动保护用品穿戴情况	1. 作业人员班前喝酒、睡眠不足、身体不适、精神状态不好等，导致作业过程中注意力不集中	25	1	0.5	12.5	四级	作业前，作业负责人检查作业人员是否酒后上岗，询问身体是否不适，观察精神状态是否正常，确认良好后方可作业	
2		2. 作业人员未按规定穿戴劳动保护用品（工作服、劳保鞋、安全帽、口罩），可能导致人员伤害	25	1	0.5	12.5	四级	作业前，作业负责人、互联互保人员检查作业人员工作服穿着（做到"三紧"），确保劳保鞋无破损且鞋带系好，安全帽下颏带系好，口罩与面部无缝隙	
3	作业前风险评价	1. 作业人员作业前未按要求开展风险辨识，导致人员伤害	15	10	0.1	15	四级	每次作业前要进行风险辨识	
4		2. 作业人员未结合现场实际情况进行风险辨识，导致人员伤害	15	10	0.1	15	四级	风险辨识要结合现场实际，根据工作环境的变化完善辨识内容，逐一落实防控措施	
5		3. 作业人员风险辨识过程中有遗漏，导致人员伤害	15	10	0.1	15	四级	抽查作业人员掌握存在的风险和防控措施情况	
6		4. 作业人员未明确作业负责人，未确定互联互保人员，导致人员伤害	15	10	0.1	15	四级	指定作业负责人和互联互保人员	
7		5. 作业人员未掌握作业时的风险，导致人员伤害	15	10	0.1	15	四级	抽查作业人员掌握存在的风险和防控措施情况	
8		6. 作业人员不知道作业中风险的防控措施，导致人员伤害	15	10	0.1	15	四级	对照口袋卡及作业任务中存在的风险手指口述逐项进行提示提醒，逐一落实防控措施	
9	办理工作票	1. 未办理工作票就擅自作业，造成事故	25	2	3	150	三级	危险作业按照要求逐级审批，辨识后再办理工作票	
10		2. 未经审批就擅自作业，造成事故	25	2	3	150	三级	区域管理人员按照工作票要求逐级审批，现场监护	
11		3. 未经现场确认就进行作业，造成事故	25	2	3	150	三级	一般检修作业需经签发属地确认后方可操作	

续表

序号	主要操作步骤	存在的风险	风险等级分析					主要防控措施	备注
			后果	暴露	可能性	风险值	风险等级		
12	作业前唱票	1. 作业人员对作业环境中的风险掌握有遗漏,导致人员伤害	25	2	0.5	25	四级	对照口袋卡及作业任务中存在的风险手指口述逐项进行提示提醒	
13		2. 作业人员不知道作业环境中的风险,导致人员伤害	25	2	0.5	25	四级	每项作业前要进行风险辨识	
14		3. 作业人员不知道作业环境中的风险如何防控,导致人员伤害	25	2	0.5	25	四级	结合检修内容与作业现场环境逐一落实安全措施	
15	检查扳手、螺丝刀、电笔、是否完好	1. 扳手有磨损,导致作业时发生滑脱,造成人员伤害	5	1	1	5	四级	检查扳手有无明显磨损,如有,应及时更换	
16		2. 电笔有损坏,造成验电结果错误,导致人员触电	5	1	1	5	四级	在带电线路上检查电笔是否完好	
17		3. 螺丝刀把手有损坏,导致作业时发生滑脱	5	1	1	5	四级	检查螺丝刀把手有无裂纹,如有裂纹,应及时更换	
18	断电挂牌	1. 未断电挂牌,造成人员触电	50	2	1	100	三级	警示牌悬挂牢靠,锁闭开关箱	
19		2. 断电时操作失误,造成人员触电	50	3	1	100	三级	断电后,对开关的三相电源分别进行测量并放电	
20		3. 非专业人员操作,造成人员触电	5	1	1	5	四级	专业电工持证上岗操作	
21	验电	1. 验电前未检查电笔好坏,造成人员触电	50	2	1	100	三级	验电前检查电笔好坏	
22		2. 使用万用表验电前未确认万用表是否正常,易造成人员触电	25	1	1	25	四级	验电前检查万用表是否正常	
23		3. 非专业人员操作,易造成人员触电	25	1	1	25	四级	专业电工持证上岗操作	
24	登梯进入冷却塔上部	1. 梯子未扶稳,导致人员摔倒	25	1	1	25	四级	由现场另一位操作人员扶好梯子	
25		2. 人员注意力不集中,造成高处坠落	25	1	1	25	四级	互联互保人员旁边监护	
26		3. 没有人扶梯子,造成其他伤害	25	1	1	25	四级	由现场另一位操作人员扶好梯子	

续表

序号	主要操作步骤	存在的风险	风险等级分析					主要防控措施	备注
			后果	暴露	可能性	风险值	风险等级		
27	检查电机线路	1. 在框架上未站稳，导致人员坠落	5	1	1	5	四级	设专人监护	
28		2. 未挂安全带，造成人员坠落	25	1	1	25	四级	行走时系好安全带，安全带高挂低用	
29		3. 动作不规范，造成其他伤害	25	1	1	25	四级	拆卸螺丝时，一只手扶好，另一只手进行拆卸	
30	紧固电机地脚螺栓	1. 扳手滑脱，造成人员伤害	5	1	1	5	四级	作业前检查工器具是否有缺陷，使用工器具时注意防止手部受伤	
31		2. 动作不规范，造成其他伤害	5	1	1	5	四级	拆卸螺丝时，一只手扶好，另一只手进行拆卸	
32		3. 劳动保护用品穿戴不全，造成人身伤害	5	1	1	5	四级	工作服穿着做到"三紧"，确保劳保鞋无破损且鞋带系好，安全帽下颏带系好，口罩与面部无缝隙	
33	离开冷却塔上部	1. 梯子未扶稳，导致人员摔倒	5	1	1	5	四级	由现场的监护人扶好梯子	
34		2. 人员注意力不集中，造成高处坠落	25	1	1	25	四级	互联互保人员旁边监护	
35		3. 动作不规范，造成其他伤害	5	1	1	5	四级	互联互保人员旁边监护	
36	整理螺丝刀、电笔、扳手，清理作业现场	1. 未及时整理螺丝刀、电笔、扳手，易造成人员碰伤、磕伤	5	1	1	5	四级	作业人员确认将螺丝刀、电笔、扳手存放在检修班工器具箱内	
37		2. 作业现场未清理干净，易造成人员滑倒、碰伤、磕伤	5	1	1	5	四级	将现场物品摆放整齐	
38		3. 未检查现场，造成其他伤害	5	1	1	5	四级	作业负责人检查作业现场	
39	属地确认	1. 检修人员未全部撤离就启动设备，造成伤害	5	1	1	5	四级	巡视现场，确认检修人员全部撤离	
40		2. 检修现场遗留物品，导致产生其他风险	5	1	1	5	四级	确认检修现场的工器具、配件、物料全部清理完毕	
41		3. 未沟通，造成其他伤害	5	1	1	5	四级	与操作人员沟通进行点检试验，确认故障消除	

表 3.116 启动或停止水泵作业安全风险辨识及防控措施一览表

序号	主要操作步骤	存在的风险	风险等级分析					主要防控措施	备注
			后果	暴露	可能性	风险值	风险等级		
1	作业前检查人员状态和劳动保护用品穿戴情况	1. 作业人员班前喝酒、睡眠不足、身体不适、精神状态不好等，可能导致作业过程中注意力不集中	25	1	0.5	12.5	四级	作业前，作业负责人检查作业人员是否酒后上岗，询问身体是否不适，观察精神状态是否正常，确认良好后方可进行作业	
2		2. 作业人员未按规定穿戴劳动保护用品（工作服、劳保鞋、安全帽、口罩），可能导致人员伤害	25	1	0.5	12.5	四级	作业前，作业负责人、互联互保人员检查作业人员工作服着（做到"三紧"），确保劳保鞋无破损且鞋带系好，安全帽下颚带系好，口罩与面部无缝隙	
3	作业前风险评价	1. 作业人员作业前未按要求开展风险辨识，导致人员伤害	15	10	0.1	15	四级	每次作业前要进行风险辨识	
4		2. 作业人员未结合现场实际情况进行风险辨识，导致人员伤害	15	10	0.1	15	四级	风险辨识要结合现场实际，根据工作环境的变化完善辨内容	
5		3. 作业人员风险辨识过程中有遗漏，导致人员伤害	15	10	0.1	15	四级	抽查作业人员掌握存在的风险和防控措施情况	
6		4. 作业人员未明确作业负责人，未确定互联互保人员，导致人员伤害	15	10	0.1	15	四级	指定作业负责人和互联互保人员	
7		5. 作业人员未掌握作业时的风险，导致人员伤害	15	10	0.1	15	四级	抽查作业人员掌握存在的风险和防控措施情况	
8		6. 作业人员不知道作业中风险的防控措施，导致人员伤害	15	10	0.1	15	四级	对照口袋卡及作业任务中存在的风险手指口述逐项进行提示提醒，逐一落实防控措施	
9	检查水泵电机是否完好、进出口阀门是否打开	1. 阀门未打开，导致水泵损坏	25	2	3	150	三级	作业前进行检查确认，保证阀门处于打开状态	
10		2. 未打开进出口阀门，造成循环水断流	25	2	3	150	三级	作业前进行检查确认，保证水泵进出口阀门处于打开状态	
11		3. 未对电机进行手动盘车，导致电机无法启动	25	2	3	150	三级	启动前应对水泵电机进行手动盘车，保证转动顺畅	

续表

序号	主要操作步骤	存在的风险	风险等级分析					主要防控措施	备注
			后果	暴露	可能性	风险值	风险等级		
12	启动水泵	1. 用湿手触摸控制按钮,造成人员触电	5	1	1	5	四级	严禁用湿手触摸控制按钮	
13		2. 未正确操作,可能导致其他伤害	25	2	0.5	25	四级	严格按照启动水泵安全操作规程进行操作	
14		3. 工器具存在缺陷,可能导致人员伤害	5	1	1	5	四级	作业前确认工器具是否完好	
15	检查水泵运行情况	1. 作业人员对作业环境中的风险掌握有遗漏,导致人员伤害	25	2	0.5	25	四级	对照口袋卡及作业任务中存在的风险手指口述逐项进行提示提醒	
16		2. 作业人员不知道作业环境中的风险,导致人员伤害	25	2	0.5	25	四级	每项作业前要进行风险辨识	
17		3. 作业人员不知道作业环境中的风险如何防控,导致人员伤害	25	2	0.5	25	四级	结合检修内容与作业现场环境逐一落实安全措施	
18	停止水泵	1. 未正确使用工器具,造成人员受伤	25	1	1	25	四级	使用扳手拧动螺栓时拧动方向应向外侧,防止发生挤伤	
19		2. 未正确操作,可能导致其他伤害	25	1	1	25	四级	严格按照启动水泵安全操作规程进行操作	
20		3. 工器具存在缺陷,可能导致人员伤害	5	1	1	5	四级	作业前确认工器具是否完好	
21		4. 劳保鞋鞋带未系好,导致人员摔伤	5	2	3	30	四级	工作服穿着做到"三紧",确保劳保鞋无破损且鞋带系好,安全帽下颏带系好	
22	关闭水泵进出口阀门	1. 未断电挂牌,造成人员触电	50	2	1	100	三级	警示牌悬挂牢靠,锁闭开关箱	
23		2. 断电时操作失误,造成人员触电	50	2	1	100	三级	断电后,对开关的三相电源分别进行测量并放电	
24		3. 非操作人员断电操作,造成人员触电	5	1	1	5	四级	专业电工持证上岗操作	

表 3.117 启动或停止空压机作业安全风险辨识及防控措施一览表

序号	主要操作步骤	存在的风险	风险等级分析					主要防控措施	备注
			后果	暴露	可能性	风险值	风险等级		
1	作业前检查人员状态和劳动保护用品穿戴情况	1. 作业人员班前喝酒、睡眠不足、身体不适、精神状态不好等，可能导致作业过程中注意力不集中	25	1	0.5	12.5	四级	作业前，作业负责人检查作业人员是否酒后上岗，询问身体是否不适，观察精神状态是否正常，确认良好后方可进行作业	
2		2. 作业人员未按规定穿戴劳动保护用品（工作服、劳保鞋、安全帽、口罩），可能导致人员伤害	25	1	0.5	12.5	四级	作业前，作业负责人、互联互保人员检查作业人员工作服穿着做到"三紧"，确保劳保鞋无破损且鞋带系好，安全帽下颏带系好，口罩与面部无缝隙	
3	作业前风险评价	1. 作业人员作业前未按要求开展风险辨识，导致人员伤害	15	10	0.1	15	四级	每次作业前要进行风险辨识	
4		2. 作业人员未结合现场实际情况进行风险辨识，导致人员伤害	15	10	0.1	15	四级	风险辨识要结合现场实际，根据工作环境的变化完善辨内容	
5		3. 作业人员风险辨识过程中有遗漏，导致人员伤害	15	10	0.1	15	四级	抽查作业人员掌握存在的风险和防控措施情况	
6		4. 作业人员未明确作业负责人，未确定互联互保人员，导致人员伤害	15	10	0.1	15	四级	指定作业负责人和互联互保人员	
7		5. 作业人员未掌握作业时的风险，导致人员伤害	15	10	0.1	15	四级	抽查作业人员掌握存在的风险和防控措施情况	
8		6. 作业人员不知道作业中风险的防控措施，导致人员伤害	15	10	0.1	15	四级	对照口袋卡及作业任务中存在的风险手指口述逐项进行提示提醒，逐一落实防控措施	
9	检查空压机循环水温、油温、压缩空气出口阀门	1. 空压机机房内运行设备噪声大，导致人员伤害	5	2	1	10	四级	进入空压机机房内后要佩戴好耳塞	
10		2. 用湿手触摸控制器检查油位或未在绝缘垫上检查油温，导致人员触电	5	2	1	10	四级	保持身体干燥，操作控制器时站在绝缘垫上	
11		3. 压缩空气出口管路温度高，易导致人员烫伤	5	2	1	10	四级	与压缩空气出口管路保持安全距离	

续表

序号	主要操作步骤	存在的风险	风险等级分析					主要防控措施	备注
			后果	暴露	可能性	风险值	风险等级		
12	启动空压机	1. 用湿手触摸控制器启动空压机或未在绝缘垫上进行操作，导致人员触电	15	2	1	30	四级	保持身体干燥，操作控制器时站在绝缘垫上	
13		2. 空压机旋转部位可能甩出杂物，导致人员伤害	5	2	1	10	四级	操作时站在旋转轴侧面，待启动并运行一段时间后才能从旋转部位侧边通过	
14		3. 检查不到位，导致设备"带病"工作	5	2	1	10	四级	认真检查设备的工作情况，保证其正常工作	
15	打开手动排污阀门	1. 压缩空气出口管路温度高，易导致人员烫伤	5	2	1	10	四级	与压缩空气出口管路保持安全距离	
16		2. 排污阀处管路较多，易导致人员磕碰	5	2	1	10	四级	作业时注意周边管路情况	
17		3. 压缩空气出口管路温度高，易导致人员烫伤	5	2	1	10	四级	作业时注意周边管路情况	
18	检查空压机运行情况	1. 用湿手触摸控制器查看参数或未在绝缘垫上进行操作，导致人员触电	5	2	1	10	四级	保持身体干燥，操作控制器时站在绝缘垫上	
19		2. 压缩空气出口管路温度高，易导致人员烫伤	5	2	1	10	四级	作业时注意周边管路情况	
20		3. 设备故障报警仍继续运行，导致设备损坏	5	2	1	10	四级	发现设备报警时要及时停机，通知检修班进行维护	
21	停止空压机	1. 未进行检查确认，导致压缩空气出口风压低，影响电解生产	5	2	1	10	四级	停止空压机前检查压缩空气出口母管压力，如风压不够的确需停机的，启动备用空压机	
22		2. 用湿手触摸控制器查看参数或未在绝缘垫上进行操作，导致人员触电	5	2	1	10	四级	保持身体干燥，操作控制器时站在绝缘垫上	
23		3. 停止空压机后未关闭排污阀，对设备有损坏	5	2	1	10	四级	自动停机后，关闭排污阀	

3.5 动力

动力岗位作业按照生产运行和设备检修两部分进行风险辨识，重点针对具体作业活动的每个操作步骤找出存在的风险，分析风险等级并制定防范措施。

3.5.1 生产运行岗位主要的作业活动/工作流程

经辨识，其岗位作业存在 24 项风险，其中辨识出一级风险 0 项、二级风险 0 项、三级风险 6 项、四级风险 18 项。主要的作业活动/工作流程为：①供电倒闸操作；②供电巡视点检。

3.5.2 生产运行岗位安全风险辨识及防控措施

生产运行岗位安全风险辨识及防控措施见表 3.118 至表 3.119。

表 3.118 供电倒闸操作作业安全风险辨识及防控措施一览表

序号	主要操作步骤	存在的风险	风险等级分析					主要防控措施	备注
			后果	暴露	可能性	风险值	风险等级		
1	接收调度指令	1. 非班长（或主值）接收调度指令、无权限接令，发生误操作，导致人员触电、设备发生非计划停机	15	2	1	30	四级	严格执行有权限接令制度	
2		2. 没听清工作任务，发生误操作，导致人员触电、设备发生非计划停机	15	2	1	30	四级	严格执行接令、复令、记录程序	
3	书写操作票	1. 书写操作票时漏项、错项，发生误操作，导致人员触电、设备发生非计划停机	15	2	1	30	四级	严格执行操作票三级审核制度	
4	分级审核操作票	1. 未分级审核，导致人员触电、设备发生非计划停机	50	1	3	150	三级	严格执行操作票三级审核制度	

续表

序号	主要操作步骤	存在的风险	风险等级分析					主要防控措施	备注
			后果	暴露	可能性	风险值	风险等级		
5	在模拟屏上进行模拟操作	1. 未进行模拟操作，导致人员触电、设备发生非计划停机	15	2	1	30	四级	严格标准化倒闸操作制度，安全员、技术员、主任跟踪操作	
6		2. 误碰操作把手，导致设备误动	15	2	1	30	四级	模拟屏操作把手加防护盖	
7	准备操作工器具	1. 操作前未检查操作工器具是否检验合格、是否完好，导致人员触电、设备发生非计划停机	50	2	0.1	10	四级	操作前确认操作工器具检验合格（耐压试验）、在有效期内、完好	
8	开始设备停送电操作	1. 操作时没有按照操作票操作、跳项、漏项，导致人员触电、设备发生非计划停机	15	1	1	15	四级	严格执行标准化倒闸操作票制度和职能人员（主任、安全员、技术员）跟踪操作制度	
9		2. 操作一次电气设备时没有穿戴安全防护用品，导致人员触电、设备发生非计划停机	50	1	3	150	三级	严格执行标准化倒闸操作票制度和职能人员（主任、安全员、技术员）跟踪操作制度	
10		3. 合地刀闸或挂地线前没有验电、误入带电间隔，导致人员触电、设备发生非计划停机	50	1	3	150	三级	严格执行标准化倒闸操作票制度和职能人员（主任、安全员、技术员）跟踪操作制度	
11		4. 未在相邻带电设备间装设安全围栏和警示牌、误入带电间隔，导致人员触电、设备发生非计划停机	50	1	0.5	25	四级	严格执行标准化倒闸操作票制度和职能人员（主任、安全员、技术员）跟踪操作制度、动力厂标准化安全措施使用图册	
12	向调度员回复指令执行情况	1. 回复调度员指令错误，导致调度员后续操作任务下达错误	50	0.5	3	75	三级	严格执行接令、复令、记录程序	

表 3.119　供电巡视点检作业安全风险辨识及防控措施一览表

序号	主要操作步骤	存在的风险	风险等级分析					主要防控措施	备注
			后果	暴露	可能性	风险值	风险等级		
1	巡视前的危险点分析	1. 巡视人员与设备外漏带电部分之间的安全距离不够，可能导致触电	50	0.5	3	75	三级	严禁单人巡视点检，两人以上巡视作业时，做到互联互保、相互告知危险源	
2		2. 未及时发现设备重点部位隐患，导致巡视不到位，发生事故	50	1	1	50	四级	严格执行巡视点检制度和安全规程	
3		3. 巡视路线上的危险源，导致人员摔伤、扭伤、碰伤等	5	2	1	10	四级	巡视时走人行通道，穿越道路时注意来往车辆，上下楼梯时扶好扶手	
4	巡视物品的准备	1. 进入生产区域不穿戴个人防护用品，可能导致触电	50	0.5	1	25	四级	检查确认劳动保护用品穿戴无误后进入现场	
5		2. 不使用专业的点检仪器，无法发现设备内部故障，使设备长时间"带病"运行，导致设备损坏	5	2	3	30	四级	巡视前准备好巡视点检仪器，严格执行巡视点检制度和安全规程	
6	巡视	1. 无视安全围栏和警示标识，擅自进入带电区域，导致人员触电	50	0.5	3	75	三级	严禁进入设备运行隔离区域，严禁擅自跨越警戒围栏进行点检	
7		2. 巡视时不注意高处坠物、地面情况，上下楼梯时不扶扶手，导致人员受伤	5	0.5	3	7.5	四级	巡视时走人行通道，留意地面凸起处，上下楼梯时扶好扶手	
8		3. 夜间巡视时不拿手电筒等照明用具，行走路线不平整，导致人员受伤	5	0.5	3	7.5	四级	巡视前准备好巡视点检仪器，严格执行巡视点检制度和安全规程	
9		4. 雨雪、大风、高温等极端天气不按规定进行特殊检查，可能导致人员巡视时受伤或发生设备损坏	25	2	1	50	四级	严格执行巡视点检制度和安全规程	
10		5. 架空线路下方、电缆主沟巡视不到位，危险源辨识不足，导致意外事故发生	25	2	1	50	四级	强化属地管理意识，严格执行巡视点检制度	

续表

序号	主要操作步骤	存在的风险	风险等级分析					主要防控措施	备注
			后果	暴露	可能性	风险值	风险等级		
11	巡视结果汇报	1. 设备存在的隐患和问题得不到及时处理,造成故障扩大	15	0.5	3	22.5	四级	及时上报巡视发现的设备隐患,并通过班中、班后会的形式讨论整改意见	
12		2. 对所辖区域内的环境和人员情况不进行管理,发生事故时找不到根本原因	50	0.5	1	25	四级	强化属地管理意识,严格执行巡视点检制度	

3.5.3 设备检修岗位主要的作业活动/工作流程

经辨识,其岗位作业存在 52 项风险,其中辨识出一级风险 0 项、二级风险 0 项、三级风险 8 项、四级风险 44 项。主要的作业活动/工作流程为:①220 kV 变压器预防性试验;②10 kV 开关柜检修;③整流柜检修。

3.5.4 设备检修岗位安全风险辨识及防控措施

设备检修岗位安全风险辨识及防控措施见表 3.120 至表 3.122。

表 3.120　220 kV 变压器预防性试验作业安全风险辨识及防控措施一览表

序号	主要操作步骤	存在的风险	风险等级分析					主要防控措施	备注
			后果	暴露	可能性	风险值	风险等级		
1	核对安全措施,签署工作票,进行安全交底、人员分工	1. 未核对安全措施,安全措施可能存在遗漏和缺陷,导致人员伤害	15	1	1	15	四级	工作负责人开始作业前与工作许可人共同确认现场安全措施,确认无误后方可作业	
2	准备试验仪器及工器具	1. 工作人员未穿戴齐全劳动保护用品就进行搬运仪器或试验,可能造成人员割伤、碰伤或设备损坏	5	2	1	10	四级	作业前,必须穿戴好劳动保护用品,并进行安全检查	

续表

序号	主要操作步骤	存在的风险	风险等级分析					主要防控措施	备注
			后果	暴露	可能性	风险值	风险等级		
3	检查变压器本体装置、表计是否正常	1. 检查变压器上部装置、表计时需要攀登变压器，可能有坠落风险	25	3	1	75	三级	踩稳抓牢，攀登高度超过 2 m 时需要系安全带	
4	确定信号传动	1. 检查变压器上部传动装置和表计时未抓牢，可能有坠落风险	25	3	1	75	三级	踩稳抓牢，当攀登高度超过 2 m 时需要系安全带	
5	传动时与上位机、现场人员进行三项沟通	1. 无沟通传动断路器分闸信号时，可能导致断路器侧检修人员受伤	50	2	0.5	50	四级	传动信号时有专人监护，确保三相沟通有效	
6	复归试验信号并将设备恢复至原始状态	1. 非电量跳闸信号使断路器无法合闸，此时误合断路器易造成内部线路烧损	5	2	3	30	四级	严格按照检修规程作业，试验后复归设备信号	
7	装设围栏，悬挂标识牌	1. 试验区域未悬挂警示牌和警示围栏，非试验人员误入试验区域，可能导致人员因接触试验设备而触电	5	2	3	30	四级	试验时专人监护，现场确认非试验人员在安全区域	
8	将被测设备进引线、出引线拆除	1. 作业人员在绝缘套管拆引出线电缆时未正确使用安全带，导致高处坠落	50	3	1	150	三级	登高时需正确系安全带，安全带高挂低用	
9		2. 作业人员在使用工器具拆除设备引线时，工器具脱手掉落，导致砸伤下方人员	5	3	1	15	四级	通过绳子将工器具固定，带工器具袋作业	
10	连接交流耐压试验测试仪器	1. 测试线路虚接容易导致在连接处产生电弧，电弧可能损坏设备绝缘，造成经济损失	15	3	1	45	四级	操作人员必须夹紧试验触头，其余人员进行确认	
11		2. 设备外壳没有接地，如果设备绝缘有缺陷，在试验中可能漏电，造成人员触电	15	3	1	45	四级	各连接点要连接紧固，一人紧固完，其余人员要再次进行紧固检查	

续表

序号	主要操作步骤	存在的风险	风险等级分析					主要防控措施	备注
			后果	暴露	可能性	风险值	风险等级		
12	选择被测设备的合适量程，并开始试验	1. 试验量程电压大于被测设备最大耐受电压，设备绝缘被击穿，导致设备绝缘损坏	15	1	1	15	四级	明确设备试验电压，升压时从零递增调节	
13		2. 试验结束后应充分放电，未充分放电可能造成剩余电荷残留，人员接触后对人体放电	5	3	1	15	四级	作业结束后必须充分放电，直至仪器表中电压量显示为零	
14	用兆欧表检查被测设备有无绝缘损坏	1. 试验时可能损坏设备绝缘，影响使用性能，造成设备性能下降和经济损失	15	0.1	10	15	四级	试验时严格按照试验章程作业，如有设备绝缘性能下降，应及时更换	
15	将仪器外壳接地	1. 设备未接地，释放试验电流导致试验人员触电	5	3	1	15	四级	试验设备外壳接地	
16	选择被测设备的量程	1. 误操作测试线，电流线和电压线接反，容易烧坏测试线	15	3	1	45	四级	认真分清电流线与电压线	
17		2. 量程选择小了，导致试验数据不准确；量程选择大了，容易造成设备烧毁	5	3	1	15	四级	正确选择量程	
18	测试	1. 人员误动测试线，导致人员接触试验电流，造成人员触电	15	2	0.5	15	四级	试验前悬挂警示牌、遮拦，禁止入内	
19	测量结束后恢复放电	1. 测量后未放电，造成设备内部元件损坏，造成经济损失	15	3	1	45	四级	试验结束后设备仪器充分放电	
20		2. 没有放电完成导致设备上有电，容易造成触电伤害、仪器烧坏	5	3	1	15	四级	试验结束后被测设备充分放电	

续表

序号	主要操作步骤	存在的风险	风险等级分析					主要防控措施	备注
			后果	暴露	可能性	风险值	风险等级		
21	拆除所有的测试线、电源线、接地线，并安装设备所拆的引线	1. 作业人员在绝缘套管拆除引出线电缆时未正确使用安全带，导致高处坠落	50	3	1	150	三级	登高时正确系好安全带，安全带高挂低用	
22		2. 作业人员在使用工器具拆除设备引线时工器具脱手掉落，砸伤下方人员	5	3	1	15	四级	用系绳子将工器具固定住，带工器具袋作业	
23	拆除恢复试验仪器和清点作业工器具	1. 设备上部和作业现场遗漏金属工器具，可能导致送电时设备及线路短路跳闸	15	2	1	30	四级	人员需清点所携带的作业工器具，防止遗漏	
24	观察变压器油位	1. 未及时发现变压器油位液位低，变压器内部温度升高，绝缘性降低，导致内部放电跳闸	15	2	1	30	四级	记录变压器油位后，与运行人员沟通变压器运行时有无异常	
25	更换变压器呼吸器硅胶颗粒	1. 呼吸器的密封性不良，可能导致变压器内部受潮，降低变压器内部绝缘性	15	3	1	45	四级	呼吸器硅胶颗粒受潮达到2/3后需要及时更换	
26	观察变压器各连接部位有无渗油点，清理并擦拭油污	1. 未正确使用安全带，作业人员踩踏变压器表面油可能造成打滑摔倒或坠落	25	1	3	75	三级	登高时正确系好安全带，安全带高挂低用	
27	清点作业人员和作业工器具，做到工完场清	1. 设备上部和作业现场遗漏金属工器具，可能导致送电时设备及线路短路跳闸	15	2	1	30	四级	人员需清点所携带的作业工器具，防止遗漏	

表 3.121　10 kV 开关柜检修作业安全风险辨识及防控措施一览表

序号	主要操作步骤	存在的风险	风险等级分析					主要防控措施	备注
			后果	暴露	可能性	风险值	风险等级		
1	核对安全措施，签署工作票，进行安全交底、人员分工	1. 未核对安全措施，安全措施可能存在遗漏和缺陷，造成人员伤害	15	1	1	15	四级	工作负责人开始作业前与工作许可人共同确认现场安全措施，确认无误后方可作业	
2	准备试验仪器及工器具	1. 工作人员未穿戴齐全劳动保护用品就进行搬运仪器或试验，可能造成人员割伤、碰伤或设备损坏	5	2	1	10	四级	作业前，必须穿戴好劳动保护用品，并进行安全检查	
3	将断路器从柜体移出	1. 检修人员在移动断路器时，断路器从手推车中掉落，致使检修人员受伤	15	1	3	15	四级	断路器金属卡扣与手推车连接牢固，防止掉落	
4	清扫柜内及断路器卫生，紧固二次线路端子排	1. 未断开控制回路开关，清扫线路及端子存在触电危害	15	3	1	45	四级	清扫作业前对空开电源进行安全检查	
5		2. 误开启开关柜内静触头挡板，检修人员可能被 10 kV 高压电电击	50	1	3	150	三级	严格按照检修规程作业，严禁开启柜内静触头挡板	
6	装设围栏，悬挂标识牌	1. 试验区域未悬挂警示牌和警示围栏，非试验人员误入试验区域，可能接触试验设备造成触电	5	2	3	30	四级	试验时设专人监护，现场确认非试验人员在安全区域	
7	连接回路电阻测试仪，开始试验	1. 测试线路虚接容易在连接处产生电弧，电弧可能使仪器设备受损	15	3	1	45	四级	严格按照检修规程作业，确认仪器设备之间可靠连接	
8		2. 设备没有可靠接地，如果设备绝缘有缺陷，在试验中可能产生漏电	5	3	1	15	四级	严格按照检修规程作业，确认仪器可靠接地	

续表

序号	主要操作步骤	存在的风险	风险等级分析					主要防控措施	备注
			后果	暴露	可能性	风险值	风险等级		
9	试验结束，将断路器复归至开关柜内	1. 取下测试钳时，未断开测试仪器电源开关，造成测试钳电流伤人	5	3	1	15	四级	严格按照检修规程作业，确定仪器电源断开后方可拆卸试验线	
10		2. 检修人员移动断路器时，断路器从手推车中掉落，致使检修人员受伤	15	1	3	15	四级	断路器金属卡扣与手推车连接牢固，防止掉落	
11	根据图纸进行信号传动试验	1. 未复归断路器动作信号，断路器合闸时可能烧损断路器内部元器件	5	2	1	10	四级	双人作业，相互提醒及时复归传动信号	
12		2. 误分相邻柜体运行回路断路器，导致运行设备非停	15	2	1	30	四级	作业时设专人监护，相邻设备开关有防误操作措施	
13	开启后柜门，检查一次电缆接头及电流互感器	1. 检查一次电缆接头和电流互感器前未进行三相验电，导致作业人员接触带电母线，造成触电	50	1	3	150	三级	严格按照检修规程作业，开启后柜门三相验电后方可工作	
14	使用兆欧表检测一次电缆绝缘情况	1. 使用兆欧表检测一次电缆绝缘情况时，电缆对端有人在设备上工作，导致对端作业人员被电击	50	2	1	100	三级	作业前双向沟通，确保电缆对端无人工作	
15		2. 试验后电缆未对地充分放电，电缆内残余电荷可能造成人员触电	50	1	1	50	四级	严格按照检修规程作业，电缆检测结束后须充分对地放电	
16	清点作业人员和作业工器具，做到工完场清	1. 设备内部和作业现场遗漏金属工器具，可能导致送电时设备及线路短路跳闸	15	2	1	30	四级	人员需清点所携带的作业工器具，防止遗漏	

表 3.122 整流柜检修作业安全风险辨识及防控措施一览表

序号	主要操作步骤	存在的风险	风险等级分析					主要防控措施	备注
			后果	暴露	可能性	风险值	风险等级		
1	核对安全措施，签署工作票，进行安全交底、人员分工	1. 未核对安全措施，安全措施可能存在遗漏和缺陷，可能伤害作业人员	15	1	1	15	四级	工作负责人开始作业前与工作许可人共同确认现场安全措施，确认无误后方可作业	
2	准备试验仪器及工器具	1. 检修人员未穿戴齐全劳动保护用品就进行搬运仪器或试验，可能造成人员割伤、碰伤或设备损坏	5	2	1	10	四级	作业前，必须穿戴好劳动保护用品，并进行安全检查	
3	检查停电机组的开关、正负刀是否断开	1. 整流柜机组未断电，当检修人员进行检修作业时，造成人员触电	50	3	0.1	15	四级	检修作业前必须和运行人员共同确认电源断开及安全措施完好	
4	检查循环水路是否漏水、压力和温度是否正常	1. 当循环水管道出现漏水时，造成缺水、设备散热不良，出现设备绝缘老化等	15	3	1	45	四级	紧固漏水的管道，将循环水补充到正常水量	
5	清扫整流柜内快熔及整流元器件	1. 整流柜内部空间狭小，检修人员未佩戴手套进行设备擦拭清扫时，尖锐部分可能割伤检修人员	1	3	6	18	四级	严格按照检修规程作业，穿戴好劳动保护用品	
6	检测电容是否良好、有无鼓胀变形	1. 检修人员测量电容时未放电，可能造成检修人员触电	1	3	6	18	四级	作业前，电容应对地放电，人员戴绝缘手套作业	
7	根据图纸进行信号传动试验	1. 整流柜内部空间狭小，检修人员未佩戴手套进行信号传动接线，导致尖锐部分割伤检修人员	1	3	6	18	四级	严格按照检修规程作业，穿戴好劳动保护用品	

续表

序号	主要操作步骤	存在的风险	风险等级分析					主要防控措施	备注
			后果	暴露	可能性	风险值	风险等级		
8	根据图纸进行信号传动试验	2. 未复归断路器动作信号，设备无法正常送电，合闸时可能烧损断路器内部元器件	5	2	1	10	四级	双人作业，相互提醒及时复归传动信号	
9	清点作业人员和作业工器具，做到工完场清	1. 设备内部遗漏金属工器具，可能导致送电时设备及线路短路跳闸	15	2	1	30	四级	人员需清点所携带的作业工器具，防止遗漏	

附录 A 岗位安全风险辨识方法及取值（SEP 法）

A.1 风险评估公式

风险评估公式如下：

$$风险值 = 后果（S）\times 暴露（E）\times 可能性（P）$$

A.2 风险取值标准

A.2.1 后果

后果是指由于危害造成事故的最可能结果。后果取值表见表 A.1。

表 A.1 后果取值表

序号		后果的严重程度	分值
1	安全	造成死亡≥3 人；或重伤≥10 人；设备或财产损失≥1 000 万元	100
	健康	造成 3~9 例无法复原的严重职业病；造成 9 例以上很难治愈的职业病	
2	安全	造成 1~2 人死亡；或重伤 3~9 人；设备或财产损失在 100 万元到 1 000 万元之间	50
	健康	造成 1~2 例无法复原的严重职业病；造成 3~9 例以上很难治愈的职业病	
3	安全	造成重伤 1~2 人；设备或财产损失在 10 万元到 100 万元之间	25
	健康	造成 1~2 例难治愈的职业病或造成 3~9 例可治愈的职业病；造成 9 例以上与职业有关的疾病	
4	安全	造成轻伤 3 人以上；设备或财产损失在 1 万元到 10 万元之间	15
	健康	造成 1~2 例可治愈的职业病；造成 3~9 例与职业有关的疾病	
5	安全	造成轻伤 1~2 人；设备或财产损失在 1 000 元到 1 万元之间	5
	健康	造成 1~2 例与职业有关的疾病；造成 3~9 例有影响健康的事件	
6	安全	造成人员轻微的伤害（小的割伤、擦伤、撞伤）；设备或财产损失在 1 000 元以下	1
	健康	造成 1~2 例有健康影响的事件	

A.2.2 暴露

暴露是指危害引发最可能后果的事故序列中第一个意外事件发生的频率。暴露取值表见表 A.2。

表 A.2 暴露取值表

序号	引发事故序列的第一个意外事件发生的频率		分值
	安全、环境	职业健康	
1	持续（每天许多次）	暴露期大于 2 倍的法定极限值	10
2	经常（大概每天一次）	暴露期介于 1~2 倍法定极限值之间	6
3	有时（从每周一次到每月一次）	暴露处于 1 倍 OEL 间	3
4	偶尔（从每月一次到每年一次）	暴露期介于允许水平和 OEL 之间	2
5	很少（据说曾经发生过）	暴露期在允许水平内	1
6	特别少（没有发生过，但有发生的可能性）	暴露期远小于允许水平	0.5

A.2.3 可能性

即一旦意外事件发生，随时间形成完整事故顺序并导致结果的可能性。可能性取值表见表 A.3。

表 A.3 可能性取值表

序号	事故序列发生的可能性		分值
	安全	职业健康	
1	如果危害事件发生，即产生最可能和预期的结果（100%）	频繁：平均每 6 个月发生 1 次	10
2	十分可能（50%）	持续：平均每 1 年发生 1 次	6
3	可能（25%）	经常：平均每 1~2 年发生 1 次	3
4	很小的可能性，据说曾经发生过	偶然：3~9 年发生 1 次	1
5	相当少但确有可能，多年没有发生过	很难：10~20 年发生 1 次	0.5
6	百万分之一的可能性，尽管暴露了许多年，但从来没有发生过	罕见：几乎从未发生过	0.1

A.2.4 风险等级

风险等级及措施表见表 A.4。

表 A.4 风险等级及措施表

序号	风险类别	风险等级	风险值	应对措施
1	特高的风险	一级	400 及以上	考虑放弃、停止
2	高风险	二级	200~<400	需要立即采取纠正措施
3	中等风险	三级	70~<200	需要采取措施进行纠正
4	低风险	四级	20~<70	需要进行关注
5	可接受的风险		20 以下	容忍

表格索引

表 2.1　电解铝生产系统主要危险有害因素一览表 ·· 3
表 3.1　装炉、焙烧、启动（焦粒）作业安全风险辨识及防控措施一览表 ······························ 4
表 3.2　装炉、焙烧、启动（天然气）作业安全风险辨识及防控措施一览表 ························· 13
表 3.3　出铝作业安全风险辨识及防控措施一览表 ··· 20
表 3.4　换极作业安全风险辨识及防控措施一览表 ··· 24
表 3.5　熄灭效应作业安全风险辨识及防控措施一览表 ··· 34
表 3.6　抬母线作业安全风险辨识及防控措施一览表 ··· 37
表 3.7　捞炭渣作业安全风险辨识及防控措施一览表 ··· 43
表 3.8　电解槽维护作业安全风险辨识及防控措施一览表 ··· 45
表 3.9　电解槽大整形作业安全风险辨识及防控措施一览表 ··· 49
表 3.10　使用风镐处理前后火眼口作业安全风险辨识及防控措施一览表 ··························· 51
表 3.11　倒灌电解质并装袋作业安全风险辨识及防控措施一览表 ······································· 52
表 3.12　电解停槽作业安全风险辨识及防控措施一览表 ··· 56
表 3.13　电解刨槽作业安全风险辨识及防控措施一览表 ··· 63
表 3.14　电解取样接料作业安全风险辨识及防控措施一览表 ··· 67
表 3.15　电解测量作业安全风险辨识及防控措施一览表 ··· 69
表 3.16　电解槽下清理作业安全风险辨识及防控措施一览表 ··· 74
表 3.17　槽上部、槽周母线清理作业安全风险辨识及防控措施一览表 ······························ 77
表 3.18　更换减速机作业安全风险辨识及防控措施一览表 ··· 79
表 3.19　更换槽上部零部件作业安全风险辨识及防控措施一览表 ······································· 83
表 3.20　更换叉型螺栓及减速机拉杆作业安全风险辨识及防控措施一览表 ······················ 88
表 3.21　电焊作业安全风险辨识及防控措施一览表 ··· 92
表 3.22　气焊作业安全风险辨识及防控措施一览表 ··· 94

表 3.23	检修气缸作业安全风险辨识及防控措施一览表	96
表 3.24	检修下料器作业安全风险辨识及防控措施一览表	99
表 3.25	检修减速机作业安全风险辨识及防控措施一览表	100
表 3.26	搬运作业安全风险辨识及防控措施一览表	103
表 3.27	吊装作业安全风险辨识及防控措施一览表	104
表 3.28	启槽作业安全风险辨识及防控措施一览表	107
表 3.29	停槽作业安全风险辨识及防控措施一览表	111
表 3.30	更换短路口插板、绝缘螺栓作业安全风险辨识及防控措施一览表	116
表 3.31	检修天车电气作业安全风险辨识及防控措施一览表	119
表 3.32	检修电机作业安全风险辨识及防控措施一览表	123
表 3.33	检修减速机作业安全风险辨识及防控措施一览表	127
表 3.34	检修行走轮作业安全风险辨识及防控措施一览表	132
表 3.35	检修卷扬机构作业安全风险辨识及防控措施一览表	136
表 3.36	检修工具机构作业安全风险辨识及防控措施一览表	142
表 3.37	设备卫生清理作业安全风险辨识及防控措施一览表	149
表 3.38	检修托缆滑车作业安全风险辨识及防控措施一览表	153
表 3.39	使用升降装置作业安全风险辨识及防控措施一览表	157
表 3.40	设备润滑作业安全风险辨识及防控措施一览表	159
表 3.41	天车焊接作业安全风险辨识及防控措施一览表	163
表 3.42	检修空压机作业安全风险辨识及防控措施一览表	166
表 3.43	测量全车绝缘作业安全风险辨识及防控措施一览表	170
表 3.44	维修槽控机作业安全风险辨识及防控措施一览表	173
表 3.45	测量槽控机、短路口、电解槽绝缘作业安全风险辨识及防控措施一览表	177
表 3.46	调试 VF 误差作业安全风险辨识及防控措施一览表	179
表 3.47	校正电流作业安全风险辨识及防控措施一览表	182
表 3.48	紧固 T 型端子作业安全风险辨识及防控措施一览表	184

表 3.49	更换效应灯作业安全风险辨识及防控措施一览表	186
表 3.50	检修槽上部电机作业安全风险辨识及防控措施一览表	188
表 3.51	检修电解槽母线限位作业安全风险辨识及防控措施一览表	191
表 3.52	配电室配电柜除尘作业安全风险辨识及防控措施一览表	193
表 3.53	配电室抽屉开关操作作业安全风险辨识及防控措施一览表	195
表 3.54	检修气控柜作业安全风险辨识及防控措施一览表	197
表 3.55	维修厂房顶部照明灯作业安全风险辨识及防控措施一览表	200
表 3.56	配合启动电解槽作业安全风险辨识及防控措施一览表	202
表 3.57	配合停槽作业安全风险辨识及防控措施一览表	205
表 3.58	检修堆积门作业安全风险辨识及防控措施一览表	207
表 3.59	槽控机广播设备检修作业安全风险辨识及防控措施一览表	208
表 3.60	启动（停止）斗提作业安全风险辨识及防控措施一览表	211
表 3.61	车辆进出库作业安全风险辨识及防控措施一览表	213
表 3.62	挂钩作业安全风险辨识及防控措施一览表	215
表 3.63	吊运氧化铝大包作业安全风险辨识及防控措施一览表	218
表 3.64	拆卸尼龙大包、塑料袋大包作业安全风险辨识及防控措施一览表	220
表 3.65	清理溜槽作业安全风险辨识及防控措施一览表	224
表 3.66	单锥刀打料作业安全风险辨识及防控措施一览表	226
表 3.67	维护锥刀作业安全风险辨识及防控措施一览表	229
表 3.68	物料堆垛作业安全风险辨识及防控措施一览表	231
表 3.69	翻包机翻包作业安全风险辨识及防控措施一览表	233
表 3.70	处理循环包内板结料作业安全风险辨识及防控措施一览表	236
表 3.71	使用电葫芦吊运物料作业安全风险辨识及防控措施一览表	238
表 3.72	清理斗提底部积料作业安全风险辨识及防控措施一览表	240
表 3.73	氟化盐打料作业安全风险辨识及防控措施一览表	242
表 3.74	检查处理氧化铝仓库天车电气故障作业安全风险辨识及防控措施一览表	245

表 3.75	更换氧化铝仓库天车大车行走轮作业安全风险辨识及防控措施一览表	250
表 3.76	更换氧化铝仓库天车小车行走轮作业安全风险辨识及防控措施一览表	254
表 3.77	更换拖缆滑车作业安全风险辨识及防控措施一览表	258
表 3.78	检修检查滑触线作业安全风险辨识及防控措施一览表	261
表 3.79	更换天车卷扬钢丝绳或更换动滑轮组作业安全风险辨识及防控措施一览表	265
表 3.80	更换减速机作业安全风险辨识及防控措施一览表	269
表 3.81	更换小车电机、卷扬电机作业安全风险辨识及防控措施一览表	274
表 3.82	点检加料罗茨鼓风机作业安全风险辨识及防控措施一览表	279
表 3.83	更换电解槽上部溜槽作业安全风险辨识及防控措施一览表	282
表 3.84	更换电解槽排烟支管绝缘节或氧化铝流管绝缘节作业安全风险辨识及防控措施一览表	286
表 3.85	-3.5 m 更换维修压缩空气管道阀门作业安全风险辨识及防控措施一览表	290
表 3.86	处理电解槽烟道端料管绝缘节、悬臂溜槽故障作业安全风险辨识及防控措施一览表	294
表 3.87	更换气垫式皮带减速机作业安全风险辨识及防控措施一览表	297
表 3.88	更换气垫式皮带机皮带作业安全风险辨识及防控措施一览表	302
表 3.89	更换斗提被动轴承作业安全风险辨识及防控措施一览表	306
表 3.90	更换斗提料斗螺栓作业安全风险辨识及防控措施一览表	309
表 3.91	更换斗提电机减速机作业安全风险辨识及防控措施一览表	312
表 3.92	检修翻车机作业安全风险辨识及防控措施一览表	316
表 3.93	脱硫系统放料作业安全风险辨识及防控措施一览表	320
表 3.94	点检设备作业安全风险辨识及防控措施一览表	322
表 3.95	启动或停止引风机作业安全风险辨识及防控措施一览表	329
表 3.96	清理疏通除尘器反应器作业安全风险辨识及防控措施一览表	332
表 3.97	处理电解槽槽上部溜槽漏料及漏风作业安全风险辨识及防控措施一览表	335
表 3.98	处理载氟仓下料口堵塞作业安全风险辨识及防控措施一览表	339
表 3.99	启动或停止气力提升机作业安全风险辨识及防控措施一览表	341
表 3.100	更换氧化铝仓库除尘器布袋作业安全风险辨识及防控措施一览表	344

表 3.101	更换电解烟气净化系统除尘布袋作业安全风险辨识及防控措施一览表	347
表 3.102	维修净化除尘器反应器作业安全风险辨识及防控措施一览表	350
表 3.103	更换脱硫除尘器布袋作业安全风险辨识及防控措施一览表	354
表 3.104	检修高压风机作业安全风险辨识及防控措施一览表	358
表 3.105	维护检修罗茨鼓风机作业安全风险辨识及防控措施一览表	361
表 3.106	紧固空压机（引风机）电机接线端子作业安全风险辨识及防控措施一览表	364
表 3.107	补充干燥机分子筛作业安全风险辨识及防控措施一览表	367
表 3.108	维修干燥机作业安全风险辨识及防控措施一览表	371
表 3.109	维护更换油冷却器作业安全风险辨识及防控措施一览表	374
表 3.110	维护空气冷却器作业安全风险辨识及防控措施一览表	378
表 3.111	维护或清洗水过滤器作业安全风险辨识及防控措施一览表	380
表 3.112	检修水泵作业安全风险辨识及防控措施一览表	383
表 3.113	更换空压机冷却水阀门作业安全风险辨识及防控措施一览表	386
表 3.114	清理维护水池及设备作业安全风险辨识及防控措施一览表	389
表 3.115	检修冷却塔作业安全风险辨识及防控措施一览表	394
表 3.116	启动或停止水泵作业安全风险辨识及防控措施一览表	397
表 3.117	启动或停止空压机作业安全风险辨识及防控措施一览表	399
表 3.118	供电倒闸操作作业安全风险辨识及防控措施一览表	401
表 3.119	供电巡视点检作业安全风险辨识及防控措施一览表	403
表 3.120	220 kV 变压器预防性试验作业安全风险辨识及防控措施一览表	404
表 3.121	10 kV 开关柜检修作业安全风险辨识及防控措施一览表	408
表 3.122	整流柜检修作业安全风险辨识及防控措施一览表	410